T0389557

Stefan Javors'kyj's *Panegyrics*

Studies in Slavic Literature and Poetics

VOLUME 69

The titles published in this series are listed at *brill.com/sslp*

Stefan Javors'kyj's *Panegyrics*

1684–1691

Edited by

Jakub Niedźwiedź
Bartosz B. Awianowicz

With an Introduction by

Jakub Niedźwiedź

BRILL

LEIDEN | BOSTON

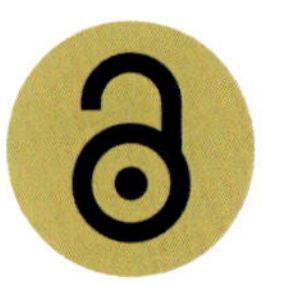

This work and open access has been supported by the National Science Centre (Poland) under *Grant Polish literary and cultural patterns in the Russian Tsardom at the turn of the 17th and 18th centuries: the case of Stefan Jaworski* (*Polskie wzorce literackie i kulturowe w Rosji na przełomie XVII i XVIII wieku: przypadek Stefana Jaworskiego*), OPUS, UMO-2017/25/B/HS2/00932.

Open Access has been supported by a grant from The Faculty of Polish Studies under the Strategic Programme Excellence Initiative at Jagiellonian University.

Cover illustration: The frontispiece of Stefan Javors'kyj's *Arctos caeli Rossiaci*, [Kyiv: Kyiv Caves Monastery Printing House], 1690. KDNBK, shelfmark 529577. Photo. J. Niedźwiedź

The Library of Congress Cataloging-in-Publication Data is available online at https://catalog.loc.gov
LC record available at https://lccn.loc.gov/2025026001

Typeface for the Latin, Greek, and Cyrillic scripts: "Brill". See and download: brill.com/brill-typeface.

ISSN 0169-0175
ISBN 978-90-04-72336-8 (hardback)
ISBN 978-90-04-73751-8 (e-book)
DOI 10.1163/9789004737518

This book is printed on acid-free paper and produced in a sustainable manner.

Contents

Preface

The edition of Stefan Javors'kyj's works[1] is the result of a research project that we started in 2018. The scope of the project was limited to the publication of Javors'kyj's panegyrics and some sermons. It was also a purely historical endeavour. We wanted to examine how Ukrainian intellectuals helped lay the foundations of the modern Russian state at the turn of the 17th and 18th centuries. Javors'kyj interested us as one of the prominent representatives of the Ukrainian elite who took part in this process. We wanted to reveal his intellectual background and artistic horizons, which he acquired or broadened in the important educational and intellectual centres of Ukraine and the Polish-Lithuanian Commonwealth. We planned to complete the project within three years, in 2021.

However, we were unable to meet the deadline. Firstly, the Covid 19 pandemic hampered our work. Secondly, Russia's full-scale invasion of Ukraine complicated the situation. The reason is simple: most of the sources we needed are kept in the archives and libraries of Russia and Ukraine. We managed to obtain many materials during the preliminary research in Moscow and St Petersburg in 2018 (conducted by Jakub Niedźwiedź and Grzegorz Franczak) and in St Petersburg, Moscow, and Kharkiv in 2019 (conducted by Jakub Niedźwiedź). After the end of the pandemic, Jakub Niedźwiedź planned to continue the final research in the libraries of Kharkiv. The first trip was to be made at the end of January/beginning of February 2022, but the threat of Russian aggression made him cancel his trip. Three weeks later, full-scale war broke out. Now it is difficult to say when, or even if, we will be able to examine historical sources in Russia and Ukraine again.

The war also changed the context of our research. What was supposed to be primarily a historical study became a voice in a very contemporary debate about the relationship between Russia and Ukraine. The results of our research clearly show that at the turn of the 17th and 18th centuries Ukrainian literary culture was rich, well-developed, influential, and in constant dialogue with other European literatures. We managed to prove our hypothesis and show that in the time of Peter I, Ukrainian authors—including Javors'kyj—played

1 The second volume contains a selection of Javors'kyj's sermons written between 1684 and 1700: S. Javors'kyj, *Sermons from the Ukrainian Period*, vol. 1, ed. G. Brogi, M. Yaremenko, T. Kuzyk, M. Kuczyńska, J. Niedźwiedź, with contributions by B.B. Awianowicz, G. Franczak, and M. Miazek-Męczyńska. With an introduction by M. Kuczyńska. Leiden 2025.

the leading role in the Russian Empire and had a strong impact on the literary culture not only in Kyiv, but also in Moscow and St Petersburg. The results of our research refute the false claims of contemporary Russian propaganda that the Ukrainian nation and culture are supposedly derived from Russian culture. In the case of Stefan Javors'kyj, the opposite is true.

These political implications of our research are, though, a side effect. We hope that this two-volume edition of Javors'kyj's works from his time in Kyiv, i.e. panegyrics and sermons, will remind readers of one of the most fascinating European writers of the period. His books, especially *The Fullness* (*Pełnia*), reveal his creativity, ingenuity, knowledge of literary tradition, sensitivity, diligence, and sense of humour. These texts open a window not only on Ukrainian literature of the late 17th century, but also on the culture of the entire region that stretches from Poznań in Poland, where Javors'kyj studied at the Jesuit College, to Ryazan in Russia, where he is buried in the Cathedral of the Assumption.

The edition of Javors'kyj's panegyrics presented in this volume would not have been possible without the help of many people who shared their expertise and time with us. First of all, we would like to thank Giovanna Brogi, who has been researching Javors'kyj for almost three decades and is the *spiritus movens* of the whole project. We have always been able to rely on her knowledge, wisdom, and friendship. Special thanks are due to Grzegorz Franczak, who participated in the preparation of the project and took part in the archival research in Moscow and Petersburg in 2018. Margarita A. Korzo (Маргарита Корзо) helped us a lot to get the only surviving copy of *Hercules*, for which we are very grateful. We are grateful to our colleagues and friends with whom we consulted on problems that arose during our work on this edition. These include Maria Grazia Bartolini, Sophie Conte, Mykola Fediai (Микола Федяй), Cinthie Gannett, Roman Koropeckyj, Marzanna Kuczyńska, Sergey Ivanovič Nikolaev (Сергей Иванович Николаев), Klaudia Socha, and Maksym Yaremenko (Максим Яременко). We are grateful to the staff of the libraries and archives in Lublin, Moscow, St Petersburg, Vilnius, and Warsaw, where we gathered material for our book. We are especially grateful to Yuliana Y. Polyakova (Юліана Юріївна Полякова) from the Kharkiv University Library and Igor Y. Losievs'kyj (Ігор Якович Лосієвський) from the Korolenko Library in Kharkiv. In July 2019, they provided Jakub Niedźwiedź with a large number of books from the library of Stefan Javors'kyj, which were valuable materials in our research. Thank you very much! Our publication would not have been possible without the invaluable help of Ms Maria Szajna from the Faculty of Polish Studies at the Jagiellonian University, who dealt with the complicated financial issues related to our project. We are also grateful for the help of the editors and staff at Brill: the book's copy-editor Tim Barnwell, Pieter Boeschoten, Masja Horn, Manon Vrolijk, and Wai Min Kan. Finally, we would like to thank our wives, Magdalena Awianowicz and Dominika Niedźwiedź. Without their constant support, advice, immense patience, and voice of reason ("You won't go to Kharkiv!"—said in January 2022) we would never have finished this marathon.

Jakub Niedźwiedź and Bartosz Awianowicz

Figures

1 The portrait of Stefan Javors'kyj with a laudatory epigram and his biography published in the second edition of *Kamen very*. Яворський 1729, Национальная электронная библиотека https://rusneb.ru/catalog/000199_000009_004091833/ (accessed 5.06.2025); public domain 2

2 The view of Kyiv in the times of Javors'kyj. A fragment of the theses of Ivan Obidovs'kyj defended in the Kyiv-Mohyla College in August 1691. *Conclusiones theologicae et philosophicae*, a copperplate by Ivan Ščyrs'kyj, Kyiv 1691, NLRSPb. Photo J. Niedźwiedź 3

3 The inventory of Stefan Javors'kyj's library from 1732. RGIA, shelfmark 498–01 чз ф. 834 оп. 3 д. 3721600002. Reproduced with permission of RGIA 10

4 A book from Stefan Javors'kyj's library with his signature in Polish: "Stephan Jaworski z Bożej Łaski Metropolita Riazański etc." ("Stephan Javors'kyj, by the Grace of God the Metropolitan of Ryazan etc."). Fabian Birkowski, *Kazania na święta doroczne*, Kraków 1623. KDNBK shelfmark 527503 Явор (В). Photo J. Niedźwiedź 11

5 *The Evident Echo of the Omni-Fatal Anathema* (*Позорное ехо всепагубнай анатемы*). NLRSPb, shelfmark MS Pogodin 2053. Photo J. Niedźwiedź 17

6 A page from the dedicatory letter to *Hercules*. RSLM, shelfmark (n. inv.) 7456; public domain 22

7 A Polish *ottava rima* in Javors'kyj's *Echo*, p. Hv. NLRSPb, shelfmark Россика ИН364794/1. Photo J. Niedźwiedź 27

8 An acrostic verse from Jasyns'kyj's name: "BARLAAM IASINSKI." ARCT, p. Kv. BUW, shelfmark 28.20.3.207. Photo J. Niedźwiedź 30

9 A *carmen echicum* in Jasyns'kyj's *Arctos*, p. Bv. BUW, shelfmark 28.20.3.207. Photo J. Niedźwiedź 34

10 The *Mnemosine*—Javors'kyj's verse dedicated to Jasyns'kyj in *The Fullness*, p. Or. KDNBK, shelfmark 529577. Photo J. Niedźwiedź 37

11 A copy of the *Echo* dedicated by an unidentified student to Feofan Prokopovyč. A manuscript dedication on the bottom of the title page: "Admodum Reverendi in Christo Patri Theophano Prokopowicz Concionatori Colegii Mohileani, meo amantissimo Patri …" ("To the most reverend in Christ father Feofan Prokopovyč, the preacher of the Mohilean College and my dear father …"). NLRSPb, shelfmark: Россика ИН364794/1. Photo J. Niedźwiedź 42

12 The title page of the *Hercules post Atlantem*. RSLM, shelfmark (n. inv.) 7456; public domain 48

13 The title page of the *Echo głosu wołającego na puszczy*. BKUL, shelfmark P. XVII.614; public domain 94

Abbreviations

1 Stefan Javors'kyj's Works

ARCT	*Arctos caeli Rossiaci*
ECHO	*Echo głosu wołającego na puszczy*
HERC	*Hercules post Atlantem*
PEŁN	*Pełnia nieubywającej chwały*
JAVOR.SERMONS	Stefan Javors'kyj, *Sermons from the Ukrainian Period*, vol. 1, ed. by Giovanna Brogi, Maksym Yaremenko, Tetiana Kuzyk, Marzanna Kuczyńska, Jakub Niedźwiedź, Leiden 2025

2 Sigla

adj.	adjective
B.A.	Bartosz B. Awianowicz
BN Warsaw	the National Library in Warsaw, Poland (Biblioteka Narodowa)
Bible sigla	https://www.aresearchguide.com/bibleabb.html
BKUL	the Library of the Catholic University in Lublin, Poland (Biblioteka KUL)
BUW	the Warsaw University Library (Poland; Biblioteka Uniwersytetu Warszawskiego)
BW	The Wujek Bible (1599): *Biblia, to jest księgi Starego i Nowego Testamentu według łacińskiego przekładu starego w Kościele powszechnym przyjętego na polski język znowu z pilnością przełożone z dokładaniem tekstu żydowskiego i greckiego i zwykładem katolickim trudniejszych miejsc do obrony wiary świętej powszechnej przeciw kacerstwu tych czasów należących*, transl. Jakub Wujek, Kraków 1599. http://www.madel.jezuici.pl/biblia/ (access: 9.03.2024)
cont.	contemporary
dosł.	dosłownie (literally)
EWoJ	*Encyklopedia wiedzy o jezuitach na ziemiach Polski i Litwy 1564–1995*, ed. Ludwik Grzebień, Kraków 2004
Gr.	Greek
It.	Italian
J.N.	Jakub Niedźwiedź
KJV	King James Version (1611): https://www.kingjamesbibleonline.org/
KDNBK	the Korolenko State Scientific Library in Kharkiv, Ukraine (Харківська державна наукова бібліотека імені В.Г. Короленка)

MS	manuscript
NKPP	*Nowa księga przysłów polskich*, w oparciu o dzieło Samuela Adalberga, vol. 1–4; ed. Julian Krzyżanowski et al., Warszawa 1969–1978
NLRSPb	The National Library of Russia in St. Petersburg (Российская национальная библиотека, РНБ)
Ossol.	the Ossoliński National Institute in Wrocław, Poland (Zakład Narodowy im. Ossolińskich)
PG	*Patrologia Graeca*
Pol.	Polish
r.	recto
RGADA	The Russian State Archive of Ancient Documents in Moscow, Russia (Российский государственный архив древних актов, РГАДА)
RGIA	The Russian State Historical Archive, St. Petersburg (Российский государственный исторический архив, РГИА)
RSLM	The Russian State Library, Moscow (Российская государственная библиотека)
Rom.	Romanian
sing.	singularis
transl.	translation
Ukr.	Ukrainian
v.	verso
VUB	the Vilnius University Library, Lithuania (Vilniaus Universiteto Biblioteka)
Vulg.	Biblia Sacra Vulgata—*Biblia sacra ad vetustissima exemplaria castigata, necnon figuris et chorographicis descriptionibus illustrata*, Lugduni: apud Gulielmum Roullium sub scuto Veneto, 1569

3 Ancient, Medieval, and Early Modern Sources

ALCIATUS, *Embl.*	Andea Alciato, *Emblemata* (various editions with the layout based on the Lyon edition of 1550)
ARRIAN, *Alex.*	Lucius Flavius Arrianus, *Anabasis Alexandri*
AUGUSTINUS, *De civ. Dei*	Augustine of Hippona (Lat. Aurelius Augustunus), *De civitate Dei*
BERNARD OF CLAIRVAUX, *Serm* 7.	Bernard of Clairvaux, *Sermo* 7 (*SBO*, vol. 4: 421)
CASSIUS DIO	Lucius Cassius Dio Cocceianus, *Roman History* (Gr. Ῥωμαϊκὴ Ἱστορία)
BOETHIUS, *Consolatio*	Ancius Manlius Severinus Boethius, *De consolatione philosophiae*

CICERO, *Att.*	Marcus Tullius Cicero, *Epistulae ad Atticum*
CICERO, *De orat.*	Marcus Tullius Cicero, *De oratore*
CICERO, *Fin.*	Marcus Tullius Cicero, *De finibus bonorum et malorum*
CICERO, *Manil.*	Marcus Tullius Cicero, *Pro lege Manilia* (*De imperio Cn. Pompei*)
CICERO, *Nat. deor.*	Marcus Tullius Cicero, *De natura deorum*
CICERO, *Tusc.*	Marcus Tullius Cicero, *Tusculanae disputationes*
CICERO, *Rosc. Am.*	Marcus Tullius Cicero, *Pro Roscio Amerino*
CLAUDIAN, *De raptu*	Claudius Claudianus, *De raptu Proserpinae*
CLAUDIAN, *Carm. min.*	Claudius Claudianus, *Carmina minora*
CLAUDIAN, *Consul. Stil.*	Claudius Claudianus, *De consulatu Stilichonis*
CLAUDIAN, *Deprecatio*	Claudius Claudianus, *Deprecatio ad Hadrianum*
CLAUDIAN, *In Rufinum*	Claudius Claudianus, *In Rufinum*
CLAUDIAN, *Paneg.*	Claudius Claudianus, *De consulatu Fl*(*avii*) *Mallii Thorodori panegyris*
COLUMELLA	Lucius Iunius Moderatus Columella, *De agri cultura*
CORNELIUS A LAPIDE	Cornelius a Lapide, *Memoriale praedicatorum sive synopsis biblica, theologica, moralis, historica et oratoria commentariorum,*
CURTIUS RUFUS	Quintus Curtius Rufus, *Historiae Alexandri Magni*
DIOGENES LAERTIUS	Diogenes Laertius, Βίοι καὶ γνῶμαι τῶν ἐν φιλοσοφίᾳ εὐδοκιμησάντων (*Vitae philosophorum*)
GELLIUS	Aulus Gellius, *Noctes Atticae*
HERODOTUS, *Hist.*	Herodotus, *Historiae*
HESIOD, *Th.*	Hesiodus, *Theogonia*
HORACE, *Carm.*	Quintus Horatius Flaccus, *Carmina* (*Odes*)
HORACE, *Epist.*	Quintus Horatius Flaccus, *Epistulae* (*Epistles*)
IUVENAL	Decimus Iunius Iuvenalis, *Satires*
JUSTIN, *Epitoma*	Marcus Iunianus Iustinus, *Epitoma Historiarum Philippicarum Pompei Trogi*
KOCHANOWSKI, *Pieśni*	Jan Kochanowski, *Pieśni*
KOCHANOWSKI, *Psalmy*	Jan Kochanowski, *Psałterz Dawidów*
KOCHANOWSKI, *Treny*	Jan Kochanowski, *Treny*
KOCHOWSKI, *Utwory*	Wespazjan Kochowski, *Utwory poetyckie. Wybór*, ed. M. Eustachiewicz, Wrocław: Ossolineum, 1991, BN I 92.
LACTANTIUS, *De mortibus*	Lucius Caecilius Firmianus Lactantius, *Liber de mortibus persecutorum*
LIVY	Titus Livius, *Ab Urbe condita libri* CXLII
LUCANUS	Marcus Annaeus Lucanus, *De bello civili* (*Farsalia*)
LUCRETIUS	Titus Lucretius Carus, *De rerum natura*

MACROBIUS, *Sat.*	Ambrosius Macrobius Theodosius, *Saturnalia*
MART. CAPELLA	Martianus Felix Capella, *De nuptiis Philologiae et Mercurii*
MARTIAL	Marcus Valerius Martialis, *Epigrammaton libri*
OGI	*Orientis Graeci Inscriptiones selectae*, ed. Wilhelm Dittenberg, vol. 2, Leipzig 1905
OVID, *Am.*	Publius Ovidius Naso, *Amores*
OVID, *Epist.*	Publius Ovidius Naso, *Epistulae* (*Heroides*)
OVID, *Met.*	Publius Ovidius Naso, *Methamorphoses*
OVID, *Pont.*	Publius Ovidius Naso, *Epistulae ex Ponto*
OVID, *Rem.*	Publius Ovidius Naso, *Remedia amoris*
OVID, *Trist.*	Publius Ovidius Naso, *Tristia*
PHAEDRUS, *Fab.*	Gaius Iulius Phaedrus, *Fabulae*
PINDAR, *N.*	Pindarus, *Nemea*
PLINY, *NH*	Gaius Plinius Secundus, *Naturalis historia*
PLUTARCH, *Alex.*	Plutarchus, *Life of Alexander*
PLUTARCH, *Lyc.*	Plutarchus, *Life of Lycurgus*
PROPERT., *El.*	Sextus Propertius, *Elegiae*
PS.-APOLLODORUS, *Bibl.*	the *Bibliotheca* of Pseudo-Apollodorus (1st–2nd century AD)
QUINTILIAN	Marcus Fablius Quintilianus, *Institutio oratoria*
SARBIEWSKI, *Lyr.*	Maciej Kazimierz Sarbiewski, *Lyricorum libri IV*
SENECA, *Dial.*	Lucius Annaeus Seneca, *Dialogorum libri XII*
SENECA, *Herc. f.*	Lucius Annaeus Seneca, *Hercules furens*
SENECA, *Herc. O.*	Lucius Annaeus Seneca, *Hercules Oetaeus*
SENECA, *Med.*	Lucius Annaeus Seneca, *Medea*
SOAREZ, *De arte*	Cypriano Soarez, *De arte rhetorica libri tres, ex Aristotele, Cicerone et Quintiliano praecipue deprompti* (many different editions, since 1562 the same order and content of the chapters)
STATIUS, *Silv.*	Publius Papinius Statius, *Silvae*
STATIUS, *Th.*	Publius Papinius Statius, *Thebais*
SUETONIUS	Gaius Suetonius Tranquillus, *De vita Caesarum*
SYRUS, *Sententiae*	Publilius Syrus, *Maksymy moralne—Sententiae*, ed. and transl. Aleksandra Szymańska, Ireneusz Żeber, Wrocław 2020.
TASSO, *Gofred*	Torquato Tasso, *Gofred abo Jeruzalem wyzwolona*, transl. Piotr Kochanowski
TERENCE, *Phorm.*	Publius Terentius Afer, *Phormio*
TWARDOWSKI, *Paskwalina*	Samuel Twardowski, *Nadobna Paskwalina*

VALERIUS MAX.	Valerius Maximus, *Facta et dicta memorabilia*
VARRO, *Ling.*	Marcus Terentius Varro, *De lingua Latina*
VERGIL, *Aen.*	Publius Vergilius Maro, *Aeneid*
VERGIL, *Ecl.*	Publius Vergilius Maro, *Eclogae*
VERGIL, *Geor.*	Publius Vergilius Maro, *Georgica*
VORAGINE, *Aurea legenda*	Jacobus de Voragine, *Aurea legenda* https://www.christianiconography.info/goldenLegend/index.html#expansion (accessed 29.01.2024)

Map of the Hetmanate, ca. 1690

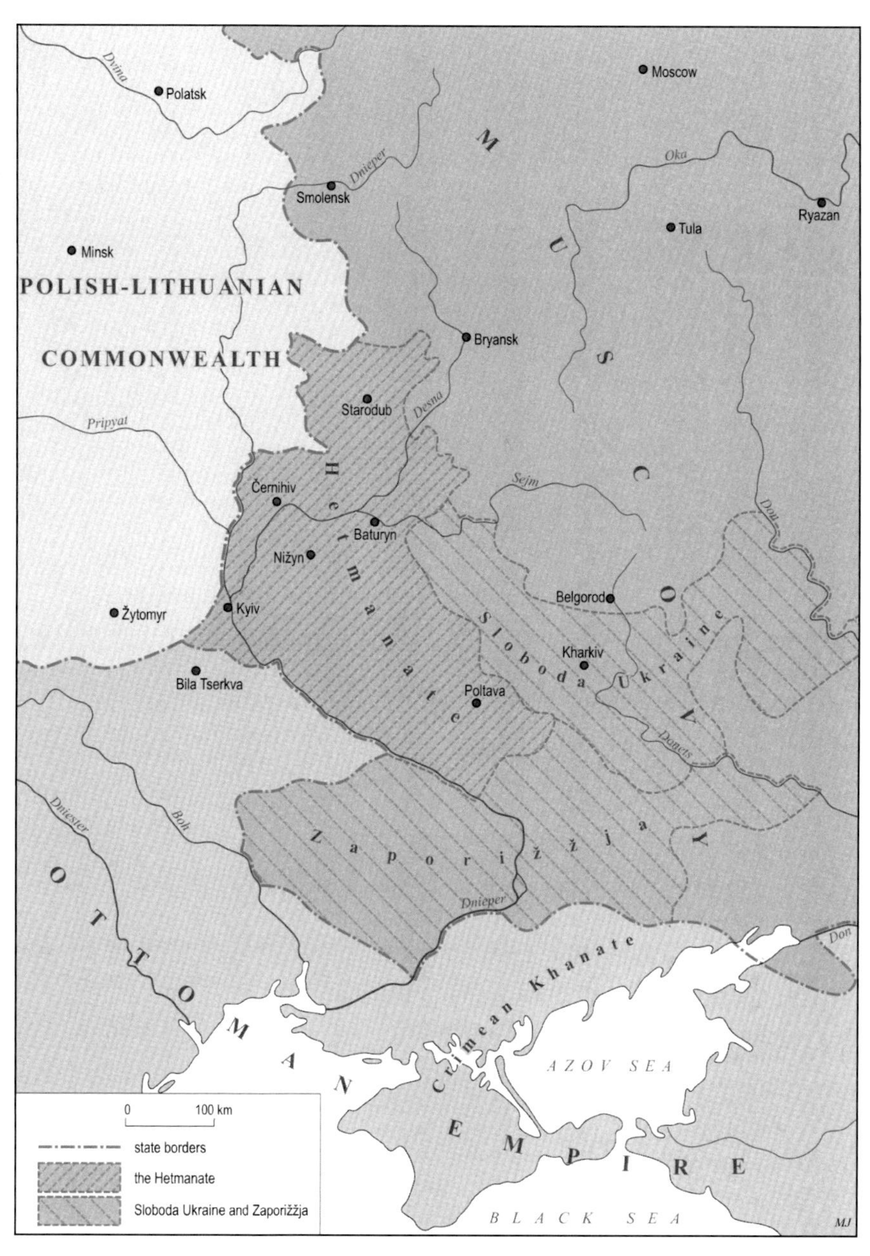

DESIGNED BY MARIA JURAN

INTRODUCTION

Stefan Javors'kyj and His Panegyrics

Jakub Niedźwiedź

1 Introduction

Stefan Javors'kyj,[1] whose works we present in this two-volume edition, was one of the leading figures in the literature of the Hetmanate (Ukr. *Гетьманщина*), the state of Ukrainian Cossacks in the 17th and the beginning of the 18th centuries (see Map of the Hetmanate, p. XVII).[2] Javors'kyj was active as a prolific preacher, poet, and scholar. He belonged to the cultural and religious elites of the country and his literary output, both oral and written, was highly appreciated by his contemporaries. The high literary quality and historical value of his texts stand out from the literary production in Ukraine and other Slavonic countries in the last two decades of the 17th century. These texts render very clearly all the features of the late 17th-century literary culture of the Hetmanate and other Eastern European countries.

Ukrainian literature had a long tradition, rooted in the culture of the medieval Kyivan Rus'. Having received baptism from Constantinople in 988, in the 10th–11th centuries the ruling class was still connected to the Western tradition but, since the 11th century, the Ukrainian lands were strongly influenced by South Slavic and Byzantine-Orthodox culture. However, in the late Middle Ages, the Ruthenians[3] began to shift their attention towards the west. In 1569, the Ruthenian elites came together to form the Polish-Lithuanian Common-

1 Javors'kyj is a person who belongs to the history of Ukrainian, Russian, and Polish culture so his name can be pronounced in three variants and has three written versions: Ukrainian Стефан Яворський, Russian Стефан Яворский, and Polish Stefan Jaworski (which he often used as his signature). In this edition, we decided to use an English transcription of the Ukrainian version. There are several other English variants of his name, transcribed both from Ukrainian and Russian: Iavorski, Iavorskii, Iavors'kyi, Javorskij, and Yavorsky.

2 In the times of Javors'kyj the Hetmanate was a semi-independent state within Muscovy (Russia). It covered roughly the territory of contemporary Ukraine on the left bank of the Dnipro River. The Cossacks represented not only the military power, but also formed the political structure of the country: the Cossack nobility represented the dominant class under the rule of a Hetman. Its heyday was during the time of Hetman Ivan Mazepa.

3 The name Ruthenians is used in scholarship to indicate the Belarusian and Ukrainian peoples and their culture and language in the 15th–18th centuries.

 | DOI:10.1163/9789004737518_002

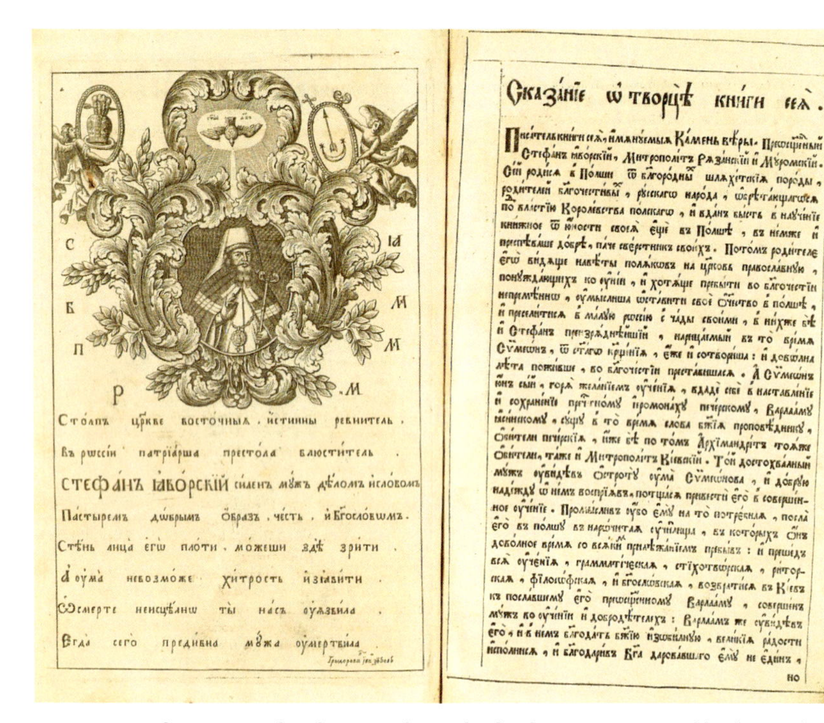

Столпъ цркве восточныя, истинны ревнитель,
Въ россіи патріарша престола блюститель.
СТЕФАНЪ ЯВОРСКІЙ силенъ мужъ дѣломъ и словомъ
Пастыремъ добрымъ образъ, честь, и Богословомъ.
Сѣнь лица его плоти, можеши здѣ зрити.
А ума невозможе хитрость изъявити.
О смерте неисцѣлно ты насъ уязвила.
Егда сего предивна мужа умертвила.

Сказаніе ѿ творцѣ книги сея.

FIGURE 1 The portrait of Stefan Javors'kyj with a laudatory epigram and his biography published in the second edition of *Kamen very*. Яворський 1729, Национальная электронная библиотека https://rusneb.ru/catalog/000199_000009_004091833/ (accessed 24.05.2025)
PUBLIC DOMAIN

wealth, a composite state, which covered roughly the territory of contemporary Belarus, Lithuania, Poland, and Ukraine. In this vast multi-ethnic, multireligious, and multilingual state, Latin culture was dominant, a fact which also influenced the Orthodox-Ruthenian inhabitants of the eastern parts of the country. As a consequence, in the 16th and 17th centuries the Ukrainian lands—although still mainly Orthodox—became an integral part of Latin-based Europe and contributed to the development of its literature.

When the Hetmanate emerged in the mid-17th century, it was the cities of Kyiv and Černihiv that became the major centres of Ukrainian literary culture.

The Kyiv-Mohyla College, founded in 1632 and elevated to the status of an Academy (university) in 1694, played a fundamental role in the literary education of the country's elites.[4] Among its professors or alumni were such lead-

4 Cf. Петров 1895; Хижняк, Маньківський 2003: 39–134.

FIGURE 2 The view of Kyiv in the times of Javors'kyj. A fragment of the theses of Ivan Obidovs'kyj defended in the Kyiv-Mohyla College in August 1691. *Conclusiones theologicae et philosophicae*, a copperplate by Ivan Ščyrs'kyj, Kyiv 1691, NLRSPb
PHOTO J. NIEDŹWIEDŹ

ing Ukrainian intellectuals as Innokenty Gizel' (ca. 1600–1683), Lazar Baranovyč (ca. 1620–1693), Dmytro Tuptalo (Dimitry of Rostov, 1651–1709), Pylyp Orlyk (Filip Orlik, 1672–1742), and Feofan (Theophan) Prokopovyč (1681–1736). The heyday of Ukrainian literature was in ca. 1670–1740, thanks in part to the patronage of Hetman Ivan Mazepa (1639–1709), the ruler of the Hetmanate.[5]

Because of the borderland position of the country, its literature was the result of negotiating between several literary traditions and mixing them. The basis was the Orthodox tradition and its texts in Church Slavonic. However, the Ukrainian authors of the time were trained in Latin and Polish, and were well versed in "Western" literature: ancient Roman, neo-Latin, and Polish. They were familiar with the most popular polemic and didactic literature of the European Counter-Reformation published in Italy, Germany, Belgium, and other countries. Ruthenian erudite scholars and poets cultivated literature in their own written vernacular language, the so called *prosta mova* ('simple speech'), a combination of Eastern Slavic linguistic tradition with Polish, Latin, and German lexemes and syntax.[6] Besides their "simple language", the Ukrainian authors of the 17th and early 18th centuries wrote in Church Slavonic, Ruthenian, Polish, and Latin. They could print their texts or publish them in the form of a manuscript. They combined the old Slav-Orthodox genres, such as sermons,

5 On the role of Mazepa in the history of the Hetmanate cf. Siedina 2004; Tairova-Yakovleva 2020.

6 Cf. Успенский 2002: 386–408; Русанівський 2001: 43–125; Brogi 2005: 11–12; Moser 2016; Danylenko 2017: 31–57; Temčinas 2017: 86–90, 97–107.

lives of saints, chronicles, and the like, with brand-new literary devices, popular in the Catholic and Protestant countries, such as emblems, poems written in regular syllabic verses with rhymes, didactic treatises, narrations based on biblical or pseudo-historical plots, and historical accounts. In Ukrainian literature, Byzantine-Greek, humanistic, or Catholic Counter-Reformation elements can be found side by side in the same text. Literary output was supported by the theory of poetry and prose: dozens of theoretical courses were lectured at the Kyiv-Mohyla College and often transcribed. They were based on Polish (mainly M.K. Sarbiewski) and other Western treatises of rhetoric and poetics (such as I. Pontanus, F. Robortello, A. Ines, I.C. Scaliger, M.G. Vida, and others).[7] All this resulted in the establishment of a rich, multilayered, and attractive literary culture. It was not by chance that dozens of Ukrainian writers and scholars were invited (or obliged) to work in Russian monasteries or at the Tsar's court (the most famous example is Simiaon Polacki) and strongly contributed to shaping Russian literature and graphosphere[8] in the times of Aleksej Michailovič (1629–1676), Sofija Alekseevna, and Peter I (1672–1725). They played an important role in the process of the modernization of Russia.[9]

Stefan Javors'kyj and his works were at the very centre of the processes of making late 17th-century Ukrainian literature and shaping the literary culture of Eastern Europe.

2 Who Was Stefan Javors'kyj?

Simeon Ivanovich Javors'kyj[10] was born in 1658 in the eastern part of the Kingdom of Poland, probably in the town of Javoriv near Lviv (today western Ukraine) in an Orthodox family. His native languages were Ukrainian and probably Polish. In his childhood, his parents Ivan and Eufemia—for religious and

7 For a general overview and bibliography cf. Siedina 2017: 7–23.

8 The term graphosphere was introduced to Slavic studies by Simon Franklin, cf. Franklin 2011: 531–560.

9 In Moscow-oriented historiography the role of Ukrainian literature and Ukrainian writers in constructing modern Russian literary culture is often marginalized. An example is a recent book by Franklin (Franklin 2019).

10 The first biography of Stefan Javors'kyj was published shortly after his death, along with his theological treatise *Kamen' very* (cf. Яворський 1728). The biography of Javors'kyj presented here was based on the following publications: Терновский 1864a: 36–70; Терновский 1864b: 136–186; Терновский 1864c: 136–186. Чистович 1868; Самарин 1880; Щёголев 1901: 638–641; Королев 1909: 413–422; Захара 1991; Nikolaev 1995: 116–119.

political reasons—moved to Nižyn in the eastern part of the Cossack state, ca. 140 km north-east of Kyiv. In the late 1670s or early 1680s, he went to Kyiv where he studies liberal arts, probably at the Kyiv-Mohyla College or privately with Barlaam Jasyns'kyj (1627–1707),[11] then rector of the Kyiv-Mohyla College. In 1681 or maybe in 1682 with the blessing of Jasyns'kyj, Javors'kyj set out for the Polish-Lithuanian Commonwealth, where he continued to study in Jesuit colleges until 1688.[12] He studied philosophy at the Jesuit colleges of Lviv and Lublin (1681 or 1682–1683), and at the Academy of Vilnius, where he received his master of philosophy degree in 1684. Next, he continued his theological studies in Vilnius until 1686, when he moved to the Jesuit college in Poznań. He completed his theological studies in 1688. Being a Jesuit student, Javors'kyj converted to Catholicism (Uniatism) and took the name Stanisław. He acquired extensive knowledge of philosophy and Catholic theology and became well versed in Polish literature, which flourished at that time, especially poetry and sermons. During his Jesuit studies, he copied Polish and Latin sermons[13] and wrote two manuscript manuals on philosophy and philology (now lost).[14]

In 1684, while still in Vilnius, he wrote his first panegyric in Polish and Latin *Hercules post Athlantem*. In this book he commemorated Jasyns'kyj, who was elected Archimandrite of the Kyiv Caves Monastery (Kyiv-Pečersk Lavra), the most prestigious Orthodox monastery in Eastern Europe. The book was sent to Černihiv, where it was published and then presented to Jasyns'kyj in the absence of the author.[15]

---

11 Cf. Васильев 1892: 531; Варлаам Ясинский 1905; Хижняк 2001: 617–619; Люта 2015.

12 The course of Javors'kyj's studies was meticulously reconstructed by Mykola Fediai (Микола Федяй) in his brilliant doctoral thesis. He proved that Javors'kyj began his studies at the Jesuit colleges not in 1684, as has been stated in numerous publications, but at least two years earlier. I am grateful to the author for making his work available to me before publication. Cf. Федяй 2025, chapter 2.

13 A Polish sermon about St. Nicholas and a Latin about St. Francis Borgias *Princeps sine tiara seu S. Borgias* (*The Prince without His Tiara*). Cf. Javors'kyj, SERMONS, RGIA: Ms. RGIA, shelfmark ф 834, оп. 2, д. 1592в, f. 933r–938v. The source of the Polish sermon remains unknown, although it is probable it was Javors'kyj who wrote it. The sermon about Borgias was written by a Polish Jesuit Łukasz Stanisław Słowicki (1654–1717), whom Javors'kyj must have met in Poznań. In 1684–1687, Słowicki held the position of the professor of rhetorics there; see EWoJ: 624. The sermon about Borgias was published in 1705 in a collection of his Latin sermons (see Słowicki 1705: 192–202). Javors'kyj quoted a sentence from this sermon in PEŁN XVIII 2.

14 Нежинский 1861: 343; Терновский 1864а: 52.

15 Федяй 2025, chapter 2.

In 1688,[16] Javors'kyj went back to Kyiv and returned to Orthodoxy. His mentor Jasyns'kyj persuaded him to be tonsured and in the same year, he became an Orthodox monk under the name of Stefan.

It was a time of dramatic changes in the Ukrainian Orthodox Church. Until the 1680s, Kyiv had ecclesiastical autonomy because it belonged to the Patriarchate of Constantinople. This situation changed in 1685, when Gedeon Četvertyns'kyj (Czetwertyński), the Metropolitan Bishop of Kyiv, subordinated his Metropolis to the jurisdiction of the Moscow Patriarchate.[17] This drastically reduced the relative independence of the Kyivan Church. After Četvertyns'kyj's death in 1690, Jasyns'kyj, the new Metropolitan, tried to restore the autonomy of the Metropolis. Javors'kyj, who belonged to Jasyns'kyj's inner circle, supported his efforts, especially in his writings. In the following years, Javors'kyj became an important member of the intellectual and religious life in the Hetmanate, which provided him with good prospects for pursuing his ecclesiastical career.

In 1690 he became a lecturer of arts at the Kyiv-Mohyla College. A year later in 1691 he was appointed as the supervisor of the programme of the College (*praefectus studiorum*), in 1691–1693 he lectured on philosophy, and in 1693–1697 on theology, which were the most important and demanding subjects.[18] Among his students were several future ecclesiastical and political leaders, such as Feofilact (Theophilact) Lopatyns'kyj (ca. 1670–1741),[19] Prokopovyč,[20] and Pylyp Orlyk.[21]

As a leading professor of the school, he must have been engaged in transforming the College into an Academy (university), which occurred in 1694. In these activities, he certainly took advantage of his educational experiences in Poland and Lithuania and applied the Jesuit models of education in reforming the programme of teaching and the structure of the university. Later, his academic duties were probably reduced, because in 1697 he was elected Hegumen of St. Nicholas's Monastery in Kyiv.

After he returned from Poland, in his Ukrainian period (1689–1700) Javors'kyj was a diligent and prolific author. He published three more, large panegyrics

---

16 The panegyric for Mazepa *Echo* was published for the day of St. John the Baptist, celebrated on 7 January 1689. It took at least a few weeks to write the text, make the copperplates, and print the book. All of this means that Javors'kyj must have returned to Kyiv in the last months of 1688.

17 Cf. Терновский 1872: 87–172; Власовський 1956: 330–343; Tairova-Yakovleva 2020: 30–33.

18 Cf. Яременко 2020: 11–30.

19 Cf. Титлинов 1913: 457.

20 Cf. Чистович 1868: 1–2.

21 Cf. Marker 2010: 126–127; Sobol 2021: 32.

and wrote a great number of sermons and treatises (lectures) on rhetoric and theology. Jasyns'kyj, who in 1690 was elected Metropolitan Bishop of Kyiv, was still Javors'kyj's main patron. However, Javors'kyj also became a client of the powerful Hetman Mazepa and the members of his family.

In 1700, he and his colleague Archimandrite Zaharij Kornylovyč were sent to Moscow as envoys of Metropolitan Jasyns'kyj to Tsar Peter I. A sharp-minded and brilliant preacher, Javors'kyj impressed the Tsar, who appreciated his intellect, Western European education, and rhetorical skills. Peter demanded that the Hegumen stayed in Moscow and be granted any of the vacant bishoprics close to the capital. Shortly afterwards, in April 1700, against his will, Javors'kyj was ordained Metropolitan of Ryazan and Murom.[22] He held this position until his death.

In the early 1700s, Javors'kyj was one of the participants of the reform of the Orthodox Church in Russia inspired by Peter I. In October 1700, Peter appointed him to the vacant position of the head of the Russian Orthodox Church, though not as the Patriarch of Moscow but only the *locum tenens* (the acting Patriarch): Javors'kyj defined himself as Exarch. The Metropolitan, who did not have any greater political ambition and was not a strong-willed personality, went along with the charismatic Tsar. In some ways he helped the Tsar subordinate the Church to the state. This process continued in the following decades; Javors'kyj tried to oppose some of Peter's reforms, but was forced to take part in the transformations which made the Church a tool of the political decisions of the monarch.

In his reforms Javors'kyj, aimed to apply some of the principles which were widely used in the Orthodox Church in Ukraine. He was convinced that the Orthodox Church must be strengthened against the pressure of Protestantism, which he regarded as the main threat to the "only true Orthodox faith". On the other hand, he perceived some models proposed by the Catholics as valid also for the Eastern Church. Thus, he adapted elements of Thomistic theology to the Slavo-Byzantine tradition, developed humanistic and literary-based education, and promoted some methods of post-Tridentine evangelization. To carry out the reforms, he invited several of his colleagues from Kyiv and granted them important ecclesiastical positions in Russia.

Javors'kyj also initiated the reform of the Moscow Theological Academy, the only higher school in Moscow. It was founded in 1687 and in 1701, thanks to Javors'kyj's efforts, it was granted the title of an Academy. In 1704 Feofilact Lopatyns'kyj, Javors'kyj's pupil from Kyiv, became professor of theology and the

---

22 Cf. Соловьев 1895–1896: col. 1361.

praefectus studiorum. In 1709 he also became rector.[23] The Moscow Academy was modelled on the Kyiv-Mohyla Academy. Its professors—some of whom originated in Ukraine—introduced the humanistic/Latin methods of educating the clergy on a large scale.

From the very beginning of his Russian period, Javors'kyj, whose intellectual development was strongly influenced by the humanist Latin culture that he acquired during his studies in Ukraine and Poland-Lithuania, had many critics and enemies. Despite this, in the first decade of his time spent in Russia, he was close to the Tsar, and thanks to this he could pursue his reforms. Though trying to defend some prerogatives of the Church, Javors'kyj was obliged to support Peter I during the Great Northern War (1700–1721). The most difficult time for him was in 1708 when Mazepa changed allies and participated in the wars of the King of Sweden Charles XII against Peter. The Tsar forced Javors'kyj to officially condemn and anathematize the Hetman. As head of the Orthodox Church Javors'kyj excommunicated the Hetman, declaring him an ally of the Lutheran "heretics".[24] However, a close analysis of the sermon preached by Javors'kyj during the excommunication service reveals that he was deeply affected by the Tsar's decision and the tragic events of Mazepa's fall.[25]

After 1710, cooperation between Javors'kyj and Peter became more and more difficult. Javors'kyj was preoccupied with the Protestant sympathies of the Tsar and his policy of subordinating the Church to the state. The acting Patriarch never openly objected to Peter, though. His ecclesiastical powers were illusory and ultimately he always fulfilled the Tsar's orders. He was not allowed to resign from his position and go back to Ukraine. Until his death he was obliged to live in Moscow and St. Petersburg. In 1718 he was forced to take an active part in the trial of Peter's oldest son Aleksej Petrovič, and later after the suspicious death of the Tzarevich relations between Javors'kyj and Peter worsened significantly.

The most powerful opponent of the acting Patriarch was Feofan Prokopovyč, a former student of Javors'kyj's in Kyiv. In 1713 Javors'kyj and his supporters (among them Lopatyns'kyj) unsuccessfully tried to prevent Prokopovyč from obtaining the bishopric of Pskov. The roots of the conflict can be found in two different worldviews and two opposing visions of the church reforms, but one of the main causes also was Prokopovyč's ambition and lust for power. In the

23 Cf. Титлинов 1913: 457–466; Николаев 1999: 226–228.
24 Cf. Brogi 2000: 167–188; Таирова-Яковлева 2007: 224–225.
25 Cf. Brogi 2012: 205–226; Tairova-Yakovleva 2020: 213–214.

subsequent years, the latter took a high place among the Tsar's advisors and in the Orthodox Church. This resulted in the gradual decline of Javors'ky's prestige in the Church and in the state. In 1721, on the advice of Prokopovyč, Peter I decided to abolish the Patriarchate of Moscow. The Most Holy Synod became the new body that governed the Orthodox Church. Javors'kyj was its president, but he had lost all his power.

In this period Javors'kyj was very active as a patron of the arts, writer, and scholar. He founded the Baroque Monastery of the Annunciation, constructed in 1702–1715 in his hometown of Nižyn. He provided monks with large sums of money, and in 1722, shortly before his death, he bequeathed his library to the monastery.[26]

In 1732 the library was transferred to Kharkiv and became a part of the university library. A good half of the books survived until February 2022.[27]

Javors'kyj had been collecting books since his studies in Poland. His library grew constantly and its inventories listed more than 600 volumes. The vast majority were Latin and Polish books written by Western authors from the 16th and 17th centuries: collections of sermons, encyclopaedias, commentaries on the Bible, dictionaries, historiography, poetry, theological treatises, and others.[28]

The manuscript notes in most of the books inform us that he actually read them. They were an aid and inspiration for his own literary works.

In his Russian period, Javors'kyj wrote verses only on a few occasions, such as two short poems for the death of Barlaam Jasyns'kyj and an elegy to his books. All the works he wrote in Russia were in prose and concerned ecclesiastical issues. He prepared and delivered a great number of sermons, both liturgical and occasional in character: the latter were devoted to the Tsar's victories and the imperial family feasts. The manuscripts of his sermons have survived. Besides the sermons, in 1713–1718, he wrote the first Russian treatise of Orthodox theology *Kamen' very* (The Rock of Faith).[29] This large book (over 1000 pages) was published as late as 1728 and reissued in 1729 and 1730, which

---

26 Cf. Нежинский 1861: 342–347; Маслов 2014a; Маслов 2014b: 17–102.

27 Cf. Маслов 1914a: 98–162; Маслов 1914b: 17–102; Луцька, Мазманьянц 1986: 82–86; Brogi 2002: 11–25; Коронєнко 2003: 187–192; Маркман 2003: 181–187; Brogi 2004a: 383–392; Броджи 2006: 303–311. After the Russian aggression against Ukraine in 2022, the Kharkiv libraries were damaged by Russian missiles. The most precious parts of the collections were evacuated by the Ukrainian librarians, though. There is a chance that Javors'kyj's books will survive.

28 Cf. Brogi 2004a: 383–392.

29 Яворський 1728. Cf. Морев 1904.

[illegible] 1732 [illegible]

[illegible]

[illegible] Libri in Folio.		[illegible]	
1:	Cornelius á Lapide in Pentateuchum	Cornelius a Lapide in Evangelia:	6:
2:	Cornelius á Lapide in proverbia Solomonis	Carthagena de mysteriis [illegible]:	30:
3:	Cornelius á Lapide in Ecclesiasticum	Hystoria biblica Iconibus illustrata:	62
4:	Cornelius á Lapide in 4. Prophetas [illegible]	Hystoria Evangelica Imagines:	63:
5:	Cornelius á Lapide in 12. prophetas [illegible]	Żywoty Swiętych in 2do:	49:
6:	Cornelius á Lapide in Epistolas D. Pauli.	Divi Thomae [illegible] Summae Theologiae pars 1ma.	10:
7.	Cornelius á Lapide in Epistolas D. Petri, D. Jacobi, D. Joannis. D. Judae et Thadei;	Disputationes Scholasticae et morales de Lugo:	20:
8:	Cornelius á Lapide in Acta Apostolorum;	[illegible] Spei publica:	87:
9:	Cornelius a Lapide in Apocalipsim;		
10:	Tertulliani Omniloquium tomus 3tius.		
11:	Tertulliani Omniloquium tomus 2dus.		
12:	Gregorij Nazianzeni Opera.		
13:	Athanasij Magni Archiep: Alexandrini Opera tom: 2dus		
14:	Clementis Alexandrini Opera Graecolatina.		
15:	S. Patris Epiphanij Kiprskij. tomus 1mus.		
16:	S. Patris Epiphanij Cypri: tomus 2dus.		
17:	Amphilochij Iconiensis Methodij Opera.		

FIGURE 3 The inventory of Stefan Javors'kyj's library from 1732. RGIA, shelfmark 498–01 ч3 ф. 834 оп. 3 д. 3721б00002

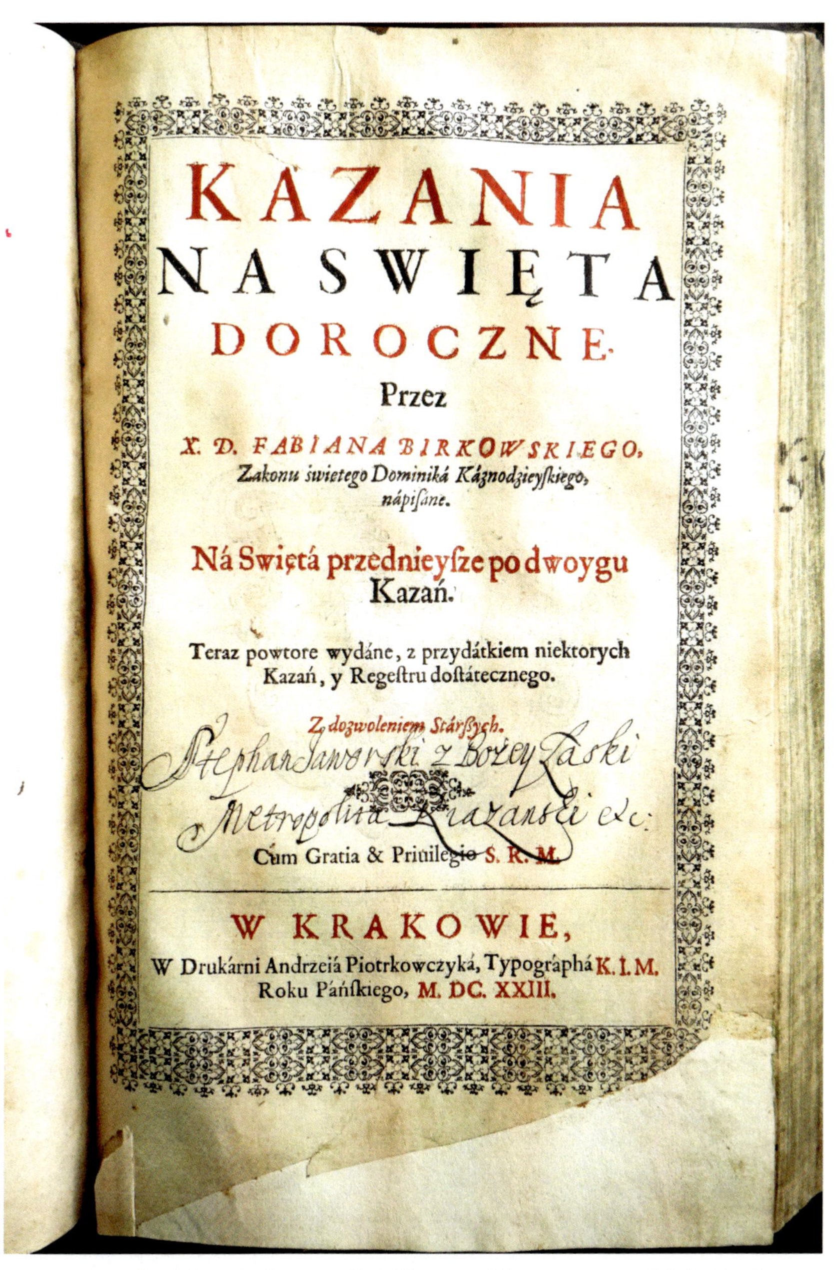

KAZANIA
NA SWIĘTA
DOROCZNE.
Przez
X. D. FABIANA BIRKOWSKIEGO,
Zakonu świętego Dominiká Káznodzieyſkiego,
nápiſane.

Ná Swiętá przednieyſze po dwoygu
Kazań.

Teraz powtore wydáne, z przydátkiem niektorych
Kazań, y Regeſtru doſtátecznego.

Z dozwoleniem Stárſzych.

Stephan Jaworski z Bożey Łaski
Metropolita Riazanski etc.

Cum Gratia & Priuilegio S. R. M.

W KRAKOWIE,
W Drukárni Andrzeiá Piotrkowczyká, Typográphá K. I. M.
Roku Páńſkiego, M. DC. XXIII.

FIGURE 4 A book from Stefan Javors'kyj's library with his signature in Polish: "Stephan Jaworski z Bożej Łaski Metropolita Riazański etc." ("Stephan Javors'kyj, by the Grace of God the Metropolitan of Ryazan etc."). Fabian Birkowski, *Kazania na święta doroczne*, Kraków 1623. KDNBK shelfmark 527503 Явор (B)
PHOTO J. NIEDŹWIEDŹ

proves its great popularity. He also wrote pamphlets against "heretics" and on ecclesiastical themes.[30] Javors'kyj's last work was the farewell elegy to his books, added to his last will in 1722.

It is probable that the investigation against Javors'kyj, who was suspected of conspiracy against Peter I, was already in progress. Javors'kyj died on 27 November/8 December 1722 in Moscow. Javors'kyj was buried in the Dormition Cathedral of the Theotokos in Ryazan (Russia).

3 Javors'kyj's Literary Output

As an ecclesiastical and political leader, Javors'kyj was an ambiguous figure. Thus, Ukrainian, Russian, and other historiographies present him differently. No less ambiguous is his literary output. He spoke and wrote in five languages: Church Slavonic, Ukrainian, Polish, Latin, and Russian and was active in three countries: the Hetmanate, the Polish-Lithuanian Commonwealth, and the Tsardom of Russia.[31] Today his literary works can be counted as a part of Ukrainian, Russian, Polish, and European neo-Latin literature.[32] Thus, his literary output has always been an object of the politics of memory (or politics of history—*Geschichtspolitik*),[33] firstly in Russia, later also in Ukraine and Poland. However, we have to bear in mind that Javors'kyj belongs to those authors who exceeded the boundaries between national literatures, established in the 19th and 20th centuries.

Javors'kyj was a prolific writer.[34] He wrote both poetry and prose. His works can be divided into four main genres: panegyrics, sermons, letters, and treatises. There are also some miscellanies, usually free verse poems written in Polish, Latin, and Russian.

In his Ukrainian years Javors'kyj composed four long panegyrics in Polish and Latin.[35] Three of them were devoted to his patron Barlaam Jasyns'kyj: *Hercules post Atlantem* (Hercules after Atlas, Černihiv 1684), *Arctos caeli Rossiaci* (Arctos of the Rossian[36] Sky, Kyiv 1690), and *Pełnia nieubywającej chwały* (The

30 Cf. Живов 2004.

31 Brogi 2005: 9–20. On the role of Polish, see Łużny 1966: 15; Radyszewśkyj 1996: 25–44.

32 Cf. eg. Nikolaev 1995: 116–119; Денисюк 2000: 348; Либуркин 2000: 25, 34–41; Pelc 2002: 328; Махновець 2005: 614–617; Kroll 2018: 198.

33 Cf. Bouvier, Schneider 2008; Sariusz-Wolska 2009.

34 Cf. Łużny 1967: 363–376.

35 Cf. Brogi 2005: 15–16.

36 In the second half of the 17th and the first decades of the 18th centuries, Ukrainian intellectuals used various terms: *Russia*, *Rossia* (in Latin) and *Rossyja*/*Rosja*, *rossyjski*, *roski* (in

Fullness of Never Decreasing Glory, Kyiv 1691). The second panegyric he wrote was dedicated to Hetman Mazepa: *Echo głosu wołającego na puszczy* (Echo of a Voice Calling in the Wilderness, Kyiv 1689). The panegyrics will be discussed in detail below, but it is worth stressing that Javors'kyj wrote and published as many as three literary books in three years after his return from Poland, one a year. All of them combined Polish verse with Polish and Latin prose. Each publication from 1689–1691 is also a collection of emblems.[37] Javors'kyj used cutting-edge literary devices. At that time, there were no similar publications in the Hetmanate or in Russia.

The largest part of Javors'kyj's works are his sermons.[38] Fortunately, most of them have survived to our times. Only one of them was published during his lifetime, *Vinohrad Khristov* (The Vineyard of Christ, Kyiv 1698).[39] The others survived in the form of a manuscript, kept in the National Russian Archive in St. Petersburg. Javors'kyj composed sermons for over 30 years, between 1691 and 1722. The collection consists of ca. 300 speeches written on more than 4000 pages. Some of them were printed in the 19th century,[40] but these publications do not meet the criteria of a philological edition.[41]

Javors'kyj was among the best orators of his times and even his critics praised him for his rhetorical skills.[42] His sermons stand out against the standard texts

---

Polish). These terms can often be considered synonyms of *Roxolania* or *Ruthenia*, i.e. the lands inhabited by the Eastern Orthodox Slavs in the Polish-Lithuanian Commonwealth and the Hetmanate that belonged to the Kyiv Metropolis.

Javors'kyj's use of the name *Rossia/Rossija* is rather ambiguous. Originally the term (corresponding to Gr. *Rōssia*) indicated the Kyivan Metropolis of the beginning of the Kyivan Rus', from the 11th century. In Javors'kyj's works the term *Rossia*, *Russia*, or *Rossyja* can in some cases refer to the Kyiv Metropolis intended as the lands of the Hetmanate, but in other contexts it indicates the whole of the Eastern Slavic Orthodox Church, thus including the entire state of the Tsars (Muscovy). It is often difficult to distinguish the exact meaning Javors'kyj gives to the term *Russia/Rossia* in the singular cases, therefore in our edition of Javors'kyj's works we decided to use the term *Rossia* (adj. *Rossian*), which is probably the one that appears most frequently in Javors'kyj's panegyrics and sermons. On the meaning of Russia/Rossiya at the turn of the 17th and 18th centuries (especially in Prokopovyč's writings) see Plokhy 2006: 270–283; Marker 2010: 115.

37 The sources of Javors'kyj's emblems were meticulously referred to in a valuable study by Walter Kroll, cf. Kroll 2018: 195–253.

38 Броджі 2006: 87–98; Броджі 2008: 179–200.

39 Яворський 1698. A contemporary edition: Яворський 2009. The sermon celebrates the wedding of the Ukrainian magnate Ivan Obidovs'kyj (Mazepa's nephew) and Anna Kočubejivna. Cf. Таирова-Яковлева 2007: 137; Bartolini 2020: 13–46.

40 The sermons are currently kept in the RGIA, cf. JAVOR.SERMONS. An 18th-century copy of a part of the sermons: Яворский 1702–1716.

41 Javors'kyj's sermons from his Ukrainian period are published in the second volume of this edition.

42 Cf. Щёголев 1901: 640–641.

of this genre: only the homiletic works of his best friend Dmytrii Tuptalo, the Metropolitan of Rostov, match the high quality of Javors'kyj's preaching skills.[43] Javors'kyj's sermons were composed for the church feasts of St. John, St. Nicholas, the Transfiguration, the Intercession of the Theotokos, and others. Ukrainian and Russian politicians wanted Javors'kyj to preach for them and his patrons included Mazepa and Peter I. This is why the sermons also contain political allusions and why some of them comment on the political and military successes of Mazepa and Peter I. Javors'kyj was very serious about his preaching. Even though he could improvise a speech and probably sometimes did so, he usually elaborated his sermons in writing. Thus, his manuscripts are invaluable sources that exhibit his process of writing. Traces of his preparations can also be found in the books from his library. Many of them contain numerous marginal notes and comments, that were later used in the sermons.[44]

Javors'kyj must have composed thousands of letters during his lifetime. He had to write them since his childhood since this was the most basic genre taught in humanistic schools. As a member of the Ukrainian intellectual and ecclesiastical elites and later the leader of the Orthodox Church in Russia, he had to communicate with dozens of people. Almost certainly he wrote letters in Latin, Ukrainian, Polish, and Russian. From this huge corpus of texts, less than 30 exist today and only because they were sent to Peter I and were preserved in the state archives.[45] All of them are related to political and ecclesiastical matters. They also shed light on the complex relationship between the Metropolitan and the Tsar.

As a scholar, Javors'kyj was active in the field of philosophy, rhetoric, and theology. He was the author of a Latin manual of rhetoric, *The Rhetoric Hand*, written in 1705, translated into Russian-Slavonic by Fedor Polikarpov.[46] When

---

43 Cf. Морозов 1971: 35–44; Броджі 2006: 87–98; Броджі 2008: 179–200; Крашенинникова 2015: 29–38. Bartolini 2020a: 160–170; Bartolini 2020b: 13–46; Kuczyńska 2022: 151–174; Kuczyńska 2025. Tuptalo's sermons were published several times in adapted Russianized and expurgated form. Nine sermons appeared in their original language in the early 20th century (Titov 1909; Berndt 1975: 51–104).

44 Cf. Brogi 2004a: 386. In the manuscripts of his sermons, there are numerous references to and quotations from the books from Javors'kyj's library. Cf. the second volume and the comments.

45 The letters of Javors'kyj to Peter were published in Письма и бумаги (1887; 1889; 1893). The search for other letters of Javors'kyj in Russia and Ukraine turned out to be unsuccessful and had to be stopped after Russia's aggression against Ukraine in February 2022.

46 The manual is available in a 19th-century reprint, cf. Яворський 1878. Cf. Uhlenbruch 1984: 330–352.

he was a professor at the Kyiv-Mohyla College Javors'kyj also wrote lectures on philosophy, which however remained as manuscripts. In 1703 he published anonymously a polemical pamphlet against the Old Believers *The Signs of the Coming of the Antichrist and the End of the Times*.[47] However, it was another treatise that made Javors'kyj famous, *Kamen' very* (The Rock of Faith, 1713–1718).[48] As the first comprehensive manual of Orthodox theology written in Russia, it was a pioneering book. Javors'kyj based his monumental treatise (totalling more than 1000 pages) on works by the Jesuit priest Martin Becanus (1563–1624) and by the Italian theologian and Jesuit, Cardinal Roberto Bellarmino, but adjusted the Catholic methods of presenting polemical theology to the Slav/Byzantine tradition and to his own purposes. In *The Rock of Faith*, Javors'kyj, who regarded Protestantism as the main threat to the Orthodox faith, employed a Counter-Reformation approach. He presented the Orthodox dogmas against some elements of Protestant theology, used terms borrowed from Latin-language Catholic theology, and rhetoric. The book was only printed in 1728 by Lopatyns'kyj and aroused both admiration and controversy. It remains unknown why he did not succeed in publishing the work during his lifetime.[49] In a short time, it was sold out and was reissued twice in 1729 and 1730.[50] In 1731 the polemical *Molotok na "Kamen' very"* (A Hammer for *The Rock of Faith*) was published anonymously. This publication coincided with the critical approach of the new Russian government to Javors'kyj's ecclesiastical policy.[51]

Moreover, Javors'kyj wrote some shorter texts. They were published long after the author's death and some of them are still waiting for their critical editions.

Javors'kyj's most appreciated poetic work is the so-called *Elegy* written in August 1722, which was added to his last will.[52] In this Latin poem, Javors'kyj

47 Яворський 1703.

48 Яворський 1728.

49 The reasons why *The Rock of Faith* was not published earlier remain unknown. Some historians suppose that Peter I did not agree to print the treatise, but there is no direct proof of such a decision.

50 Степанов, Стенник, Берков 1968: 408.

51 Cf. Николаев 2014: 620.

52 The actual title of the work is *Possessoris huius librorum luctuosum libris vale* (A Mournful Farewell to the Books of Their Possessor). The poem belongs to the genre called *propempticon* or valediction poems (Pol. *waleta*). Thus, the commonly used title *Elegy* is only partially correct. The autograph was preserved in Nižyn Monastery in a manuscript codex containing the catalogue of the library of Stefan Javors'kyi (now lost). It was published by Sergei Maslov in 1914 (cf. Маслов 1914a: 19–20).

says farewell to his library, which he bequeathed to Nižyn Monastery. Shortly after Javors'kyj's death, it was translated into Russian. The *Elegy* entered the canon of Russian and Ukrainian neo-Latin literature.[53] Javors'kyj's last Latin poem was an epigram, whose first verse reads "O tituli, scopuli potius meliusque vocandi" ("O, titles, it would be better to call you rocks").[54]

Less known are other vernacular works which may be ascribed to his pen. Most of them were composed between 1707 and 1709. Two short poems are devoted to the Holy Virgin, one in Polish[55] and the other in *prosta mova*.[56] In 1707 he wrote two poems, called *Emblemmata et symbola*, commemorating the death of Jasins'kyj.[57] He probably also authored the *Poems on the Treason of Mazepa* (1708).[58] His last poem in *prosta mova* was the epitaph for Dmytro Tuptalo (Dimitry of Rostov) written about 1709.[59]

It is almost certain that Javors'kyj composed *The Evident Echo of the Omni-Fatal Anathema* (*Позорное ехо всепагубнай анатемы*), on a large piece of paper (ca. 1 m^2), now preserved as a scroll in the Russian National Library in St. Petersburg.[60] The "poster" was probably exhibited at the solemn ceremony in the Dormition Cathedral in Moscow on 29–30 October 1708, when Hetman Mazepa was officially proclaimed a heretic by the Orthodox Church in Russia.

The maw of Satan was represented in the very centre of this emblematic composition. Around it were several prose and rhymed texts written in Church Slavonic and *prosta mova*.[61] These most intriguing works had two main functions. Firstly, *The Evident Echo* was a literary work, secondly, it was a magic object by which "Malefactor Mazepa" (*Вор Мазепа*) was to be punished. It seems that in the title of *The Evident Echo of the Omni-Fatal Anathema*

---

53 Cf. Либуркин 2000: 121–128; Трофимук 2014: 140–143, 307, 327, 333.

54 Cf. Маслов 2014b: 45; Либуркин 2000: 128–131.

55 S. Javors'kyj, *Prawdziwie jesteś, Panno, drzewo płodowite*, In: Brogi 2004b: 53–64.

56 Яворский 2014: 359.

57 Cf. A good comparison to this cycle is an epitaph of Jasyns'kyj written by Ilarion Migura (Іларіон Мигура) in 1707. Maksym Yaremenko presented a thorough analysis of this epitaph, cf. Яременко 2017: 136–148.

58 Cf. Javors'kyj's poems in *prosta mova* (here Church Slavonic with elements of vernacular Ukrainian) are preserved in a manuscript in NLRSPb, shelfmark O. XIV. 2, written in the mid-18th century. They were published by Sergei I. Nikolaev in his valuable anthology *Библиотека литературы Древней Руси*, vol. 18: *XVII век*, cf. Николаев 2014a, pp. 359–368, 620–621. Cf. Науменко 1885: 172–175.

59 Cf. Николаев 2014a: 368.

60 NLRSPb, MS Pogodin 2053.

61 Giovanna Brogi interpreted *The Evident Echo of the Omni-Fatal Anathema* in her paper, cf. Brogi 2000: 167–188 (now printed in Ukrainian in Броджі 2022: 161–201).

FIGURE 5 *The Evident Echo of the Omni-Fatal Anathema* (*Позорное ехо всепагубнай анатемы*). NLRSPb, shelfmark MS Pogodin 2053
PHOTO J. NIEDŹWIEDŹ

Javors'kyj made an allusion to his earlier panegyric for Mazepa from 1689: *Echo of a Voice Calling in the Wilderness*.[62]

Javors'kyj had to reconcile his Kyivan past and the works he wrote at that time with his current situation. In his panegyrics, he supported the independence of the Kyiv Church and glorified the successes of Hetman Ivan Mazepa. However, in 1708, Javors'kyj did not hesitate to excommunicate the Hetman. He did this not only because the Tsar demanded it, but because of his irreconcilable ideological bias against Protestantism. And it was Mazepa who brought the Lutheran Swedes into the Orthodox lands.

Still, Javors'kyj, like many Ukrainians then and later, was put in an awkward position. After 1709, he was forbidden to travel to the Hetmanate with only one exception, when in 1716, he was allowed to travel to Ukraine, for the inauguration of the monastery he founded in Nižyn. In his later ecclesiastical and literary activities he was constantly trying to navigate between his worries about the future of the Orthodox Church and the Tsar's policy.

4 Panegyrics

Laudatory emblematic poetry in Ukrainian literature was known since the early 17th century. Panegyrics were written for Petro Mohyla by students of the Kyiv-Mohyla College in 1632 and 1633, laudatory verses were written by Lazar Baranovyč[63] and others. However, it was Javors'kyj who for the first time composed complex, erudite, refined, expensive, and multilayered panegyrical books in the Hetmanate. He employed the visual arts, especially emblems, in them and used the languages of two highly developed literatures, Latin and Polish.

His panegyrics were inspired by a new wave of similar books published in Poland, Lithuania, and other European countries in the second half of the 17th century, called the "new panegyrics".[64] They were also based on the theory of rhetoric and poetry, presented by Jesuit authors such as Jan Kwiatkiewicz, Michael Radau, or Sigismundus Lauxmin.[65]

62 Peter I made a similar symbolic/magical and propagandistic gesture. In 1709, the Tsar granted the Hetman (in absentia) the silver Medal of Judas. Peter tried to erase his decision from 1700 when he awarded his mentor Mazepa the Order of St. Andrew, the highest state order of Russia. Cf. Бантыш-Каменский 2005: 60; Платонов 1927: 193–198.

63 Евхаристерион 1632; Mnemozyne 1633; Baranowicz 2004: 96–97. Cf. Radyszewśkyj 1996: 119–136; Радишевський 2016: 57–68; Заваринська 2011: 236–248. Cf. also Радишевський, Свербигуз 2006.

64 Cf. Niedźwiedź 2003: 199, 203–207.

65 Cf. Lauxmin 1648; Radau 1655; Kwiatkiewicz 1672. For a recent Polish translation of *Phoenix*

The "new panegyrics" were expensive books, usually printed in the format of a half-folio, on good-quality paper. They numbered between 50 and 100 pages. They were usually divided into three or more parts, preceded and followed by opening and concluding texts. Such a division mirrored the practices of constructing works in other arts: music, theatre, and architecture. The "new panegyric" was similar to a late 17th-century piece of jewellery: it shined with the light of gold and the bright colours of precious stones, and consisted of fantastic shapes, allegorical references, and hidden messages.

The "new panegyric" in Polish or Latin was always built upon one central conceit (*conceptum*). The conceit was a widely applied device in 17th-century European literature. Usually, the author combined the probable with the improbable and thus tried to evoke surprise and a sense of wonder in the reader.[66] In the case of the "new panegyric", the author coined a metaphorical expression, usually consisting of two–four words.[67] These could be related to an event and its circumstances, the patron saint, the coat of arms, or a nickname of the addressee, for example, *Dźwięk Marsa walecznego* (The Sound of the Brave Mars), *Clypaeus Sarmatiae* (The Shield of Sarmatia), *Parnassus Novodvorscianus* (*The Parnass of the Nowodworski College*), *Mars Poloniae Coronatus* (The Crowned Mars of Poland), or *Scutum Martis coronatum* (The Crowned Shield of Mars).[68] Authors often made surprising or even strange associations and allusions. Thus, the main rhetorical devices of the panegyric were metaphors, similes, and puns.

The "new panegyric" exceeded the traditional boundaries of literature and was non-classicistic. As such, it combined different literary genres with other arts, most often graphic arts, music, theatre, and book design. In one panegyric the reader encounters such literary genres as lyric songs, speeches, *elogia*,[69] emblems, epic verses, engravings, and visual poetry. Some parts of the

rhetorum cf. Słomak 2016. Bartosz B. Awianowicz discusses the similarity of Kwiatkiewicz's treatises and Javors'kyj's panegyrics, cf. Awianowicz 2020: 252–255.

66 Javors'kyj could have known the theory of the conceit coined by a Polish Jesuit Maciej Kazimierz Sarbiewski (1595–1640) and presented in his treatise *De acuto ac arguto* (On Subtlety and Wittiness, 1627). See Lachmann 1994: 101–134; Otwinowska 1998: 389–393; Buszewicz 2003: 23–52.

67 In the 17th century, Catholic and Protestant sermons were formed in a similar way.

68 All these titles are taken from panegyrics commemorating the coronation of the King of Poland John III Sobieski in 1676. Sobieski's coat of arms *Janina* represented the Silver Shield. Sobieski was a good military leader and was often called Mars. A huge number of panegyrics devoted to Sobieski were written after he defeated the Ottoman army at Vienna in 1683. Javors'kyj must have read some of them. The panegyrics for Sobieski are described in the catalogue by Agnieszka Perzanowska (Perzanowska 2018: 234–271).

69 *Elogium* was a prosaic conceit text divided into verses. In the 17th century, it was a new

panegyric were to be performed orally while others could not be read aloud because they had to be contemplated in silence. The way of reading such a text was not linear. A reader had to devote much time and attention to fully understand and appreciate the hidden links between its parts. It engaged the senses of hearing and seeing, memory and imagination, and required huge cultural capital on the part of the reader.

In these works, two extremities of making use of literature in the 17th century met. Firstly, as a material object, that is the book, the "new panegyric" belonged to the world of politics and its primary function was the legitimization of power and raising the status of members of the political elites. Thus "new panegyrics" were designed to be a part of mundane demonstrations of power. In this respect, their rich and elaborated shape corresponded to the theatrical ceremonies of the time, such as ceremonial entries to the city, officially assuming a position, canonizations, coronations, weddings or funerals of key figures of the political or social worlds. However—and this is the other extremity—decoding the panegyric was a private act of intensive reading. It was deeply rooted in early modern meditative practices, widespread among the members of the large republic of letters in the 17th century.[70]

Javors'kyj's books are among the finest examples of the "new panegyrics". They are also the first specimens of the genre in the Hetmanate and the Russian empire of the time. The author and his readers—especially his patron Mazepa—must have been aware that *Hercules* and later panegyrics opened a new chapter in literary communication in Ukraine.

4.1 Hercules (*1684*)

In 1683 Innocent Gizel', Archimandrite of the Kyiv Caves Monastery, died. On 20 January 1684, thanks to the support of Hetman Ivan Samojlovyč (ca. 1630–1690), Barlaam Jasyns'kyj was elected to this prestigious office by the monks of the Caves Monastery.[71] He was ordained by the Archbishop of Černihiv Lazar Baranovyč. We do not know when the act of enthronement took place, but it was certainly before 11 June 1684.[72] To secure his position, Jasyns'kyj needed confirmation of his election and ordination from the Patriarchate of Constantinople, under whose jurisdiction the monastery had been since its very

literary genre widely used in panegyrics, epitaphs, historical works, etc. Cf. Otwinowska 1967: 148–183.

70 Cf. Martz 1954: 1–70.

71 Акт избрания 1887: 573–576.

72 A letter dated 11 June 1684, written by L. Baranovyč to the Patriarch of Moscow Joachim, gives evidence of the ordination of Jasyns'kyj. Cf. AYZR, 1, 5 (1872): 212–214 (Nr. LV)

beginning in the 11th century. However, sending envoys to Constantinople during the Russian–Ottoman war was difficult. The danger that another candidate for the position of the Archimandrite might be presented was real.[73] Thus in June 1684, Jasyns'kyj and Baranovyč, presumably after long deliberations and at the insistence of Hetman Samojlovyč, sent envoys to Moscow asking for the charter of confirmation. The Patriarch kindly responded with a letter but did not issue any formal document. Jasyns'kyj's situation became increasingly difficult. In another letter to the Patriarch written in December 1684, he apologized for accepting ordination without the latter's consent and again asked for the charter.[74] This time, the Patriarch approved.

Unfortunately, we do not know at which stage of these events *Hercules after Atlas* was written, but its political purpose is clear. The recent research show that Javors'kyj almost certainly wrote his book when he was still in Vilnius. It means that, studying theology in the Jesuit university, he was well informed about the political events in Kyiv. He might have exchanged correspondence with his patron and other members of the Kyivan republic of letters. We cannot also exclude that he was asked by someone from the Hetmanate to compose the panegyric, e.g. Archbishop Baranovyč. He was a well-known poet and the supervisor of the Černihiv printing house where *Hercules* was published and can also be considered among the supporters of Jasyns'kyj.[75] The fact that the panegyric was printed, which was an expensive and complicated enterprise, suggests that Javors'kyj's rhetorical talents were being appreciated.

The structure of the book is very complex. Javors'kyj divided the panegyric into five parts: a dedicatory letter in Latin, three main parts, and a short conclusion in Latin. Each of the main parts consists of two sections: a Latin and a Polish one. The Latin sections are written in elaborate prose, partially in the form of *elogium*. The Polish sections are in regular rhymed verses. More specifically, the poet made use of two of the most popular Polish poetic metres, the alexandrine composed of 13 syllables (HERC III, V), and the hendecasyllable (HERC VII). Such a combination of literary devices required the author to have expertise in writing poetry.

The main topic of *Hercules after Atlas* is the continuity of the Kyiv Metropolis and the Kyiv-Mohyla College. Javors'kyj probably wrote about such continuity to remove all doubts about the legality of Jasyns'kyj's ordination. He also presented his patron as a follower of his great predecessor, Petro Mohyla (1596–1647) who, in the first stage of his ecclesiastical career, also held the position of

73 Cf. Терновский 1872: 89–92.

74 AYZR, 1, 5 (1872), section 2: 217–219 (Nr. LVII).

75 Cf. Brogi 2021: 110–132.

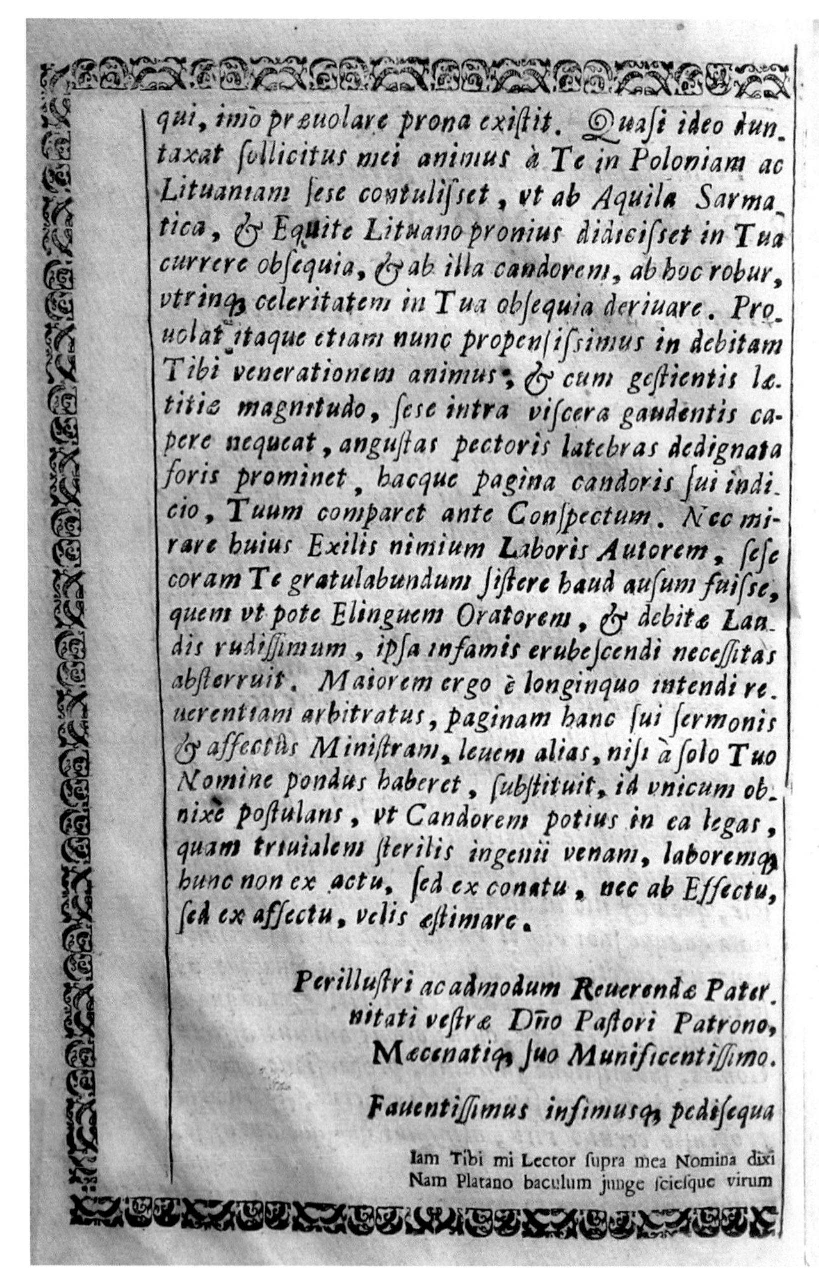

qui, imò præuolare prona existit. Quasi ideo duntaxat sollicitus mei animus à Te in Poloniam ac Lituaniam sese contulisset, vt ab Aquila Sarmatica, & Equite Lituano pronius didicisset in Tua currere obsequia, & ab illa candorem, ab hoc robur, vtrinque celeritatem in Tua obsequia deriuare. Prouolat itaque etiam nunc propensissimus in debitam Tibi venerationem animus; & cum gestientis lætitiæ magnitudo, sese intra viscera gaudentis capere nequeat, angustas pectoris latebras dedignata foris prominet, hacque pagina candoris sui indicio, Tuum comparet ante Conspectum. Nec mirare huius Exilis nimium Laboris Autorem, sese coram Te gratulabundum sistere haud ausum fuisse, quem vt pote Elinguem Oratorem, & debitæ Laudis rudissimum, ipsa infamis erubescendi necessitas absterruit. Maiorem ergo è longinquo intendi reuerentiam arbitratus, paginam hanc sui sermonis & affectûs Ministram, leuem alias, nisi à solo Tuo Nomine pondus haberet, substituit, id vnicum obnixè postulans, vt Candorem potius in ea legas, quam triuialem sterilis ingenii venam, laboremque hunc non ex actu, sed ex conatu, nec ab Effectu, sed ex affectu, velis æstimare.

Perillustri ac admodum Reuerendæ Paternitati vestræ Dño Pastori Patrono, Mæcenatique suo Munificentissimo.

Fauentissimus infimusque pedisequa

Iam Tibi mi Lector supra mea Nomina dixi
Nam Platano baculum junge sciesque virum

FIGURE 6 A page from the dedicatory letter to *Hercules*. RSLM, shelfmark (n. inv.) 7456
PUBLIC DOMAIN

Archimandrite of the Kyiv Caves Monastery: "You"—the poet writes, addressing the personification of the Kyiv-Mohyla College—"have so many learned people, each of them might be a new Mohyla. Among them there is Jasyns'kyj, whose favours you already know" (HERC III 145–148). Indeed, from the beginning of his book, more specifically from the very title, Javors'kyj built a complex conceit (*conceptum*) in which the two leaders of the Kyivan Orthodox Church were connected and compared: Jasyns'kyj was the Hercules of the title and Mohyla—its Atlas.[76]

Javors'kyj avoided clearly dealing with the issue of the legitimacy of Jasyns'kyj's ordination. However, addressing the personification of resentment, he glorified the new Archimandrite's virtues and deeds, making him "the new Mohyla":

> And you, Jealousy, though shame covers your brow, you must admit, is he not worthy of the pastoral dignity? Is it not fair for him, because of his qualities, to be crowned with a golden wreath of glory! Who would not put such pearls in a crown? Who would hide such a light under a bushel? (HERC III 203–208)

In other words, it was Jasyns'kyj's personality that should be considered decisive in giving him the office. This kind of explanation was more than sufficient in the rhetorical hierarchy of virtues. The *bona animae*, the ethical virtues stood at the very top of this hierarchy, much higher than the *bona fortunae*, such as inheritance, wealth, and social and family connections.

In the dedicatory letter, Javors'kyj started with a rhetorical biography of his patron. In the subsequent parts of the panegyric, he focused on three aspects of his personality, i.e. wisdom (HERC II and III), humility (HERC IV and V), and the utility of his election for the growth of letters and philosophy (HERC VI and VII).

In Orthodox theology, Wisdom—*Sophia* is a crucial attribute of God. The main Cathedral of the Kyiv Metropolis is devoted to St. Sophia. Wisdom was also one of the fundamental topics in Ukrainian religious literature of the time.[77] A man could obtain a part of such a divine attribute from God. However, in *Hercules*, Javors'kyj, who used the Latin term *Sapientia*, followed the opinion

---

76 Some researchers wrote that Hercules was Mohyla and Gizel (cf. Kroll 2018: 208) or even Četvertyns'kyj. However, there is no doubt that in Javors'kyj's panegyrics written for Javors'kyj, only Mohyla is called Hercules.

77 In her valuable study, Natalia Pylypiuk analysed the topic of Wisdom represented on the copperplates in *Arctos* and *Pełnia*, cf. Pylypiuk 2004: 385–393.

of Thomas Aquinas, according to whom one could acquire wisdom thanks to one's own virtuous life and learning. This was also an instance of Jasyns'kyj, who gained this immortal virtue[78] during his long studies, firstly in Kyiv and next at the University of Cracow (HERC II 9–10). He demonstrated his ability as a perfect orator and preacher in the Holy Virgin Cathedral in the Kyiv Caves Monastery (HERC II 12). Javors'kyj suggests that it was Jasyns'kyj's rhetorical skills, presented during his diplomatic mission to Moscow (HERC II 14–15; III 192–202), that promoted him to the new office.

Since humility was the key virtue for a monk, the poet reminded his readers about this virtue: Jasyns'kyj was elected and forced to take the office against his will (HERC IV 5, 28–72). This rhetorical device was widely used in ancient orations and Javors'kyj employed it again in his panegyric *Echo* in 1689. At the end of this section, Javors'kyj stressed again that Jasyns'kyj was always humble and never patronizing.

The author devoted the final parts of his panegyric to the issue of leadership. He reminded the reader that Jasyns'kyj was a perfect rector of the Kyiv College and Hegumen of St. Michael's Golden-Domed Monastery. Since he administered both the College and the monastery very well—Javors'kyj argues—he would also be the perfect Archimandrite of the Lavra: the person who continued the work of Petro Mohyla. As proof, he highlighted the magnificence of the new buildings adorning St. Michael's Golden-Domed Monastery: the new bell tower and the monumental gate (HERC VI 1). However—Javors'kyj declared—his greatest achievement was the education of a large number of pupils of the Kyiv-Mohyla College (HERC VI 2; VII). The poet also voiced his own support and the support of the young alumni of the Kyivan clergy for the newly elected Archimandrite.

Hercules post Atlantem can be regarded as a rhetorical argument that strengthened the position of Jasyns'kyj as the new Archimandrite of the Lavra. Javors'kyj argued that his personal virtues strongly recommended Jasyns'kyj as the future leader of the Kyivan Church ("the new Mohyla"). According to Javors'kyj, his patron's efficiency and talents could open up new opportunities for the Church and especially the young, well-educated Kyivan clergymen. The panegyric was probably addressed specifically to them, and its role was to convince them to support Jasyns'kyj.

78 Cf. "Wisdom is more much more efficient than force. It will never be destroyed by graves. Time with its fatal jaw will never raze it to the ground. It will never lay on the deadly bed of Pluto" (HERC III 41–44).

4.2 Echo (*1689*)

The panegyric *Echo of the Voice of One Crying in the Wilderness* was a gift for Hetman Ivan Mazepa on the feast of John the Baptist (the baptism of Jesus), celebrated on 7 January (O.S.).[79] This was one of the major Orthodox feasts, but it was also the feast of the Hetman, whose patron was St. John (Ivan). The book must have been printed at the very beginning of 1689 or even by the end of 1688. Thus, Javors'kyj must have written his panegyric in the last months of 1688, having started to compose it shortly after his return from Poland.

Why did he write *Echo*? Firstly, the panegyric could help Javors'kyj to gain the favour of the Hetman. He was a young scholar who, after his long absence, had to establish his position in Kyiv. He was not even a monk yet. Secondly, the panegyric could also be a gift for the Hetman from Jasyns'kyj. They knew each other well and were bound by ties of friendship.[80] Thus, as the supervisor of the Kyiv Caves Monastery printing house, the Archimandrite sponsored this very expensive book. The cost was high because the book contained seven large copperplates.[81]

As we know, Javors'kyj always consulted with his patron about his writings. *Echo* was dedicated to the most important figure in the Hetmanate and required special attention. Indeed, it can be regarded as a diplomatic gift building a bridge between the future Metropolitan and the newly elected Hetman.[82] Javors'kyj wrote *Echo* on the eve of a new campaign against the Ottoman Empire and the Crimean Khanate. The Hetman and his Cossacks were to support the Russian army in this war. The recurrent motif in the book is praise of the Hetman's military virtues and his successes in the struggle against the Ottomans. In this way, Javors'kyj expressed his (and indirectly Jasyns'kyj's) support for Mazepa.

The book is divided into nine parts: a) a dedicatory letter; b) cycles of epigrams on the coat of arms of Mazepa's family[83] (Lat. *stemma*); c) six long tripartite emblems;[84] d) a Latin *elogium*.

---

79 It is also possible to assume that the book was published on the other feast of John the Baptist, i.e. 24 June 1689, when the Orthodox celebrated the birthday of the saint. However, two arguments contradict this supposition. Firstly, Mazepa's name day was 7 January; secondly, in June 1689, the Hetman was still with his Cossacks on the expedition against the Ottomans. On 24 June, his army began its retreat from the Kolomak River (today in east Ukraine). It is unlikely that Javors'kyj and Jasyns'kyj prepared the gift when Mazepa was absent. Cf. Гордон 2009: 198.

80 Cf. Таирова-Яковлева 2007: 36.

81 The copperplates were executed by Ivan Ščyrs'kyj (Іван Щирський, ca. 1650–1714). Cf. Степовик 1988; Степовик 2013: 435.

82 Brogi 2004c: 435; Яременко 2017: 136; Tairova-Yakovleva 2020: 31.

83 Cf. Kroll 2018: 209–211.

84 In the Jesuit and other poetics from the 16th and 17th centuries (Pontanus 1597: 189;

In the title, Javors'kyj referred to the Gospel of John: "I am the voice of one crying in the wilderness: Make straight the way of the Lord, as said the prophet Esaias." (Jn 1.23 [KJV]). The echo mentioned in the title was the voice of Javors'kyj and in this way he made himself a mirror of St. John the Baptist. Thus Javors'kyj's poetry was an echo of the prophecy.

Parallelism, philosophical and moral meditations and echoes are the main poetical devices in the book. Parallelism is centred on three axes: a) the Star and the Crescent Moon represented on Mazepas's coat of arms; b) St. John the Baptist; c) Mazepa himself.

Mazepa is the pivot of the book. Javors'kyj presents the Hetman as a charismatic and prudent[85] leader who ascended to the highest office in the Hetmanate thanks to the protection of St. John, the dignity and the position of his family, but first of all because of his virtues. The author was aware that Mazepa belonged to a family of middle nobility, just like hundreds of other similar families in the Polish-Lithuanian Commonwealth and Ukraine. Still, he stressed the fact that the Hetman's ancestors had a long history and held important offices. In support of this, he made several references to the genealogical/historical work *Orbis Polonus* (1641–1643) written by the Polish Dominican Szymon Okolski (XIII 172, 200–206). According to Javors'kyj, the relevant chapter by Okolski offered the necessary proof of Mazepa's high social and political status. However, it was Javors'kyj, not Mazepa, who more needed this work.

In the heraldic epigrams the panegyrist emphasized the connections between the Hetman and the history of his family. However, it was Mazepa's personal, military, and political virtues and deeds—Javors'kyj argues—that gave Mazepa his high position. The poet referred to the times when Mazepa acquired his first political experiences in Warsaw at the royal court of King John II Casimir Vasa (XIII 260). Nevertheless, it was the Hetmanate under the protection of the Tsar, where he could spread his wings. This is the most intriguing aspect of the panegyric.

According to Javors'kyj, Mazepa obtained his office due to his military deeds, virtue, and education but he was also supported by Sofija Alekseevna and Peter (II 8). The poet recalls this in several passages. For instance, in octave 8 in part XI, he writes, that the Moon from the Hetman's coat of arms reflects the rays of sunshine of the Russian monarchs' majesty. A similar topos is applied

---

Маслюк 1983: 177; Pelc 2002: 35–40; Grześkowiak, Niedźwiedź 2009: 15; Kroll 2018: 234–238) the emblem was described as a tripartite work that consists of an *icon*, an *inscriptio*, and *subscriptio*. However, early modern emblems could have two, four, or even five elements. Cf. Pelc 2002: 40; Kroll 2013: 15–42; Górska 2022: 149–162.

85 Cf. Brogi 2004c: 422.

X.

Glans przyrodzony Herbowey Twey Zorze /
Ktora z natury swey przed Słońcem chadza /
Niech Hesperyiſkie opuściwßy morze /
Gdzie sie po dziennych fatygach ochładza /
Słońce Przedwieczne iasne w swym splendorze /
w Twe Gabinety Prześwietne wprowadza /
y Twoy IAN Swięty co Słońcu przodkuie /
Niech iemuż droge do Ciebie toruie.

IX.

Lube Planety y Ty złoty Phæbie /
Chciey mile sprzyiać Dzielnemu Janowi /
Aby był w każdey Marſowey potrzebie /
Alcydem ſtraßnym Thrackiemu smokowi ;
A na Roſſuiſkim iasno świecąc Niebie /
Gromowładnemu Monarchow Orłowi
Krymſkie Harpie / y Thrackie Meduzy /
w Dzielne Spon Orlich mieczem wrażał kluzy.

FIGURE 7 A Polish *ottava rima* in Javors'kyj's *Echo*, p. Hv. NLRSPb, shelfmark Россика ин364794/1
PHOTO J. NIEDŹWIEDŹ

in the Latin-language *elogium* (XIII 223–229) as well. This is a clear declaration of loyalty towards Moscow. At the same time, Javors'kyj writes that the Hetman is indispensable for the Russian rulers as the most prudent and brave military leader and politician. The Hetmanate under Mazepa's rule is presented as the crucial military force in the Russian Empire. This idea is clearly expressed on the icon of emblem VIII where the Russian two-headed Black Eagle holds in his talons not the usual sceptre and the orb but the transformed coat of arms of Mazepa. These two attributes are both a source of prudent politics (the right talon) and a powerful weapon (the left talon). Javors'kyj picks up this idea later on as well:

> Dear planets and you, golden Phoebus, please, let brave Ivan be a Hercules in each battle against the terrible dragon from Thrace [i.e. the Ottoman Empire]. Let him put the Crimean Harpies [i.e. the Tatars] and Thracian Medusas [i.e. the Turks] in prison in the talons of the thunder-wielding tsar's Eagle that shines on the Rossian sky! (ECHO XI 11.1–8)

Without the alliance with Mazepa and the Hetmanate—Javors'kyj suggests—Russia would not prevail in the war against the Ottoman Empire. On the other hand, by his personal merits, Mazepa strengthens the position of the Hetman's office, his family, and the Hetmanate (XIII 226–230). In order to present the strategic role of the Hetman and his country Javors'kyj applied a wide range of epic verses: the Polish alexandrine (VII), hendecasyllable couplets (IX, X), hendecasyllable canzone (XII), and ottava rima (XI). Apart from the heroic verses he also used Sapphic stanza (VIII).

Javors'kyj did not forget about himself as an important part of the construction of the book. He wrote about himself in humble words, which was a typical topos of humility. However, the poet and his patron Jasyns'kyj knew that works such as *Echo* could be important bricks in building Mazepa's image. The new ruler needed good publicity, therefore he needed efficient skilled panegyrists. Javors'kyj was humble because such was the social and literary convention. At the same time, he wrote that he erected a monument to Mazepa and thus compared himself to Horace and the Hetman to Maecenas (XIII 231–235). This literary tool helped him to gain access to Mazepa's court. As a result, in subsequent years, while already a monk, he would preach at Mazepa's name day celebrations and the most important feasts of the ecclesiastical and civil calendar.[86]

86 In 1693, Javors'kyj wrote a sermon *Vox clamantis* for the St. John Baptist Day, celebrating Mazepa's name day. Cf. JAVOR.SERMONS, Sermon 2.

4.3 Arctos (*1690*)

On 2 June 1690, with Mazepa's support,[87] Jasyns'kyj was elected Metropolitan of Kyiv, which was not only the highest office in the Ukrainian Orthodox Church but also the most prestigious. However, the role of the Kyiv Metropolis had been significantly reduced a couple of years earlier. In 1685 Metropolitan Gedeon Četvertyns'kyj (Czetwertyński, 1637–1685) had been nominated for this office by the Patriarch of Moscow. This act had been protested by the Patriarch of Constantinople to whose jurisdiction the Kyiv Metropolis had belonged for over seven centuries. Several Kyivan hierarchs, among them Jasyns'kyj, opposed Četvertyns'kyj's submission to the Muscovite patriarchate but the newly appointed Metropolitan was supported by then Hetman Samojlovyč. Ultimately, the Kyiv Metropolis remained under the jurisdiction of the Moscow Patriarchate.[88] Kyiv lost its formal control over the Orthodox bishoprics in Poland and many of its prerogatives were shifted to Moscow. The title of the Metropolitan changed as well. Before 1685 the Kyiv Metropolitan was considered to be the head of the Church of "All Rus' (or Rossia)". After Četvertyns'kyj's election, the new title was "Metropolitan of Kyiv, Halyč, and Little Russia", meaning it only held jurisdiction over Ukrainian lands. Since then, the Patriarch of Moscow has appropriated the title of the head of All Russia. When Jasyns'kyj became Metropolitan, he intended to minimize the damage, maintain the autonomy of the Kyiv Metropolis, and strengthen his position. His policy is also visible in the symbolic sphere. Javors'kyj's *Arctos* is an important part of this policy.

The panegyric was published on the occasion of Jasyns'kyj's installation, which took place in Saint Sophia Cathedral in Kyiv on 31 August 1690.[89] It was published in the Kyiv Caves Printing House, which means that Jasyns'kyj himself authorized the publication. Just as in the case of the other panegyrics, he must have approved the content of the work.

The book is a great stemma. Stemma was a literary genre widely used in early modern European literature. It was a kind of emblem and its basic form consisted of a coat of arms and a "witty epigram" inspired by the theory of *conceptum*, that allegorically interpreted the picture.[90] The title of the panegyric,

87 Cf. Описание 1825: Прибавление, 123 (Nr. 24); Власовський 1957: 21. Tairova-Yakovleva gives another date of the election: 12 June 1690, cf. Таирова-Яковлева 2007: 36, 95; Tairova-Yakovleva 2020: 200. In his panegyric, Javors'kyj wrote that Jasyns'kyj was elected on 1 June 1690, maybe because the act of the election took place during the night of 1 to 2 June.

88 Cf. Ченцова 2017: 89–110; Ченцова 2020.

89 Cf. Хижняк 2001: 618.

90 On stemma in early modern literature in East-Central Europe see: Pilarczyk 1982; Liškevičienė 1998; Czarski 2012.

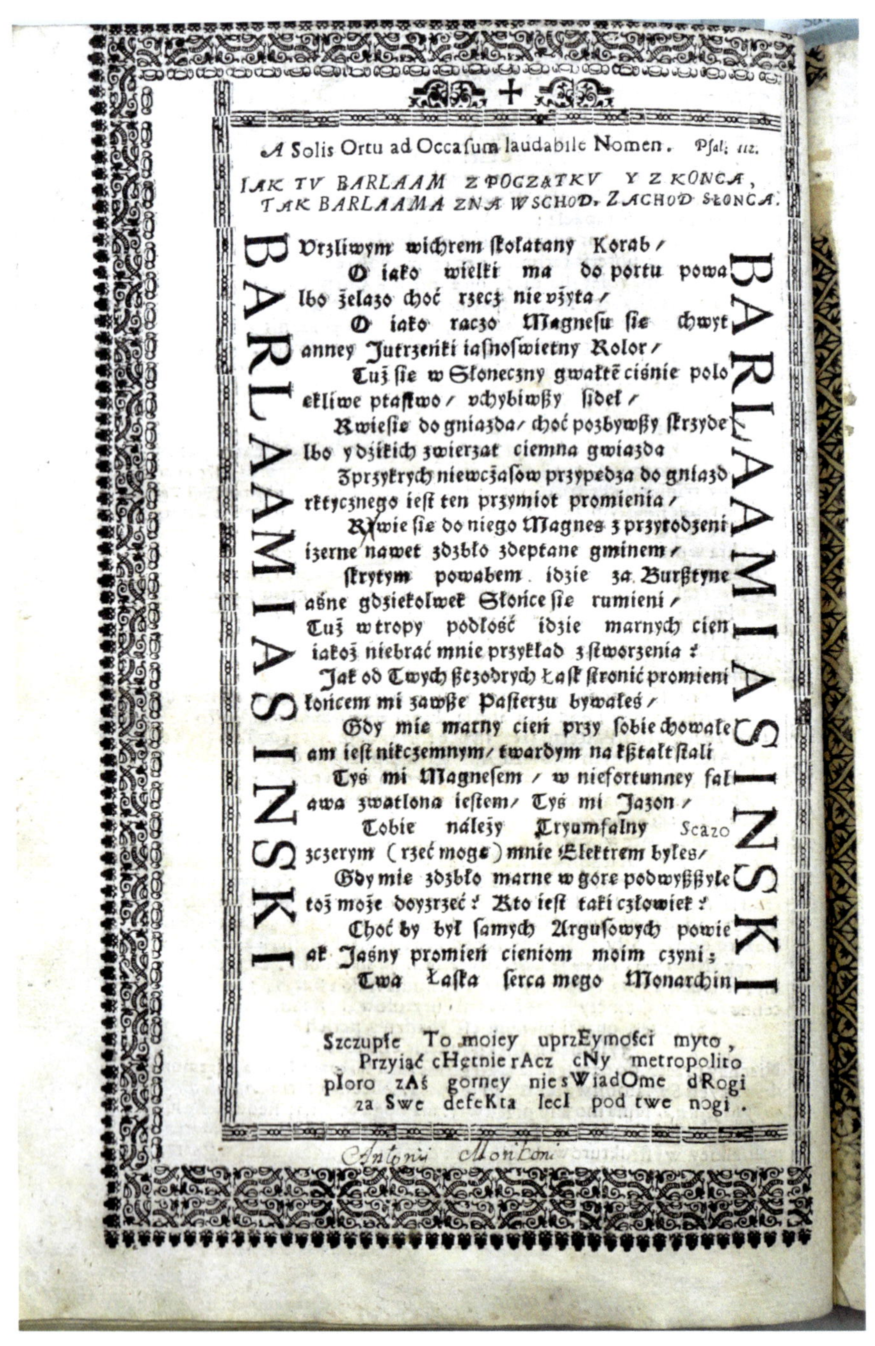

A Solis Ortu ad Occaſum laudabile Nomen. Pſal: 112.

IAK TV BARLAAM Z POCZATKV Y Z KONCA,
TAK BARLAAMA ZNA WSCHOD, ZACHOD SŁONCA.

B Vrzliwym wichrem ſkołatany Korab /
O iako wielki ma do portu powa B
A lbo żelazo choć rzecz nie vżyta /
O iako racżo Magneſu ſie chwyt A
R anney Iutrzenki iaſnoſwietny Kolor /
Tuż ſie w Słoneczny gwałtē ciśnie polo R
L ekliwe ptaſtwo / vchybiwſzy ſidel /
Kwieſie do gniazda / choć pozbywſzy ſkrzyde L
A lbo y dzikich zwierząt ciemna gwiazda
Zprzykrych niewczaſow przypędza do gniazd A
A rktycznego ieſt ten przymiot promienia /
Rwie ſie do niego Magnes z przyrodzeni A
M izerne nawet zdzbło zdeptane gminem /
ſkrytym powabem idzie za Burſztyne M
I aśne gdziekolwiek Słonce ſie rumieni /
Tuż w tropy podłość idzie marnych cien I
A iakoż niebrać mnie przykład z ſtworzenia ?
Jak od Twych ſzczodrych Łaſk ſtronić promieni A
S łoncem mi zawſze Paſterzu bywałeś /
Gdy mie marny cień przy ſobie chowałe S
I am ieſt nikczemnym / twardym na kſztałt ſtali
Tyś mi Magneſem / w nieſortunney fal I
N awa zwatlona ieſtem / Tyś mi Iazon /
Tobie należy Tryumfalny Scazo N
S zczerym (rzec mogę) mnie Elektrem byłeś /
Gdy mie zdzbło marne w gorę podwyżſzyłe S
K toż może doyzrzeć ? Kto ieſt taki człowiek ?
Choć by był ſamych Arguſowych powie K
I ak Iaſny promień cieniom moim czyni ;
Twa Łaſka ſerca mego Monarchin I

Szczupłe To moiey uprzEymośći myto,
Przyiąć cHętnie rAcz cNy metropolito
pIoro zAś gorney niesWiadOme dRogi
za Swe defeKta lecI pod twe nogi.

FIGURE 8 An acrostic verse from Jasyns'kyj's name: "BARLAAM IASINSKI." ARCT, p. Kv. BUW, shelfmark 28.20.3.207
PHOTO J. NIEDŹWIEDŹ

The North Pole of the Rossian Sky,[91] is an allusion to Jasyns'kyj's *Sas* coat of arms, which represented a gold Crescent, two Stars, and an Arrow pointing upwards on a blue field. The coat of arms was reproduced on the back of the title page but much more important is the copperplate that opens the book.[92] It represents Hercules carrying the Rossian Sky in the form of an armillary sphere, on which the Zodiacs and the elements of Jasyns'kyj's coat of arms (the Crescent Moon, the Stars, and the Arrow) were represented. To fully understand the meanings of the book, the reader has to constantly refer to the copperplate.

Javors'kyj, who certainly designed this allegorical picture, combined poetry, astronomy, and theology. The title *Arctos* means the Polar Star or the constellation of the Little Bear. This means that, just like the magnetic needle (the Arrow) heads towards the Polar Star, the entire Orthodox Metropolis should be orientated towards Jasyns'kyj. This idea is clearly expressed both by the copperplate and the text (III 1). However, Javors'kyj also associates the symbols placed in the coat of arms with the attributes of the Holy Virgin/the Woman of the Apocalypse: the stars around her head and the crescent moon under her feet (VI 53–66).

Using the figure of Hercules in the 1690 panegyric ("Hercules gloriosissimus" II 2, 79), Javors'kyj directly refers to the *Hercules* published six years earlier. He reminds the reader that Jasyns'kyj was the successor of Mohyla, Hercules after Atlas (X 55–60). At this point, Javors'kyj made his text a sequel and *Arctos* must be considered to be the second part of a cycle.

In *Hercules*, Javors'kyj suggested that Jasyns'kyj was the future and hope of the Kyivan Church. In *Arctos*, the new Metropolitan is presented as its key figure. He possesses wisdom,[93] knowledge, and experience in the administration

91 On the copperplate that precedes the title page, there is another title: *Arctos and Antarctos caeli Rossiaci* (The North and the South Pole of the Rossian Sky). Some researchers used this version as the title of the panegyric, cf. Pylypiuk 2004: 385; Kroll 2018: 220–221. However, in the panegyric, Javors'kyj did not use the term *Antarctos* or make any allusions to it. Maybe the title on the copperplate was a preliminary version delivered to the author of the copperplate, Oleksandr Tarasevych. On the actual title page, there is no Antarctos and we can assume that Javors'kyj abandoned his first idea.

92 The copperplate was made by Oleksandr Tarasevych (Олександр Антоній Тарасевич, ca. 1640–1727), one of the leading Ukrainian copperplate makers in the 17th–18th centuries. He was trained in Augsburg and later worked in the Polish-Lithuanian Commonwealth. He was in Vilnius at the same time as Javors'kyj but they probably only met in Kyiv, where both of them arrived in 1688. Cf. Степовик 1982: 72–73; Степовик 2012: 196–206. Javors'kyj must have instructed Tarasevych about the content of the copperplate. Their cooperation continued because the artist made engravings for *Pełnia* as well.

93 Cf. Brogi 2004c: 422; Pylypiuk 2004: 385–388.

of major ecclesiastical institutions, which guarantees the prosperity and stability of the Metropolis (XII 4–6). The poet recalls its poor state after the death of Metropolitan Gedeon Četvertyns'kyj. In his panegyric, Javors'kyj seemingly mourned the late Metropolitan. In fact, he almost openly criticized Četvertyns'kyj, under whose leadership the Metropolis lost the grace of the Lord, that is, its independence: "O, miserable fortune! The Metropolis lost the Gideon fleece, more precious than the golden fleece from Colchis" (VII 13–14).

In his critical attitude towards the late Metropolitan, Javors'kyj went even further. On the title page, he slightly changed the official title of his patron: "the Archbishop Metropolitan of Kyiv, Halyč etc.". In this instance, he was cautious and did not use "and of All Rossia" or "and Little Rossia". However, in the copperplate, he restored the full title from before Četvertyns'kyj's time: "Pater Barlaam Jasyns'kyj, Kijoviensis, Halicensis totiusque Rossiae Orthodox Archiepiscopus Metropolita". The restoration of the historical Metropolitan title, visible in Javors'kyj's works, was part of Jasyns'kyj's longstanding policy.[94]

Arctos is yet another of Javors'kyj's formal experiments. Basically, its composition is regular, hierarchical, and tripartite: an introductory part (the title page, a stemma, the dedicatory letter), the main part, and the conclusion (XV a poem and XVI an epigram). The main part consists of four sections. Each of them includes three elements: a Latin prose speech or *elogium*, a long Polish poem, and a Polish speech. Each Polish poem amounted to 82 verses and includes an acrostic: "Barlaam Iasinski Metropolita Kiiovski Halicki" ("Barlaam Jasyns'kyj the Metropolitan of Kyiv and Halyč").

Javors'kyj evoked vivid images, whose basis was the contrast between light and darkness. The Stars and the Crescent Moon represented on Jasyns'kyj's coat of arms act as sources of the light: "Here the ARCTOS of his heraldic planets shines | That starts the beam of the light in your gloom" (X 59–60). However—the poet maintains—these lights reflect the light of the Holy Virgin (V 3). As usual, Javors'kyj is consistent in the use of this device, so characteristic for the visual arts and 17th-century Polish poetry.[95] In his book, he also engages other senses of the reader, especially hearing, e.g. by using alliteration. An engaging device was a figure applied in the *elogium* where most verses finished with the rhyme imitating the effect of echo (*carmen echicum*):[96]

Huc adesto individua Kijoviensium rupium habitatrix **Echo**,
Tecum ego hodie in Scenam prod**eo.** ***Eo.***

94 Cf. Brogi 2004c: 433; Яременко 2017: 143–144; Kroll 2018: 224–225.
95 Cf. Vinzenz 1989: LXXII–LXXV.
96 Cf. Brogi 2005: 16.

Taceat mendax veritatis nuntius, livor,
Solam ego Te in testimonium huc appello veri**dicam.** ***Dicam.***
ARCT III 1–4, emphasis J.N.

(Come here, Echo, an inseparable inhabitant of the Kyivan rocks. I will come up on stage with you. Here. Let envy, the false harbinger of truth, be silent. I call you here alone to witness as truthful. I will speak.)

Javors'kyj was coherent, logical, and precise in composing the book. All its elements were put in their proper place and linked with the others. A good example of his ability to control the whole structure of the book and make it coherent is his final poem (XV). The basic idea of this part focuses on the tension between the beginning and the end, the dawn and the twilight, and the attraction between two physical objects. The poem is a double acrostic (a combination of an acrostic and telestich) that included the name: "Barlaam Iasinski". Javors'kyj consequently used the images of the sun, of beams of light, of northern stars, and of flying, the topoi which are dominant throughout the whole panegyric. He also included personal accents: his attraction to Jasyns'kyj was similar to the attraction exerted by amber or by a magnet.

The clear and cogent composition of this panegyric heralded Javors'kyj's final masterpiece, *Pełnia*, which he started to compose shortly after the publication of *Arctos*.

4.4 Pełnia (*1691*)

The Fullness of Never Decreasing Glory (*Pełnia nieubywającej chwały*) was printed in Kyiv on the occasion of the Feast of St. Barlaam of the Kyiv Pečery, held on 19 November. It might be a little surprising that Javors'kyj wrote and published yet another huge panegyric only a year after *Arctos*. What is more, the occasion does not seem anything special. The Feast of St. Barlaam was celebrated annually. That year a new underground church devoted to St. Barlaam was consecrated but this was not as an important event as the election and installation of a new Metropolitan. Nevertheless, this panegyric is the most elaborated, complex, and simply the best in Javors'kyj's poetic output.

Probably shortly after publishing *Arctos*, both the patron and his client concluded that yet another book should be written to fully express the policy of the new Metropolitan. There is no doubt that the Metropolitan read the book before its publication and approved its final form. Thus we can interpret *The Fullness* as a theological, political, and artistic creed of Jasyns'kyj and his milieu.

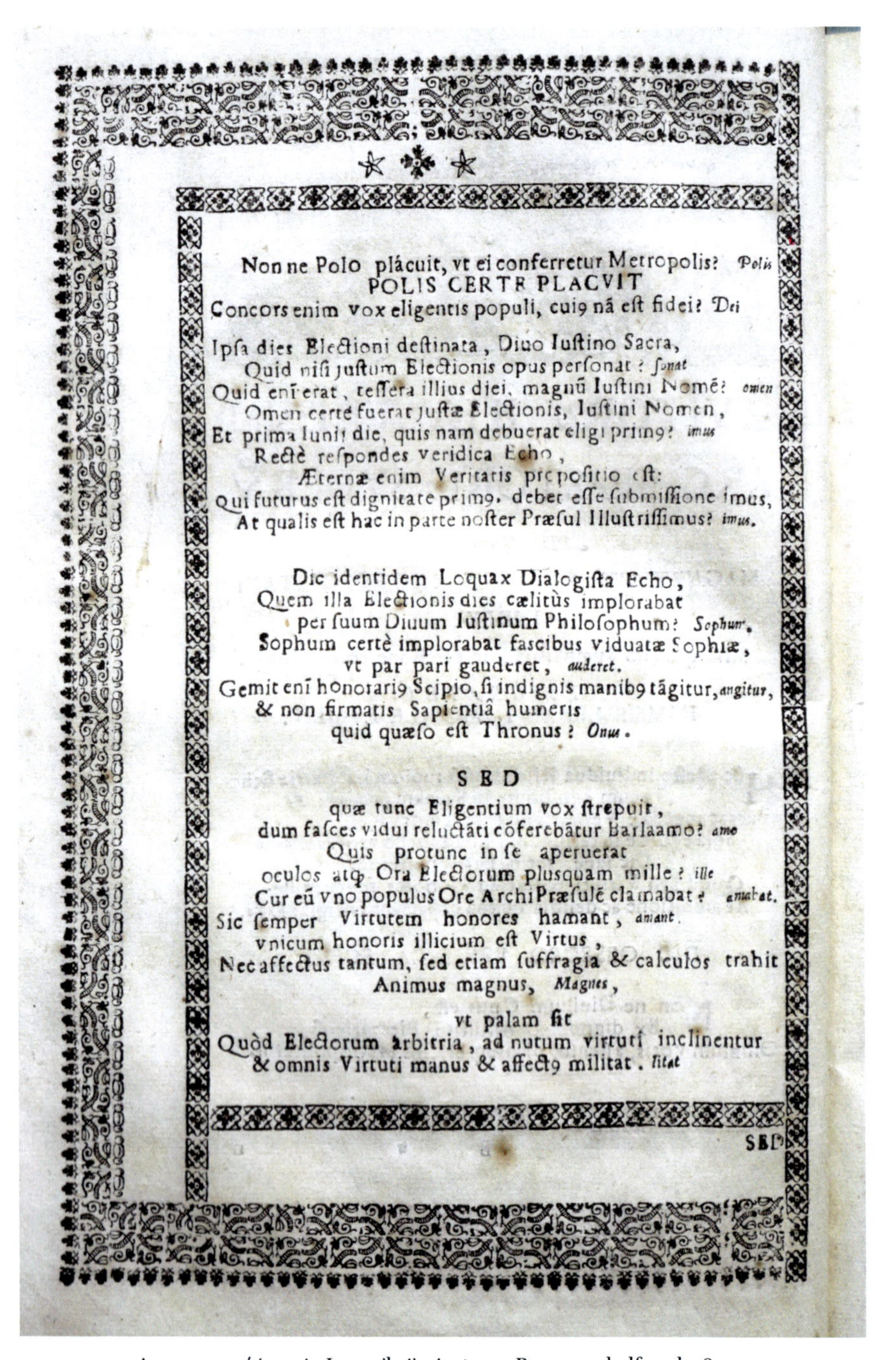

Non ne Polo plácuit, vt ei conferretur Metropolis? *Polis*
POLIS CERTE PLACVIT
Concors enim vox eligentis populi, cuiꝰ nã est fidei? *Dei*

Ipsa dies Electioni destinata, Diuo Iustino Sacra,
Quid nisi justum Electionis opus personat? *sonat*
Quid enĩ erat, tessera illius diei, magnũ Iustini Nomẽ? *omen*
Omen certè fuerat justæ Electionis, Iustini Nomen,
Et prima Iunij die, quis nam debuerat eligi primꝰ? *imus*
Rectè respondes veridica Echo,
Æternæ enim Veritatis propositio est:
Qui futurus est dignitate primꝰ, debet esse submissione imus,
At qualis est hac in parte noster Præsul Illustrissimus? *imus*.

Dic identidem Loquax Dialogista Echo,
Quem illa Electionis dies cælitùs implorabat
per suum Diuum Iustinum Philosophum? *Sophum*.
Sophum certè implorabat fascibus viduatæ Sophiæ,
vt par pari gauderet, *auderet*.
Gemit enĩ honorariꝰ Scipio, si indignis manibꝰ tãgitur, *angitur*,
& non firmatis Sapientiâ humeris
quid quæso est Thronus? *Onus*.

SED

quæ tunc Eligentium vox strepuit,
dum fasces vidui reluctãti cõferebãtur Barlaamo? *amo*
Quis protunc in se aperuerat
oculos atq; Ora Electorum plusquam mille? *ille*
Cur eũ vno populus Ore ArchiPræsulẽ clamabat? *amabat*.
Sic semper Virtutem honores hamant, *amant*.
vnicum honoris illicium est Virtus,
Nec affectus tantum, sed etiam suffragia & calculos trahit
Animus magnus, *Magnes*,

vt palam sit
Quòd Electorum arbitria, ad nutum virtuti inclinentur
& omnis Virtuti manus & affectꝰ militat. *litat*

SED

FIGURE 9 A *carmen echicum* in Jasyns'kyj's *Arctos*, p. Bv. BUW, shelfmark 28.20.3.207
PHOTO J. NIEDŹWIEDŹ

Javors'kyj—just like many authors before him—focused on the number three and its symbolic meanings.[97] *The Fullness* also mirrors this attitude. It can be divided into three main parts: 1. The title page; two opening "verses", one devoted to the Holy Virgin (I), the other to three Sts. Barlaams (II); a cycle of stemmas in Latin and Polish about Jasyns'kyj's coat of arms (III.I–XII.a); a dedicatory letter to Jasyns'kyj (IV). 2. The main part (V–XX). 3. A long Polish conclusion that consists of a speech (XXI) and a cycle of Polish poems (XXII.A–XXII.D).

The main part was divided into three parts as well. These are devoted to St. Barlaam the Hermit[98] (V–IX), St. Barlaam the Martyr[99] (X–XIV), and St. Barlaam of the Kyiv Pečery[100] (St. Barlaam of the Caves Monastery, *Pieczerski*, XV–XX).

---

97 Cf. Kroll 2018: 228.

98 According to the hagiographical sources, legendary Christian saint Barlaam the Hermit arrived in India to Christianize the son of its ruler, Josaphat. He showed the prince a precious stone, i.e. the rules of the Christian faith, and baptized him. However, the father of the prince was against Christianity and persecuted the believers. Josaphat convinced his father to allow him to be a Christian. The old king divided his kingdom into two parts, one of which he gave to Josaphat, who introduced Christianity there. Later, his father also became a Christian. When he died, Josaphat transferred his power to one of his father's officials and went into the desert where Barlaam lived. He became a monk. After his death he was buried together with Barlaam. Their relics were transferred to India. The story was based on the life of Buddha. In the Middle Ages it was translated into Greek and Latin and Christianized. The legend belonged to the most popular hagiographical stories. The liturgical book Menaion, which refers to the life of St. Barlaam and Josaphat on 19 November, was probably among the sources of Javors'kyj's epic poem. He could also have known a Greek version attributed to St. John of Damascus (see Volk 2006, VII–VIII) or its early modern translation into Latin by Byzantine humanist George of Trebizond (1395–1486) and French Benedictine Jacques de Billy de Prunay (1535–1581). This latter version, reissued many times (see John of Damascus 1593), inspired a Lithuanian priest Rev. Mateusz Ignacy Kuligowski (mid-17th century–after 1699) to translate it into Polish verse. It appeared in 1688 in Cracow when Javors'kyj studied in Poland (see Kuligowski 1688).

99 According to the tradition, in 304, St. Barlaam the Martyr (St. Barlaam of Antioch) was murdered during Diocletian's persecutions. As Barlaam did not want to worship pagan gods, the judge had him brought before the altars; frankincense was inserted into his hand, which was placed over the fire. Despite the pain, Barlaam did not let the frankincense out of his hand and worship the gods in this way. His hand burned and he died. The sources of Javors'kyj's poem are the encomia of St. Basil the Great and St. John Chrysostom (he refers to them in PEŁN XIII 19–20). See PG 31, 484–489.

100 St. Barlaam of the Kyiv Pečery lived in the 11th century. According to the hagiographical accounts, he was the son of one of the boyars of Prince Iziaslav I of Kyiv. His name was Basili. At his father's demand, he was married to a noble girl. However, he decided to join monks living in the caves near Kyiv. He left his wife and entered a monastery under the name Barlaam. His father was not reconciled with his son's decision and had him kidnapped from the monastery. However, Barlaam was tenacious and eventually his father

Each section was also divided into three parts: a) three epigrams in Polish; b) a long epic poem in Polish referring to the life of one specific Barlaam; c) three *elogia*. Each *elogium* is a meditation about an important aspect of the given Barlaam's life. The central point of each part is an epic poem. However, each part was also accompanied by an allegorical copperplate that also gives these texts emblematic dimensions. Every icon consists of one large picture and three smaller ones. The entire panegyric was also provided with a full-page copperplate allegory of the three Barlaams and the Holy Virgin, combined with Jasyns'kyj's coat of arms.[101] The texts and smaller icons directly or indirectly refer to this great picture.

All the elements of this complex literary structure are linked. In his book, Javors'kyj applies nine literary genres, i.e. chronosticon, dedicatory letter, elegy, elogium, emblem, epigram, epic poem, speech, and stemma. He switches from Polish to Latin and back again. He constructs multilayered conceits (*concepta*), in which he refers to the Roman, Christian, and neo-Latin literary traditions. He also turns to elements of common knowledge available to members of his interpretative community and makes allusions that are not fully clear to a reader of our day. Remarkable are, in the final part of the book, Javors'kyj's hints at his personal relationship with Jasyns'kyj. Even today we are able to distinguish some of his humorous allusions or feel his irony, e.g. he alludes to his name,[102] presents himself as a hopeless poet who talks with Jasyns'kyj's virtues,[103] or alludes to his studies of logic at the Kyivan College.[104]

The panegyric deserves further, deeper investigation. In the present state of research, it is only possible to point out some topics that represent clues for understanding this work. Its title and the opening copperplate are most useful here: just like in Javors'kyj's previous works, they are like an opalescent meta-

agreed to his return to the monastery. The other monks valued Barlaam and elected him the first archimandrite of the Kyiv monastery of St. Demetrius. He made a pilgrimage to Jerusalem. Returning from another trip to Constantinople, he died near Kyiv. He was buried in the church of St. Theodosius. Javors'kyj probably based his version of the life of St. Barlaam of Kyiv on a prose work by Sylvester Kosiv (Kossow) *Żywot św. Barlaama, który był ihumenem w monastyru świętego Demetriursa* (The Life of St. Barlaam Who Was the Ihumen of St. Demetrius Monastery), in: Kosiv, 1635, 71–75.

101 The copperplates were designed and executed by Oleksandr Tarasevych, cf. Степовик 1982: 72, 74; Степовик 2012: 196–206. For an analysis of the picture see: Pylypiuk 2004: 388–393.

102 See PEŁN XXI (*Stephanoma*). In his earlier panegyrics, we can notice other examples of his irony when Javors'kyj plays with his surname and makes puns: HERC the title page (footnote 4), HERC I, 2 (signature, footnote 6); ARCT XVI. Cf. Kroll 2018: 207.

103 See PEŁN XXII.A.

104 See PEŁN XXI 12.

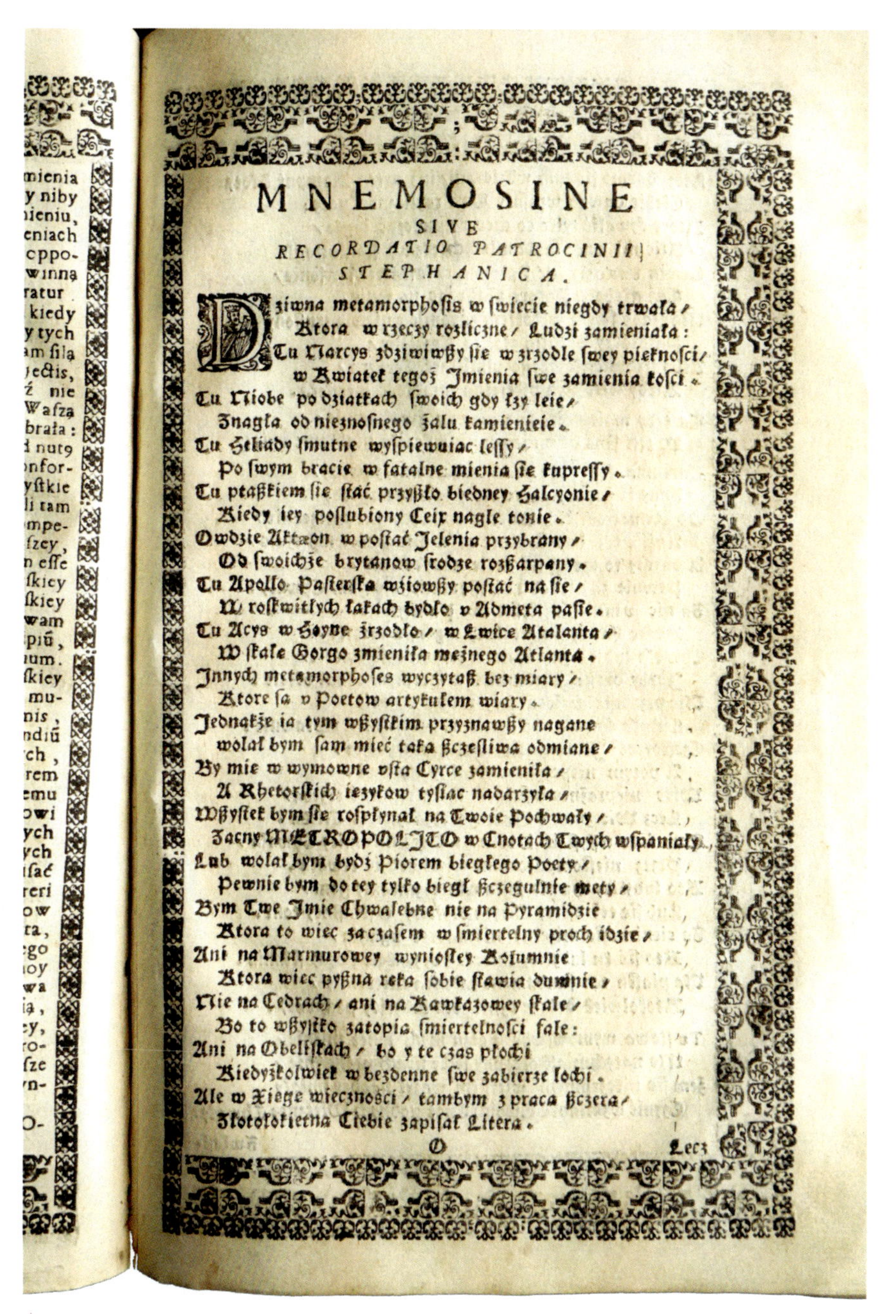

MNEMOSINE
SIVE
RECORDATIO PATROCINII
STEPHANICA.

Dziwna metamorphoſis w ſwiecie niegdy trwała/
Ktora w rzeczy rozliczne/ Ludzi zamieniała:
Tu Narcys zdziwiwßy ſie w zrzodle ſwey pieknoſci/
w Kwiatek tegoż Jmienia ſwe zamienia koſci.
Tu Niobe po dziatkach ſwoich gdy łzy leie/
Znagła od nieznoſnego żalu kamienieie.
Tu Heliady ſmutne wyſpiewuiac leſſy/
Po ſwym bracie w fatalne mienia ſie kupreſſy.
Tu ptaßkiem ſie ſtać przyßło biedney Halcyonie/
Kiedy iey poſlubiony Ceix nagle tonie.
Owdzie Akteon w poſtać Jelenia przybrany/
Od ſwoichże brytanow ſrodze rozßarpany.
Tu Apollo Paſterſka wziowßy poſtać na ſie/
W roſkwitłych łakach bydło v Admeta paſie.
Tu Acys w Hoyne żrzodło/ w Lwice Atalanta/
W ſkałe Gorgo zmieniła meżnego Atlanta.
Jnnych metamorphoſes wyczytaß bez miary/
Ktore ſa v Poetow artykułem wiary.
Jednakże ia tym wßyſtkim przyznawßy nagane
wolał bym ſam mieć taka ßczeſliwa odmiane/
By mie w wymowne vſta Cyrce zamieniła/
A Rhetorſkich iezykow tyſiac nadarzyła/
Wßyſtek bym ſie roſpłynał na Twoie Pochwały/
Zacny METROPOLITO w Cnotach Twych wſpaniały.
Lub wolał bym bydź Piorem biegłego Poety/
Pewnie bym do tey tylko biegł ßczegulnie mety/
Bym Twe Jmie Chwalebne nie na Pyramidzie
Ktora to wiec zaczaſem w ſmiertelny proch idzie/
Ani na Marmurowey wynioſley Kolumnie
Ktora wiec pyßna reka ſobie ſtawia dumnie/
Nie na Cedrach/ ani na Kawkazowey ſkale/
Bo to wßyſtko zatopia ſmiertelnoſci fale:
Ani na Obeliſkach/ bo y te czas płochi
Kiedyżkolwiek w bezdenne ſwe zabierze lochi.
Ale w Xiege wiecznoſci/ tambym z praca ßczera/
Złotołokietna Ciebie zapiſał Litera.

O Lecz

FIGURE 10 The *Mnemosine*—Javors'kyj's verse dedicated to Jasyns'kyj in *The Fullness*, p. Or.
KDNBK, shelfmark 529577
PHOTO J. NIEDŹWIEDŹ

phor. The Polish word *pełnia* has several meanings. Firstly, it means a full moon, a reference to the *Sas* coat of arms, whose central element is the Crescent. More specifically Javors'kyj writes that the Metropolitan's glory and ecclesiastical career can be represented by the full moon that will never decrease. Secondly, the full moon signifies the glory of the Holy Virgin, so often mentioned by the poet. In both Orthodox and Catholic theology and in the visual arts she was often associated with the moon that reflects the light of the sun, i.e. God. The poet also makes several allusions to the image of the Woman of the Apocalypse who stood on the crescent moon.

Another meaning of Polish *pełnia* is "fullness". Fullness means that Jasyns'kyj embodied virtues of all the three saints named Barlaam.[105] This interpretation can go further and in two directions. Firstly, Jasyns'kyj embodied the fullness of the ecclesiastical authority in his Metropolis. His authority covered the area of all the Ruthenian lands (Rus'/Ruthenia/Russia—or "Rossia", as Javors'kyj writes). In this panegyric, Javors'kyj does not hesitate (as he did in *Arctos*) to give Jasyns'kyj the full title of "Archbishop Metropolitan of Kyiv, Halyč and All Rossia".[106] Secondly, three stories about three Barlaams remind readers about a very long tradition of the Kyivan Church. Indeed, Javors'kyj linked the history of early Christianity (St. Barlaam the Hermit and St. Barlaam the Martyr) with the beginnings of Christianity in Rus' (St. Barlaam of Kyiv) and finally with Barlaam Jasyns'kyj. With the new Metropolitan, the history of the Kyiv Metropolis is fulfilled (in Polish: *spełniona*, a word which also belongs to the semantic field of *pełnia*). The political implications of this history are clear: the Kyiv Metropolis is the oldest not only in the Ruthenian lands, but in the whole Russian Tsardom. There is no lack of theological, historical, and legal arguments to support the autonomy of the Kyivan Metropolis: *Pełnia* provides the reader with many such arguments. Thus, Javors'kyj's work can be interpreted as a declaration of the political programme of Metropolitan Jasyns'kyj and his milieu.

Most significant for the interpretation of the panegyric is the representation of the relationship between ecclesiastical and lay authorities. In all the three epic poems devoted to the three Barlaams, Javors'kyj underlines the part of the story in which the saint came out against the rulers. In every instance this caused their persecution, but in the end the Church and Christian values prevailed in the conflict. Javors'kyj stood out for the position that lay authorities are not allowed to interfere in ecclesiastical matters. He even suggests a certain superiority of religious matters over state affairs. No ruler can force

105 Cf. Kroll 2018: 226–227.

106 Cf. Яременко 2017: 143–144; Kroll 2018: 224–225.

any of the three St. Barlaams to change his mind. Thus, Barlaam Jasyns'kyj has been fashioned by Javors'kyj not only as the successor to the name, but also as the heir of a long tradition of the Eastern Church and of the Kyiv Metropolis, hence as yet another independent and charismatic Orthodox leader. We can only speculate who the addressee of this message was. It can be supposed that Javors'kyj's audience consisted of those who could not agree with the situation caused by Četvertyns'kyj and who—like Jasyns'kyj—hoped to maintain some of the Kyivan Metropolis's autonomy from Moscow.

In the present state of the research, it is difficult to outline exactly the intentions and the multifarious positions of the Kyivan clerical elites of the two decades between Jasyns'kyj's election and Mazepa's fall. Javors'kyj himself was a representative of the Kyivan clergy. A part of his panegyric, especially its end (XXI–XXII.D), was directly or indirectly devoted to his relationship with Jasyns'kyj. Javors'kyj's interpretation of the story about Barlaam and Josaphat can be also interpreted as a poetic sublimation of his feelings towards Jasyns'kyj. In the entire text, however, the poet seems to be preoccupied mainly with the bonds that tied the community of the Orthodox monks. He focused on the intellectual and spiritual communication between the monks and harshly disdained any traces of the physical attraction associated with women. His misogyny is particularly evident in the first and third poems of *Pełnia*. Josaphat and St. Barlaam of Kyiv explicitly and resolutely reject women and sinful sexual acts. The refusal of women and regarding them as a total abjection goes hand in hand with the goal of building a male "affective community": such elements are widely represented in the literary output of all the Orthodox monks in the 17th and 18th centuries (Baranovyč, Tuptalo, Javors'kyj, and many others). This is a subject which still needs to be investigated.[107]

Pełnia was the third and final part of the cycle of books Javors'kyj devoted to Jasyns'kyj. In this last poetic work, the author seems to have connected some threads which had already appeared in the previous panegyrics, such as Hercules, the Moon, and the long history of the Kyiv Metropolis. As the very title also suggests, Javors'kyj himself probably treated this text as a kind of closure, indicating the end of a trilogy. Indeed, the Polish word *pełnia* connects to the word *dopełnienie*, which means making something complete, full, and perfect. Thus, Jasyns'kyj embodies all the virtues of a perfect Metropolitan and in his work Javors'kyj describes and glorifies all those virtues. To conclude, as a poetic

107 Javors'kyj's views on the role of women changed in the light of the addressees of his texts. E.g. in his sermon preached on 1 October 1694 addressed to the nuns of the Kyiv Ascension Nunnery, no particular misogynist tones are detectable. See JAVOR.SERMONS, Sermon 9 (*ПОКРОВЪ*).

work *Pełnia* is the last, essential component of a sequence intended to perfect Jasyns'kyj's unfading glory. In the same way—Javors'kyj says—ancient poets like Horace, Claudian, Pliny the Younger, and others (XXII.A, 131–140)[108] constructed the glory of their patrons. It is the poets who ensure their glory never fades.

5 The Legacy

We do not know much about the circumstances in which Javors'kyj wrote and published his panegyrics. Thus, a series of questions must remain unanswered —at least for now. What was the impulse for writing the panegyrics? Were they commissioned or inspired by someone else? Who financed their publication? How was the process of printing carried out? What did the ceremonies of presenting the panegyrics look like? What was the audience's response to the publications? Were Jasyns'kyj and Mazepa pleased with the way Javors'kyj fashioned them in his works? What was the impact of these books on the Ukrainian and Russian literary culture of the time?

Some conjectures are possible, though. As we mentioned before, Javors'kyj introduced a new type of book in Ukrainian literature, the "new panegyric", and this fact must have attracted the attention of his contemporaries. His first encomiastic poem *Hercules post Atlantem* (1684) was most probably a personal success for Javors'kyj. In this work, the still young poet demonstrated his intellectual and writing skills. Two years before the publication of the book, Jasyns'kyj sent his protégée to study abroad. Through his panegyric, Javors'kyj proved that his decision was a good one.

Almost immediately after his return, Javors'kyj published *Echo* for Hetman Mazepa and shortly after he wrote another panegyric for Jasyns'kyj, *Arctos*. Given the costs of such printed books, none of this would have been possible unless his earlier *Hercules* had been received positively. This might also suggest that the political elites appreciated this form of legitimization of their power and wanted the Ukrainian intellectuals to compose more such texts. Javors'kyj had followers or competitors, among them one can mention other well-known authors of panegyrics for Mazepa, Jan Obidovs'kyj, and Peter I, such as Ivan Ornovs'kyj (Jan Ornowski, *Muza roxolańska*, Černihiv 1688), Pylyp Orlyk (*Alcides Rossyjski*, Vilnius 1695; *Hippomenes sarmacki*, Kyiv 1698), and Feofan Prokopovyč (*Панегирикос*, Kyiv 1709).[109]

108 On the use of ancient sources in Javors'kyj's panegyrics cf. Awianowicz 2020: 246–260.

109 Cf. Ornovs'kyj 1688; a contemporary edition in Glowalla 2013: 153–254; Orlyk 1698; Трофи-

Two types of source suggest that Javors'kyj's works were actually read, especially by the professors, students, and alumni of the Kyiv-Mohyla College and the Moscow Theological Academy. The first group of such sources consists of the manuals of poetics, written at the Kyiv College. The earliest one, *Helicon bivertex* was composed by Parthenius Rodovich (Rodowicz) as early as 1689, the year of publication of *Echo*:[110] two Polish epigrams from *Echo* were quoted in *Helicon bivertex* among the works of other Ukrainian and Polish authors.[111] Another example is *Hymettus extra Atticam* written in 1699 by Josyp Turobojs'kyj, which contains a fragment of *Pełnia*.[112] In both poetics, Javors'kyj's poetry was presented to students as a valuable model of Polish-language poems.[113]

The other group of sources consists of marginal notes still extant in some copies of Javors'kyj's panegyrics. In a copy of *Arctos* held in the Russian State Archive (RGADA) in Moscow, we find an ownership note by Feodor Vyrozub (Teodor Wyrozub), a student of philosophy at the Kyiv College in 1691.[114] Vyrozub made some marks and notes in the margins of his own copy of the book. Moreover, in copies of *Hercules*, *Actos*, and *Pełnia* kept in the Russian State Library in Moscow, numerous fragments in Polish are underlined.[115] The *Echo* from the National Library in St Petersburg is even more interesting because it belonged to Feofan Prokopovyč.[116]

Even though Prokopovyč was Javors'kyj's political opponent, he must have appreciated the literary activities of his former professor. It is almost certain that Orlyk, who also was Javors'kyj's student, was inspired by his panegyrics.[117]

мук, Шевчук: 2006: 389–396, 511–588; Prokopovyč 1709; Прокопович 1961: 23–38, 209–214, 459–461, 479.

110 *Helicon bivertex* 1689: 32r–34; cf. Lewin 1974: 84–85; Маслюк 1983: 226; Siedina 2017: 13.

111 Rodovich cited two stemmas (heraldic verses) from *Echo* (ECHO III 2 and IV 4 in this edition). Paulina Lewin (Lewin 1974: 84) did not recognize the author of these epigrams. There are several mistakes in her transcription. It was Rostislaw Radyszewśkyj (Radyszewśkyj 1996: 49) who mentioned Javors'kyj's name in the context of *Helicon bivertex* but without any details. It is worth adding that Rodovich included Javors'kyj's stemma in his manual in the same year that *Echo* was published.

112 Cf. Radyszewśkyj 1996: 216–217; Siedina 2012: 98–100; Siedina 2017: 39.

113 Rodovich placed Javors'kyj's epigrams in the paragraph devoted to the ways of composing conceits in poetry. Cf. Lewin 1974: 84.

114 Javors'kyj 1690: a copy of RGADA, shelfmark: Ф ОРИ/ИН 9228 (17909).

115 Copies of RSLM shelfmarks: Javors'kyj 1684: n. inv. 7456; Javors'kyj 1690: n. inv. 7466.
In the unique extant copy of *Hercules* somebody underlined the fragment about immortal wisdom cited above (HERC III 41–44).

116 Javors'kyj 1689: a copy of NLRSPb, shelfmark: Россика ИН364794/1.

117 Cf. Kroll 2014: 218–219; Трофимук, Трофимук 2018: 77.

ICH CARSKIEGO
PRZESWIETNEGO MAIESTATV
ZAPOROZKICH,
BRZMIACE,
GŁOSNA ZYCZLIWEGO AFFECTV
RESONANCYA.
Nayniższego ſługi Symeona Iaw[illegible]kiego Artium Liberaliū & Philoſophiæ
Magiſtri Continuati Theologi.
Roku ktorego dolina świątowa
Echo wydała Przedwiecznego Słowa.
1689.

FIGURE 11 A copy of the *Echo* dedicated by an unidentified student to Feofan Prokopovyč. A manuscript dedication on the bottom of the title page: "Admodum Reverendi in Christo Patri Theophano Prokopowicz Concionatori Colegii Mohileani, meo amantissimo Patri …" ("To the most reverend in Christ father Feofan Prokopovyč, the preacher of the Mohilean College and my dear father …"). NLRSPb, shelfmark: Россика ИН364794/1
PHOTO J. NIEDŹWIEDŹ

We can assume that Javors'kyj's texts were not only read but had some direct and indirect impact on literature in Ukraine and Russia. For example, in 1707, Ilarion Migura wrote the *Epitaph for Baralaam Jasyns'kyj* which included a short biography of the Metropolitan.[118] It was probably modelled on Javors'kyj's *Hercules*.

Together with his sermons, the panegyrics we publish here could contribute to shaping a matrix of an important branch of Ukrainian and Russian literature, namely, laudatory texts dedicated to leaders of the Church and State. In his panegyrics, Javors'kyj combined philosophy/theology with politics and presented power in the broad context of a divine plan of salvation. An important aspect

118 Migura wrote: "Barlaam known as Jasyns'kyj was bright in words and deeds; | As the Metropolitan he was the first after Mohyla" ("Варлаамъ, зван Ясінскі, яснилъ въ словѣ, дѣлѣ, | Въ правлєніи простола пєрвыи по Могілѣ"). Cf. Яременко 2017: 147–148. As we remember, the comparison of Jasyns'kyj with Mohyla was a central idea of *Hercules post Atlantem*.

of these texts is that they were rooted in the classical heritage, transformed by early modern literature and art, and connected to scientific knowledge. A combination of all these elements could make Javors'kyj's panegyrics seminal prototypes for his contemporaries in Ukraine and Russia. This was possible especially because the languages, aesthetics, and ideological background of the panegyrics were known to many representatives of the elites educated in Kyiv and—albeit to a lesser extent—in Moscow in the early 1700s.

During the 18th century, Javors'kyj's works from his Ukrainian period were doomed to oblivion. Only a few of his texts were read and published, especially the *Rock of Faith* and some of his sermons (mainly the so-called "victory sermons"). In the first decades of the 18th century, changes in the literary culture in the Russian Empire took place. The state promoted neoclassical literature, and Javors'kyj's formal experiments seemed to be obsolete. Firstly, this was a part of the pan-European process of forgetting the 17th-century conceit literature. Secondly, since the mid-18th century, Polish and Latin were no longer important languages of literary communication in the Russian Empire. Such changes affected Ukrainian literature as well.

However, the main reason why Javors'kyj's panegyrics were erased from the history of literature, was the Russian and later Soviet cultural policy and censorship. Censorship prevented any attempts to show that, at the turn of the 17th and 18th centuries, the cultural landscape of the Russian Empire was heterogeneous and heavily reliant on the heritage of the Ukrainian Hetmanate. Some scholars acknowledged that Ukrainian migrants played an important role in Russia, but the fact that for over 50 years Ukrainian literature, philosophy, theology, education, and political ideas played an important role in the modernization of Russia, were usually passed over or, at least, minimized. Russian scholarship also ignored the fact that Ukrainian culture was more "modern" and "advanced". In other cases, Russian scholars simply appropriated the Ukrainian tradition as their own patrimony: Ukrainian writers and works were just Russian. In other words, the Great Russian discourse could not admit that at the turn of the 17th and 18th centuries Ukrainians in the Hetmanate developed their strong, multilayered, and independent culture and identity. This would undermine the imperial dogma about Ukraine as a "younger brother" of Russia.

Early works by Javors'kyj, both panegyrics and sermons, were among the texts which reminded readers about the specific position of Ukrainian culture within the Russian Empire. Thus, Russian scholars in the 19th and most of the 20th century were discouraged from examining this "dissenting" and potentially dangerous literature. The anathema against Mazepa also worked against Ukrainian literature and language. As is well known, use of the very word "Baroque" was simply prohibited in Russia until the early 1970s: it was replaced by the term "Enlightenment" (Просвещение) which totally distorted the reality of the facts. In Russia, scholars focused on Javors'kyj's political and ecclesiastical activities, but only a small part of his literary output could be studied or promoted, namely, the works written after 1700. This made Javors'kyj primarily a Russian ecclesiastical leader, politician, and writer, and the first Russian theologian.

This situation only changed in the last decades of the 20th century.[119] The period of perestroika was especially important, when Ukrainian and Russian scholars could investigate the multilingual literature of the Hetmanate. However, the revival of studies on early modern Ukrainian culture took place after Ukraine achieved its independence in 1991. Javors'kyj and his works have been studied by scholars from Ukraine, Russia, Italy, Poland, Germany, Canada, and the United States. They gave Javors'kyj a chance to be a member of the canon of late early modern literature once again. Much has been uncovered, but much remains to be done. We believe that the current publication of works by Javors'kyj, which is focused on the long-standing studies of our predecessors but presents to the scholarly community totally unknown or only partially known works of a leading scholar and poet of the late Baroque period, may shed new light on the literary communication and graphosphere in both the Hetmanate and the Russian Empire in the crucial times of their history between the 1680s and the 1720s.

---

119 One of the seminal works was a monograph by the Polish scholar Ryszard Łużny. Javors'kyj is one of the poets and theorists mentioned in this publication. Cf. Łużny 1966: 63, 86. However, even this scholar focused on the most frequently investigated personalities of the period: Simiaon Polacki (Simeon Polockij), Lazar Baranovyč, and Feofan Prokopovyč. The latter were also the ones "admitted" by official scholarship and censorship, because they were connected with Russia.

Panegyrics by Stefan Javors'kyj

∵

1

Hercules post Atlantem (1684)

© JAKUB NIEDŹWIEDŹ AND BARTOSZ B. AWIANOWICZ, 2025 | DOI:10.1163/9789004737518_003

HERCVLES
POST
ATLANTEM

Infracto virtutum robore
HONORARIUM PONDUS SUSTINENS.
SEV
Perillustris & Admodum Reverendus Pater,
P. BARLAAM IASINSKI,
Vicarius sedis Metropolitanæ Kiiouiensis,
Præses Cænobij Sancti Nicolai Pustynno Kijouiensis,
Post Fata
Perillustris ac Admodum Reuerendi Patris
P. INNOCENTII GIZIEL
ARCHIMANDRITÆ PIECZARIENSIS,
Emeritum eiusdem Archimandriæ munus,
Cum festiuo omnium applausu,
SVBIENS.
Anno quo cælestis ille Hercules, lærneo deuicto mostro, Terminali Crucis Columnæ, nonplus vltra inscripsit,
Si cupit Autoris lector cognomina nosse
Principium Platanus, clausula fustis erit.

w Czernihowie w Drukarni Swieto Troiceckiey Ilinskiey.

FIGURE 12 The title page of the *Hercules post Atlantem*. RSLM, shelfmark (n. inv.) 7456
PUBLIC DOMAIN

HERCULES

POST

ATLANTEM[1]

Infracto virtutum robore

HONORARIUM PONDUS SUſTINENS

SEU

Perillustris et admodum Reverendus Pater

P[ater] BARLAAM IASINSKI

Vicarius sedis Metropolitane Kijoviensis,

Praeses Caenobii Sancti Nicolai Pustynno-Kijoviensis,[2]

post Fata

Perillustris ac admodum Reverendi Patris

P[atris] INNOCENTII GIZIEL[3]

ARCHIMANDRITAE PIECZARIENSIS

Emeritum eiusdem Archimandriae munus

cum festivo omnium applausu

SUBIENS.

Anno quo caelestis ille Hercules, laerneo devicto monstro, terminali crucis columnae non plus ultra inscripsit.

Si cupit Autoris lector cognomina nosse,
Pricipium Platanus, clausula fustis erit.[4]

W Czernihowie w Drukarni Świętotrojeckiej Ilińskiej.

Pondus adit quisquis, praecelsos scandit honores:
Conveniunt semper pondus honosque simul.
Neoter[icus][5] 6

[1.]

Perillustri ac admodum Reverendo Patri
P[atri] BARLAAMO IASINSKI
ARCHIMANDRITAE PIECZARIENSI
Domino, Pastori, Patrono, Maecenatique suo
Munificentissimo
Diuturnam Incolumitatem et perennem felicitatem.

[1.] Ad solennem in emerita honoris fastigia ascensum etiam meus animus laetantium sese turbae ingerit, Perillustris Antistes, tanto scilicet validiori impetu in Tui procurrit venerationem, quanto maior e distantiori spatio impetus intendi solet. Etiam enim ultra Philosophiae aliquantum licuit progredi metas ac in distans agere, ubi vectigales mecaenati plausus dare necessum est, nec pennam alioquin obsequentiorem esse in suo munere oportuit, quam dum per tantam distantiam instipendiarias Patrono suo aggratulationes provolare necessum foret. Habetis nimirum magnae mentes commune quidpiam cum ipso Sole, quod et ille in altum sese erigens, in remotissima quaeque suos vibret radios; et vos in sublimes honorum evecti clivos, distantissimos quosque ad solennem ritum et tripudia excitetis. [2.] Quanquam non omnino distans est, cuius cliens animus affectu Comes, submissione famulus, propensione mancipium, pedisequo gressu Tibi famuletur et studiosa propensio cernuo ritu minimos quosque nutus sequi, immo praevolare prona existit. Quasi ideo duntaxat sollicitus mei animus a Te in Poloniam ac Lituaniam sese contulisset, ut ab Aquila Sarmatica et Equite Lituano[6] pronius didicisset in Tua currere obsequia et ab illa candorem, ab hoc robur utrinque celeritatem in Tua obsequia derivare. Provolat itaque etiam nunc propensissimus in debitam Tibi venerationem animus; et cum gestientis laetitiae magnitudo sese intra viscera gaudentis capere nequeat, angustas pectoris latebras dedignata foris prominet, hacque pagina candoris sui indicio, Tuum comaret ante Conspectum. Nec mirare huius Exilis nimium Laboris Autorem, sese coram Te gratulabundum sistere haud ausum fuisse, quem ut pote Elinguem Oratorem et debitae Laudis rudissimum, ipsa infamis erubescendi necessitas absterruit. Maiorem ergo e longinquo intendi reverentiam arbitratus paginam hanc sui sermonis et affectus Ministram, levem alias, nisi a solo Tuo nomine pondus haberet, substituit, id unicum obnixe postulans, ut Candorem potius in ea legas, quam trivialem sterilis ingnii venam laboremque hunc non ex actu, sed ex conatu, nec ab Effectu, sed ex affectu velis aestimare.

Perillustri ac admodum Reveredae Paternitati
Vestrae D[omi]no Pastori Patrono
Maecenatique suo Munificentissimo
Faventissimus infimusque pedisequa.

Iam Tibi mi Lector supra mea Nomina dixi:
Nam Platano baculum junge sciesque virum.[7]

[II.]

[1.] Bene iterum habet Pieczariense Caelum pulchrae ut Lunae MARIAE, Praeses Illustrissime. Bene inquam dum Athlanti non impar successit Hercules Aptus uterque tanto ponderi baiulus. Nimirum Herculeis tantummodo aut Athlanteis, serenus hic VIRGINIS Olympus indiget Lacertis, infamem alias passurus occasum, si ignavo cuipiam Mirmidoni aut inerti incumberet Pumilioni. Quippe in hoc etiam rerum magnitudo non mediocrem quaerit et iactat gloriam, quod non nisi magno robore teneatur, minus habitura laudis, si exiguis staret viribus. Nec sane alium quempiam huic Virgineo Caelo oriri oportuit, nisi Te primae magnitudinis sydus, solem ⟨d⟩ixisse debueram, nisi quod in Te turpem, maculam nulla oculata Mathesis, imo ne Livor etiam sedulus rerum indagator possit suspicari.

[2.] Extincto primo sydere Illustrissimo illo Castore (Tuum loquor Antecessorem[8]) nitidus debueras oboriri Pollux hoc non nisi cum discrimine, quod ille non Exoratus oriatur, Tu vix invitus non tam viduato honori quam Expectantium obtutibus et desideriis illuxisti.[9] Et certe ecclypsato illo lucidissimo Phosphoro (Tuum dico Praedecessorem) squalidas maerorum noctes horridamque lacrymarum tempestatem unusquisque ominabatur, nisi serenior Phaebus tristem hunc VIRGINIS Pieczariensem irradiasses Olympum et pulsis maerorum nubibus, primum universis sudum restituisses palamque secisses, eo fertilitatem Divinissimi illius Palmitis (MARIAM loquor?) progressam esse, ut

uno a⟨v⟩ulso ramo non deficiat alter
aureus, et simili frondescat Virga metallo.[10]

[3.] Doleremus equidem deplorandum Antecesoris Tui obitum, nisi parem Te sibi viduatus reliquisset honori palamque ostendisset. Te non honoris duntaxat, sed etiam virtutum glorioseque factorum esse exasse haeredem, nec in locum tantum modo, verum etiam in mores suos immigrasse. Maiora nunquam Praedecessor Tuus sui desideria posteritati reliquisse poterat, quam dum prospexit ne desideraretur. Sed nec in Te minor redundat Gloria, ut enim sua praesto habet encomia Icon suo in omnibus assimilata prototypo, ita non mediocrem meretur laudem probus h⟨a⟩eres bono Antecessori in omnibus non dissimilis. Neque profecto pondus hoc honorarium in Te devolutum alios humeros ambitioso poscere conatu et debuerat, et potuerat, nisi Tuos, quos iam satis a[li]q[u]id muneris antegesta eiusmodi onera vires exercuere. Proluserunt nimirum

In Collegio Mohileano Rector

In Caenobio Divi Nicolai Abbas

ceteri honores, emerito huic Pastoreae dignitatis fastigio et solem hunc purpurata antegestorum honorum precessit aurora, quasi prodromo passu, in altiora honorum subsellia Tibi viam demonstraret. Proludium nempe honoris in primis Tibi fecerat Pallas Mohileana vel inde ominata Te olim Pieczariensi Caelo velut alterum praefuturum Iovem, e cuius cerebro tunc nata fuerat Mohileano Athaeneo.[11] Scilicet antequam in Immenso illo Gratiarum MARI, honorarium Pastoreae dignitatis, Navigium recturus subiisses, debueras in placido illo Tullianae Eloquentiae flumine Mohileanis tunc palaestris late diffuso, honorariam rexisse triremem, ut vel inde ceteri discerent, honorariis et onerariis navibus regendis, nullum digni orem Argonautam, quam cui nitissima illa Pharos sapientia praelucet. Commiserat post suam Pastoralem virgam bonus ille Myrrhaenus Pastor Tuae Fideli dextrae, ut tempestive manum erudiret ad emeritos dignitatis Pastoreae fasces capessendos. Et certe leviore pondere vires erudire oportuit, ut graviora minus sentires. Quippe succumbit quandoque magno pressus onere quisquis minori assuevisse neglexit. Sed quonam modo et robore tum hanc, tum ceteras honorum moles sustineas, Hercules robustissime, narret Tuo nomine et meritis superba pagina.

[4.] ITAQUE HERCULES INVICTE
Primum Tibi robur in honorario pondere sustinendo
SAPIENTIA.

Facessite hinc robustissimi Sampsones, quorum vires tanto debiliores quanto magis ab imbelli hoste, quia femina profligatae. In hoc non nisi vestrum iactate robur, quod vobismet ipsis parentale exstruxerit monumentum, S⟨isy⟩phi veriores in propriam perniciem saxa rotantes. Non vos ego, non vos honorario ponderi adhibere velim, Illos potius, quorum totum robur desinit in sapientiam. Illos, inquam, robustissimos Hercules, qui plusquam laerneo ignorantiae monstro victoriosissime profligato, togita laureatique perennaturas suae sapientiae pyramydes tanquam Trophaeum erigunt immortale. Pergite ambitiosi honorum Tantali, quo vos vesana impellit Cupido, nervos intendite, vires exantlate, enervate robur. Mehercle, fugientia regalium dignitatum poma ambitiosam vestri famem non satiabunt imo magis intendent et hanc obstinatam in honores pertinaciam elident eludentque. In solidum adamantem nova metamorphosi vestra abeant robora, mihi credite, haec tam ingens.

> Vis consilii expers, mole ruet sua.[12]

[5.] Sola nimirum sapientia honoris baiula est, nec unquam felicius digniusve Laboriosi Iasones aureo honoris vellere potiuntur, quam dum per inundantem proprii sudoris pelagum navigantibus, Lucida sapientiae Pharos illuxerit. Nunquam facilius invios alias honorum labyrinthos solliciti ingrediuntur Thesei, quam dum certiorem prodromam Ariadnam illam, sapientiam inquam, habuerint. O quot absque hoc sapientiae Phosphoro, novi soles, deplorandi illi Phaetontes alta petunt, non aliud sui ambitiosi ausus recepturi premium, quam dolendum Exitum et Exitium.

> ... Tolluntur in altum,
> ut lapsu graviore ruant.[13]

Claud[ianus]

[6.] Arduum scilicet iter est ad sublimia, et praealtam honorum magnitudinem, cognata excelsis vertigine ipsoque casu venerari quandoque contingit, quisquis infracto sapientiae robori non innititur. Icarus sit necesse est, Vitreo daturus Nomina ponto, quem non literario labori dedita penna, nec Atticae noctuae ala, sed leves nimium ambitiosi Conatus plumae in sublimia evexere. Solius sapientiae haec est seu natura, seu fortuna, ut ad sublimia honorum fastigia, eo gloriosiore quo solidiore passu eluctetur. Solius sapientiae tam firmum robur est, ut non tantum enervari, sed ingemiscere etiam honoraria mole pressum detestetur.

[7.] Eloquere iam lingua Tuum Mecaenatem et quidquid inter agnata Tibi concludis arcana Totum id effunde in vectigalia sapientiae Antistitis praeconia. Verum enimvero magnum id Tibi incumbit negotium inassueta tanto oneri ling⟨u⟩a. Tutius Harpocratem, quam Tullium agere[14] Tibi hic expedit, et aliqua tantum promere, plurima vero solo silentio et stupore venerari. Tanta nimirum sunt debita magnis virtutibus dicendi onera, ut quoties rudibus loquendi incumbunt linguis, toties insolita metamorphosi obmutescere efficiant. Quanquam non omnino etiam Praeses Illustrissime lucidus hic Tuae sapientiae Phaebus exiguis alienae laudis egeat facibus non immemor, quod

> Ipsa sibi virtus pretium, nec Laudibus ullis
> Erigitur plausuque petit clarescere vulgi.[15]

Claud[ianus]

[8.] Illuxerat ad huc in iuvenili aetate illa Tuae scientiae aurora serenum Roxolano Horisonti sudum ominata, ubi nec dum iuvenilia pretergressus tempora et iam senium attigeras non quidem aetate sed virtute, moribus et sapientia, vere maturus adolescens, cui nihil iuvenile fuerat praeter aetatem.[16] In exiguo adhuc corpore Gigas latitabat animus,

Ex Collegio Mohileano in Academiam Cracoviensem migrat

unde nec strictioribus Mohileani Athenei contentus angustiis, amplissimis vix poterat Almae universitatis Cracoviensis Limitibus comprehendi, ut doceret magnis animis, aretas angustias, imo nec unum orbem posse sufficere. Non planm Tibi equidem iter in lycaeo Cracoviensi fuerat ad excelsos sapientiae clivos. Et amaena haec Tuae Doctrinae rosa non absque spinarum fuit satellitio, illudque tam suave tuae facundiae nectar, non sine apium aculeis. At vel inde maior Tuae Gloriae accessit cumulus, quod haec tanto gloriosiore, quanto fortiore animo pertuleris, doceresque Generosam Indolem nunquam per mollia incedere magnisque animis adversa esse Lydium lapidemque[17] explorentur tantummodo non allidantur. Honorarias postea triremes quis Te nunc denegasset optime gubernaturum, cum in tanta adversorum tempestate sollicitam protunc tuae vitae ratem, tot agitatam fluctibus provid⟨e⟩que rexisses Argonauta, non alibi ratus agnoscendam nautae industriam, nisi in tempestate? Et certe antequam aureus nobis in solio enituisses, tot adversitatum ignibus explorari debueras, quippe

Ovid[ius]

... Fulvum spectatur in ignibus aurum.[18]

[9.] Quae vero in Academia Cracoviensi[19] Tuae Doctrinae incrementa? Meritissimam Te tunc crederem Cynthiam maiora indies sapientiae incrementa accipientem, nisi quod ex plenilunio Tuae Doctrinae semper in augustantis nunquam decrescere potuisses. Venalis ibi ceteris philosophica laurea, Tuam ultro ambiebat frontem, quasi suam intelligeret felicitatem et gloriam, tam erudito vertice superbire, nec tantum ornamenti contulisse, quantum derivasse. Inest nimirum sua gloriae ambitio etiam rebus, vel inde suum valorem habituris si a magnis mentibus possideantur. Hoc unicum protunc in votis Tibi fuerat, aemulo spiritu cum Aquila Polona progredi, dum nativum ipsius ingenium aemulatus, irretortam palpebram ad solares sapientiae radios fixeras. Immo ausim dicere Sarmaticam volucrem alienis tunc, citra fabulam, ornatam fuisse corniculam plumis dum adventitiis in Te gloriaretur ornamentis, non quidem quod suis careret decoribus, verum quod Te parem suis iudicaverit. Sed ne alieno superbiret, suus iterum Orienti Phaebus illuxisti tanto desiderabilior, quanto sapientia illustrior, amaenam Roxolano Horisonti,[20] simul et animis serenitatem vibraturus. Phaenicenses tunc Borysthenis accolas credidissem Exortum tanti Planetae venerabundos expectare. Ipse Borysthenes Te redeunte fluctibus intumescere videbatur, ac si alterum Te sibi Xerxem[21] polliceretur, pretiosiores virtutum compedes sibi iniecturum. Quid si memorem gaudentium de Tuo

Redit Ki⟨j⟩oviam

reditu animorum Laetitiam? Amplissima illustrium virorum pectora nunquam maiores senserant angustias, quam dum tanta de Tuo adventu gaudia caepisse non poterant. Ipsa Mohileana Pallas nunquam maius hospitalitatis Documentum dederat, quam ad adventum tanti hospitis sui eruditi Dominii propagatoris. Tum demum Mohileanae Palaestrae Te sibi gratulabuntur verum obtigisse Dionem aut Cleantem, cui diu noctuque Literariis incumbenti Lucubrationibus ignitissima sapienitae fax illuxerat; quasi metueret nigro aequori dedita penna ne absque ardente eiusmodi Pharo Icareo lapsu naufragium pateretur Dempseras tunc Gloriam vastissimo illi Gigant, totius saxei montis Aethnae baiulo Encellado, qui

Magister in scholis Mohileanis

> quoties retractat onus cervice rebelli
> ... tunc Insula fundo
> vertitur et dubiae nutant cum maenibus urbes.[22]

Claudianus *De rapt*[*u*] *Proser*[*pinae*]

[10.] Tuis Hercules robustissime etsi integra Mohileani Parnasi rupes non tam Humeris quam sollicitis in docendo curis incubuerit, eo tamen gloriosior, quo magis infracto imo solidiore robore evaseris notumque omnibus feceris, sapientes animos premi posse non opprimi virtutemque magis adversis solidari. Obmutuit quondam adventante in terras aeterno VERBO Delphicus Romae Apollo,[23] eo stultior, quod ad ipsam sapientiam desipuit ad ipsamque facundissimam Numinis aeterni suadam factus est elinguis. Mohlieanus Apollo tum demum silentio terminum imposuit, cum et sollicitae in Tui reditum Expectationi nunquam facundius quam dum a Te sui protunc Parnassi Magistro igneum traxerat Entheum. Meram iurasses Memnonis statuam[24] Orsenitis Phaebi splendoribus in sonos animatam, nisi quod extra fabulas.

In poesi magister

[11.] Verum desint cetera Tuae sublimi Doctrinae militantia argumenta, sufficit unica ad immortalem perennantis gloriae auxesim Tua in sacris sotris facundia. Periclem Te iam hic (citra omnem adulationis hyperblen) fuliminantem dixero, nisi quod reboantia illa e sacris Exedris verborum fulmina, non montes sed mentes peterent frangerentque. Pieczarie⟨n⟩sis illa Virgineo sacra honori Fabrica nunquam caelo similior visa, quam dum Te solem perspicuis sacrae Doctrinae radiis faedas vitiorum nubes dispelientem continuerit. Aurea tunc saecula arbitrari licuit, dum bonum Verbi Divini semen Te seminante,

> Subito fruges Tellus inarata ferebat.[25]

Ovid[ius]

Aureis scilicet Tuae sacrae facundiae meatibus plusquam septeno profusissimi N⟨i⟩li gurgite, humana mens inundata sibi faecundam messem, Tibi gloriam germinabat.

[12.] Personat iam publicae famae classicum
Io triumphale
Tibi mentium Victori,
Qui in sacris Exedris, ceu in Gloriae Theatro
Ad expugnanda humana pectora
totidem tela vibras,
Quotquot acerrima subtilium sensuum a cumina peroras
Tot animis vulnera infligis,
Quot verborum incisa loqueris,
Hic demum praenobilis animorum Triumphator,
Nisi quod sine sanguine,
Non sine gloria triumphasti!
Clarissimus in docendo,
Quem zelosus sacrae Doctrinae ardor irradiat,
Hinc non nisi obscurus,
Quod dubium omnibus reliqueris,
Utrum Oratorio an Divino
PNEUMATE
Perorasti?
Novus Rossiae Orphaeus,
Nisi quod flexanimo sacrae facundiae concentu
Non plantas verum arbores inversas
Commoveres.
SED
Verbisne, an factis eloquentior sis?
Anceps haeret animus.
Idem nempe Tibi fuit in Executione,
Quod in Doctrina,
In opere,
Quod in verbo,
Et ut clarius docere videreris,
Dicta factis illustrasti,
Quasi non docturus,
Nisi fecisses,
Nec facturus, nisi docuisses.

Et ubi Eloquentiae vis deficere videbatur,
maiore factorum Energia compensasses.
Nostri nimirum optime illud vatis monitum
turpe est Doctori, dum culpa redarguit ipsum
40 et illud:
Hi mihi Doctores semper placuere, docenda
qui faciunt plus, quam qui facienda docent.[26]
Huic itaque Poetarum Doctrinae conformis,
Magnam in sacris Exedris facundiam
45 Paribus virtutum praxibus
Illustrasti, adaequasti, superasti.
Hic demum Doctor, cui nulla speculatio non practica.

Cato Masse[nius]

[13.] Sed ne clarissimum hoc Tuae in docendo facultatis luminare, in occulto quasi patriorum tantummodo paenatum radiasse videretur placuit eo nigram Inclitae Moscuae Aquilam vel in sua nigredine Candidam illustrasse. Et certe tam praenobile bonum Communicabile ceteris esse debuit illumque pro Legato Moscuam eligi oportuit,[27] qui non minus publicum Commodum quam gloriam adauxisset. Hic demum serenissimam Invictissimorum Moscuae Caesarum Maiestatem, cuius intensissimos, quia Caesareos splendores, nomine et re lucidus, quia IASINSKI geminasti? Solaribus sese innatam radiis, tum demum evidentissime praeceps in hostium vel perniciem, vel terrorem Moschovitica probavit Aquila, cum in Te ceu rutilantem sapientiae Phaebum attonitam protunc fixerat palpebram. Invidere iam tum desieramus suos Principibus Romanis Senecas, Magnisque Alexandris Stagyras, cum serenissimae quoque Principum M⟨o⟩schoviticorum aulae non impar obtigisses. Ibi demum Herculem Te probasti, dum aurea flexanimae suadae Catena citra fabulosum antiquitatis Commentum, tot tantosque animos in stuporem Tuique venerationem traxis⟨se⟩s.

Legatus Moscua[m]

[14.] Ergo ne, Hercules fortissime, Tuo infracto robori, quod totum in sapientiam abiit, tam ingens honoris Tibi collati moles incubuisse non debuerat? Illi retr⟨a⟩ctent eiusmodi onera, quorum non animus Verum brachia tantum infirmis gloriantur viribus, Equis aut Elephantibus similiores. Quid dico? Deteriores dixisse debueram, cum a belluis robore superentur. Sistite vos hic vel e posthumis Cineribus tricorpores illi Geriones centi manique Typhones certe cum Romano exclamabo vate,

... non viribus istis
munera conveniunt.[28]

Leonum monstrorumque haec Laus esto praevalidis niti in Corpore viribus. Animus humanus solus est, qui brutis nobiliores non efficit, hic si suas enervari nescias sapientiae vires habeat, suum illi emeritum honoris debetur onus, ut palmari virtute vel ipso pondere in altius erigatur.

[III.]

Inducitur Lesco Fraudulentus per uncos ferreos indigne corona[m] regiam in meta accurrens

Po cóż, Leszku,[29] w dalekie puszczasz się zawody?[30]
Jakiej się po twych pracach spodziewasz nagrody?
Czem tak chybko koniowi słabe puszczasz wodze?
Czem po gładkiej hartowne groty ścielesz drodze?
5 Czyli prze to, że wieki żelazne nastały,[31]
Żelazneć żniwo w grotach posianych dać miały?
Czyli prze to, że ostrą drogę lubi cnota,
Skąd jej bieżeć przez groty jedyna ochota?
Czyli żebyś tym prędzej dobieżał korony,
10 Skąd ci każdy hak w drodze bodziec zaostrzony?
Czyli że śliska barzo do honorów droga
Przez groty nie tak prędko powinie się noga?
Lecz daremna fatyga, dar⟨e⟩mne twe poty,
Niepotrzebna impreza takowej ochoty,[32]
15 Jeśli się do korony tak barzo ubijasz,
Nadaremno się pocisz, próżno się uwijasz.
Nikt jeszcze godnie w świecie nie siedział na tronie,
Jeśli mu laurem Mądrość nie zdobiła skronie.
Trzeba się z morzem nauk wyzwolonych[33] biedzieć,
20 Gdy na miłym honorów porcie pragniesz siedzieć.
Ten tylko godnie na tron wysoki wstępuje,
Komu więc przy zasługach Mądrość kredensuje.
Inaczej do honorów noga się powinie,
Kto na tak śliskiej drodze mądrością nie słynie.
25 Na swój większy upadek w górę się wynosi,
Jeśli kogo być mądrym Minerwa nie głosi.[34]
Niechaj ów rzymski cesarz,[35] potentat waleczny
W sławne Kapitolijum czyni krok bezpieczny,[36]
Niech przez posłane hardych nieprzyjaciół głowy
30 Na cesarstwo wstępuje zwycięzca surowy,
Niech krew jego purpurze dodaje rubryki,
Którą mężnie wylały nieprzyjaciół szyki.
Wszystko to za nic, kiedy przy takowej mocy
Mądrość tamże nie siadła w jednejże karocy.[37]
35 Za nic z wojennym Marsem waleczna Bellona,
Gdy oraz Pallas z niemi nie będzie złączona.
I laur tu tryumphalny prędziuchno zwiędnieje,
Gdy go Pallas kastalskim strumieniem nie zleje.

Zwycięska palma w kupres prędko się odmieni,[38]
40 Gdy ją na krwawym placu[39] Pallas nie wkorzeni.
Mądrość tedy daleko celniejsza nad siły,
Której ani śmiertelne roztrąc⟨ą⟩ mogiły
Ni Czas kłem swym żarłocznym z ziemią zrównać może,
Ni okropne Plutona nie ogarnie łoże.
45 Skały dyjamentowe, krzemienne marmury
Wystawione na podziw od samej natury –
Wszystko to Czas zębaty równo z ziemią ściele,[40]
Wszystko w ciemnym zagrzebia Atropos popiele.
Sama Mądrość takim się przywilejem szczyci,
50 Że jej Kloto śmiertelnych nie uprzędzie nici.[41]
Sama Mądrość jedyna godnie thron osiada,
Sama berłem królewskim liczne państwa włada,
Sama niewiędniejącym laurem zdobi skronie,
Sama godnie w perłowej jaśnieje koronie.
55 I ty, ARCHIMA⟨N⟩DRYTO,[42] godny Infułacie,[43]
Nie skądinąd w pasterskiej zajaśniałeś szacie,
Nie kto inny powierzył Tobie pastorały,
Tylko Mądrość, której Cię ręce piastowały.
Ona Ciebie z młodych lat wypielęgnowała,
60 Ona Tobie talenta takowe nadała,
Ona Ciebie przymioty temi ozdobiła
I Apollinowym Cię laurem ⟨z⟩wieńczyła.
Ani Tobie sam Euryp w swoich tamach kręty
Niewywikłane jakie mógł uczynić wstręty,[44]
65 Ani mówcy rzymskiego słodkomruczne[45] zdroje
Zalać mogły żarliwą nauk pilność Twoję.[46]
Biorę za świadka samę litewską Pogonię,[47]
Jakoś niegdy zostając w palladyjskim gronie,[48]
W znacznym nauk progressie z nią biegł na wyścigi,
70 A minąwszy niedbalstwa i ospalstwa ligi,[49]
Takieś miedzy innemi zajaśniał w mądrości,
Jako księżyc przy gwiazdach w okropnej ciemności.
Świadkiem jest Orzeł polski,[50] który w bystrym locie
Ustał, by pragnąc zrównać Twej w naukach cnocie.
75 Niech bowiem jak chce, lata pod niebem wysoko,
Niech w słoneczny luminarz swoje wlepia oko.
Nie to orzeł, co bystro pierzchliwemi pióry
Samej niemal tyka się obłoczystej góry,[51]

To mi orzeł, co bystrym swej mądrości lotem
80 Z gwiazdonośnym Empiru równa się obrotem.[52]
To orzeł, co Pegaza skrzydły obarczony
Swą mądrością przenika same górne strony.[53]
Dają jeszcze świadectwo dowodowi memu
Krakowskiego przesławne rostra Akademu,[54]
85 Kiedy Twoja w naukach dzielność tak jaśniała,
Że od wszystkiego applauz Akademu[55] miała.
Lecz przywodzić to na plac[56] nie mojej jest siły,
Czym się cudze krainy jak nie swym szczyciły.
Dosyć tylko namienić,[57] gdy wypisać zgoła
90 Błahego rymotwórce dowcip nie wydoła.
W tym raczej niech Apollo konceptu dodaje,
Czym się po dziś dzień szczycą roxolańskie kraje.
Mohileańskie muzy[58] i ty, Apollinie,
I wy, dwójbarczystego[59] Parnasu boginie![60]
95 Czy wasz wdzięczny już Parnas cale spustoszały?
Czyli wam wdzięczn⟨o⟩brzmiące struny się porwały?
Że więc Dobrodziejowi swemu żadnej noty
Zgodnym nie gra koncentem[61] wasz barbiton[62] złoty.
Czy snadź Parnas Mohiły[63] Apollo w tym czasie
100 Opuściwszy, Admeta znowu bydło pasie?
A tak po nim żałobne nucicie ⟨koncenty⟩,
Przeplatając swe dźwięki smutnemi lamenty?
Czyli wam już wieszczego nie stało strumienia?
Czyli żałobne nucąc po MOHILE[64] pienia,
105 W gorzkim się łez strumieniu wasze topi lice
A kopytem Pegaza wyrytą krynicę[65]
Cale we łzy zmieniwszy w niej się zatapiacie
Po płaczliwej waszego fundatora stracie?
O, gdzieś jest KIJOWSKIEGO Parnassu[66] Athlasie?[67]
110 Czy cię na Elizyjskich Kloto Polach pasie?
Czyś tam kędy ognisty Phoebus swemi włosy
Światłorodne oświeca Jowisza niebiosy?
Czy cię z twego Parnassu Pegaz wiatrolotny[68]
Na skrzydlastym wniósł barku w gmach niebios obrotny?[69]
115 Czy cię w twardym zakryła Atropos marmurze?
Czy w grobowej cię tai Mauzola strukturze?[70]
O, gdyby cię, Mohiło, sławny fundatorze
Przy podziemnym już dłużej nie trzymając dworze[71]

Nam na świat przywróciła Kloto nieużyta,[72]
120 Zaraz byś się zmieniwszy wszystek w Heraklita,[73]
Tak znaczną opłakiwał twoich szkół ruinę[74]
I fundacyj twych nadder ciężką obalinę.
Oto już już twój Parnas, Rossyjej[75] ozdoba[76]
Do ciemnego się wali z tobą wespół groba.[77]
125 I co się nim przed czasy Rossyja szczyciła
Teraz z niego grobowa Minerwie mogiła.
Nie słychać, aby na nim wesołe padwany[78]
Lub wdzięczny jaki koncert od muz był zagrany.
Wszystko się odmieniło w pochmurną żałobę.
130 Właśnie jak w swym sieroctwie skamiała Nijobe[79]
Przy śmiertelnej zginionych swoich dziatek chwili,
Łzami się zalewając smutne pienia kwili,
Tak przy mohileańskim muzy Helikonie,[80]
Każda z nich w gorzkopłynnym łez potoku tonie.[81]
135 Lecz przestańcież już płaczów tych, miłe Kameny,
Niech więc łzami nie płyną wasze Hipokreny!
Już fundatora swego opuściwszy mary,
Znowu się do złoconej cofnicie cythary.
Wielką wprawdzie wam szkodę wyrządziła Kloto,
140 Kiedy w ciemnym zagrzebła grobie wasze złoto,
Kiedy, mówię, śmiertelną zgniłej ziemi bryłę
Włożyła na waszego sławnego Mohiłę.
Jednakże moja rada niech waszego serca
Nie owszeki ból trapi, okrutny morderca.
145 Macie albowiem ludzi uczonych tak siła,[82]
Z których każdy może być wasz drugi Mohiła.
Oto miedzy innemi JASIŃSKIEGO macie.
Wszak już jego ku sobie dobrodziejstwa znacie.
Doznałeś jego łaski, miły Helikonie,
150 Gdy przy rektorskim tobą rządził Scypijon⟨i⟩e.[83]
O, jakeście wesoło w ten czas, muzy, grały,
Gdyście przy swym Parnassie tego rządce[84] miały!
Uznałyście i w ten czas dobroczynność jego,
Kiedy się z horyzontu wróciwszy polskiego,[85]
155 Wszystką swą na to prace, wszystkie łożył siły,
By się szerzył w naukach wasz Helikon miły.
O, jakie tu, Apollo, masz oddawać dzięki,
Mile na wdzięcznej lutni rezonując dźwięki!

O, jakieś mu grać winien słodkobrzmiące tony,
160 Gdyś był w ten czas od niego lawrem uwieńczony!
A czyż nie doznawasz łask jego i w tym czasie,
Osierociały cnego Mohiły Parnasie?
Wierz mi, że nie tak na twe już już oschłe brzegi
Hurmem się walą zdrojów kastalskich[86] szeregi,
165 Nie tak wód hypokreńskich wspienione kanały[87]
Zlewają się na twoje lawrem sute[88] skały,
Jako więc twój Mecaenas obfite Paktole
Na zwiędniałe twe leje helikońskie pole.
Przyznaj bowiem, skąd to masz, miły Apollinie,
170 Że twój Parnas nie jęczy dotychczas w ruinie.
Przyznaj, kto od ostatniej ciebie broni straty,
Kto mądremi cię dotąd wspiera literaty.
Kto więc oto wszystkiemi siłami się trudzi
Byś miał zawsze przy sobie nauczonych ludzi?[89]
175 Jego to masz przypisać staraniu i pieczy,
Z jego mądrych przemysłów te się dzieją rzeczy.
Więc już, mohileańskie muzy owdowiałe,
Za takie dobrodziejstwa ku sobie niemałe
Rznicie na wdzięcznych lutniach wesołe balety,
180 A płaczorodnym threnom oddawszy walety,[90]
Na parnaskim wesoło zagrajcie szpinecie,[91]
Dobrodzieja swojego sławiąc po wszem świecie.
Lecz czy tylkoż z tej miary nieśmiertelną chwałę
Ten wasz Patron zasłużył, muzy zsierociałe?
185 Ma on dosyć talentów, ma wrodzone cnoty
I od samej natury wspaniałe przymioty,
Czego trudno waszemi zwątlonemi głosy
Godnie jako należy wynieść pod niebiosy.
Szczególną jego dzielność w kaznodziejskiej mowie[92]
190 Któraż z was, miłe muzy, dostatecznie powie?[93]
Niech się Demostenesem chełpią greckie strony,
Niech rzymskie Tullijusza wynoszą Tryjony,
Których wytworna mowa taką moc miewała,
Że na assens i myśli ludzkie krępowała.[94]
195 Mają swych Tullijuszów i cni Roxolanie
Za Demostenesa im sam JASIŃSKI stanie.[95]
Świadczą to same Pańskie w Rossyjej świątnice,[96]
Świadczą niezwyciężone moskiewskie stolice.[97]

Świadczy Cerkiew Pieczerska[98] cudami wsławiona,
200 Honorowi Przeczystej PANNY poświęcona,
Która w ten czas najbarziej niebem się być zdała,
Gdy w niej jego nauka wszystkim rozjaśniała.[99]
A tak pr⟨z⟩yznaj, Zazdrości, choć wstyd starszy z czoła,
Czy pasterską ten godność[100] nie zasłużył zgoła?
205 Przyznaj, czy nie słuszna rzecz, by takie przymioty
Niewiędniejącej chwały zdobił wieniec złoty?
I któżby takie perły nie wprawiał w korony,
Kto by w kącie luminarz chował zapalony?[101]

[IV.]

[1.] Sed non solo duntaxat infracto Sapientiae robori tanti honoris bajulus inniteris, Hercules Honorate! Insunt Tuo forti animo ad eiusmodi onera quotquot virtutes, totidem inexantlati ne rui, infamem Tui lapsum nunquam permissuri. Eminet hic inter cetera enervari nescia Tuae mentis robora, ceu sol inter sydera non humile Laudis argmentum Tua

HUMILITAS RELIGIOSA.

[2.] Hic jam phalerata Tuis in decoribus Suada humiliori progredere passu, ubi Humilitas Tibi materia, Antistiti individua comes est. Arroganti sublimioris facundiae nefas hic incedere cothurnus, ubi infensissima arrogantiae hostis humilitas adversantem superbiae fastum aut pellit aut fugit. Nec in altum jam tibi penna hic evolare licet, ubi gravitas pondusque materiae sublimia petere vetat. Nisi forte vel inde in altum te calame attollere praesumis, quod tibi ipsa virtutum Princeps Humilitas non humilis est scribendi materies. Non me equidem latet, Praesul Illustrissime, quod etiam hanc exilem non tam panegyrim, quam debitum suppedaneae Venerationis Vectigal Tuae aegre ferat Humilitas, nullius unquam indiga laudis. Nihilominus tamen spectandum est, tam quod Tua modestia pati potest, quam quod virtutibus debeatur. Maiora nunquam Tui Animi submissio meretur encomia, quam cum illa detestetur. Tum demum facundissima in Tui Laudem posteritatis ora v⟨i⟩ndicas, dum pro tantis virtutibus unicum duntaxat poscis silentium. Magnae, fateor, audaciae etiam me hoc arguit, quod hanc infensam tuae Humilitati encomiasticam paginam Tuo nomine cohonestare ausus fuerim, non ignarus illis tantum opportanus esse panegyres, quorum turpia facta pulchro encomiorum praetextu necessum est adornare. Sed vel exinde luculentius Tuae submissionis documentum patebit, Praeses Illustrissime, si hoc exile venerationis meae folium minime perosus, solitam tantis ausibus dederis veniam, eo licentiosius hic agere licuit, quanto facilior huic audatiae venia a submississima Tui mense sperabatur. Tanti nimirum ausus veniam mihi pollicetur illa Tua Humilitas, quae Religioni decus, Tibi gloria, omnibus Exemplar praesto fuit. O Te Erythreum unionem, qui cum tanti sis pretii, in vilissima religiosae submissionis concha lates! Non tibi tantae animi dotes fastum pariunt, non Te tantarum scientiarum entheus inflat, neque tantae sapientiae sublimitas in altum extollit.

[3.] PORTENTA RERUM!
Ceteris vix tota sufficit vita
Ad hoc unum,

Ut discant vitam contemnere,
Et cum rudem eorum naturam
5 Melior artifex Doctrina perfecerit,
O quam turpiter magnas Ingenii virtutes
Paribus arrogantiae aequant vitiis,
Tygridum marmorumque more
Maculas inter sua decora ostentantes
10 Assurgunt in altum,
Quasi non alia Incrementi ratione magnos esse eis liceret,
Nisi elato superbiae fastu attollerentur
Tum demum minimi,
Cum sibi vidantur maximi,
15 Ipsa sua Gigantea magnitudine Pigmei,
Nec unquam rudiores magis,
Quam cum se eruditissimos indicaverunt,
Ab ipsis Doctrinae splendoribus
Infames ducunt superbiae Ecclypses,
20 Tum demum stultissimi,
Cum virtutum Magistrae Humilitati
Parere nesciant.

[4.] Sed perge superba frons, quo te tua vesana impellit arrogantia, incede sublimi cothurno, ingere fastuoso ambitu nubibus verticem, mihi crede, ultra ceteros licet Tibi eminere videris, non tamen ultra lapsum. Disceres hic utinam obcaecata in Tuam perniciem arrogantia, quam periculosa sint sublimia, magisque praecipiti casui obnoxia, quippe:

[5.] Ocius ventis agitatur ingens — Horatius
pinus et celsae graviore casu
decidunt turres feriun⟨t⟩que summos
flumina montes.[102]
5 Verum mirari desino:
Quanto enim quisque levior, tanto facilius in altum at(que),
Lancis instar,
Cuius alterutra pars vacua sursum,
Alterutra metallis onusta deorsum tendit.
10 Magni ponderis haec est natura difficillime in altum erigi,
Nec Tibi dispar est Ingenium,
PRAESES ILLUSTRISSIME,
Cuius tanto profundior Humilitas

Quanto maioribus onerata et ornata dotibus:
15 Hoc felici pondere deorsum premitur.
Onerariae navi Te assimilem crederem,
Quae nunquam profundius natat,
Quam dum pretiosis mercibus oneratur.
Fortunatas honorum insulas es infulas
20 Quidni tutissimus attigisses?
Tanto enim validius ratis naufragos retundit fluctus,
Quanto profundius secat aequor.
Verum absiste, penna!
Extra vires hic Tuas est
25 Tantam animi metiri profunditatem,
Nisi fort⟨e⟩ velis ipso Casu Icareo
Hanc Humilitatis ab⟨i⟩ssum venerari.
Loquatur hic ipse contemptus Honor
Et suam iniuriam,
30 Et sui Contenptorem Antistis Animum:
Nunquam honorarios magis fasces[103] merebaris,
PRAESES DIGNISSIME,
Quam cum illos in Collegio Mohileano ultro spreveras.[104]
Tunc vel maximum honoris illicium extitisti,
35 Cum eum effugisses.
Nunquam verior Honoris Magnes,
Quam cum magnus esse renueris
Nunquam Tu Tibi clarior visus,
Quam cum privatus in Pieczariensi Claustro lateres.
40 Tum demum praeesse Tibi videbaris,
Cum ibi subesce elegeris:
Nunquam Maior Dominus,
Quam cum Ancillae Domini famulus,
Hoc ipso imperare arbitratus,
45 Quod pareres.
Nec mirum te ad Criptas Divorum magis vivere praeelegisse:
Quippe haec natura metallorum thesaurorumque
In altis specubus latuisse.
Caeobium Divi NICOALI[105]
50 Nunquam Tibi minus gratum,
Quam cum gratiam in conferendo honore praestitisset;
Contemptus tunc quosdam obtulisse Tibi videbatur,
Dum honores conferret.

Rectoream dignita-⟨t⟩em ultro relinquit in collegio Mohileano.

Invitus adhibetur Praelaturae in caenobio D[ivi] Nicolai.

Quanta tunc cum pertinaci honori Tibi fuit reluctantia!
55 Certe praevaluisses tua resistentia omnium suffragiis,
⟨N⟩isi suo nominis in etymo VICTORIA NICOLAUS[106]
Te protunc omnium votis Rebellem evicisset,
Palamque fecisset
Honorem umbrae instar fugientium esse sequacissimum.
60 Quanquam Diginitas etsi fasces Tibi dederat,
Submissionem eripere nequiverat.
Etiam enim cum in honoribus ceteris praefuisses,
Par omnibus fueris,
Hoc tantum ceteris maior,
65 Quia melior.
Plerisque honores vulgo transmutant mores,[107]
Quibus ultra Com⟨m⟩une moralium sortem evectis,
Omnia cum liceat, non licet esse bonos.
A Te procul haec probrosa Metamorphosis,
70 Quod non minus Hominem Te esse,
Quam Hominibus praeesse noveras.
Quanta Tibi Eruditorum Capitum veneratio!
Ut palam sit,
Quot quantisque ipse sis instructus scientiis,
75 Qui sic amas alienas.
ERGO IAM
Pertinacissime fugentium Honor,
Tene tuum Contemptorem aureis nunc Pastoreae Dignitatis Comp⟨e⟩dibus innodatum
Contemptusque tuos aliter ulcisci nec debueras nec potueras,
80 Nisi sic Tuum Transfugam mancipasses,
Ligaverat olim gemmea torque Tyrius populus Herculem a se fugiturum.[108]
Tu Honor iniuriarum Tuarum ultor aequissime
Tanto nervosius hunc illiga HERCULEM,
Quanto magis tuis reluctatur vinculis,
85 Vel ipsos Gor⟨d⟩ios nodos[109]
Limatissima Ingenii acie soluturus.

[V.]

Darmo się w same nieba pniesz, cedrze wysoki,
Darmo, dumny, wirzchołkiem sięgasz aż w obłoki!
Jeżeliś nad innemi drzewy władnąć chciwy,
Darmo sobie przywłaszczasz te praerogatywy.
5 Moja rada: lepiej by poniechać tej dumy,
Bo skoro tylko nagłe wstaną wiatrów szumy,
Skoro się wysforują na cię z dzikiej strony
Z burzliwym nagle wichrem przykre Aquilony,
Aż wnet twoje gałęzie majem uwieńczone
10 W błocie się taczać muszą gwałtem obalone.
Więc lepiej się nad inne nie wynosić drzewa,
Boć zwyczajnie pokora swoją folgę miewa.[110]
Ani by Jowisz straszny na krzemienne skały
Trójzębne często ciskał piorunowe strzały,
15 Kiedyby swą zuchwałą nadęte hardością
Niebiosom nie groziły swoją wysokością.
Płaczą jeszcze dotychczas helijackie córy[111]
Phaetonta ruiny z empirejskiej góry,
Jęczy w ciężkiej Ikarus niewoli Neptuna,
20 Gdy mu pierzchliwe skrzydła zgoliła Fortuna.
Lecz na kogóż narzekać? W kogo wmawiać winę,
Że tak straszną swej zguby ponieśli ruinę?
Nie wylatywać było,[112] Ikarze zuchwały,
Aż pod samego nieba ogniste upały!
25 Jeśli cię woskowemi skrzydły obarczono,
Niewielkim cię, nieboże, skarbem nadarzono.
Orły lubo bystremi opatrzone pióry
Tykać jednak nie śmieją złotej niebios góry.[113]
A ty, z wosku skleciwszy słabe skrzydła twoje,
30 Pragniesz wlecieć aż w same Empiru podwoje?
Lecz i ty, Phaetoncie, niemądry w tej mierze,
Żeś ognisty wóz pędził po najwyższej sphaerze![114]
Trzeba było na takiej niebezpiecznej drodze
Rączemu Pegazowi[115] ściślej trzymać wodze.
35 Niechby była porywczość hamulcem ujęta
Wiatrogonnego w chybkim locie pyroenta.
I komośliwy Phlegon spuściłby był skrzydła,
Kiedyby go stalowe trzymały wędzidła.

Cóż było po tym w górę fryzy[116] pędzić lotne?
40 Traktem było zwyczajnym kierować obrotne
Twej ognistej karety w bystrym biegu koła.[117]
Pewnie byś w tę ruinę nie popadł był zgoła.
Ale kiedy-ś wysoko wyjeżdżał nad miarę,
Słuszną ponosisz dumnej twej imprezy karę.
45 Tak to gdy kto wysoko z prezumpcyją[118] jedzie
Właśnie jakby po śliskim postępował ledzie,[119]
Tak zwyczajnie wyniosłe myśli popłacają,
Takie sceny tragiczne ten epilog mają.
Lepiej daleko niskim gdy kto torem chodzi:
50 Choć padnie, z niska przecie nie tak mu zaszkodzi.
Niechajże dumnym pędem wyleci wysoce,
Pewnie po tym upadszy, kości pogruchoce.
Cóż tu rzec o JASIŃSKIM, godnym honoracie,
W całej wszędzie Rossyjej sławnym literacie?
55 Czy podobno i on myśl hardą w sobie trzyma?
Czy także prezumpcyja jaka go nadyma?
Przy takowych talentach, przy takim rozumie
Już by się drugi wszystek w swej zatopił dumie,
Zaraz by w Dedalowe skrzyd⟨ł⟩a w lot przybrany
60 Wylatywał nad same wyniosłe libany.
A tu im się wspanialsze pr⟨z⟩ymioty znachodzą,
Tym też więtszą onemu submissyję rodzą.
Właśnie jak w Hesperydzie płodonośne drzewa
Im które frukt obfitszy pospolicie miewa,
65 Tym też głębiej korzenie swoje w ziemi szczepi,
Tak tu czym większe cnoty krzewią się najlepij,[120]
Tym głębszy mają w jego fundament pokorze,
Która w jego serdecznym rezyduje dworze.
Żadnego mu nie czynią wstrętu do pokory
70 Tak wysokie w zasługach nadane honory,
Na których z szczególnego on przymusu siedzi,
Żadna go ambicyja do nich nie uprzedzi.
Same by tu o takiej pokorze świadczyły
Osierociałe muzy sławnego MOHIŁY,
75 Gdzie na żadne starszeństwa nie będąc skwapliwy,[121]
Same rektorskie wzgardził tam praerogatywy.
O, jak w ten czas Minerwę nabawił żałości,
Kiedy przy niej rektorskie pogardził godności!

To to akt heroiczny, bez pochyby godny,
80 By go wpisał w swe księgi Olimp światłorodny
Pogardzić wysokiemi dygnitarstw splendory
Dobrowolnie być sługą z pana dla pokory.
Lecz i stąd poznać jego pokorną naturę,
Gdy na świętonikolską godnie praelaturę[122]
85 Jednostajnym był głosem od wszystkich obrany,
Gdzie upornie rzucając ten honor nadany
Nie już ambicyjami, jako to więc bywa,
Lecz kontemptem zwyczajnie honorów nabywa.
Ale o tym obszerniej już mówić nie trzeba,
90 Bo jak w jasne południe ognistego Pheba
Darmo palcem skazywać, tak i moje rymy
Nadaremne są o tym, co wszyscy widzimy.
Lepiej by tu brać przykład, a do takiej cnoty
W naśladowaniu pilnej przykładać ochoty.
95 Więc już słusznie pasterskie, Ojcze, pastorały
Za tak znaczne przymioty Tobie się dostały.
Jako bowiem ciężarem palma naciśniona
Barziej bywa z natury w górę wywyższona,
Tak i tego ma godność potykać wysoka,
100 Kogo schyla jak palmę pokora głęboka.

[VI.]

[1.] Sed quid ego HERCULEM in exigua tabella depingo? Digitum satis est cum celeberrimo illo Pictore Apelle expressisse, unde facile agnoscetur Gigas.[123] Herculeam ⟨m⟩etiri proceritatem exigua Calami brevitate quis unquam ausus fuerit? Mehercle haud tanti est Attica Minervae Noctua, ut apertam in solem pupillam figere valeat. Extra vires illius est, quod infra Tuas, HERCULES validissime, cui tam facile est oratoriam vim superare atque portentosa illa plusquam Lerneae paludis monstra profligasse. Taceo hic tuam Religiosam Pietatem, quae tantum profecit apud ceteros, ut nihil discere velint, quod non Tua illos doceant Pietatis Exempla. Praeteribo sollicitam illam in restaurando Divi NICOLAI Caenobio Oeconomiam. Hic demum Herculem Te luculentissime probaveras, dum tantae moli lapsurae, non tam impavidos humeros, quam auream manum supposueris. Erexisti Ill⟨o⟩ Turrim[124] nunquam altiorem futuram, quam cum a tali stetisset Architecto. Et certe Divo Nicolao, hoc est victoriae, aliud Trophaeum erexisse nec debueras, nec potueras, nisi portam triumphalem. Ut faciliorem accessum ad Te Tuique pectoris penetralia monstrasses, tantam instaurasti Portam ingressuris? In hoc dubium reliquisti, utrum illa fabrica vocalior sit a campanarum aere, quod continet, an ab illo quo stetit. Dilatasti Caenobium illud maiore spatio, ut doceres magnae proceritatis Contentum in exig⟨u⟩o Continente latere haud posse. Praetermitto etiam hic Tuam sedulam circa Libros assiduitatem, cui tantopere annexus es, ut cum Mortuis Tibi Consortium quoddam inesse videatur, ne vel inde sis immemor bene mori. Quanquam nunquam male moritur quisquis bene vixerit. Quippe etiam vitae haec Allegoria est: non alium post bona opera desinere in epilogum nisi optimum.

[2.] Solam ego hic Tua silere nec debeo, nec possum, prodigam
IN STUDIOSOS LIBERALITATEM.
Corruit iam mea venerabunda Suada Tuos ad pedes,
PATER MUNIFICENTISSME,
5 Aures quaerit in pedibus,
Quia non verbis, sed veneratione facundior est.
Nunquam altius assurrexisse sibi visa,
Quam cum Tuum iaceat ante Conspectum.
Nunquam ornatior,
10 Quam cum Tui sublime vestigium ipsi pro Diademate sit.
Tum demum limatissima,
Cum Tuis atteratur pedibus.
Ambiant ceteri sexcentos Poetarum Pedes,[125]

Vel in tanta pedum multitudine futuri Claudiani,
15 Mea suada non alios quaerit pedes
Quam Tuos,
Nunquam gloriosius ingressura,
Quam Tuo innixa poplite.
Et quidni venerabunda procumbat ante Te
20 A cuius solius aurea manu habet, quod stare possit?
Toties nimirum aurea manu eam erexisti,
Quoties coram Te collapsa fuerat.
Nunquam liberior a ruinis,
Quam cum in Tuo conspectu rueret.
25 Hic demum paradoxum,
Quod ipsa coram Te ruina altior extitisset.
Eluat hic turpem mendacii labem Antiquitas vel ipso aureo imbre,
Quem nascente Pallade decidisse praedicat.[126]
Verior imber aureus toties meam Palladem irrigat,
30 Quoties Tuae liberalitatis munificae solvuntur ostia,
Nec certe suo nominis in etymo Platanus[127]
In quantamcunque doctrinae amaenitatem effloruisset,
Nisi aureis imbribus a Te inudaretur.
Porfirianam arborem hinc vel maxime in philosophica arena mihi
Pullulasse arbitror,[128]
35 Quod munifico Tuae manus Latice irrigaretur.
Fecunditatem Ingenii quidni speres,
Ubi tanta beneficiorum exundantia accesserit?
Nisi forte inde steriles Alumnos Tuos putaveris,
Quod viva sint marmora,
40 Quibus Sanctior extra fabulas Deucalion
Toties vitam dedisti,
Quoties aurea perituris anima inspirasti.
Quotquot beneficia suis Alu⟨m⟩nis Tua munifica manus,
Totidem peren⟨n⟩aturos gratitudinis insculpsit characteres
45 Vivis his Marmoribus, an Memnoniis Lapidibus[129]
Tuam Munificentiam aeternum locuturis.
Nec iam laesus tantummodo verus et beneficus scribit in marmore,
Tanto profundius,
Quanto major vis inest auro,
50 Quod perrumpere amat saxa potentius
ictu fulmineo.[130] Horat[ius]
Et quidni nos Alumnos Tuos celerrimos olim in Tua obsequia
habuisses,

Quibus aureum praesto calcar fuit?
Sed nec inde in Tuos nutus tardi esse possumus,
55 Quod nos, Tibi olim servientes, literariae pennae assiduo adhibebas
ICAROS VERIORES,
Nisi quod non in pontum verum coram Te, exundante munifcentiae
Nilo,
cadere nobis pronum sit.
Ad altiora nos tunc formasse quis Te deneget?
60 Qui nos continuo pennae aptaveras,
Tanto altius postea subvolaturos,
Quanto sublimius Literaria penna evolat.
Habe igitur nos in Tua obsequia velocissimos,
Quibus tam aureos stimulos quam Literarias pennas
65 ADMOVISTI!

[VII.]

Niech swoją chlubi Arabija dolę,[131]
Że perłorodne wylewa Paktole,[132]
Niech wiecznej sobie dank przywłaszcza chwały,
Że się złotemi wspieniła kanały.
5 Niechaj nabywa stąd u świata wagi,
Że się złotemi otoczyła Tagi,
Niech Hydasp[133] drogi stąd na świecie słynie,
Że perłowemi strumieniami płynie.
Niech Hermus wszystek zatapia się w chwale,
10 Że złotopłynne zwykł wybuchać fale,
Niechaj i Ganges swe wynosi brzegi,
Że się złotemi zapienia szeregi.
A mój Apollo przy swym barbi⟨t⟩onie[134]
I przy gromadnym muz parnaskich gronie
15 Patrona swego JASIŃSKIEGO głosi,
Jego na lutni swym tonem wynosi.
On mi jest Paktol, on Ganges perłowy,
On mi jest Hydas⟨p⟩, on strumień hermowy
I cokolwiek mam, miły Apollinie,
20 Z tego to Hermu wszystko na mię płynie.
Nie sam już rzymski Horacy u świata
Wysławiać będzie swego Mecaenata.
Głośniejsza mojej cytra Kallijopy
Pójdzie za swoim mecenasem w tropy,
25 Głosząc go dotąd, pokąd[135] świetna zorza
Wynikać będzie z bezdennego morza[136]
I pokąd Tytant[137] z hesperyjskiej toni
Rącze woźniki[138] przez niebiosa goni;
Pokąd Zyzykus[139] po ciężkim dręczeniu
30 Na kaukazowym nie siędzie kamieniu,
Póki Neptunus Tantalowe głody
Uchodzącem⟨i⟩ nie ugasi wody.[140]
Precz stąd niepomny lethejski strumieniu[141]
Co serca ludzkie topisz w zapomnieniu!
35 Choćby tu twoje niepamiętne siły
Z samym się Stygiem Plutona złączyły,
Choćbyś w samego zmienił się Kocyta,
Co płomienistą ludzi falą chwyta,

Impreza jednak twa daremna zgoła,
40 Nic w sercu moim namniej nie wydoła.
Już twe obrzydłe niepomnych wód zdroje
Nie wtopią serce w niepamięci moje.
Nie zmyje tego potokiem twa siła,
Co dobroczynna już ręka wyryła
45 Na sercu moim niby na Kaukazie,
Który żarłocznej nie podlega skazie.
Nie tak zaprawdę zwykł Wulkan podziemny
Trwale rysować na stali swej Lemny
Ani Fidijasz sławny w swej skulpturze
50 Tak rył głęboko na twardym marmurze,
Jako na moim wdzięcznym sercu trwale
Wyrysowały dobrodziejstwa fale
Wiecznej wdzięczności i życzliwej cery
Niewymazane nigdy charaktery.
55 Ale czy tylkoż to na moją dolę
Te dobroczynne leją się Paktole?
Co są w Rossyjej nauk alumnowie,
O mym Patronie toż kożdy z nich powie.
Wszyscy mu takież *panegyres*[142] dają,
60 Bo wszyscy wielkich dobrodziejstw doznają.
Jednakże wszystkich my w tym uprzedzamy,
Osobliwym cię dobrodziejem znamy,
Którzyśmy twojej doznając opieki,
Młode na służbie twej pędzili wieki.[143]
65 Byłeś nie panem, lecz ojcem nad nami,
Żyłeś jak z dziećmi a nie jak z sługami.
Cóż, gdy nas mądrej oddałeś Palladzie?
Właśnie jak pilny gospodarz w swym sadzie
Gdy więc latorośl jaką w ziemię wszczepi,
70 By kwitła, coraz wodą ją pokrzepi,
Tak i ty, gdyś nas oddał na nauki,
Takiejżeś z nami mądrze zażył sztuki,
Zlewając złote z szczodrych ręku fale,
Byśmy w nauce krzewili się cale.
75 A tak już teraz, Apollinie miły,
Wszystkie wzruszywszy, co masz w sobie, siły
Memu Patronu za taką szczod⟨r⟩o⟨t⟩ę
Na wdzięcznobrzmiącej lutni tę graj notę:

Niechaj ci, Ojcze, na nowym honorze[144]
80 Jasnofortunne zawsze świecą zorze,
Niech smutnych cieni niefortunnej nocy
Tytan nie wiezie w perłowej karocy.
Niech ci jasnego na kożdy dzień Phoeba
Wypogodzone prezentują nieba,
85 Niech jak najdłuższe łabędzie twe lata[145]
Pomyślnych pociech zdobi alternata.
Niech ci na chybkim swym kole Fortuna
Pomyślnych pociech z Kolchi wiezie runa;[146]
Niech w każdy moment, niech ci w każdą chwilę
90 Wypogodzonym czołem świeci mile.

[VIII.]

Sed lassata tandem rudis Oratoris penna Tuas, Herclues Honorate, terminales quaerit pyramydes non plus ultra inscriptura. Solus hic propensissimus in Tui venerationbem animus verus est Agonotheta:[147] dum finales praetergressus metas, nullos suo in Te Amori scopos invenit, tunc non nisi Terminalem inventurus Lapidem et SEPULCHRALEM.

Notes to *Hercules post Atlantem*

1 *Hercules post Atlantem* – Hercules means Petro Mohyla and Atlas—Barlaam Jasyns'kyj. Both were patrons of the Kyiv-Mohyla College. The poet refers to one of the Twelve Labours of Hercules. Instead of Atlas, Hercules took on the task of holding up the heavens.

2 *Caenobii Sancti Nicolai Pustynno-Kijoviensis* – the St. Nicholas Pustynnyi Monastery (Київський Свято-Микільський Пустинний монастир) was one of the oldest monasteries in Kyiv, founded in 1113. Jasyns'kyj was its Hegumen from 1680 to 1684. In this period, he initiated the construction of a new bell tower. The monastery was rebuilt by Hetman Mazepa, who in 1690–1696 founded the new Cathedral of St. Nicolas. In 1697, Javors'kyj became the Hegumen of the monastery and held this office until 1701. Because the monastery was an important building of Ukrainian Baroque architecture, the Soviet authorities completely demolished it in the 1930s.

3 *Gizel – Innokenty Gizel'.*

4 *Si… erit* – "If you want to know the author's name, | the sycamore will be first, the cane to close." The distich has to be translated into Polish where *platanus* means *jawor* and *fusta*—kij = *Jawor*[s]*kij*.

5 *Neoter*[*icus*] or *Neoter*[*ius*] – an unknown author. Possibly Javors'kyj attributed the sentence to Flavius Neoterius, a friend of the Roman emperor Theodosius, *praefectus praetorio Orientis* from 380 to 381, *praefectus pratorio Italiae* in 385, *praefectus praetorio Galliarum*, and consul in 390. However, it could also be by an early modern author (*neotericus*—a modern author).

6 *Equite Lituano* – the coat of arms of the Grand Duchy of Lithuania, *Pogoń*, represents a horseman with a raised sword.

7 *Iam… virum* – "I just gave you my name above, my Reader: | connect the sycamore to the cane and you'll find the man." Cf. above, note 4.

8 *Antecessorem* – i.e. Innokenty Gizel'.

9 *illuxisti* – According to some ancient sources (e.g. PINDAR, *N.* 10.110–129), Pollux was the son of Zeus/Jupiter and had a divine nature, while Castor was the son of Tyndareus and as such was mortal. This version was also known in the 17th century (see e.g. Natalis 1568: 247r–v). If Javors'kyj was referring to it here, he would place Jasyns'kyj above Gizel or even Mohyla.

10 *uno a⟨v⟩ulso … metallo* – "That after losing one branch do not lack another, the golden one, and that it covers itself with a similar metal." A slightly modified quotation from VERGIL, *Aen.* 6.143–144.

11 *Mohileano Athaeneo* – Javors'kyj praises Jasyns'kyj as rector of the Kyiv-Mohyla College (founded in 1632 as an Orthodox humanist college by Petro Mohyla, Metropolitan of Kyiv and Halych of all Rus', elevated in 1658 to academy status)

from 1669 to 1689. According to the author the office of rector was for Jasyns'kyj a preparation (*prolodium*) for higher dignitaries.

12 *Vis consilii expers, mole ruet sua* – "Strength, mindless, falls by its own weight". HORACE, *Carm.* 3.4.65 (transl. Conington).

13 *Tolluntur ... ruant* – "He is raised aloft that he may be hurled down in a more headlong ruin." CLAUDIAN, *In Rufinum* 1.22–23 (transl. M. Platnauer).

14 *Harpocratem quam Tullium agere* – it is better to be silent that too eloquent. See VARRO, *Ling.* 5.57: "Arpocrates digito significat, ut taceam"; he is opposed here to Cicero as the most erudite speaker. See also ARCT II 5: "reliogioso silentio tanta venerabor ornamenta, Harpocrati similior quam Tullio."

15 *Ipsa ... vulgi* – a shortened and changed quotation from CLAUDIAN's *Paneg.* (17).1–3: "**Ipsa quidem virtus pretium sibi**, solaque late | Fortunae secura nitet, **nec** fascibus **ullis** | **Erigitur, plausuve petit clarescere vulgi**" ("**Virtue is its own reward**; alone with its far-flung splendour it mocks at Fortune; **no honours raise it higher nor does it seek glory from the mob's applause**"—transl. M. Platnauer). The substitution of the subst. *fascibus* with *laudibus* does not change the meaning of the sentence.

16 *aetatem* – a very popular topos *puer senex*—cf. Curtius 1984: 108–112 (5.8).

17 *Lydium lapidemque* – Lydian stone—a touchstone used both by the Indus Valley Civilization (ca. 2600–1900 BC) and ancient Greeks and Lydians for testing the purity of gold (a new sample of gold was compared by drawing a line on a touchstone to samples of other alloys of known purity)—cf. e.g. PLINY, *NH* 33.47. See ARCT V 1 and PEŁN VIII 74; XIII 81; XXI 11.

18 *Fulvum spectatur in ignibus aurum* – "... tawny gold is tested in the flames". OVID, *Trist.* 1.5.25.

19 *Academia Cracoviensi* – the University of Cracow, founded in 1364 (now the Jagiellonian University). It was the only university in Poland in the 17th century. Since the registers of students (*libri inscriptionum*) from the second half of the 17th century have not survived, we do not know when Jasyns'kyj studied in Cracow. His name is also absent in the registers of those who graduated (*libri promotionum*) which might suggest that Jasyns'kyj did not receive any academic degree from the University of Cracow. Cf. *Statuta* 1849.

20 *Roxolano Horisonti* – Jasyns'kyj returned to Kyiv ca. 1661.

21 *Xerxem* – Xerxes I who, according to Herodotus (*Hist.* 7.22–25), in preparation for the second Persian invasion of Greece, in 483 BC ordered a channel dug through the Athos isthmus with the work being completed in 480 BC. Javors'kyj's sentence refers here to JUSTIN (2.10) who says that the king seemed to be the lord of nature, when he among others "covered some seas with bridges, and contracted others, for the convenience of navigation, into shorter channels" ("quaedam maria pontibus sternebat, quaedam ad nauigationis commodum per conpendium ducebat").

22 *quoties ... urbes* – a shortened quotation of CLAUDIAN's *De raptu* 1.157–159: "**quotiens detractat onus cervice rebelli** | in laevum dextrumque latus, **tunc insula fundo** | vellitur et dubiae nutant cum moenibus urbes" ("**When his rebellious shoulders shift** their burden to the right or left, **the island** is shaken **from its foundations and the walls of tottering cities sway this way and that**"—transl. M. Platnauer). In the printed version, a corrupted form, *retrectat*, and the substitution of the verb *vellitur* with *vertitur*, does not change the meaning of the sentence.

23 *Delphicus Romae Apollo* – Apollo from Delphi, the seat of the most celebrated temple in antiquity and oracle of the god; here metaphorically as a personification of poetry and oratory who fell silent in ancient Rome and was born again in the Kyiv-Mohyla College under Jasyns'kyj.

24 *Memnonis statuam* – i.e. a famous statue of Memnon (Ethiopian king who brought his troops to aid Troy against the Greeks and who was made a god by Zeus when he was killed there) in the temple of Serapis in Egyptian Thebes—see PLINY, *NH* 36.58.

25 *Subito fruges Tellus inarata ferebat* – an inexact quotation from OVID, *Met.* 1.109: "mox etiam fruges tellus inarata ferebat" ("anon the earth, untilled, brought forth her stores of grain"—transl. F.J. Miller).

26 *Hi mihi ... docent* – "I've always liked these teachers who do what they teach, than those who teach what to do". An elegiac distich by the Welsh poet John Owen (ca. 1564–ca. 1622/1628), known for his Latin *Epigramata* published in 12 books several times by numerous publishers—for the verses quoted by Javors'kyj see *Epigr.* II 24, 1–2. The incorrect marginal attribution suggests that Javors'kyj used *Ars nova argutiarum* by the German Jesuit Jakob Masen (Lat. Jacobus Masenius, 1606–1681), who quotes these verses without the author's name—see Masen 1660: 41.

27 *pro Legato Moscuam eligi oportuit* – it remains unknown when Jasyns'kyj was sent to Moscow as an envoy and what the purpose of this mission was. Javors'kyj's mention is the only known information about this legation.

28 *That requires greater strength.* OVID, *Met.* 2.54–55 (about Phaeton): "... quae nec viribus istis | munera conveniunt" ("which does not befit they strength"—transl. F.J. Miller).

29 *Leszku* – this is an unclear political allusion. An inspiration for this fictitious character might be Lestek, one of the semi-legendary early medieval Polish rulers from the Piast dynasty, or Leszek the White (1184 or 1185–1227)—a later Piast prince. Leszek the White aspired to be the *princeps* (the head of the princes of the Piast dynasty) in Poland and was killed by his political rivals. The prince was attacked by his murderers when taking bath. Naked he tried to escape on horseback but he was killed with bows and arrows. However, in Javors'kyj's version, in

lines 1–16 it is Leszek who used arrows to unlawfully get the crown. Because of the lack of wisdom (Mądrość) he lost his chance. The story of the prince's escape from his enemies on a horse, naked, is stunningly similar to a 17th-century tale about Ivan Mazepa. As a result of his love affair with the wife of a Polish magnate, he had to flee from Poland naked on a horse. A Polish memoirist J.Ch. Pasek (ca. 1636–1701) wrote this in his *Memoires* (1690–1695) under the year 1662 (Pasek 1987: 143–144). Javors'kyj was certainly also acquainted with the story. When he wrote *Hercules post Atlantem* Mazepa was not yet a Hetman, he was striving for power but still in a secondary position as a colonel in the service of the Hetman Ivan Samojlovyč. It is possible that in 1684 Javors'kyj was not yet well acquainted with Mazepa, though he later (in *Echo*) acknowledged his debt to him for having helped send him to study at Polish colleges.

Marginal note: *Inducitur … accurrens* – "Leszko the Treacherous is put here. He dishonourably tried to get the royal crown and to achieve his goal he used iron hooks".

30 *w dalekie puszczasz się zawody* – "you undertake a long-distant venture".

31 *wieki żelazne nastały* ("the Iron Age begun") – according to Ovid's *Metamorphoses* (1.89–150) the last and the worst of the ages in human history (after the Gold, Silver, and Bronze Ages). Javors'kyj may refer to the recent wars devastating the Hetmanate lands.

32 *Niepotrzebna impreza takowej ochoty* – "this venture does not need such enthusiasm".

33 *nauk wyzwolonych* ("liberal arts", Latin: *artes liberales*) – Seven liberal arts: grammar, dialectic, rhetoric, arithmetic, geometry, music, and astronomy made up the foundations of the educational system from late antiquity until the 18th century.

34 *Jeśli kogo być mądrym Minerwa nie głosi* – the accusative and infinitive construction (ACI). In contemporary Polish: "Jeśli Minerwa nie ogłosi, że ktoś jest mądry" ("If Minerva does not announce somebody to be wise").

35 *rzymski cesarz* – Javors'kyi is probably referring to the Roman general Julius Caesar, killed at the base of the Curia of Pompey in the Theatre of Pompey in Rome in 44 BC, but this could also be a general allusion to many victorious Roman emperors (e.g. Augustus, Vespasian, Trajan etc.), and sing. "cesarz" is used here as *synecdoche*.

36 Cf. HORACE, *Carm.* 3.30.8–9: "dum Capitolium | scandet cum tacita virgine pontifex" ("while pontiffs climb | with silent maids the Capitolian height"—transl. J. Conington).

37 *Mądrość tamże nie siadła w jednejże karocy* – "Wisdom did not go in the same carriage". Javors'kyj refers to the popular in early modern art, literature, and theatre representations of triumphs of the personifications or allegories. This trend in European culture was initiated by *Trionfi* (1351–1374) by Petrarch.

38 *Zwycięska palma w kupres prędko się odmieni* ("the palm of victory will quickly turn into a cypress") – the palm was a symbol of victory while the cypress was associated with a funeral and mourning.

39 *na krwawym placu* ("on the bloody yard") – on the battlefield.

40 *Czas zębaty równo z ziemią ściele* – cf. "Jako kosarz ziele | Ostrą kosą ściele". Sęp Szarzyński 2001: 87, lines 7–8.

41 *jej Kloto … nici* – "Clotho will not spin a deadly thread for Wisdom".

42 *ARCHIMANDRYTO* – archimandrite—see note 2.

43 *Infułacie* – a Polish word "infułat" (from Latin *infulatus*) means "bearing a mitre". In the Roman Catholic Church only bishops, protonotaries, apostolics, and a few abbots had the privilege of carrying a mitre. The word "infułat" is an example of Javors'kyj applying Polish Catholic vocabulary to the language describing the realm of the Ruthenian Orthodox Church.

44 *Euryp … wstręty* – meaning: the Greek language was not too difficult for you.

45 *słodkomruczne* – a neologism coined by Javors'kyj: "sweetly-humming".

46 *Ani rzymskiego mówcy … pilność Twoję* – meaning: studying Roman literature did not overwhelm you.

47 *litewską Pogonię* ("the Lithuanian Pogoń") – the coat of arms of the Grand Duchy of Lithuania *Pogoń* depicts a silver knight with a raised sword, galloping on a horse.

48 *zostając w palladyjskim gronie* ("being in the circle of Pallas") – Javors'kyj refers to Jasyns'kyj's studies at the Jesuit university in Vilnius in Lithuania. The Vilnian Academy was founded in 1579 and it was a leading university in this part of Europe. Several Ukrainian writers studied there (among them Javors'kyj).

49 *ospalstwa ligi* – groups of lazy people.

50 *Orzeł polski* ("Polish Eagle") – the coat of arms of Poland; Javors'kyj used also the terms *Aquila Sarmatica* (I 2) and *Aquila Polona* (IV 9) in the Latin parts of *Hercules*.

51 *tyka się obłoczystej góry* ("he touches a cloudy mountain") – cf. "Kto mi dał skrzydła, kto mię odział pióry | I tak wysoko postawił, że z góry | Wszystek świat widzę, a sam, jako trzeba | Tykam się nieba?" KOCHANOWSKI, *Pieśni*, I 10, 1–4 ("Who's given me wings, who's covered with feathers | And put me so high that from lofty quarters | I see the whole world, so aptly that I | Am touching the sky?" Transl. M.J. Mikoś, in: Kochanowski 2018: 91).

52 *Z gwiazdonośnym Empiru równa się obrotem* – the Eagle "reaches the turn of the stellar empireum". The source of this poetical image is a theory of the movement of planets and stars. Its model was a spherical astrolabe, which Javors'kyj must have been familiar with.

53 *przenika same górne strony* – "he understands even the highest places", i.e. he studies theology.

54 *Krakowskiego przesławne rostra Academu* – Jasyns'kyj studied at the University of Cracow (the Cracow Academy). It was the oldest (established in 1364) and only university in Poland. Javors'kyj suggests his patron even used to give some lectures there.

55 *od wszystkiego applauz Akademu miała* – "he was applauded by the entire University". Javors'kyj probably means a doctorate Jasyns'kyj received from Cracow University.

56 *przywodzić to na plac* – to recall it publicly.

57 *dosyć tylko namienić* – "it is enough only to mention".

58 *Mohileańskie muzy* ("Mohylean Muses") – a personification of the Kyiv-Mohyla College.

59 *dwójbarczystego* – a neologism coined by Javors'kyj: "having two ridges".

60 *Parnasu boginie* ("the goddesses of the Parnassus") – the Muses.

61 *zgodnym nie gra koncentem wasz barbiton* – "your barbiton does not harmonize".

62 *barbiton* – an ancient stringed instrument similar to the lyre.

63 *Parnas Mohiły* – the Kyiv-Mohyla College (cf. introduction, pp. 2, 3.)

64 *Mohyle* – Petro Mohyla (Ukr.: Петро Симеонович Могила, 1596–1647), the Metropolitan of Kyiv (cf. introduction, pp. 18, 21, 23)

65 *kopytem Pegaza wyrytą krynicę* ("the source cutting by a hoof of Pegasus") – Hippocrene.

66 *Kijowskiego Parnasu* ("Kyivan Parnassus") – the Kyiv-Mohyla College.

67 *Atlasie* – i.e. Petro Mohyla.

68 *Pegaz wiatrolotny* – in Lazar Baranovyč's *Lutnia Apollinowa* (*Apollo's Lute*, 1671) there is a woodcut showing a poet with a lute flying on the back of Pegasus. Javors'kyj had a copy of the *Lutnia Apollinowa* (now kept in the Korolenko Library in Kharkiv, Ukraine) and it is probable he was inspired by Baranowyč's image. Cf. Baranowicz 2004: 96.

69 *gmach niebios obrotny* ("the revolving edifice of the sky") – see note to H II 76.

70 *O, gdzieś jest ... strukturze?* – i.e. Mausoleum. In lines 105–112 Javors'kyj paraphrases *Tren X* (*Lament 10*) by Jan Kochanowski.

> Orszulo moja wdzięczna, gdzieś mi sie podziała?
> W którą stronę, w którąś sie krainę udała?
> Czyś ty nad wszystki nieba wysoko wniesiona
> I tam w liczbę aniołków małych policzona?
> Czyliś do raju wzięta? Czyliś na szczęśliwe
> Wyspy zaprowadzona? Czy cię przez teskliwe
> Charon jeziora wiezie i napawa zdrojem
> Niepomnym, że ty nie wiesz nic o płaczu mo⟨jem⟩?
> KOCHANOWSKI, *Treny*, X 1–8

> Ursula, my sweet girl, where did you go?
> Is it a place or country that we know?
> Or were you borne above the highest sphere
> To dwell and sing among the cherub choir?
> Have you flown into Paradise? Or soared
> to the Islands of the Blest? Are you aboard
> with Charon, scooping water while the steers,
> and does that drink inure you to my tears?
>
> KOCHANOWSKI 1995: 21; transl. S. Heaney, S. Barańczak

71 *Przy podziemnym … dworze* ("on the underworld court") – on the court of the gods of the underworld, Pluto and Proserpina.

72 *Kloto nieużyta* ("merciless Clotho") – in this expression Clotho is a synonym of the death. In early modern Polish literature the expression "śmierć nieużyta" ("merciless death") was common. Cf. Kochanowski about Proserpine in *Tren II*: "O znikomych cieni | Sroga, nieubłagana, nieużyta ksieni!" (KOCHANOWSKI, *Treny*, II 21–22; "O, the cruel, implacable, merciless duchess of the faint shadows!", transl. J. Niedźwiedź) and Piotr Skarga in *Kazanie na dzień nowego lata*: "Pomyśl, jako ich przed tobą wiele i młodszych, i zdrowszych na sąd Boży śmierć nieużyta porwała" (Skarga 1843: 114: "Think only, how many of them before thee, and younger, and healthier, merciless death hath carried away to the judgment of God").

73 *zmieniwszy … w Heraklita* – inspired by Kochanowski's *Tren I*, cf. "Wszytki płacze, wszytki łzy Heraklitowe", KOCHANOWSKI, *Treny* I 1 ("All Heraclitus' tears, all threnodies", Kochanowski 1995: 3, transl. S. Heaney, S. Barańczak).

74 *w ruinę* – after Mohyla's death (1647) and the Khmelnytskyi Uprising (1648–1657) the Kyiv-Mohyla College fell into decline.

75 *Rossyja* – the word Rossyja (Russia) can mean Rus' (Ruthenia), Hetmanate, or Muscovy (the Russian state).

76 *Parnass, Rossyjej ozdoba* ("the pride of Russia") – the Kyiv-Mohyla College.

77 *ciemnego … groba* ("dark grave") – a fixed expression in early Polish modern poetry. Cf.

> Już idę do grobu smutnego, ciemnego,
> Gdzie będę przebywać aż do dnia sądnego,
> Gdzie możni królowie kości swe składają,
> Książęta, panowie w proch się obracają.
>
> a fragment from a popular Polish funeral song

78 *wesołe padwany* ("cheerful pavanes") – pavane—an Italian dance popular in the Polish-Lithuanian Commonwealth.

79 *skamiała Nijobe* – cf. "Nie dziwuję Nijobie, że na martwe ciała | Swoich namilszych dziatek patrząc, skamieniała." KOCHANOWSKI, *Treny*, IV 17–18 ("But no, all's changed; for when a father's eyes | See what Niobe saw, he is petrified", Kochanowski 1995: 9, transl. S. Heaney, S. Barańczak). "Dziatek płacząc Nijobe sama skamieniała", KOCHANOWSKI, *Treny*, XV 26.

80 *mohileański ... Helikonie* ("Mohyla's Helicon") – the Kyiv-Mohyla College.

81 *Helikonie ... tonie* – Pol. "Wynieś serce, Pegazie, i ty, Helikonie, | Przemień we łzy strumienie, niechaj w nich myśl tonie." ("You, Pegasus and Helikon, raise your heart, and transform your stream into tears. Let my thoughts be submerged by them.") Lubomirski 1995, 27–28.

82 *tak siła* – "so many".

83 *rektorskim ... Scypijonie* ("rector Scipio") – probably Lazar Baranovyč (1620–1693), a hierarch of the Orthodox Church in Ukraine in the 17th century, the Archbishop of Černihiv and Novhorod-Sivers'kyi, writer, scholar, and patron of literature and the arts. Between 1650 and 1657 he was rector of the Kyiv-Mohyla College. During Baranovyč's rectorship Jasyns'kyj could administer the College. Eventually, Jasyns'kyj formally replaced Baranovyč in 1667.

84 *tego rządce miały* – "he [i.e. Jasyns'kyj] was its [i.e. the College's] administrator".

85 *z horyzontu wróciwszy polskiego* – "when he returned from the Polish lands".

86 *zdrojów kastalskich* – Castalian Spring.

87 *hypokreńskie ... kanały* – Hippocrene.

88 *lawrem sute* – rich in Laurus.

89 *Kto mądremi ... ludzi?* – as rector Jasyns'kyj reformed the Kyiv-Mohyla College and hired several well-educated teachers. Among them there was Javors'kyj. He was also a patron of St. Dmytro Tuptalo (St. Dimitry of Rostov, 1651–1709), the author of the *Lives of Saints* (*Čet'i-Minei*) (see introduction, pp. 3, 14, 16).

90 *Rznijcie ... walety* – "Play on your pleasing lutes the cheerful dances | And say goodbye to the tearful lamentations".

91 *szpinecie* – spinet (Polish: *szpinet*) or harpsichord—a 17th- and 18th-century keyboard instrument.

92 *dzielność w kaznodziejskiej mowie* ("a talent in preaching") – Jasyns'kyj was an accomplished writer and preacher (see introduction, pp. 13–14). In the 1690s Javors'kyj gradually replaced Jasyns'kyj as the main preacher in Kyiv (which is testified by an unpublished yet Javors'kyj's sermon from 1690 *The House of Wisdom*).

93 *któraż ... dostatecznie powie* – "which one of you, Muses, will be able to explain it sufficiently?"

94 *wytworna mowa ... krępowała* – Javors'kyj refers to *permovere*, one of the most important functions of rhetoric. Using *permovere* the orator was to compel the minds of his listeners to obey his will.

95 *Za Demostenesa im sam* JASIŃSKI *stanie* – meaning: Jasyns'kyj will be their Demosthenes.

96 *Pańskie w Rossyjej świątnice* – "the churches of the Lord in Russia".

97 *niezwyciężone moskiewskie stolice* – "the invincible capital city of Moscow".

98 *Cerkiew Pieczerska* – the Dormition Cathedral in the Kyiv Caves Monastery built in the 11th century. The main church of the monastery.

99 *Która w ten czas ... rozjaśniała* – meaning: when he preached in the Holy Virgin Church it seemed to the listeners to be from the heavens.

100 *pasterską godność* – the position of the Metropolite.

101 *Kto by w kącie luminarz chował zapalony* ("Who will hide a burning lamp in the corner?") – an allusion to the *Parable of the Lamp under the Bushel*, cf. "And he said unto them: Is a candle brought to be put under a bushell, or under a bed? And not to be set on a candlestick?" Mark 4.21 (see also Matthew 5.14, Luke 8.16).

102 *ocius ... montes* – see HORACE, *Carm.* 2.10.9–12: "saepius ventis agitator ingens | pinus et celsae graviore casu | decidunt turres feriuntque summos | fulgora montis" ("It is more often the tall pine that is shaken by the wind; the collapse is more devastating when high towers fall, and it is the mountain peaks that are struck by lightning"—transl. N. Rudd).

103 *fasces* – an allusion to *fasces* as a bundle (consisting of rods and an axe) carried before the highest Roman magistrates.

104 *Collegio Mohileano ultro spreveras* – Jasyns'kyj was rector of the Kyiv-Mohyla College from 1669 to 1689.

105 *Caeobium Divi* NICOALI – in 1680 Jasyns'kyj became Hegumen of St. Nicolas's Monastery in Kyiv. He held this office until 1684.

106 NICOLAUS – The name *Nicolaus* (Gr. Νικίλαος) meaning "victory of the men/people" is derived from Gr. νίκη (victory) and λαός (men, people).

107 *mores* – cf. the Latin maxim: "Honores mutant mores et raro in meliores" ("The honours change the customs, and seldom into better ones"), present, among others, in Wujek 1583: 481.

108 *Ligaverat ... fugiturum* – most likely a reminiscence of the sentence from Ursin's 1659 work: 397–398 "Tyrii Herculem fugiturum, quo tempore urbem terra marique oppugnabat Alexander, velut Curtius prodit, Apollinem ad Herculis aram catenis aureis alligarunt, qoud eius species civi cuidam per somnium oblata esset urbem deserentis." ("The Tyrians, while Alexander was besieging the city on land and from the sea, tied Hercules, who was about to flee, according to Curtius, to Apollo at the altar of Hercules, because an image of him appeared to a citizen in a dream as he was fleeing."—transl. B.A.). Cf. CURTIUS RUFUS 4.2.2–3. About Tyrian gems see also HORACE, *Epist.* 1.6.18: "cum gemmis Tyrios mirare colores".

109 *Gordios nodos* – according to the legend, during his conquest of Asia, Alexander the Great accepted the challenge of undoing the famous Gordian Knot. When

Alexander realized it was impossible, he just cut it. Cf. ARRIAN, *Alex.* 2.3; CURTIUS RUFUS 3.1.14; JUSTIN 11.7.3. Cf. "Ad nodos natus Gordios" ("born to resolve the Gordian Knot") in: *Modestia et humilitas infulata sive Cancer Caelestis S(anctus) Gregorius M(aximus) Pontifex Romanus*: G3 recto. *Zodiacus* 1676.

110 *Pokora ... miewa* – peace is given to the humble people.

111 *helijackie córy* ("the daughters of Heliaia") – the Athenian (Greek) girls.

112 *nie wylatywać było* – you should not fly out.

113 *Tykać ... niebios* – cf. "a sam, jako trzeba, | Tykam się nieba". KOCHANOWSKI, *Pieśni* I 10, 3–4 ("I am touching the sky", transl. M.J. Mikoś, in: Kochanowski 2018: 91). Cf. HERC, footnote 50.

114 In the Greek myth a son of Phaeton was allowed to ride the solar chariot of his father Helios, the god of the Sun. The inexperienced Phaeton was struck by Zeus's thunderbolt.

115 *Pegazowi* – Javors'kyj probably combined two myths: about the fall of Phaeton and Bellerophon, who actually captured Pegasus.

116 *fryzy* – *Friesian horses* (Pol. *fryzy*)—a famous breed of horse originating from northern Netherlands (Friesland).

117 *Twej ognistej ... zgoła* – meaning: You should have driven your fiery chariot on the normal route.

118 *prezumpcyja* – duma, *hardość*.

119 *na ledzie* – contemporary Pol. *na lodzie* (on the ice).

120 *najlepij* – contemporary Pol.: *najlepiej*.

121 *gdzie ... skwapliwy* – sense: when he is not eager to get any power (seniority).

122 *Świętonikolską ... praelaturę* – the office of the Archimandrite of St. Nicolas's Church in Kyiv (cf. HERC, footnote 2). Javors'kyj used here a Polish Catholic term *praelatura* (prelacy).

123 *Gigas* – the comparison between rhetorical *descriptio* or *narratio* and painting, especially by the great Greek master Apelles (fl. 4th century BC), frequently noticed already in Antiquity (e.g. by Aristotle, Cicero, Quintilian, and many others) often appeared in the Renaissance and later too. Cf. an anecdote about the same little painting of the giant by Apelles in: De Besse 1629: 554 (about Matthew the Evangelist): "Imitatus Apellem hic Evangelista videtur, qui cum exigua in tabella gigantis aliculius colosseam magnitudinem effingere deberet, videretque commode hoc fieri non posse, pollicem illius tantum depinxit, inferne hoc addito Epigrammate, Ex ungue leonum, id est, e pollicis huius proportione facile reliqua gigantis huius magnitudo cognosci potest" ("It seems that the Evangelist is imitating Apelles, who, when he perceived that it would be difficult to depict the colossal size of some giant on a small tablet, painted only his finger, and he added this epigram at the bottom: from the claw—lion, that is, from the proportions of the finger you can easily know the size of the whole giant"—transl. B.A.).

124 *Turrim* – Jasyns'ky initiated the construction of the bell tower in St. Nicolas's Monastery (cf. HERC, footnote 2). This bell tower was replaced with a new one in 1750. It was demolished in the 1930s.

125 *sexcentos Poetarum Pedes* – i.e. metonymy, an immense number of verses of poetry (cf. TERENCE, *Phorm.* 4.3.61; CICERO, *Att.* 7.2.3; idem, *Rosc. Am.* 32.90).

126 *praedicat* – an allusion to CLAUDIAN, *Consul. Stil.* 3.(24).225–226: "auratos Rhodiis impres nascente Minverva | indulsisse Iovem perhibent" ("They say that Jove at Minerva's birth showered gold upon the lucky Rhodes"—transl. M. Plaunaer). Cf. also Pontanus 1617: 215 (chapter *XII. Pallade nascente imber aureus*).

127 Platanus – Javors'kyj refers here to his own name; in Pol. *Jawor* is the sycamore, Lat. *Acer pseudoplatanus*, hence *Platanus* in the text.

128 *Porfirianam arborem hinc vel maxime in philosophica arena mihi pullulasse arbitror* – a metaphorical image: Jasins'kyj grew as a porphyry, and therefore extremely strong, tree ("porfirianam arborem") to be a model for Javors'kyj ("mihi") in the field of philosophy ("in philosophica arena"), but it is also a reference to the Porphyrian tree or tree of Porphyry, a graphic elaboration by Boethius (ca. 480–524) of the philosophical system of the Neoplatonist Porphyrius of Tyre (ca. 234–ca. 305). Cf. Blum 1999.

129 See the emblem *In statuam Memnonis in Aethiopia* (Coustau 1555: 33) where the statue of Memnon "gives the sign of Harpocrates" ("signa dat Harpocratis"), the Egyptian god of silence, but when the sun rises "the statue that was silent begins to speak" ("incipiet fari quae tacitura fuit").

130 *fulmineo* – cf. HORACE, *Carm.* 3.16.9–11: "aurum ... et perrumpere amat saxa potentius | ictu fulmineo" ("Gold ... | Can shiver rocks with more resistless blow than is the thunder's"—transl. J. Conington).

131 *Niech ... chlubi Arabia dolę* – in ancient and early modern literature Arabia was a legendary wealthy region. According to ancient tradition, the first to call Arabia "happy" (Gr. εὐδαίμων, Lat. Felix) was Eratosthenes of Cyrene (ca. 276–194 BC), Greek polymath and the chief librarian at the Library of Alexandria (see ROLLER 2010: 91).

132 *perłorodne ... Paktole* ("Pactoluses that give pearls") – Javors'kyj's *licentia poetica*: Pactolus was known because it contained gold, not pearls.

133 *Hydasp* – the Hydaspes River (today the Jhelum River) and the Ganges (line 11) were the symbols of India, associated in Latin poetry with gold and the source wealth.

134 *barbiton* – an ancient stringed instrument similar to the lyre.

135 *dotąd, pokąd* – Cf. HORACE, *Carm* 3.30; KOCHANOWSKI, *Pieśni* II 24.

136 *zorza ... morza* – Cf. "Kiedy wstaje z morza | Ognista zorza" ("When the fiery daybreak rises from the sea"). KOCHANOWSKI, *Psalmy* 133, 11–12.

137 *Tytant* – Helios.

138 *woźnik* – a horse used to pull a carriage or a chariot.
139 Zyzykus – Sisyphus.
140 *Neptunus Tantalowe głody ... wody* – cf. "stały rzeczne brody, | Wtenczas głodny Tantalus załapił kęs wody", KOCHANOWSKI, *Tarnowski* 91–92.
141 *lethejski strumień* – the Lethe River.
142 *panegyres* – Lat. "panegyrics, praises".
143 *Którzyśmy ... pędzili wieki* – we, who under your protection, spent our youth in your service (or when studying in your home).
144 *na nowym honorze* – in a new post.
145 *łabędzie twe lata* – your old age. An allusion to the swansong and to Jasyns'kyj's literary activities (a swan was an attribute of Apollo and poetry).
146 *z Kolchi ... runa* – the Golden Fleece of the *Argonauts*.
147 *Agonotheta* – competitor (ἀγωνιστής from Gr. ἀγωνοθέτης—"a judge [or president] of the contests").

2

Echo głosu wołającego na puszczy (1689)

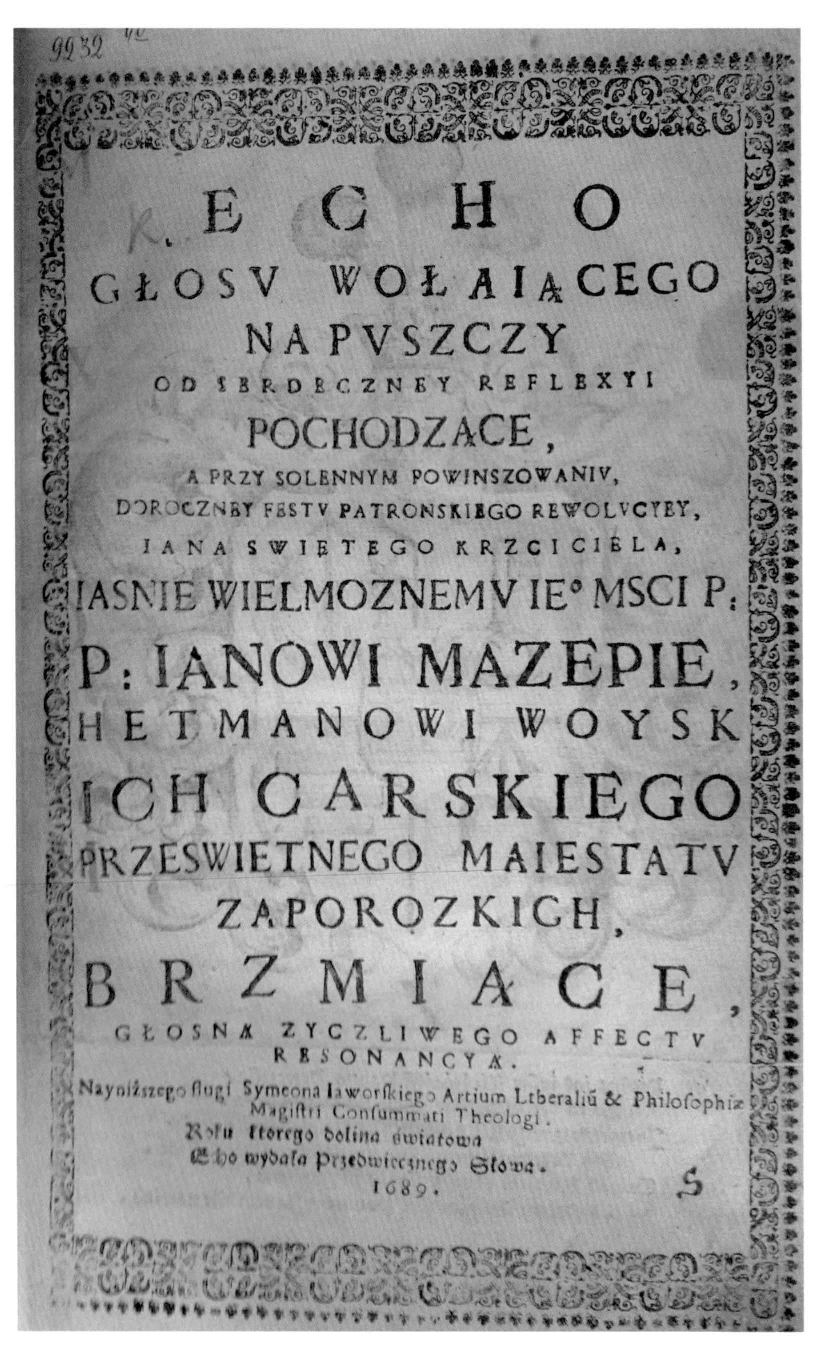

ECHO
GŁOSV WOŁAIĄCEGO
NA PVSZCZY
OD SERDECZNEY REFLEXYI
POCHODZĄCE,
A PRZY SOLENNYM POWINSZOWANIV,
DOROCZNEY FESTV PATRONSKIEGO REWOLVCYEY,
IANA SWIĘTEGO KRZCICIELA,
IASNIE WIELMOZNEMV IEº MSCI P:
P: IANOWI MAZEPIE,
HETMANOWI WOYSK
ICH CARSKIEGO
PRZESWIETNEGO MAIESTATV
ZAPOROZKICH,
BRZMIĄCE,
GŁOSNĄ ZYCZLIWEGO AFFECTV
RESONANCYĄ.
Nayniższego ſługi Symeona Iaworſkiego Artium Liberaliū & Philoſophiæ
Magiſtri Conſummati Theologi.
Roku ktorego dolina świątowa
Echo wydała Przedwiecznego Słowa.
1689.

FIGURE 13 The title page of the *Echo głosu wołającego na puszczy*. BKUL, shelfmark P. XVII.614

ECHO

GŁOSU WOŁAJĄCEGO

NA PUSZCZY[1]

OD SERDECZNEJ REFLEXYI

POCHODZĄCE

A PRZY SOLENNYM POWINSZOWANIU

DOROCZNEJ FESTU PATROŃSKIEGO REWOLUCYJEJ

JANA ŚWIĘTEGO KRZCICIELA[2]

JAŚNIE WIELMOŻNEMU JEGO M[O]ŚCI P[ANU]

P[ANU] JANOWI MAZEPIE

HETMANOWI WOJSK

ICH CARSKIEGO

PRZEŚWIETNEGO MAJESTATU

ZAPOROSKICH

BRZMIĄCE

GŁOŚNĄ ŻYCZLIWEGO AFFECTU

RESONANCYJĄ

najniższego sługi Symeona[3] Jaworskiego, artium liberalium et philosophiae magistri consummati theologi[4]

Roku, którego dolina światowa
Echo wydała przedwiecznego słowa[5]
1689

[I.][6]

FIGURE 14 The coat of arms of Ivan Mazepa. BKUL, shelfmark P. XVII.614
PUBLIC DOMAIN

Piękna jak jasny księżyc jest Panna Przeczysta,
Bo ją tak w Piśmie zowie jej panegirysta.[7]
Jutrzenkę zaś Jan święty pięknie figuruje,
Gdy przedwiecznemu prawdy słońcu marszałkuje.[8]
5 Tu pod Krzyżem obojgu stać co za przyczyna
Nie dziw, bo tam stać Pannie z Janem nie nowina.

[II.]

JAŚNIE WIELMOŻNEMU
JEGO MOŚCI PANU
P[ANU] JANOWI MAZEPIE
HETMANOWI WOJSK
ICH CARSKIEGO
PRZEŚWIETNEGO MAJESTATU
ZAPOROSKICH

długoletniego zdrowia, pomyślnych pociech i nad wszelkim nieprzyjacielem
TRIUMPHÓW

[1.] Czy podobna[9] milczeć, JAŚNIE WIELMOŻNY A MNIE WIELCE MIŁOŚCIWY PANIE, PANIE I DOBRODZIEJU, ani z należytym dorocznej patrona świętego rewolucyjej tam ozwać się powinszowaniem, gdzie i same przychylne ziemianom nieba *facundo ore*[10] temi czasy do nas Słowo Przedwieczne wyrzekły? Czyli można tam powinnych Wielmożności Waszej na congratulacyją pohamować słów, gdzie i samego dzisiejszego festu, głos wołającego na puszczy wzajemne na życzliwy odgłos od serdecznej reflexyjej prowokuje Echo? Czy podobna w ostatku z hołdowniczą uprzejmego affectu *tam obmutescere*[11] kontesta, gdzie i same przy solennym patrona Twego applawzie nieme Zacharyjusza usta[12] na wyśmienite *insolita metamorphosi*[13] zamieniwszy się w *oracula*,[14] do podobnego *prodromo gressu* stymulują zawodu?[15] Mówić tedy trzeba, a mówić nie tylko oratorskiemi wytwornych słów krasomowskich peryjodami, ale *ad IOANNEM in sui nominis etymo gratiam*[16] chwalne one *tres Gratias*[17] trzeba by na panegiryczne zaciągnąć encomia,[18] pomniąc na to, że

De calamis magnis nomina magna fluunt.[19]

[2.] Wiem wprawdzie, że od rhetorskiej wymowy *emendicatis clarescere* nie chcą *luminibus*[20] herbowe Jaśnie Wielmożności Waszej planety, które na roxolańskim niebie takowemi *ad invidiam orbis*[21] jaśnieją wrodzonych cnót promieniami, że żadnej w glancownej swej cerze nie uznając makuły, szczupłym lichej perory blaskiem jasne luminarze sobie przyświecać namniej nie potrzebują, mając od natury uprzywilejowaną *dotem*,[22] że *maiora extinguunt lumina lumen*.[23]

[3.] Jednakże jakby słońca na niebieskich spherach jasnoświecącego glancowane ważył się kto *impiis ausibus*[24] przycimiać promienie, kto by należytego *haereditario iure*[25] cnocie ujmował pochwały *stipendium*,[26] *solem coelo detraheret, quisquis emerita virtuti denegaret encomia*;[27] słusznie bym tego imię piołunowym wyraził na kupressie sokiem,[28] kto by i Wielmożności Waszej *Martiis nisibus*[29] przykrym do nieśmiertelności idącemu gościńcem, *meritum* należytych pochwał odmówiwszy *commeatum*,[30] powinnego panegirycznej pompy w tak szczęśliwą drogę zabraniał prowiantu. Stąd chyba *venerabundi silentii*,[31] jakakolwiek mogła by być excusacyja, że *silent inter arma Musae*,[32] ani z lamentalną atramentu cerą popisywać się tam przynależy, gdzie sama glancowna krwie nieprzyjacielskiej rubryka chwalebne Wielmożności Waszej imię, marsowe odwagi, wojenne fatygi i niewczasy na karkach nieprzyjacielskich jako na przepysznie wystrukturowanych obeliskach albo memphickich kolosach[33] piękną *ferrei styli*[34] cerussą, niby *vivis* konterfetuje *coloribus*.[35]

[4.] Słusznie tam *oratorios* uchylić na stronę *cothurnos*,[36] gdzie same *capita vindici ferro*[37] od tata⟨r⟩skich i tureckich mężnie odkrojone tułubów do powinnego wiekopomnej chwały *capitolium*[38] utorowanym krwawej Bellony gościńcem Jaśnie Wielmożność Waszą *attollere*[39] usiłują. Na co tam *exigua* rhetorskiej wymowy *lumi⟨n⟩a*,[40] gdzie same marsowe upały, któremi nie raz herbowy Księżyc[41] niby słonecznym resplenduje promieniem, triumfalne Wielmożności Waszej wzniecają ognie.

[5.] Nie ginie Księżyc, choć go czasem tetryczne na pozór tylko światu mroczą *ecclypses*.[42] A jeżeli kędy tedy w prześwietnym sławnych ich mościów p[anów] Mazepów domu rodowita Luna[43] takim się może wybornie chwały szczycić przywilejem LATEO NON MINUOR,[44] gdzie lubo przez długie wieki sławni przodkowie laurem umajone zalegli mauzolea, mamy jednak w Wielmożności Waszej herbowne Księżyca niezgasłe splendory i przodków buławowładnych *serenam sideris imaginem*.[45] Prawda, że teraźniejsze wieki *stupent et venerantur*[46] tak znaczną a z pamięci potomnych nigdy niewyglozowną buławogromnych Jaśnie Wielmożności Waszej przodków *seriem*,[47] na których pochwałę nie lichej karty, ale dyjamentu trzeba; cnotę i kawalerskie czyny nie płochym oratorskiego stylu albo Muz wierszopiśmiennych enthuzjazmem, ale *competentiori laude*[48] triumfalnym paeanem lub sonoralnym ogromnych kartanów hukiem *recensere* i *celebrare*[49] trzeba.

[6.] Ile *vulnera*[50] mężną onych ręką nieprzyjaciołom zadane, tyle *facunda* na powinną marsowej dzielności pochwałę *ora*;[51] ile pluszczącej z karków nieprzyjacielskich posoki, tyle *Tulliana eloquentiae flumina*;[52] ile ojczyźnie laurów a dzikim ordyńcom fatalnych kupressów, tyle *triumphales de sanguine messes*.[53] Same nawet marsowe pole chwalebnym się nieustraszonej bohaterów dzielności i wiekopomnej chwały *Martia metamporphosi*[54] staje amphiteatrem. Dawnym jednak wiekom tak znacznej z przodków Twoich męstwa krzewiącej się nie zazdrościemy fortuny, kiedy *pari felicitate et eventu*[55] i nasze wieki dość żyzną roxolańskich stron exspektatywę ukontentowały pociechą, gdy Wielmożność Wasza, żywy przodków swoich abrys, skoncentrowane chwalebnych Twoich antenatów w Tobie *compendium*[56] pokazują, na co *attonito oculo*[57] zapatrując się, przyznać musiemy, iż

Non humilis fluit augusto de sanguine sanguis,
Non milvum Phaenix parit, imbellemque fero⟨c⟩es
Non generant leporem tygres, aquilaeque columbam.[58]

[7.] Niechaj kto chce, chwalebne przodków swoich *nomina*[59] wyrytym na twardych marmurach podziwienia godnym pamiętnej potomności prezentuje abrysem, łatwo jednak te skaliste *in signum rememorativum*[60] wystawione *spectacula*[61] *praeterlabentium annorum series*[62] i *vetustas invidiosa*[63] niezchwiałym na proch zetrze zębem, a nadęte *mortalitatis fastu statuas*[64] i pozorne w oczach ludzkich *simulacra*[65] w lichą obróciwszy perzynę, z dymam na wieczną amnistyją od ludzkich oczu i pamięci usunie. Nie kamienny abrys, nie znikome *simulacrum*, nie dymem okopciały konterfet, ale *vivam* przodków *imaginem*,[66] nieodrodną *maiorum stirpem*,[67] *compe⟨n⟩diosam* cnót ojczystych *epitomen*,[68] Wielmożność Waszą, *veneremur*,[69] uznając *felici experimento*,[70] iż niewiele szkodzą herbowym Waszym Księżycom fatalne przodków dekrescencyje, kiedy *Luna decrescens* z natury swojej, *crescentis prodromum et nuntium agit*.[71]

[8.] I ten to jest a nie inny Wielmożności Waszej *census honoris*,[72] naprzód *augusto de sanguine sanguis*,[73] który w recompensę krwie wylanej *ducalem byssum*[74] Wielmożności Waszej, *tanquam Tyriis depinxit coloribus*.[75] Niepoślednia do tak wysokiej funkcyjej promocyja krwawe przodków zasługi, które znacznemi będąc wysokich praeeminencyi stopniami do przyuczonej rękom Waszym buławy *victoriosis passibus*,[76] znamienicie utorowany Wielmożności Waszej zostawiły gościniec. Najskuteczniejsza jednak w tej mierze *meritorum* Wielmożności Waszej *efficacia*,[77] która *candidum candidato* dawszy *calculum*,[78] nie wprzód hetmańską w ręce *reluctanti modestiae*[79] skierowała buławę, aż jej tam pracowitą cnota ofiarowała manuductiją i powinny odważne *merita*[80] przy znacznej faworu najaśniejszych monarchów rossyjskich[81] komitywie uczyniły kredens.

[9.] Niechaj kogo Daedalowemi dumnych zapędów obarczonego skrzydły lubo władna *ultra vulgarem fortem*[82] wynasza ambicyja, niechaj złote nie rzemieślniczym kunsztem, lecz *arrogantiae fastu*[83] wyniosłe *ad fastigia*[84] ściele stopnie. Prędko jednak *sub honorario onere*[85] niezdolnym barkom *infamii lapsu succumbere*[86] przyjdzie, jeżeli *virtus, honorum bajula*,[87] do takich ciężarów należytego umknąwszy *fulcrum*,[88] sama tak wspaniałej fabryki gruntownym nie stanie się fundamentem. Łatwo zdrożnym procederem przez błędne trakty w niewywikłane wiecznej infamijej zabrnie labirynty, kto sobie za manuduktorkę obrawszy ambicyją, bez należytego cnót i znacznych zasług prowiantu na wysokie zapuszcza się *subsellia*.[89]

[10.] Nie padły nigdy ani paść mogą takie *opprobria*[90] na Wielmożność Waszą, który od kompetitorów takim traktem do godności konkurrujących, osobliwą mając exemcyję, nie wprzód *avidis* roxolańskiej expektatywy *obtutibus*[91] w hetmańskiej zajaśniałeś purpurze, aż jej pozorną krwie niepr⟨z⟩yjacielskiej cerussą piękniej niźli tyrskim szarłatem koralowego dodałeś rumieńcu.[92] Nie wprzód Herkulesową na zgromienie thrackiej Tyzyfony w Twe ręce wpraszającą się przyjąłeś *in gubernium*[93] buławę, aż ciężkim bułatem[94] waleczną do takich ciężarów przysposabiając rękę, herbową Twą jutrzenką *Martiis aestibus*[95] pałającą klarownego hetmańskiej praerogatywy przy chwalebnym kredensie uprzedziłeś Tytana.[96] Nie wpr⟨z⟩ód w antagoniją tak do wysokich honorów jako do nieśmiertelnej s⟨ł⟩awy bohaterskim krokiem na marsowe wstąpiłeś Olympia, aż *prodromus*[97] przodków Twoich *gressus*[98] odważną praecedencyją porywczej Twej *ad sublimia quaeque indoli*[99] znaczne *in Martio pulvere*[100] wypiątnował ślady.

[11.] Znaczne tedy są w prześwietnym domu Wielmożności Waszej tak do honorów, jako do nieśmiertelności *vestigia*,[101] któremi kiedy i ja, niby torownym chwały gościńcem z podłą moją pracą *in hoc suppedaneo venerationis folio*[102] wyrażoną, śmiem *audaci passi in atria*[103] Wielmożności Waszej wkraczać, przyznać muszę, że mi *primo intuitu*[104] herbowa Wielmożności Waszej jutrzenka szarłatnym swym rumieńcem *ruborem incussit*[105] nie z innych miar,[106] tylko że *rudis meae Minervae tenuitas*[107] nie mogła *ad mensuram ascendere*[108] tam, gdzie tak wysoko rodowite Wielmożności Waszej swą zacnością wzbiły się planety. Z Ikarem tu musi na powinną Wielmożności Waszej upadać veneracyją tępe podłego rymotworce pióro, kiedy *avitis maiorum Tuorum ceris*[109] będąc udostojone, nieumiejętnym lotem pod ogniste marsowym upałem żarzące się Wielmożności Waszej planety, w panegiryczne *audaci licentia*[110] śmie zapuszczać się paragony. Wszakże nie pogardzisz, Miłościwy Panie, tym podłym prezentem, pomniąc na to, że przy jasnych planetach i umbra tudzież znikoma naturalną ma swoją consequentią. Owszem, jasne kolory wydatniejsze reprezentując *spectaculum*,[111] większą w oczach lud⟨z⟩kich *conciliant gratiam*,[112] kiedy niepozornym bywają adumbrowane cieniem. Przyjmi tedy, Miłościwy Panie, tę barziej służebniczą życzliwością niźli uczonym sensem zagęszczoną kartę, która będąc *veneratione facundior quam verbis*[113] u nóg pańskich łaskawej się dopomaga audiencyi. A że wiem, iż wszystkie chwały i życzliwości moje *infra dignitatem*[114] Wielmożności Waszej padły i ja sam do tejże poczuwając si⟨ę⟩ demissyjej, piszę się

JAŚNIE WIELMOŻNEJ WASZEJ
PANU I DOBRODZIEJOWI SWEMU
WIELCE MIŁOŚCIWEMU
najniższym sługą
Symeon Jaworski

[III.]

NA KLUCZ HERBOWY *alias*[115] JASIEŃCZYK[116]
z spokrewnionej wielkich familii coniunkcyjej
przezacnego ich mościów P[ANÓW], P[ANÓW] MAZEPÓW domu

1

Dziedziczna cnych MAZEPÓW tym się szczyci cnota,
Że zawsze do honorów ma otwarte wrota.
Przyczynę tego każdy, tak rozumiem, zgadnie:
Bo gdzie Klucz jest herbowy, tam o otwór snadnie.

2

Jednowładna niebieskiej wszechmocności siła
Pod władzę apostolską Klucz niegdy zleciła.
Patrz, jakiego dom zacny MAZEPÓW szacunku,
Gdy się i do ich dostał ten klejnot szafunku.

3

O, jak wiele trundości inni podejmują,
Kiedy gwałtem do forty niebieskiej szturmują!
Domowi cnych MAZEPÓW tych szturmów nie trzeba,
Gdy mu sam Klucz herbowy otworzy do nieba.

4

Znać, że w domu MAZEPÓW wiekopomna chwała
Ulubioną stancyję na swój czas obrała,
Gdy na znak tego i Klucz polorownej cery
Prezentuje na herbie od swojej kamery.

5

Są, w których niedostępna Surowość panuje
A przy drzwiach zawsze pilną straż gniew odprawuje.
Tu Łaskawość w imieniu JANA z Kluczem stoi.
I któż się już w twe gmachy, cny wodzu, iść boi?

6

Niechaj tam Momus, ludzkiej natury morderca,
Okna do człowieczego potrzebuje serca.[117]
Tu, gdy Klucz cnych MAZEPÓW jaśnieje herbowy,
Pewnie nam do ich serca przystęp jest gotowy.

7
Że wiernie cnej Rossyjej służą MAZEPOWIE,
Każdy tę prawdę onym bez pochlebstwa powie.
Nawet toż i dziedziczne w herbie znaki głoszą,
Gdy od niej powierzone sobie Klucze noszą.

8
Rzadko kto przyszedł do tej szczęśliwości mety,[118]
By monarsze otworem miewał gabinety:
Ciebie, wodzu, z młodych lat cnota w tym schowała,[119]
Na co ci i glancowny w herbie Klucz przydała.

9
Stąd poznaj nieomylnie, wielorządny panie,
Wojska zaporoskiego waleczny hetmanie,
Że ci serca w hołd wieczny nasze poddajemy,
Kiedy i Klucz od nichże[120] w herbie twym kładziemy.

[IV.]

NA HERBOWY Z GWIAZDAMI i Z STRZAŁĄ KSIĘŻYC *vulgo*[121] SAS[122] z spokrewnionej wielkich familii coniunkcyjej przezacnego ich mościów P[ANÓW], P[ANÓW] MAZEPÓW domu

1

I jedna tylko z tak wielu Gwiazda w górnej sferze
Od mądrych astrologów Marsa tytuł bierze.
Tu w zodyjak hebowy[123] kto się spojźrzeć kusi,
Ile planet, tak wiele Marsów przyznać musi.

2

Pospolicie zaćmienie w ten czas księżyc miewa,
Gdy na niego płomieni swych słońce nie zlewa.
Tu słoneczny monarchów glans gdy świeci jaśnie,
Azaż Księżyc herbowy mrokiem kiedy zgaśnie?

3

Ilekroć te Księżyce w utarczkach[124] świeciły,
Tyle turecką lunę[125] glansem swym gasiły.
I nie dziw: boć to wszystkich mądrych zdanie stałe,
Że wielkie luminarze gaszą światła małe.

4

Mając Księżyców i Gwiazd tak jasne pochodnie,
Niebem się dom MAZEPÓW nazwać może zgodnie.
A gdy komu do planet tych słońca potrzeba
Jan, wódz waleczny, stanie w tym niebie za Pheba.[126]

5

Tak tu świecą Księżyce cnotą i tytuły,
Że w nich i zazdrość sama nie dojźrzy makuły.
Chyba to być makułą rzecze zazdrość żwawa,[127]
Że ich trochę sczerniła marsowa kurzawa.

[v.]

NA TRZY RZEKI *alias* KORCZAK[128]
z spokrewnionej wielkich familii coniunkcyjej
przezacnego ich mościów P[ANÓW], P[ANÓW] MAZEPÓW domu

1
Trzy rzeki tam przy Raju historyje głoszą,[129]
Które uciech mieszkańcom niemało przynoszą.
Tu Trzy Rzeki gdy w herbie mają MAZEPOWIE,
Nic nie zdroży,[130] kto RAJEM dom onych nazowie.

2
Zakręt Scylla nazwiskiem w morzu się zawiera,[131]
Która straszną otchłanią okręty pożera.
Tu te Rzeki Trzy każdy uważywszy rzeczy,
Scyllą nieprzyjaciołów być namniej nie przeczy.[132]

3
Gasną złote bogatej Arabijej blaski,
Które jej złotopłynnych wód wzniecają piaski.
Większej ceny te Rzeki, które leją żyźnie
Złotopłynne Paktole na dobro ojczyźnie.

4
W niemałej stąd u świata morze bywa cenie,
Że w sobie miewa perły i drogie kamienie.
O, jak tych Rzek herbowych walor znamienity
Mając w męstwie, w poradzie[133] drogie chryzolity!

5
Wodą niegdy złotego doszedł Jazon runa.
Większa jest w tym przezacnych MAZEPÓW fortuna.
Gdy przez swoje Trzy Rzeki lepiej nad Jazona
RUNO wysokiej wagi mają GEDEONA.[134]

6
Trzy Rzeki są to cnoty trzy theologiczne:
WIARA, NADZIEJA, MIŁOŚĆ[135] w twym domu dziedziczne,
Przez które to żeglować Rzeki trzeba czule,

Kto na złotej Empiru pragnie stać insule.
Więc gdy tak jest, pewnie łódź twa, wielmożny panie,
Na lądzie pożądanym przez te Rzeki stanie.

7

Wszystkie rzeki z natury tym przymiotem słyną,
Że do morza impulsem przyrodzonym płyną.
MARYJA jest łask boskich niezbrodzone morze.[136]
O, w jakim są tam, płynąc, te Rzeki walorze!

8

Takie są jednostajne w Piśmie Świętym głosy,
Że się jakieś znajdują rzeki nad niebiosy.[137]
A tu mnie wnet wątpliwość te Rzeki wznieciły,
Czy nie one tam swoją zacnością się wzbiły?

[VI.]

NA HERB PÓŁ STRZAŁY *vulgo*[138] ODROWĄŻ[139]
z spokrewnionej wielkich familii coniunkcyjej
przezacnego ich mościów P[ANÓW], P[ANÓW] MAZEPÓW domu

1
Jak potężnie ta gromi nieprzyjaciół Strzała,
Łatwo stąd znać możemy, ponieważ niecała,
Bo pewnie takiej nigdy szkoda się nie stanie,
Którą tylko w spokojnym rdza gryzie kołczanie.

2
Patrz, do jakiej swym ostrzem ten grot zmierza mety,
Gdy snać w same chce niebios wlecieć gabinety!
Więc by z domu Mazepów nie pierzchał grot twardy,
Sam mu Mars piór już ujął swemi belloardy.

3
Wieczną hańbę ma dotąd Ikarus zuchwały,
Że swych piór przez słoneczne postradał upały.
A tu wielką stąd chwałę ma ten grot herbowy,
Kiedy mu ogień pióra opalił marsowy.

4
Dość wysoko w godnościach wzlatuje ta Strzała,
Lubo już piór w marsowych bojach postradała.
Nie dziw jednak, że w górę tak się znacznie wzbiła,
Bo jej miłość ojczyzny pióra przyprawiła.

5
Zawsześ bujał wysoko w twym wspaniałym locie,
Gdyś miał pióra przyprawne, cnych Mazepów grocie,
A gdy w ogniach marsowych twych piór postradałeś,
Dziwna rzecz, że tym samym wyżej wyleciałeś.

[VII.][140]

FIGURE 15 Icon 1 in the *Echo*. BKUL, shelfmark P. XVII.614
PUBLIC DOMAIN

Septicipem quondam edomuit manus Herculis Hydram,
Rossiacum Alcidem Turcica monstra pavent.[141]

Zawrzyj już swą paszczękę żwawą, thracki smoku![142]
Czyś jeszcze nie napełnił, bezdenny żarłoku,
Charontowego w sobie dotychczas wantucha,
Do łakomego całkiem połykając brzucha
5 Tak wiele królewstw i miast? Czyć mała Afryka,
Która na twym pornąwszy dnie, smutnie wykrzyka
Lamentalne naenije w boleściach strapiona,
Iż w twym jest Charybdowym brzuchu pogrzebiona?
Czy cię i Arabija barziej w ciężkim żalu
10 Niźli w skarbach bogata, łaknący Tantalu,

Do sytości swym złotem nasycić nie zdoła?
Cała ci Ameryka na jeden kęs zgoła
I obszerna w przestronnej swojej ⟨okolicy⟩
W Plutowych twych wnętrznościach Azyja dziedziczy.
15 I któraż tak warowna pokaże się Sparta,
Kiedy na nią paszczęka twa będzie wywarta,
Żeby cerberowego uchybiwszy garła
Mężnie się natarczywym twym jadom oparła?

Lecz jeszcze nie tryumfuj barziej w skrytej zdradzie,
20 Niźli w męstwie, zamożny cerberowy jadzie.
Nie tryumfuj w twym szczęściu, Meduzo piekielna,
Jeszcze się znajdzie ręka Alcyda[143] tak dzielna,
Która to siedmiołebne ogniem tchnące głownie
Twojąż własną posoką zaleje kosztownie.
25 Nie rozwodź w szczęściu rogów,[144] bestyjo zuchwała,
Bo choć czasem najwyżej wylatuje strzała,
Kiedy nią kto z cięciwy tęgiej w górę zmierzy,
Przecie bywszy wysoko, o ziemię uderzy.
Takci im większa czasem pogoda się błyśnie,
30 Tym straszniejszy na potym piorun Jowisz ciśnie.
Teć to bywa jedyne fortuny igrzysko,
Z dołu w górę, a z góry toczyć sferę nisko.[145]
Prędzej więc na wyniosłe pod niebiosa skały
Trójzębne górna ciska Wulkanija strzały.
35 Częściej od Aquilonów strasznych najazd miewa
Wyniesiony w swej pompie cedr nad inne drzewa.[146]
I ty się chlub niebarzo,[147] bissurmańska siło,[148]
Że cię szczęście tak dumnym pędem wywyższyło.
Prędko lunatycznego pozbawiwszy blasku,[149]
40 Może cię szczęście zagrześć w charontowym piasku.
Już ci orły monarsze dzielne w swoim szyku
Nadcierają tak często rogów, lunatyku,
I na to swą odwagą zawsze godzą czule,
Aby się oprzeć mogły w twym dumnym Stambule.

45 Na Rossyją ani myśl, Hydro pełna zdrady,
Z rozżarzonej paszczęki wywierać swe jady.
Jest tu najjaśniejszego Orzeł majestatu,
Co na cię piorun trzyma ukuty z bułatu.

Jest dzielny wódz, Herkules, który cię misternie
50 Swą hetmańską buławą zgromi w thrackiej Lernie.
Oto-ć już terminalną wystawił kolumnę,
Którą mężnie powściągnął twe imprezy dumne.
Oto już NON PLUS ULTRA[150] łakomemu Midzie[151]
Rosski pisze Alcydes na swej piramidzie.
55 Pewnie jako Euryppus w swych strumieniach kręty
O krzemienne szkopułów rozbija się wstręty,
Tak i twoje o ten słup natarczywe siły
Rozbiwszy się, fatalnej nie ujdą mogiły.
I dokąd, bazyliszku,[152] pniesz się jadowity?
60 Oto herbowych planet ogień znamienity
W świetnych wodza dzielnego podwojach jaśnieje,
Od którego zapewnie twój jad wyniszczeje.
Dokąd rogi prostujesz, thracka luno wściekła,
Snać dopiero z samego wydarszy się piekła?
65 Wiedz pewnie, że ciemny glans w twej wybladłej cerze
Zaraz na się fatalne zaćmienie przybierze,
Skoro nań w swym marsowym jaśniejące klarze
Cnego wodza herbowe błysną luminarze.
Boć zwyczajnie z swym światłem nie ujdą walety[153]
70 Od wielkich luminarzów pomniejsze planety.[154]
Sama ten Roxolanom tryumf obiecuje
Ta, która cnego wodza luną figuruje[155]
Piękna jak jasny księżyc Przeczysta MARYJA,
Od której jeśli samych Plutów starta szyja[156]
75 Dopieroż łeb thrackiego smoka[157] wichrowaty
Od tej tryumfatorki nie ujdzie swej straty.
Sam JAN, co przedwiecznemu słońcu[158] marszałkuje,
Którego gwiazda cnego wodza znamionuje
JANOWI swemu doda na zwycięzstwo siły,
80 Fatalne sypiąc Hydrze tureckiej mogiły.
Dokąd rychtujesz, luno thracka, rogi śmiałe?
Od wielkich luminarzów gasną światła małe.
Więc hetmańskim planetom toż fortuna zdarzy,
Że swym jasnym promieniem na glancownej twarzy
85 Zgaszą twe błyszczące się wątłą skrą ognisko,
Skoro na cię wrodzonym blaskiem natrą blisko.
Wszak pospolicie większy siły skutek mają,
Gdy węzłem nierozdzielnym złączone bywają,

Więc gdy i tu HETMAŃSKI Księżyc w biegu rączy
90 Z jasną w rossyjskim niebie Jutrzeńką się łączy,
Pewnie od tej tak dzielnie zjednoczonej nocy
Thracka luna fatalnej nie wybiega nocy.[159]
  Azaż teraz nie znaczne są tego zadatki,
Gdy niedawno na krymskich brzydkie sępów klatki
95 Najaśniejszych monarchów Orzeł gromowładny
Napadszy,[160] zniósł do szczętu thracki gmin szkaradny,
Pokazując to światu, co niezwyciężona
Przez dzielnych kawalerów dokazuje spona?
  Niech i dalej impreza marsowej ochoty
100 W swych gonitwach odbiera zawsze skutek złoty![161]
Niech Orzeł najaśniejszych rządców[162] górnolotny
W darskościach swych marsowych i w męstwie obrotny
Dzielna spona po thrackiej lunie mężnie jeździ,
A na lawrach zwycięzskich z tryumfem się gnieździ.
105 Niech kurzawa marsowa oczernione pierze
Do palm[163] zawsze chybki lot tryumfalnych bierze!
  Niech mu do zwycięzkiego z lawrów krymskich gniazda
Twa herbowa, cny wodzu, marszałkuje gwiazda.
Niechaj szczęście tak zdarzy, niechaj się tak stanie
110 Jako tobie na wota, wielmożny HETMANIE,
Chętne pióro rokując, to na wierzch wydaje,[164]
Co ja zawsze w życzliwym sercu moim taję.

[VIII.][165]

FIGURE 15 Icon 2 in the *Echo*. BKUL, shelfmark P. XVII.614
PUBLIC DOMAIN

Dum tua Sydereis sunt stemmata clara Planetis,
  Inde tuam coelum quis negat esse domum.[166]

Niech kto chce złoty wiek Saturna chwali,
Ja wiek żelazny z twardej kuty stali
Daleko większej rozumiem być wagi
  Nad złote Tagi.
5 Chwal, kto chcesz, pokój, ja zaś krawe fale
Bitnej Bellony, gdy kładę na szale,
Daleko większy widzę walor boju
  Niźli pokoju.
O jako ręka mężnego Gradywa
10 Niezwiędłe zwykła często zbierać żniwa
Z wojennych placów, a te spolijały
  Są wiecznej chwały.

Pewnie nie pierwu[167] złoto ceną słynie,
Aż wprzód przez hutę Wulkana[168] przepłynie.
15 I bez kamienia[169] cale nie znano by
Jakiej jest proby.
Młotem żelaza, przeciwnością cnoty
Doświadczać trzeba, co ma za przymioty.
Mężstwo się wyda w marsowym płomieniu
20 Jak jasność w cieniu.
Zgoła na miękkim sława materacu
Legać nie zwykła, lecz na krwawym placu
I przez ogniste trzeba iść do sławy
Marsa kurzawy.
25 Któż piękniej w księgach wieczności jaśnieje,
Jako ten, który odważnie krew leje,[170]
A tą rubryką z nieprzyjaciół szyje
Imię swe ryje?[171]
I któreż, proszę, wiecznej chwały style[172]
30 W księgach wieczności tak jaśnieją mile
Nad styl żelazny, którym dosyć trwale
Niby na skale
Sama bułatem wiekopomna chwała
W kompucie swoim wiecznie zapisała
35 Tych, których umysł cale poświęcony
Mężstwu Bellony.
Słowem żelazny wiek to snadnie wyda,
Kto jest w gnuśności pogrążony Mida,
A kto na wszelkie przeciwności strzały
40 Idzie wspaniały.
Rzuć jedno okiem w zacne parentele,
Skąd im splendoru przybyło tak wiele,
Że żadne zgoła cymmeryskie nocy[173]
Nie są tej mocy,
45 Aby ich jasny glans zaćmić zdołały.
A lub[174] miecz Parki czasem niestępiały[175]
Tam się zawinie, imprezą swą zgoła
Mało co zdoła.
Jaśnieją zawsze domów cnych klejnoty
50 I jaśnieć będą, póki Tytan złoty
Na gwiazdorodnym firmamencie jaśnie
Świecąc, nie zgaśnie.

A skądże, proszę, ta praerogatywa
Tak znakomicie cnym domom przybywa?
55 Skąd wieczna sława ciśnie stanzy swoje
W onych podwoje?
Przyzna to każdy, że wiek bułatowy[176]
Temu przyczyna. Co nie tylko słowy,
Lecz na dokument samą rzeczą właśnie
60 Probuje jaśnie.[177]
Przyznaj, zazdrości, choć wstyd starszy z twarzy,
Skąd takim blaskiem tak się pięknie żarzy
Dom cnych MAZEPÓW jak niebo przy zorze
W jasnym splendorze.
65 Skąd, proszę, onych herbowe planety
Do takiej przyszły w swej światłości mety,
Że niebem jasnym nam na prospekt miły
Dom ich zdobiły?
⟨Pewnie⟩ ta jasność nie od złota ceny,
70 Lecz od marsowej świeci karaceny,
Nie od bogatej arabskiej minery[178]
Nabyła cery.
Nie w złotym wieku Saturn zniewieściały[179]
Ani srebrzyste Paktola kanały
75 W swym wychowują perłorodnym piasku
Takiego blasku.
Wiek to żelazny z Wulkanowej huty
Stalistym Bronta bułatem ukuty
I żelaznego Marsa ordynanse
80 Te dają glanse.
Niechaj kronika, niechaj sam Mars powie,
Skąd się wsławili mężni MAZEPOWIE.
Pewnie ta sława od samej Bellony
W rossyjskie strony
85 Krwawemi hojnie wspieniona powodzi
Płynąc, marsowe im przykrości słodzi.
Ni ich mężnego śmierć, srogi morderca,
Ustraszy serca.
Świecą w ich niebie Gwiazdy i Księżyce,
90 Które nie blaskiem wrodzonym swe lice
Ozdabiać zwykły, lecz piękniejszym wzorem
Marsa polorem.

Ilekroć bladą cerą rozjaśniała
Ich Luna, tyle prognostyk dawała,
95 Że z karku swego nieprzyjaciel żwawy
 Lać miał deszcz krwawy.
Pogodę na swym niebie sprawowały
One planety, gdy pięknie jaśniały
Jak w zodyjaku różnemi przymioty
100 Wrodzone cnoty.
I nie dziw, że tak wysoko w honorze
Przy rodowitym jaśniały splendorze
Planety, bowiem (widziemy na oko)
 Świecą wysoko.
105 A tu by trzeba na samo wspomnienie
Obfite z oczu ronić łez strumienie,
Że nam tak znacznych bohaterów z świata
 Zebrały fata.
Lecz nie tryumfuj, Atropos zuchwała,
110 Żeś tych Rossyjej ludzi odebrała.
Wziąwszy im ciało w ciemne spolijały,
 Nie wydrzesz chwały.
Żyją i dotąd w teraźniejszym JANIE,
Wojsk zaporoskich walecznym hetmanie.
115 Do zapomnienia nie mogą być łacni[180]
 Ludzie tak zacni.
Każdy z twych przodków w tobie, wodzu, żyje,
Z których że wiedziesz twą zacną liniję[181]
Bez wszelkich pochwał rymotworskiej weny
120 Dosyć masz ceny.
Pewnie, że od tak wspaniałego drzewa
Owoc przysmaków z dyzgustem nie miewa
Ani od źrzódła, co kryształem słynie,
 Błoto popłynie.
125 Zwyczajnie perła z Paktolowej tonie
I złote jabłko od złotej jabłonie[182]
Orły, co swoim wzrokiem w słońca godzą,
 Sowy nie rodzą.[183]
Szczycić się przeto masz, Lucyno miła,
130 Gdyś w takim domu takiego powiła,
Który tak zacnych przodków będąc plemię
 W ich wstąpił strzemię.

[IX.][184]

FIGURE 17 Icon 3 in the *Echo*. BKUL, shelfmark P. XVII.614
PUBLIC DOMAIN

Navigium dum Spes tibi Amorque Fidesque gubernant,
Hinc tua jam nunquam na⟨u⟩fraga puppis erit.[185]

Zdarz Jazonowi, rozrzutna fortuno,
Bogatą zdobycz, złote z Kolchów runo.[186]
Jeżeli jednak w skołatanej łodzi[187]
Przez Neptunowe płynącej powodzi
5 Mądry do rządu Typhis nie zasiędzie,
Który by w swoim był pilny urzędzie,
Pewnie i nawa, i wszystkie w niej skarby
Piaszczystej w morskim dnie nie ujdą farby.
Niech jedno srogich Aquilonów nagle
10 Rozpięte pocznie burza wzdymać żagle,
Aż bez sternika mylną pewnie drogą

Nawa popłynie na Charybdę srogą.
Cóż, kiedy przyjdzie wpaść między syreny,
Gdzie melodyjne wdzięcznie słysząc threny,
15 Słodką żeglarzów wsidlonych ponętą
W cymbę swą Charon wnet chwyta przeklętą.
Dopieroż już tam bez sternika w matnią
Łódź z flisem wpadnie na zgubę ostatnią.
Lądu ni⟨e⟩ pytaj, ni złotej insuły,
20 Gdzie łodzią sternik nie kieruje czuły.
Wszystko z okrętem tam, gdzie żagiel pnie się,
Burzliwym wichrem Eolus zaniesie.
Szczęśliwe domu tego żeglowanie
W morzu światowym, wielmożny hetmanie,
25 Kiedy sprawują twej nawy rząd złoty
THEOLOGICZNE biegłe w rządach CNOTY:[188]
WIARA krzyżowym masztem moderuje,
NADZIEJA tamże kotwicy pilnuje,
MIŁOŚĆ zaś boska, patrz, jako pogodnie
30 Przez twe herbowe przyświeca pochodnie.
DOM Twój jest NAWA: ten nigdy nie zbłądzi,
Kiedy nim tych trzech mistr⟨z⟩yń ręka rządzi.
Dokądże teraz? W które pędzisz strony,
Nawo prześwietna, morskiemi Trytony?[189]
35 Czy nie do Kolchów, gdzie chętna fortuna
Złote honorów obiecuje runa?
Lecz darmo tam kurs pędzisz zawodniczy,
Hetmańska-ć w domu buława dziedziczy.[190]
Gościem gdzie indziej hetmańskie buławy,
40 W domu MAZEPÓW zhołdowanej sławy
Przyjazne ręce do kolebki wsuły
Tak znakomite hetmańskie tytuły.
Toć snać ta nawa z lawru, nie z kupressu,[191]
Już do złotego pędzi Chersonessu,[192]
45 Gdzie stanąć pragnie przy tak mądrym rządzie[193]
Na perłorodnym złotych insuł lądzie?
Lecz i tu w moich domysłach się mylę.
W domu MAZEPÓW złotych insuł tyle,
Jak wiele dzielnych w męstwie Scypijonów,
50 Jak wiele mądrych w poradzie Katonów.
Teć to są domów znamienitych skarby:

Nie pozornemi złotych insuł farby
Ani arabską minerą[194] w stek litą,
Ale szczycić się cnotą znamienitą.
55 Wicher albowiem niefortunnej burzy
Wszystko to z dymem fatalnym okurzy
I najbogatsze Krezusa dostatki
Śmiertelnej chybić nie zdołają klatki.[195]
Sam to niezłomnym swym zębem czas płochy
60 Wszystko zagarnie w bezdenne swe lochy.
Cnota się sama z tym przymiotem rodzi,
Iż na zdradliwe nieszczęścia powodzi
Porządnym będąc styrem opatrzona,
Strasznych się fali nie lęka Trytona.
65 Więc już podobno z tej morskiej głębinie
Po trudach nawa ta do portu płynie,
Kędy marsową fatygą strudzona
Chce odpoczynku lawrem uwieńczona?
Ale i te są domysły daremne.
70 DOM cnych MAZEPÓW mając tak foremne
Theologiczne trzy cnoty mistrzynie,
Azaż morskiej się bać może głębinie?
Wzbudzaj, jako chcesz, trydencie zębaty
Neptuna fale ludzkiej chciwe straty,
75 Wzrusz straszne burze, srogi Acheroncie,
Na wichrowatym świata tego Poncie.
Nic natarczywość twoja tam nie wskóra,
Kędy herbowa świeci Cynozura,
A cne mistrzynie na styrze zasiadły,
80 Hamując impet Neptuna zajadły.
Ma ta prześwietna nawa to w naturze,
Że i przez same krwawe Marsa burze
Mężnie żeglując w tej strasznej kąpieli,
Nie tylko wolna sama od topieli,
85 Lecz i fortunę rosską w ciężkiej chwili
Zwykła ratować od żałosnej Scylli.
Płyńże już, nawo wielmożnego JANA,
Wojsk zaporoskich mężnego HETMANA!
Płyń takim styrem mądrym opatrzona
90 Tam, gdzie-ć na mecie lawrowa korona!
Niech ethezyje[196] twym żaglom spr⟨z⟩yjają,

Niechaj Zephiry miłe powiewają,
Byś zdradliwego chybiwszy Kocyta,
Gdzie kupressową Charon nawą chwyta
95 I niepomnych wód lethejskich strumieni
Tam popłynęła, kędy się rumieni
Przedwieczny Tytan w elizyjskiej wodzie,
Przy wdz⟨i⟩ęcznoszumnych Zephyrów pogodzie.
Płyń, świetna nawo, dzielnego hetmana
100 Morzem, coć ściele krew thracka wylana,
Płyń przez trzy rzeki w herbie twym płynące,
Złote ojczyźnie Paktole lejące
Na brzeg szczęśliwy kryształowej wody,
Która nad niebem nie zna niepogody.
105 Niech tam po latach nestorowych[197] stawa
U tego portu ta prześwietna nawa.
Niechaj JAN święty, pharos niegasnąca
W twojej herbowej Jutrzence[198] świecąca
Zwyczajnym trybem z blaskiem swym w przód chodzi,[199]
110 A twej prześwietnej niech przyświeca łodzi.
Płyń w nieustannym niezwątlona biegu
Po długich latach do owego brzegu,
Gdzie pięknie żagiel zwin⟨ą⟩wszy rozpięty,
Dalej nie pójdziesz na morskie zakręty.[200]
115 Niechaj zdradliwe z swą straszną topielą
Neptuna fale gładko ci się ścielą,
Aby cię mistrzyń tych przezornych wiosło
Na ląd szczęśliwy szczęśliwie zaniosło.

[x.][201]

FIGURE 18 Icon 4 in the *Echo*. BKUL, shelfmark P. XVII.614
PUBLIC DOMAIN

Quam bene Marte ferox ruit ad fastigia Virtus!
Purpura quam clare tincta cruore rubet![202]

Szczęść Boże w drogę, kto przetrwawszy fale
Ku nieśmiertelnej zapuszcza się chwale!
Szczęść mu, fortuno, komu do honorów
Blask marszałkuje marsowych polorów.
5 Niech mu narcyssem ścieżki zakwitają,
Niech piękną trakty różą porastają,
Która wynika z obfitej krwie toni
Na uwieńczenie bohaterskich skroni.
Któryż bowiem trakt piękniejszy do sławy
10 Lubo do berła, lubo do buławy

Nad ten gościniec, co Bellony siła
Nieprzyjacielską posoką zbroczyła?
Gaśnie purpura, gdy wrodzonej cery
Od złotem tylko świecącej minery,
15 A nie od zlanej posoką Tauryki
Pięknej w pozorze nabywa rubryki.[203]
Jak pięknie taki buławę piastuje,
Komu wprzód bułat do niej marszałkuje!
Jak wielka na tym jest purpury cena,
20 Kogo zdobiła naprzód karacena!
Niech swym zwyczajnym ambicyja torem
Ślepym się pędem goni za honorem.
Niewielka chwała z bogatej szkatuły
Zbyt wysokiemi zajaśnieć tytuły.
25 Ten tylko dobrze w purpurze jaśnieje,
Kogo nią sama Bellona odzieje,
Kto zaś jej nabył drogiemi kamieni,[204]
Nie purpurą się, lecz wstydem rumieni.
Niechaj się komu hurmem Tagi leją,
30 Niechaj arabskie kruszce w stek topnieją,
Aby przez ten skarb ambicyja wzdęta
Złote honorów wdziała na się pęta.
Mrokiem zapadnie ta jasność honoru,
Która od złota świeci się poloru.
35 Prawda, że wszystko złoty szturm zwycięża,
Daleko jednak większa moc oręża,
Gdy wiek żelazny, lepszy bułat kuty
W złocistych ogniach Wulkanowej huty,
Którym Bellony ręka nieleniwa
40 Zwycięskie z placów krwawych zbiera żniwa.
Szczególne lauru są dostojne skronie,
Które się krwawej nie lękając tonie,
Ochotnie mieczmi zagęszczoną drogą
Z samą Belloną w zawód biegać mogą.
45 Upadku tedy niech się taki lęka,
Kogo nie sama mężna Marsa ręka
Lub cnót wrodzonych impet nieskwapliwy
Na znaczne wznaszać zwykł praerogatywy.
A tu już powiedz, hetmański honorze,
50 Jak w rodowitym dziedziczysz splendorze

Sławnych MAZEPÓW! Przez jakie sposoby
Takiej z ich domu nabywasz ozdoby?
Świadcz, przeszły wieku, jak wiele w regestrze
Spisałeś tych, co w marsowej palaestrze
55 Z starożytnego cnych MAZEPÓW domu
Nie ustąpili w odwadze nikomu.
Świadczcie dnieprowe krwią wspienione strugi,
Jak bohaterów mężnych komput długi
Z domu MAZEPÓW, których cne imiona
60 Krwią w swoje księgi wpisała Bellona.
Świadcz, Potomności, jakim torem sławy
Cni MAZEPOWIE idą do buławy.
Ja dla krótkości tu się nie rozwodzę,
Jakim sposobem i w sagu, i w todze
65 Sławni mężowie w tej cnej parenteli
Nagrodę zasług swych marsowych wzięli.
Omijam onych dla czasu krótkości,
Których już imię w kompucie wieczności
Żelaznym stylem sława z pracą szczerą
70 Złotołokietną wpisała literą.
Niech ona sama chwalne onych czyny,
Które okropnych cieni Prozerpiny
Nigdy nie znajdą, powietrznemi ślady
Za nieprzechodne w świat zaniesie Gady.
75 Stawcie więc wszystkie z wymownej Attyki
Onym na chwałę rhetorów języki,
Niech cały Parnas zabrzmi na przemiany
Sławnym twym przedkom zwycięskie paeany.
Niechaj i sława pegazowym lotem
80 Lub wiatrogonnym Phlegona obrotem,
Lub Merkurego z olimpijskiej góry
Bystrolotnemi przyodziewa pióry,
Czyny marsowe głosić nie przestaje,
Tam, gdzie przy zorzach ciemna noc ustaje
85 I tam, gdzie Arctos Aquilonem wzdęta
Neptuna swemi kajdanami pęta.[205]
Niech trąbą sławy będzie niestrwożone
Mężnych twych przodków serce wystawione.
Lecz na cóż przodków twych sławić wiek dawny,
90 Gdy onych męstwa dokument dość jawny?[206]

Ciebie widziemy, wodzu nasz wspaniały,
W którym się cnoty przodków twych zebrały.
Sam to świat widzi, jako w onych tropy
Twemi wstępując rycerskiemi stopy
95 Przez strasznorycznych kartanów kurzawy[207]
Torem swych przodków szedłeś do buławy.
Acz i tu była, wiem, trudność niemała,
Gdy się uporem w twe ręce wpraszała
Hetmańska godność i nie tak na wota,
100 Jako na prośby otwarłeś jej wrota.[208]
Tak to genijusz u ludzi zawzięty
Ma magnesowe na godność ponęty.[209]
Tym się to szczyci cnota bez przysady,
Że za nią honor tuż wstępuje w ślady.
105 Niech ambicyja, honorów mistrzyni,
Zuchwałym kredens do godności czyni.[210]
Tobie, cny JANIE, herbowa twa zorza
Z hesperyjskiego wylanej krwie morza
Wyr⟨z⟩nąwszy pięknym koralem rumiana
110 I krwie szarłatną cerussą[211] odziana
Jasny nam wieszcząc dzień z swojej natury,
Czyniła kredens w hetmańskie purpury.
Same glancowne w herbie Klucze twoje
Drzwi w nieprzechodne godności podwoje
115 Przy komitywie wiekopomnej chwały
Łatwo dzielności twoje otwierały.
Same twe Gwiazdy, same Cynozury
Do niedostępnej honorów struktury
Nie bez kredensu wojennej Bellony[212]
120 Animusz wiodły twój niezwyciężony.
Rządźże szczęśliwie buławą, cny JANIE,
Niech ci się lawrem tryumfalnym stanie.
Niech w thrackiej smoka siedmłebnego Lernie
Gromi twa, wodzu, buława misternie.

[XI.][213]

FIGURE 19 Icon 5 in the *Echo*. BKUL, shelfmark P. XVII.614
PUBLIC DOMAIN

Quantus honos! Sol ipse Tuis, Dux magne, Planetis
Alterius Decus est alteriusque sequax.[214]

1.

Ma stąd u świata niemało zalety
Złotoniebieskich sfer księżyc srebrzysty,
Że empirejskie krążąc gabinety,
Niskąd nie bierze na się glans ognisty,
Tylko od jasnej Tytana karety.
Skąd wspaniałości dowód oczewisty
W tym pokazuje, iż słońcem swe lice
Ozdabiać zwykła prześwietna Helice.[215]

2.
Nie mniejszą ma stąd Jutrzenka ozdobę,
Że drogę słońcu samemu toruje,
Gdy nocną z świata spędziwszy żałobę,
Glancownym sfery blaskiem poleruje,
Tę pokazując zacności swej probę,
Iż tak planetom pięknie marszałkuje.
I przyzna-ć, że ją wielce to zaleca,
Kiedy samemu Phebowi przyświeca.

3.
Twa to stąd chwała, wodzu nasz waleczny,
Gdy twe tym świecą blaskiem luminarze.
Tobie to stąd jest c⟨h⟩wały trybut wieczny,
Gdy twa Jutrzenka piękna w swym pożarze
Przed ziemskim słońcem czyniąc krok bezpieczny,
W jasnym królewskich dworów była klarze.
W ten czas prawdziwie Jutrzenka jaśniała,
Polskiemu słońcu gdy marszałkowała.[216]

4.
Same są świadkiem najaśniejsze dwory,
Jak tam herbowe twe świecąc planety,
Pięknemi się cnót szczyciły splendory,
Do chwał szczególnej zawsze pędząc mety,
Skąd i podczastwa wysokie honory
Królewskie na cię zlały gabinety.[217]
To to jest wielka pochwała u świata,
Takowym trybem młode pędzić lata!

5.
W ten czas najbarziej herbowa twa Luna
Księżyca przymiot pięknie wyrażała,
Kiedy słoneczna monarchów fortuna
Glans dobroczynnej łaski na nią zlała,
A honor droższy nad kolchickie runa
Twoim w nagrodę zasługom nadała.
To takim torem twój Księżyc wspaniały
Bieg do niezwiędłej odprawował chwały.

6.

Gdy twa Jutrzenka w herbie znamienita
Przed polskim niegdy Tytanem świeciła,
W ten czas znać było, że jasny dzień świta
Cnym Roxolanom i pogoda miła.
Jakoż Jutrzenka ta blaskiem okryta,
Namniej tym znakiem nas nie omyliła,
Kiedy po dziś dzień każdemu do smaku
Na roxolańskim świeci zodyjaku.

7.

Niech to zna każdy, jak wysokiej wagi
W sarmackiej stronie sławni Mazepowie,
Na których złote dobrodziejstwa Tagi
Hojnie zlewali polscy monarchowie.[218]
Skąd i twój rodzic za swoje odwagi
Zwycięskie lawry trzymając na głowie,
Wielu dóbr znacznych dziedzicem zostawa
Od monarchy Trzeciego Władysława.[219]

8.

Lecz większym teraz Rossyję oświeca
Światłem, waleczny wodzu, twa Cynthyja,[220]
Kiedy słoneczny onej promień wznieca
Jedynowładców rosskich monarchija.
Liepiej[221] daleko światu się zaleca,
Gdy już na pełnią w honorze się wzbija,
Mając na wszelkie przeciwności cienie
Słoneczne rosskich monarchów promienie.

9.

Niechże szczęśliwie w długi wiek jaśnieją
Twoje planety, wielmożny hetmanie!
Pogodny promień niechaj hojnie sieją
Na starożytny twój dom, możny panie!
Niech do marsowych fervorów się grzeją
Ogniem twych planet mężni Roxolanie.[222]
Okropnych nocy smutnego zaćmienia
Niech nigdy nie zna blask twego promienia!

10.

Glans przyrodzony herbowej twej zorze,
Która z natury swej przed słońcem chadza,
Niech hesperyjskie opuściwszy morze,
Gdzie się po dziennych fatygach ochładza
Słońce przedwieczne jasne w swym splendorze
W twe gabinety prześwietne wprowadza.
I twój JAN święty, co słońcu przodkuje,
Niech jemuż drogę do ciebie toruje.

⟨11.⟩

Lube planety i ty, złoty Phaebie,
Chciej mile sprzyjać dzielnemu Janowi,
Aby był w każdej marsowej potrzebie[223]
Alcydem strasznym thrackiemu smokowi,
A na rossyjskim jasno świecąc niebie,
Gromowładnemu monarchów Orłowi
Krymskie Harpije[224] i thrackie Meduzy[225]
W dzielne spon orlich mieczem wrażał kluzy.[226]

[XII.][227]

FIGURE 20 Icon 6 in the *Echo*. BKUL, shelfmark P. XVII.614
PUBLIC DOMAIN

Sydereis Luna est caelestis cincta catervis,
Sed Tua virtutes Luna trahit socias.[228]

Ma ten przywilej Cynthyja z natury,
Że oświecając niebieskie struktury,
Nigdy się sama na swej sferze ślicznej
Zjawiać nie zwykła bez pompy gwiazd licznej.
5 Pańskiej w tym będąc maniery prawdziwie,
Gdy swój kurs miewa przy gwiazd komitywie,
W czym i samego Tytana przechodzi,[229]
Gdy taką z sobą gwiazd gwardyją wodzi.
W tym to Księżycu takie są przymioty,
10 Wielmożny panie, gdy mu twoje cnoty

Do nieśmietelnej sławy nieleniwe
Taką wspaniałą czynią komitywę.
Assystują mu jak gwiazdy glancowne
Twe cnoty znacznym blaskiem polorowne.
15 Jaśnieje przed nim w herbowej twej zorze
Pańska przy pilnym roztropność dozorze,
Która swym trybem idąc naturalnym,
Rej wszystkim cnotom prowadzi moralnym.[230]
Za Luną tuż gwiazd piękne chryzolity
20 Splendor wydają twych cnót znamienity.
Idzie w ślad za nią planeta Merkury,
A ten wrodzony ma przymiot z natury,
Że swych klarownych glansów bez przysady[231]
Od mądrowładnej nabywa Pallady.
25 Skąd tak pogodnie twą mądroś⟨c⟩ią właśnie
Na roxolańskim niebie świeci jaśnie.
I przyznać bez chwał pochlebnego dźwięku,
Winszuje sobie twych buława ręku,
Wielmożny wodzu, który torem sławy
30 Nie wprzód hetmańskie piastujesz buławy
Aż z lat dziecinnych na parnaskiej skale[232]
I tam, gdzie płyną Tullijusza fale,[233]
Apollinowych lawrów bujne żniwo
Z placów zbierałeś mądrych nieleniwo.
35 Wprzód aniżeli krwawe Marsa weny
Smakowały ci mądre Hipokreny
I niźli strasznych oręży zgrzytania
Wprzód cię bawiły parnaskich muz grania.
Lwa poznać łatwo zwyczajnie z pazura,[234]
40 Ciebie też tak-że wydała natura,[235]
Że z dziecinnych lat łatwo poznać było,
Co się w twym sercu wspaniałym taiło.
A jak zaranna więc przede dniem zorza
Swą cerą wyda, wyniknąwszy z morza,
45 Jakim splendorem dzień wypogodzony
Ma w sublunarne zakwitać Tryjony,[236]
Tak i herbowe młodych twych lat zorze
Łatwo wydały w szarłatnym kolorze,
Jako pogodne przez twój żywot cały
50 Cnym Roxolanom dni zajaśnieć miały.

A gdy zdolniejsze co raz w tobie siły
Z rosnącemi się latami krzewiły,
Tuż wnet i cnoty, któreć chwałę niosły,
Jednaką z tobą proporcyją rosły.
55 Właśnie jak drzewo w złotej Hesperydzie
Gdy więc wzrastając, co raz w górę idzie,
Tuż i gałązka każda tegoż drzewa
Z niem przyrodzony swój accrescens miewa,
Takimże i ty rosłeś modeluszem,[237]
60 Waleczny wodzu, gdy z twym animuszem
Wrodzone cnoty inkrement niemały
W mohyleańskiej palestrze[238] miewały,
Gdzie puściwszy się w parnaskie zawody
Szczególnym wiekiem zdałeś się być młody,[239]
65 Lecz wielkość nauk i cnót znamienita
W swej dojrzałości bywała obfita.
W ten czas na koncert z sobą barzo miły
Cnota i pilność w nauce chodziły,[240]
Obie pospołu w jednej będąc sforze
70 W twym nieospałym natenczas dozorze.
Jakoż za swoją pilność w krótkim czasie
Na dwójbarczystym zasiadszy Parnasie,
Z wieszczej kastalskich zdrojów Hipokreny
Wiele nabyłeś waloru i ceny.
75 Więc w krasomowskie Tullijusza rostra[241]
Z natury biegłość w twym dowcipie ostra
Z pochwałą wszystkich cię promowowała,
Gdzie od Minerwy winny applauz miała.
Poznać i teraz z attyckiej wymowy,
80 Jako z młodych lat genijusz twej głowy
Wysoko zmierzał z innemi w regestrze,
W mohyleańskiej zostając palestrze.[242]
To tak twój Księżyc do chwalnej szedł mety,[243]
Takie cnót wiodąc za sobą planety,
85 Z których najpierwszy assystent Merkury
Twoją jaśniejąc mądrością z nat⟨u⟩ry.
Tamże za Luną w tymże planet hurmie
Gwiazda Mars w żadnym niezwalczona szturmie,
Prawda, że dymem nieco okopciała
90 Wybuchającym z huczącego działa.

Same jej jednak szable i koncerze,[244]
Dzidy i zbroje, szable i puklerze,[245]
Które w ognistej Wulkan kował Lemnie,
Jasnych polorów dodają foremnie.
95 Nuż tamże gwiazda Jowisz gromowładny
Mając za Luną przystęp w pompie snadny
Wszystkie jej swoje wrodzonych cnót glanse
Pod wielorządne daje ordynanse.
Innych niemało gwiazd w tej kawalkacie,
100 W pozornej idąc za Księżycem szacie,
Wypogodzone jasnym blaskiem lice
Schylają do nóg prześwietnej Helice.[246]
Samego tylko w tej pompie Saturna
Nie pojawia się twarz nadder pochmurna.[247]
105 Z wiekiem się złotym snać nie prezentuje,
Wiedząc, że barziej żelazny smakuje
Wiek rodowitej cnych MAZEPÓW Lunie
Niż złote czasy przy złotej fortunie;
Lub snać postrzegszy, że w prześwietnym domu
110 Sławnych MAZEPÓW smutną twarz nikomu
Nie zwykł pokazać Księżyc rodowity,
Skąd się kryć musi Saturn nieużyty.[248]
Jakożkolwiek jest, ja tej szczęśliwości
Milczeć nie mogę waszej[249] wielmożności,
115 Że tak ozdobne takich planet grono
Z herbową Luną twoje pańskie łono
Niby wspaniały Olimp oświecają,
A ponieważ to gwiazdy szczęście mają,
Że za twą Luną idą w komitywę,
120 Niech i me wota będą tak szczęśliwe,
Że tymże tropem za twoim planetą[250]
Chętnie postąpią, taką brzmiąc mutetą:
Krzyknijcie Io![251] rossyjskie Kameny,
A płaczorodne opuściwszy threny,
125 Wdzięcznobrzmiącemi waszemi kornety
Wesołe grajcie do tanów balety.
Naciągni wyżej twej, Tytanie, liry,
Wierszopiśmienne nocąc panegiry
Niezwalczonemu mężnych wojsk wodzowi
130 Od panów panu MAZEPIE JANOWI.

Wiemci to wprawdzie, że te Muz okrzyki
I instrumentów parnaskich muzyki[252]
Mało waloru i ceny nabędą,
Gdy takim uszom natrętnemi będą,
135 Które z marsowej idąc parenteli
I chowając się w onegoż kapeli,
Barziej smakują hucznych dział sonaty
Niż instrumentów muzskich apparaty.
Boć to zwyczaj⟨n⟩ie do marsowych uszu
140 Nie to muzyka,[253] która w Orpheuszu
Gdy przed Cerberem trzejgłownym zabrzmiała
Applauz i konsens należyty miała.
Nie to muzyka, która w Aryjonie
Dziwną moc miała w neptunowej stronie,[254]
145 Lecz huk dział strasznych w przeraźliwym dźwięku
I szczęk oręży zgrzytających w ręku,
A choć ten z duszą ciało dźwięk rozdziela,
Marsowe jednak jednak uszy rozwesela.
Nie z tym tu dźwiękiem ciche ECHO moje
150 W twe, mężny wodzu, ciśnie się podwoje;
Bo na cóż teraz marsowe koncenty,
Gdy temi czasy POKÓJ z nieba święty
W boskiej i ludzkiej przyszedszy naturze,
Marsowe pięknie uspokoił burze?
155 Działowych huków na tryumf nie trzeba,
Gdy ciche SŁOWO[255] nam wyrzekły nieba.
Cicha i tu jest winszująca mowa,
W której to na GŁOS przedwiecznego SŁOWA
JANA świętego twe cnoty rozliczne
160 To moje ECHO brzmi panegiryczne.
A nie mogąc dać godny trybut cnocie,
Takie wydaje wota przy ochocie:
Wypogodzonym niech Phaebem[256] jaśnieją
Momenta, które doroczną koleją[257]
165 Nam dzień patrona twego dosyć miły
Na swych obrotnych sferach[258] przypędziły.
Niech dniem dorocznym twojego patrona
Górna na lotnym kołowrocie[259] strona
Lub na arktycznym niezwątlonym kole
170 Rossyją w długi czas objaśnia dole.[260]

Terazże, teraz z mądrej Hipokreny
Rymotworskiej się dość napiwszy weny,[261]
Każda niech Muza przy tak pięknej chwili
Na winszujące koncepty się sili.
175 Niech idą w zawód albo paragony[262]
Z wieszczkami, których rzymskie mają strony
Lub niech zażyją, winszując patrona,
Wyśmienitego impetu Marona,
Lub kastalskiego opiwszy się zdroju,
180 Do prześwietnego Mazepów pokoju
Wdarszy się hurmem, w instrument niech brzmiący
Dźwięk dadzą przy tym feście winszujący.
Żyj, mężny wodzu, żyj wieki szczęśliwe,
Niechaj ustąpią frasunki troskliwe
185 Z twych gabinetów, a szczęście wesoło
Blaskiem twych planet wypogodzi czoło.
Niechaj ci hojnie z niebieskiej altany[263]
Złotem świecące płyną Erydany,
Niech Hermy, które złote piaski sieją,
190 Drogą się falą w twe pokoje leją.
Niechaj gdzie tylko stąpisz, z panów panie,[264]
Wszystko się laurem tryumfalnym stanie.
Takim brzmi sensem ECHO to ścieńczałe,
Którym nie mogąc cnoty twe wspaniałe
200 Panegirysta nocić, jak należy,
Wetując defekt,[265] u nóg twoich leży.

[XIII.]

ANACEPHALAEOSIS[266]

Usque adeo Virtus nunquam Solitatia incedit,
DUX ILLUSTRISSIME,
ut aeque plausuum comitatibus
ac linguarum Varietatibus
5 sit stipata.

Unde nec Tibi Sola Polona Lingua
Obsequio Panegyrico famulatur,
DUX MAXIME,
assurgit etiam Latium Tibi in encomia,
10 ut palam sit,
quod neque Tu facere,
neque Te laudare possint,
NISI MAXIMA.
NIMIRUM
15 Iridis naturam aemulantur magnae virtutes,
ut nec illi sine colorum Varietate,
nec his sine linguarum diversitate,
incedere sit solemne.
AMPLA VIRTUTIS PROCERITAS
20 unico idiomate comprehendi nequit,
cui nec Orbis sufficit unus.

Ne igitur Vectigali destituatur Laudum ambitu,
Etiam Tua virtus,
DUX INVICTISSIME,
25 Rudi Polonae Panegyris Ornatui,
gemmeum Latini Idiomatis monile
appendere placuit,
ut vel inde exile operis pretium
finis probitas
30 COMMENDARET.
Aurea enim Coronis etiam ferrea plerumque inaurat facinora.
Polonicum Entheum
Latino Stylo finire placuit,

ut vel inde jucundior Oratio
35 Tuum prodiret ante Conspectum,
quod Versicolorem induerit ornatum.

Nec certe pulchrius nectere licuit
Sertum triumphale Victori,
nisi alternis Hortensii coloribus.

40 Enucleandis plusquam Gordiis, Virtutum Tuarum nexibus,
parcior Sermo Polonus non sufficit,
NISI
amplior rerum interpres, lingua Latina,
hunc defectum
45 nativa energia
COMPENSASSET.

Nec Poloniam duntaxat in Tui Laudes excire placuit,
SED ETIAM IPSUM LATIUM,
ut palam sit,
50 eam demum esse Veram et sine fuco Laudem,
quam alienae linguae exsolvunt.
ITA SEMPER,
nec Sol exiguo lumine,
nec Luna pauco Syderum comitatu,
55 nec Magna Virtus unico Idiomatis contextu
sit contenta.

SED JAM MIRARI DESINO,
Tot tantasque Tibi in Laudem Linguas
conspirasse,
60 quem enim a suis averteret encomiis,
IOANNES hoc est GRATIA?
Certe plus quam ferreus esset,
Qui hoc Magnete non traheretur.

ALIORUM HOC PROBRUM ESTO,
65 vel terrere suis nominibus in Macedone et Amurate,[267]
vel fulminare in Scipiade[268] et Pericle,
TUUM IOANNIS NOMEN

tantum est,
ut vel ipsa sui vocali pronuntiatione
70 gratiam circumferat,
amorem extorqueat,
plausus praestoletur.
QUANTUS ES,
ILLUSTRISSIME DOMINE,
75 ut vel ipsae Gratiae
Tibi in nomen abeant!

Certe tanta Proceritas
non calami brevitate
mensuratur.

80 Quis enim Pumilio audet adoriri Gigantem,
Quo non surrexit major?

SED NEC NOMEN SOLUM IOANNI GRATIOSUM EST,
major Tibi nominis Energia
in rebus,
85 quam Titulis.
Ut palam sit, quod
NOMINA SEPE SUAE PONDERA VOCIS HABENT.
Et quemadmodum vox hominem sonat,
ita nomen plerumque.
90 Ipsa Tua Avita Stemmata,
quid, nisi IOANNEM Te produnt,
hoc est GRATIAM.
Nullum enim luculentius Gratiae Symbolum est,
quam Tua Gentilitia Luna.

95 Solius esto probrum hoc Solis,
et vel ad tanta Lumina, tanta labes,
ut
quo altiori spatio sese diffuderit,
eo acrius jubar dispenset terricolis.

100 Nec tunc sine paena dedignantem contemplatur Oculus,
cum sentiat vindices in pupilla radios.

Mitius Tuae Lunae ingenium est,
Quia IOANNIS,
DUX GRATIOSISSIME.

105 Dispar Splendoris amplitudo,
In Tuo Avito Planeta relucet,
ut
quo illustrius Virtutum honorumque radios exerceat,
eo benignius patiatur spectatores,
110 nec terret Oculorum obtutus,
nisi illius,
qui toties toties terruit orbem.
GENTILITIA vero Aurora Tua,
quid an non IOANNIS Symbola est?
115 Cum tam IOANNI,
quam Aurorae,
Solem prodromo gressu praecedere,
sit Solemne.
IMO NEC CLAVIS
120 Avitis Tuis decoribus adjuncta,
a IOANNIS Ethymologia recessit,
cum non solum alta honorum penetralia,
sed vel maxime Munifica egenis aeraria
sciat reserare.

125 VERBO:
sive nomen Tuum Venerabundis Versamus Oribus,
sive stemmata cernui, spectamus Vultibus,
sive denique etymum nominis altius scrutamur,
ubique IOANNEM Perso⟨n⟩as,
130 ubique GRATIAM.

TANTUS ES,
ILLUSTRISSIME DOMINE,
ut nec esse,
nec dici possis
135 SINE GRATIA.

Verumenimvero,
non ita Gratiam induisti,
ut Martiam quandoque severitatem exueres,
nec ita Togam circumfers,
140 quin sago quoque renuntiaveris,
CAELI INSTRAR,
cui perinde est serenare
ac fulmina torquere,
IMO
145 gratiori serentate,
graviorem tempestatem
ominari.

Insaniat quantumvis Lunaticus ille Herodes,
Bysantinus Regnorum Helluo,[269]
150 Ades praesto hiuc Praedoni.
IOANNES
DUX BELLICOSISSIME,
Feliciori eventu
vesanos ausus
155 DOMITURUS.
Victricem Laurum Patria,
funestam cupressum hostis,
quidni sperent?
Ubi sua praesto IOANNI splendet securis,
160 hoc est:
vel acerrima bellandi solertia,
vel Avitum insigne,
validum hostilis ferociae domandae
INSTRUMENTUM.

165 Sunt fateor,
quorum Avita stemmatum insignia
a Martia strenuitate degenerasse videntur.
Tuo Avito stemmati,
DUX MAGNANIME.
170 En quantam tribuit Martiam gloriam,
Infractus ille Orbis Poloni Athlas,
SIMON OKOLSKI![270]

A Ducibus Russiae (inquit ille) Wołhyniam gubernantibus
Pro maximis in bello et castris meritis
175 Kniaziis collata fuerunt.
Vere ipsa delineatio stemmatum
commonstrat
et fortes in bello,
et graves merito milites.

Orb(is) Polon(us) To(mus) 2. Fol(io) 510

180 Hic jam
ad tantae Lucis incendia
exigua meae Suadae Lumina
extinguuntur.

Venerabundi silentii occasio est,
185 dum ipsa Oracula
Tuis Virtutibus,
in debitum Laudis Homagium,
ANIMANTUR.
CERTE
190 Ne blandienti adulationis fuco,
Tuis auribus obstrepere viderer,
alienum Os Tibi in ENCOMIA
sistere placuit,
ut palam sit:
195 VIRTUTEM NON PLACENTIAE, SED VERONIAE NATAM,
ubique suas mereri Panegyres,
ubique maximo pretio
AESTIMARI.
QUANTUS SIS,
200 DUX MAXIME,
Magnitudinem Tuam,
vel inde metiri licet,
quod aemulationem ingrediaris cum ipso Caelo,
cum et illus a suo Athlante
205 et Tu ab Orbis Poloni Bajulo Okolski
TOLERERIS.

Ita scilicet
Iris nonnisi a sole effingitur,

Macedo nonnisi ab Homero laudatur,
210 Oceanus nonnisi ab Aquilonibus excitatur,
aurum nonnisi Lydio lapide exploratur,
MAXIMA VIRTUS nonnisi MAXIMO SCRIPTORE
CELEBRATUR.

Sed quid ego
215 TUAE VIRTUTIS Ornatibus
Aliunde decora expetam?
Quid vino generosissimo appendo hederam?
Quid serenum diei sudum facibus illustro?
Quid denique frustra
220 emendicatis aliunde suffragiis
innatam Vestrae Domui Amplitudinem
ornem aut onerem?

Patet luculenter
VIRTUTIS TUAE SUBLIMITAS
225 ad ipsam caliginis insciam,
INVICTISSIMORUM
INCLYTAE MOSCVAE
MONARCHARUM
SERENITATEM.
230 CERTE
nunquam tam clare
GENTILITII TUI PLANETAE
ROXOLANO HORISONTI
illuxisse poterant,
235 quam cum tam liberalem Luminis copiam
a SERENISSIMIS hic SOLIBUS
(nisi quod Occidentis sint ignari)
DERIVASSENT.

Nec Tu ipse evidentius unquam
240 Alta Aquilarum PROPAGO,
et dici, et esse poteras,
quam cum
Martiis addictum fulgoribus visum,

nullo vindicis radii nocumento,
245 plurimo spectantis emolumento
AD SERNISSIMOS HOS SOLES
DEFIXISSES.
Fortuna aliis est,
Reserata Monarcharum habere penetralia,
250 TIBI NATURA ESSE VIDETUR,
cum ad e⟨j⟩usmodi munera
cognatam Tuis Avitis Decoribus clavim
haereditario jure
AMPLECTARIS.

255 Dicam amplius:
aliis vix hospitem esse concessum est
in inviis Regum Penetralibus,
TIBI INQUILINUM.
NEC
260 Augusta solum Regis Poloniae Atria,
sed etiam
Ampla honorum fastigia
Tuo olim Avito clavis insigni
RESERABAS.

265 Plerique ex Aularum Serenitate,
infames contrahunt umbras,
UBI
omnia cum liceant,
non licet esse bonos.
270 ET
Improbitas tanti, probitas tam denique parvi
Penditur, ut Probrum pene sit esse probum.

Tibi Dispar Indoles est,
cum Regiam olim Serenitatem inhabitans,
275 nil nisi serenos Virtutum traxisti fulgores.

Ita semper
secura est etiam inter ipsa discrimina
VERA VIRTUS.

Ipso quoque sub cinere flamma vivit.
280 Ex favillis saepe magnae Lucis incendia
SURREXERUNT.
Gemma etiam in naufragio
Portum habet.
Nec alio passu etiam Tu,
285 DUX CONSTANTISSIME,
tam per lubrica Aulae limina,
quam per blanda insidiantis fortunae illicia, an mendacia
INCEDEBAS,
nisi gressu lapsus inscio,
290 planta Martio chalybe solidata
ita, ut
DUX VIDERERIS,
Antequam esses,
CUI
295 DUCALEM PURPURAM,
tum roseus verecundiae color,
tum Augustus Avorum Sanguis,
tum denique hostilis jugali cruor
Tyrio pulchrius Murice[271]
300 DECORAVIT.
Et haec est Tibi,
DUX GLORIOSISSIME,
sive ad honores,
sive ad Gloriam
305 ORBITA,
quam
sive Majoribus Tuis relictam invenisti,
sive Tuis Martiis facinoribus critam fecisti,
dicerem pressisti,
310 si cuipiam gravis in vita fores.
Honoribus aliis suam debent claritatem,
quia per honores inclaruerunt
TIBI HONOR
Quia a Te suum honorem derivavit
315 ET CLAVA DUCALIS,
plus ponderis a Tua manu accepit,

quam impressit,
nec turbet in Te Ducale Paludamentum,
cui deest erubescendi necessitas,
320 nisi rubuisse illi idem sit,
quod hostili sanguine
MADUISSE.

Ergo jam perge felix inoffenso Vestigio,
tum ad alta honorum Fastigia,
325 tum ad perennem gloriae immortalitatem.
Ipsa Tuis meritis Virtus Capitolina pandit,
ipsa Gentilitia Luna triumphalem praestat Virtutibus Arcum,
ipsa de⟨n⟩ique Avita syderum Lumina,
Martiae Tuae Strenuitati,
330 Pyras accendunt triumphales.

Sed ne ego etiam
absque debito Tuae Celsitudini compaream stipendio,
hoc Literale Amoris ac submissionis meae
Tuis Virtutubus erigo
235 MONUMENTUM.

FIGURE 21 A woodcut at the end of the *Echo*. BKUL, shelfmark P. XVII.614

Notes to *Echo głosu wołającego na puszczy*

1 *głosu wołającego na puszczy* – cf. "Jam głos wołającego na puszczy: Prostujcie drogę Pańską, jako powiedział Izajasz prorok." Jn 1.23 (BW). "I am the voice of one crying in the wilderness, make straight the way of the Lord, as said the prophet Esaias." Jn 1.23 (KJV).

2 *powinszowańiu ... Krzciciela* – the panegyric was presented to Mazepa on the annual feast of the baptism of Jesus by John the Baptist celebrated in the Orthodox Church on 6 January (the Julian calendar date). It was also the feast of John the Baptist, the patron of Hetman Mazepa (Ivan = John). In the 1690s Javors'kyj wrote several sermons to celebrate John the Baptist and Mazepa. One of them has almost the same title as *Echo*, cf. JAVOR.SERMONS, Sermon 2: *St. John the Baptist: Vox clamantis* (1693).

3 *Symeona* – Simeon (Симеон) was the name Javors'kyj was christened with. He took the name of Stefan when he became an Orthodox monk shortly after publication of the *Echo*. Cf. *Introduction*, p. 4.

4 *artium ... theologi* – a master of the arts and philosophy and alumnus of theology.

5 *przedwiecznego słowa* – i.e. Jesus. An allusion to the dogma of the divine preexistence of Jesus (cf. Jn 8.58).

6 J.M.H.W.I.C.P.M.Z. – Jan Mazepa Hetman Wojsk Ich Carskiego Prześwietnego Majestatu Zaporoskich ("Ivan Mazepa Hetman of the Zaporozhian Army of His Majesty the Tsar").

7 *Piękna ... panegirysta* – "The Holy Virgin is beautiful as the Moon, because a panegyrist calls her in such a manner". *Panegirista*—panegyrist, i.e. St. John Evangelist. A reference to the Woman of the Apocalypse. Cf. Apoc 12.1 and ARCT IV 53–54. Javors'kyj used this phrase again in ARCT VII 73.

8 *Jan święty ... marszałkuje* – a reference to Apoc 22.16: "Jam jest korzeń i naród Dawidów, gwiazda jasna i zaranna" (BW); "I am the root and the offspring of David, and the bright and morning star." (KJV). See JAVOR.SERMONS, Sermon 1, ff. 452–452v; Sermon 2, f. 854.

9 *Czy podobna* – if it is possible.

10 *facundo ore* – with eloquent mouth.

11 *obmutescere* – to break off.

12 *nieme Zacharyjusza usta* – a reference to the old priest Zechariah. He lost his voice when he did not believe the Archangel Gabriel that he and his wife Elizabeth could still have a son. He regained the power of speech after his son John the Baptist was born. Then, he composed a prophecy known as the *Song of Zechariah*. Cf. Lk 1.18–22, 57–79.

13 *insolita metamorphosi* – in an unusual metamorphosis.

14 *oracula* – prophecies, i.e. the *Song of Zechariah*.

15 do podobnego *prodromo gressu* stymulują zawodu – they stipulate an action similar to the prophet's deeds.
16 *ad IOANNEM in sui nominis etymo gratiam* – to Ioannes—the grace (in the etymology of his name). An allusion to the Hebrew etymology of the name Ioannes: "Yahweh is gracious". Javors'kyj hypercorrectly wrote *ethymon* instead of *etymon*.
17 *tres Gratias* – the three Graces.
18 *trzeba bẏ ... encomia* – it would be necessary to employ the three Graces in the panegyrics.
19 *De calamis ... fluunt* – "Great names come from great quill pens".
20 *emendicatis clarescere* nie chcą *luminibus* – they do not want to shine with broken lights.
21 *ad invidiam orbis* – causing the envy of the world.
22 *dotem* – gift, talent.
23 *maiora extinguunt lumina lumen* – greater lights put out the light.
24 *impiis ausibus* – with sacrilegious ventures.
25 *haereditario iure* – by law of heritage.
26 *stipendium* – remuneration.
27 *solem ... encomia* – he would take the sun from heaven, who would contest the well-deserved commendations for somebody's virtue.
28 *słusznie bym tego imię piołunowym wyraził na kupressie sokiem* – There are two possible interpretations of this fragment. 1. "I'd rather express/burn his name with wormwood sap into a cypress tree." In Antiquity the cypress was associated with grief after somebody's death. Thus, Javors'kyj would like to write an epitaph for a slanderer. 2. "I'd rather express/burn his name with acid into a copper plate." Javors'kyj makes an allusion to etching.
29 *Martiis nisibus* – through your military deeds.
30 *meritum ... commeatum* – well-deserved provision.
31 *venerabundi silentii* – of venerable silence.
32 *silent inter arma Musae* – In times of war, the arts (Muses) fall silent.
33 *memphickich kolosach* – monuments of Memphis. An allusion to the huge Egyptian monuments.
34 *ferrei styli* – with an iron stylus (a pen).
35 niby *vivis ... coloribus* – as if a vivid colour.
36 *Słusznie tam oratorios uchylić na stronę cothurnos* – it is right to shift the oratorios there to the side of cothurnos.
37 *capita* [*odkrojone*] *vindici ferro* – heads [cut out] with avenging iron.
38 *do powinnego ... capitolium* – to the well-deserved power.
39 *attollere* – to raise.
40 *exigua ... lumi⟨n⟩a* – little lights.
41 *herbowy Księżyc* – an allusion to Mazepa's coat of arms of Kurcz. Its elements were two Crescent Moons.

42 *ecclypses* – eclipses.

43 rodowita Luna – ancestral Moon.

44 *LATEO NON MINUOR* – I decrease but do not become smaller.

45 mamy jednak … *imaginem* – meaning: you are a serene image of the celestial body (= the Crescent Moon).

46 *stupent et venerantur* – they amaze and admire.

47 *seriem* – line.

48 *competentiori laude* – with more appropriate panegyric.

49 *recensere* i *celebrare* – to describe and celebrate.

50 *vulnera* – wounds.

51 *facunda … ora* – eloquent mouths.

52 *Tulliana eloquentiae flumina* – streams of Ciceronian eloquence.

53 *triumphales de sanguine messes* – triumphal crops from blood.

54 *Martia metamporphosi* – through a martial metamorphosis.

55 *pari felicitate et eventu* – with equal propitiousness and success.

56 *compendium* – summary.

57 *attonito oculo* – with an amazed eye.

58 *Non humilis … columbam* – "Inferior blood does not arise from the august blood, Phoenix does not give birth to a hawk and brave tigers do not breed a timid hare and eagles—a dove".

59 *nomina* – names.

60 *in signum rememorativum* – as a sign of remembrance.

61 *spectacula* – theatres.

62 *praeterlabentium annorum series* – the sequence of moving years.

63 *vetustas invidiosa* – envious passage of time.

64 nadęte *mortalitatis fastu statuas* – pompous statues scorning mortality.

65 *simulacra* – images.

66 *vivam* przodków *imaginem* – the real effigy of the ancestors.

67 *maiorum stirpem* – the descendant of ancestors.

68 *compe⟨n⟩diosam … epitomen* – a concise summary.

69 *veneremur* – we honour.

70 *felici experimento* – from our fortunate experience.

71 kiedy *Luna … nuntium agit* – when according to its nature the Moon is getting smaller, it heralds that it will expand later.

72 *census honoris* – an estimate of honour.

73 *augusto de sanguine sanguis* – blood from the honourable blood.

74 *ducalem byssum* – the princely "byssus".

75 *tanquam Tyriis depinxit coloribus* – painted as if with Tyrian colours. Tyrian colours—purple, in Antiquity a symbol of royal power.

76 *victoriosis passibus* – with victorious steps.

77 *meritorum ... efficacia* – efficiency of services.
78 *candidum candidato* dawszy *calculum* – after giving a clear result of voting to the candidate.
79 *reluctanti modestiae* – to the reluctant because of his modesty.
80 *merita* – achievements.
81 *najaśniejszych monarchów rosyjskich* – co-rulers Ivan V (1666–1696) and his half-brother Peter I. In fact, the decisive role was played by their sister Sofija Alekseevena who was the Regent.
82 *ultra vulgarem fortem* – above the common power.
83 *arrogantiae fastu* – by the haughtiness of arrogance.
84 *ad fastigium* – towards the peak (to get power).
85 *sub honorario onere* – under the burden of the honourable office.
86 *infamii lapsu succumbere* – to fall in the infamous collapse.
87 *virtus, honorum bajula* – virtue, that is the tutor (nunny) of honourable offices.
88 *fulcrum* – support.
89 *subsellia* – offices.
90 *opprobria* – insults.
91 *avidis obtutibus* – avaricious glances.
92 *nie wprzód avidis ... dodałeś rumieńcu* – meaning: your adversaries, who had prospects of taking power in the Hetmanate, saw you in the purple of the Hetman robe, only when you coloured it with the blood of the Ottomans.
93 *przyjąłeś in gubernium buławę* – you held dominion over the Hetmanate.
94 *ciężkim bułatem* – with a heavy sword.
95 *Martiis aestibus* – by martial fervours; by war.
96 *Twą jutrzenką ... przy chwalebnym kredensie uprzedziłeś Tytana* – the praiseworthy service of your Morning Star preceded the Sun. Meaning: the star from your coat of arms heralded your future successes.
97 *prodromus* – a forerunner.
98 *gressus* – a march.
99 *porywczej ad sublimia quaeque indoli* – for the nobility of each of your impulsive inclinations.
100 *In Martio pulvere* – in the dust of war.
101 *vestigia* – tracks.
102 *in hoc suppedaneo venerationis folio* – in this book of veneration put under your feet.
103 *audaci passi in atria* – with audacious steps enter into your palace.
104 *primo intuitu* – at first glance.
105 *ruborem incussit* – [the Morning Star] aroused my shame.
106 *nie z innych miar* – not because of other reasons.
107 *rudis meae Minervae tenuitas* – the tightness of my austere Minerva.

108 *nie mogła ad mensuram ascendere* – it could not reach the appropriate level.
109 *avitis maiorum Tuorum ceris* – with your grandfather's images.
110 *audaci licentia* – with bold licence.
111 *spectaculum* – performance, spectacle.
112 *conciliant gratiam* – they win favour.
113 *veneratione facundior quam verbis* – more eloquent with reverence than with words.
114 *infra dignitatem* – beneath dignity.
115 *alias* – or.
116 *KLUCZ HERBOWY alias JASIEŃCZYK* – Jasieńczyk's coat of arms represents a golden Key on a blue field. It was the coat of arms of Mazepa's mother, Maria Magdalena Mazepa neé Maryna Mokievs'ka (Марина Мокієвська, Mokievs'ka; ca. 1626–1707).
117 *Momus ... serca* – an allusion to Aesop's fable about *Momus*. He criticized the creations of gods, including man. Momus pointed out that man is an imperfect creation, because man's heart and thoughts were always hidden.
118 *przyszedł do tej szczęśliwości mety* – he came to a happy ending.
119 *monarsze ... schowała* – in his youth Mazepa used to be the page of the Polish King John II Casimir Vasa.
120 *Klucz od nichże* – i.e. the key to our hearts.
121 *vulgo* – known as.
122 *Sas* – the *Sas* coat of arms. It represented a gold Crescent, two Stars, and an Arrow on a blue field. It was also Jasins'kyj's coat of arms.
123 *zodyjak hebowy* – i.e. Stars represented in the *Sas* coat of arms.
124 *utarczkach* – as the Hetman, Mazepa supported the Russian army in the second Crimean campaign in 1687 during the Russo-Turkish War (1686–1700).
125 *turecką Lunę* – the Turkish Moon. The symbol of Islam was represented on the Ottoman banners.
126 *stanie w tym niebie za Pheba* – he will replace Phoebus (i.e. the Sun).
127 *Chyba to być makułą rzecze zazdrość żwawa* – the Latin ACI construction in the Polish sentence. In standard Polish: "Zazdrość żwawa rzecze, że to chyba jest makułą" ("The spry Envy says that this is the blot").
128 *Korczak* – the Korczak coat of arms represents three silver strips (Rivers) on a red field.
129 *Trzy rzeki tam przy Raju* – the Book of Genesis informs about the Four Rivers of Paradise: Gihon, Hiddekel (the Tigris), Pishon, and Phrath (the Euphrates), see Gn 2.10–14. To make the conceit, Javors'kyj refers to the *historyje* (Pol. "stories" or "histories") i.e. the popular historical works or the early modern romances. However, the known *historyje* speak about the Four Rivers. Cf. *Flumina Paradisi*, in: Okolski 1641a: 430–432.

130 *nie zdroży* – he/she will not be mistaken.

131 *Zakręt … zawiera* – meaning: there is a whirpool of the sea, that is called Scylla.

132 *Scyllą nieprzyjaciołów być namniej nie przeczy* – nobody would deny that the Three Rivers are dangerous for the enemies (of the country).

133 *w męstwie, w poradzie* – as the warriors and politicians.

134 *Runo Gedeona* – in the Old Testament Gideon put out the fleece and witnessed the sign of God. See: Jdg 6.36–40. In Catholicism the Gideon fleece is one of the names of the Holy Virgin and it is associated with victory. Javors'kyj makes an allusion to this meaning of the Gideon fleece.

135 *cnoty theologiczne* – in contemporary Pol. *cnoty teologalne* (theological virtues): Faith, Hope, and Charity. A reference to 1 Cor 13.

136 *Maryja … niezbrodzone morze* – Mary is an fathomless sea. In this wordplay Javors'kyj uses the resemblance of the Polish *Maria* (Mary) and *morze* (sea) and the Latin *Maria* (Mary) and *maria* (seas). Probably he borrowed this concept from the title of Lazar Baranovych's Polish epigram *MARIA A MARI, co od MORZA?* (Mary from the Sea. What Is from the Sea?). See Baranowicz 1671: Dd3r.–Ddv; Baranowicz 2004: 108. Javors'kyj later used this topos in his *Sermon for the feast of the protection of the Mother of God* from 1694. See JAVOR.SERMONS, p. 211.

137 *rzeki nad niebiosy* – cf. "And he showed me a pure river of water of life, clear as crystal, proceeding out of the throne of God and of the Lamb", Jn 21.1 (KJV).

138 *vulgo* – known as.

139 *Odrowąż* – the Odrowąż coat of arms represents a silver arrow pointing upwards with two ends divided and curved in two directions. The field of Odrowąż was red.

140 Inscriptions in the icon of the emblem:
Haec monstra donabit – "[It] will pardon these monsters".
Non plus ultra – "no more beyond".
Pulchra ut Luna ipsa conteret caput tuum – "Beautiful as the Moon itself will crush your head". Cf. Apoc 12.1–6 ("a woman clothed with the sun, and the moon under her feet", KJV); and ECHO VII 74.
Magna minus semper restinguunt lumina lumen – "Big lights always blot out the smaller ones".

141 *Septicipem … pavent* – "Hercules by hand once defeated the seven-headed Hydra, | Turkish monsters are scared of the Russian Alcides".

142 *thracki smoku* – i.e. the Ottoman Empire.

143 *Alcyda* – probably Javors'kyj's mistake: in Greek mythology *Medusa* was killed by *Perseus*, not Alcides (i.e. *Hercules*, who killed *Hydra*).

144 *Nie rozwodź w szczęściu rogów* – do not be too proud of your luck.

145 *fortuny igrzysko … nisko* – cf. a Polish proverb: "Takie jest fortuny igrzysko: raz wysadza wysoko, drugi zsadza nisko". NKPP, vol. 1, p. 571 (*Fortuna*, 13b).

146 *Częściej od Aquilonów … cedr* – Javors'kyj recycled a poetic picture from HERC V 1–10 here.

147 *I ty się chlub niebarzo* – and you do not be too proud of …

148 *bissurmańska siło* – the muslim force, i.e. the military power of the Ottomans.

149 *lunatycznego … blasku* – the shine of the moon (associated with Islam).

150 NON PLUS ULTRA – no more beyond. Cf. note 140, p. 150.

151 *Midzie* – Pol. gen. sing. from *Mida* (i.e. *Midas*).

152 *bazyliszku* – a venomous snake; cf. PLINY, *NH* 8.33.

153 *nie ujdą walety* – they do not escape farewell.

154 *Boć zwyczajnie … planety* – small celestial bodies will be outshined by the great lights.

155 *luną figuruje* – meaning: the Moon in the coat of arms also represents the Holy Virgin.

156 *starta szyja* – a reference to Apoc 12.1–6 ("a woman clothed with the sun, and the moon under her feet", KJV) and Gn 3.15 ("And I will put enmity between thee and the woman, and between thy seed and her seed; it shall bruise thy head, and thou shalt bruise his heel", KJV). Cf. ECHO I 2; ARCT IV 53–54.

157 *łeb thrackiego smoka* – the head of Sathan/a Muslim Turk.

158 *przedwiecznemu słońcu* – Jesus; cf. an expression in Catholic theology "przedwieczne Słowo" (the eternal Word), that means the eternal nature of Jesus.

159 *luna fatalnej nie wybiega nocy* – the moon does not escape the night (i.e. death).

160 *na krymskich … napadszy* – Javors'kyj presents the failure of the Russian-Cossack campaign against the Crimean Khanate in 1689 as a major military success. See introduction.

161 *impreza marsowej … skutek złoty* – "may the military action always be successful".

162 *najaśniejszych rządców* – i.e. the Regent Sofija Alexeevna and Peter I. See introduction, p. 4.

163 *Do palm* – a palm was a symbol of victory.

164 *to na wierzch wydaje* – let my quill express all this.

165 Inscriptions in the icon of the emblem:
Suis caelum hoc illustre Planetis. ("This is the glorious heaven for its Planets.")
Hoc fulmen hostes. ("This is a thunderbolt against enemies.")

166 *Dum tua … domum* – "As long as your coat of arms shines with celestial planets, | Nobody would deny that the heavens are your home". For an interpretation of this icon see: Kroll 2013; Kroll 2018: 212–213.

167 *nie pierwu* – not earlier (*nie wcześniej*); a rare example of Ruthenism (Ukrainism) in Javors'kyj's poetry.

168 *hutę Wulkana* – cf. ARCT VII 3.

169 *kamienia* – a touchstone.

170 *Któż piękniej … leje* – cf. "A jesli komu droga otwarta do nieba, | Tym, co służą ojczyźnie." KOCHANOWSKI, *Pieśni* II 12, 17–18.

171 *imię swe ryje* – with the blood of his enemies he carves his name.

172 *style* – Javors'kyj plays with two meanings of the word styl (Lat. *stilus*): 1. a burin used for writing (here a metal one); 2. a style of rhetoric. In 17th-century rhetorical theory several styles were distinguished, among them the panegyric style. Javors'kyj probably knew a manual by a Polish Jesuit Jan Kwiatkiewicz on this topic (KWIATKIEWICZ, *Phoenix*).

173 *cymmeryskie nocy* – according to the ancient scholar Ephorus of Cyme (4th century BC), the people called Cimmerians lived underground and only came out at night.

174 *a lub* – although (a chociaż).

175 *czasem niestępiały* – that was not blunted by time.

176 *wiek bułatowy* – the age of the sword, i.e. the Iron Age.

177 *na dokument samą rzeczą* – it is proved not only by words but by the facts.

178 *arabskiej minery* – Arabian substance, i.e. gold.

179 *Saturn zniewieściały* – in the Golden Age (the age of Saturn) there were no wars.

180 *Do zapomnienia nie mogą być łacni* – It is not easy to forget them.

181 *liniję* – bloodline.

182 *złote jabłko* – an allusion to the golden apples that grew in the garden of Hesperides.

183 *Orły, co swoim wzrokiem w słońca godzą, | Sowy nie rodzą* – cf. a Polish proverb: "Nie urodzi sowa sokoła" ("The owl will not give birth to a falcon"). NKPP, vol. 3, p. 269.

184 Inscriptions in the icon of the emblem:
Spiritus tuus bonus deducat me in terram rectam. Ps 142 (143).10 (Vulg.). ("Thy spirit is good; lead me into the land of uprightness"; KJV.)
Anchora spei—Fidei crux. ("Anchor of hope—cross of Faith.")
His Amor ignibus ardet. (The Love burns with these fires), cf. "Sed saevior ignibus Aetnae Fervens amor ardet habendi." BOETHIUS, *De consolatione* 2.5.25–26.
Haec Cynosura regit. ("Ursa Minor rules them.")
Hoc in Syrenes tutamen Ulissi. ("It is Ulysses' protection against Sirens.")
Conternit tuta procellas. ("The safety cuts through storms.")
Ipsam victam feriunt fluctus quatiunque charibdes. ("The waves hit and beat the defeated Charibdis herself.")

185 *Navigium ... erit* – "As long as Hope, Love and Faith steer your navigation, | Your ship will never sink again".

186 *Kolchów runo* – an allusion to the war against the Ottoman Empire. *Jazon* means here Mazepa, *Kolchowie*—the Ottomans.

187 *skołatanej łodzi* – an allusion to the topos of the state as a ship. Javros'kyj might have drawn this picture from the *Second Sejm Sermon* by the Jesuit Piotr Skarga (1597). Javors'kyj made notes on a copy of Skarga's sermons that he had in his library. Cf. Skarga 1843: 50–51.

188 *Theologiczne … cnoty* – theological virtues, i.e. Faith, Hope, and Charity (Love). Cf. 1 Cor 13.

189 *morskimi Trytony* – on the sea.

190 *Hetmańska-ć w domu buława dziedziczy* – you inherit the hetman's office because of the dignity of your family.

191 *nawa z lawru, nie z kupressu* – this ship was made with a bay tree and not from cypresses, i.e. it signifies glory not mourning.

192 *do złotego pędzi Chersonessu* – i.e. to the Crimea. Javors'kyj made an allusion to the ancient Greek colony in the south of the Crimea Peninsula.

193 *przy tak mądrym rządzie* – because it is wisely guided (by Mazepa).

194 *arabską minerą* – cf. ECHO VIII 71.

195 *śmiertelnej klatki* – cf. "the snares of death prevented me" 2 Sm 22.6 (KJV).

196 *ethezyje* – etesians, ethesiae, periodic winds.

197 *po latach nestorowych* – after a very long life.

198 *Jutrzence* – in Polish Jutrzenka can mean both the morning star and the break of dawn.

199 *Niechaj … Zwyczajnym trybem z blaskiem swym w przód chodzi* – "Let the morning star goes in her usual way". An allusion to astrology: a star that did not take its normal route was associated with a comet. It was considered to be a bad omen.

200 *zakręty* – tacks (in sailing).

201 Inscriptions in the icon of the emblem:
Luna triumphalem praestat victoribus arcum. ("The moon builds a triumphal arch.")
Praetium non vile laborum ("No mean reward for labours.")
Sic itur ad alta. ("Thus one goes to the sky.")
Fortitudine duce. ("Under the command of bravery.")

202 *Quam … rubet* – "How much the brave virtue climbed to the heights thanks to Mars! | How brightly reddens the purple coloured with blood!"

203 *Gaśnie … rubryki* – meaning: the glory of a leader fades away when it comes from gold, not the blood of the enemies of the country.

204 *nabył drogiemi kamieni* – purchased for precious stones.

205 *I tam, gdzie Arctos Aquilonem … pęta* – i.e. in the far north where the sea freezes over.

206 *dokument dość jawny* – you are the evidence (of Mazepa's virtues).

207 *strasznorycznych kartanów kurzawy* – the smoke of the loud and terrifying bombs.

208 *nie tak na wota … wrota* – you agreed to be the Hetman not because they convinced you but because they asked you.

209 *Tak to genijusz … ponęty* – someone's genius, admired by people, has a charm that attracts high offices like a magnet.

210 *Niech ambicyja ... czyni* – let ambition, the master of honours, help the audacious to get the offices.

211 *cerussa* – a cosmetic; white lead or cerse, a pigment made with a hydrate of lead with carbonate, used in cosmetics.

212 *Nie bez kredensu ... Bellony* – not without the company of Bellona.

213 Inscriptions in the icon of the emblem:
Sic non pudet ornari. ("It is not ashamed to decorate it like this.")
Soli nisi famula soli. ("To the Sun, unless the servant of the ground.")

214 *Quantus ... sequax* – "What an honour, o, the great commander! The Sun itself is the shine for one of your planets, or the follower for the other".

215 *W tym pokazuje ... Helice* – a complex conceit: because the moon reflects sunlight, the light of the sun also embellishes the Ursa Major (Helice), i.e. the symbols on Mazepa's coat of arms are accompanied by sunshine.

216 *Polskiemu słońcu gdy marszałkowała* – an allusion to Mazepa's service in Poland.

217 *wysokie honory ... Królewskie na cię zlały gabinety* – in the 1650s Mazepa was a page of the Polish King John II Casimir Vasa. The King sent him to study in the Netherlands. After his return in 1659–1663 he was in the diplomatic service of the King.

218 *Hojnie zlewali polscy monarchowie* – in the 16th century Polish Kings granted Mazepa's ancestors privileges for their services. King Sigismund II Augustus gave Mikołaj Mazepa-Kołodyński (the great-grandfather of the Hetman) the village of Mazepyntsi in the Kyiv Voivodeship.

219 *Od monarchy Trzeciego Władysława* – Javors'kyj claims that the Mazepas got their estates from the Polish King Władysław III Jagiellon (1424–1444). However, it is also possible that Javor'skyj wrote 'Trzeciego' (the Third) by mistake instead of 'Czwartego' (the Fourth). In this case, the sentence would mean that Mazepa's father received favours from King Władysław IV Vasa (1595–1648).

220 *Cynthyja* – the Moon.

221 *liepiej* – an example of the influence of Ukrainian pronunciation on Polish orthography. In standard Polish it would be *lepiej*.

222 *Niech do marsowych ... Roxolanie* – let the Ruthenians have the zeal for war, encouraged by the fire of your planets.

223 *w ... marsowej potrzebie* – in the war.

224 *Krymskie Harpije* – the Tatars.

225 *thrackie Meduzy* – the Ottomans.

226 *Orłowi ... wrażał kluzy* – let him put the Ottomans and Tatars in prison in the talons of the Russian Eagle.

227 The inscription in the icon of the emblem:
Nunquam incomitata micat – "It never sparks without company".

228 *Sydereis ... socias* – "The Moon is surrounded by attendant stars in the sky, | but your Moon attracts virtues".

229 *samego Tytana przechodzi* – she exceeds the Sun.
230 *cnotom ... moralnym* – theological virtues. Cf. ECHO V 6, 2.
231 *bez przysady* – without any exaggeration.
232 *parnaskiej skały* – Cf. "Ujźrzy Symicha, młodego Symicha, | A on, gdzie skała Parnaska wypycha | Wody szemrzące, na głośnej cytarze | Pieśni wygrawa." ZIMOROWIC, *Sielanki* V 155–158.
233 *tam gdzie płyną Tullijusza fale* – at the humanistic colleges in which Mazepa studied (Kyiv, Warsaw).
234 *Lwa poznać łatwo zwyczajnie z pazura* – a Polish proverb translated from Latin: "ex ungue leonem".
235 *Ciebie ... natura* – nature also presented you in such a way, that ...
236 *sublunarne ... Tryjony* – literally: Ursa Major under the moon (i.e. on Earth).
237 *takimże ... rosłeś modeluszem* – you followed this model.
238 *W mohyleańskiej palestrze* – in the Kyiv-Mohyla College.
239 *zdałeś się być młody* – Javors'kyj uses a topos of *puer-senex* (boy-old man), cf. Curtius 1984, 98–101.
240 *W ten czas na koncert ... Cnota i pilność* – at that time, your virtue and diligence competed with each other.
241 *krasomowskie Tullijusza rostra* – rhetorical rostrum of Cicero.
242 *Poznać i teraz z attyckiej wymowy ... palestrze* – in the registers of the Kyiv-Mohyla College there are entries recalling the rhetorical successes of Mohyla when he was a student.
243 *Księżyc ... do chwalnej szedł mety* – your Moon went to the glorious goal. An allusion to Mazepa's coat of arms.
244 *koncerz* – a long thrusting sword used by the 17th-century cavalry (hussars).
245 *szable ... i puklerze* – Javors'kyj composed a poetic panoply here, which was often a fragment of occasional architecture (e.g. the triumphal arches).
246 *Schylają do nóg* – "they bow to the feet of Helice". The bow mentioned here is typical for the Orthodox Church (the bow to an icon or a priest).
247 *Saturna ... twarz nadder pochmurna* – Saturn-Kronos was associated with the Golden Age but also with melancholy.
248 *Skąd się kryć musi Saturn nieużyty* – sense: because Mazepa's Moon is always joyful, the obdurate Saturn must hide.
249 *szczęśliwości | Milczeć nie mogę* – "I cannot be silent about your happiness".
250 *za twoim planetą* – until the 19th century the Polish noun planet (*planeta*) was masculine (now it is feminine).
251 *Io* – an exclamation of the triumph often used in ancient poetry. The exclamation was also a motif in Pylyp Orlyk's *Alcides Rossyjski*: "Io Pean! Io Victor! Io triumphe!" Cf. ORLYK, *Alcides* O2v.
252 *muzyki* – this long fragment (lines 133–158) is probably an allusion to a musical ensemble and the high status of music and dance at Mazepa's court.

253 *nie to muzyka* – "nie jest to ta muzyka" ("it is not this music, that …").
254 *w neptunowej stronie* – i.e. in the sea.
255 SŁOWO – an allusion to the Feast of Jordan and to Jn 1.1: "In the beginning was the Word, and the Word was with God, and the Word was God" (KJV).
256 *Phaeba* – the sunshine.
257 *doroczną koleją* – each year.
258 *momenta … na swych obrotnych sferach* – movements of the celestial bodies in the sky.
259 *na lotnym kołowrocie* – in the sky. An allusion to the mechanism of the spherical astrolabe.
260 *objaśnia dole* – Javors'kyj wishes the Hetman that his horoscope is also a prediction for the fates of Russia (the Hetmanate).
261 *Hypokreny … weny* – cf. "Bowiemeś w tym mistrz i wiesz, skąd te weny | Niebieskie płyną—znając się sam na tym. | Wiesz, gdzie Parnasy, wiesz gdzie Hipokreny …", Twardowski 1926: 3–4, lines 9–11. Cf. Arctos XIII 78.
262 *Niech idą w zawód albo paragony* – let them compete with each other.
263 *z niebieskiej altany* – from the Heavens.
264 *z panów panie* – the lord, a descendant of the lords.
265 *defect* – i.e. an imperfect panegyric by Javors'kyj.
266 *ANACEPHALEOSIS* – a Latin transcription of the Greek term ἀνακεφαλααίωσις (summary).
267 *Macedone et Amurate* – i.e. Macedonis = the Macedonian Kings Philip II or Alexander III the Great; Amurat = Murad, probably one of the famous Ottoman sultans of that name: Murad.
268 *Scipiade* – Scipiades = Scipio Africanus.
269 *Bysantinus Regnorum Helluo* – cf. paraphrase of the Mt 11.8 and Mk 6.20 by Vincenzo Riccardi: "[Q]uid agis Ioannes? Regem arguis? Principi tristia narras, narro. Nec times, nec timet, *venit* enim *non manducans, neque bibens*, immo **Herodes helluo** *metuabat Ioannem*". Riccardi 1620: 16.
270 *Okolski* – in his famous heraldic work *Orbis Poloni* (Cracow 1641–1643), Szymon Okolski (1580–1653) made a note about Mazepa's *Kurcz* coat of arms, cf. Okolski 1641: 510–511. However, he did not mention the Mazepas by name.
271 *Murice* – Tyrian purple produced by sea snails from the Muricidae family, originally (already in ancient Rome) known by the name Murex.

3

Arctos caeli Rossiaci (1690)

∵

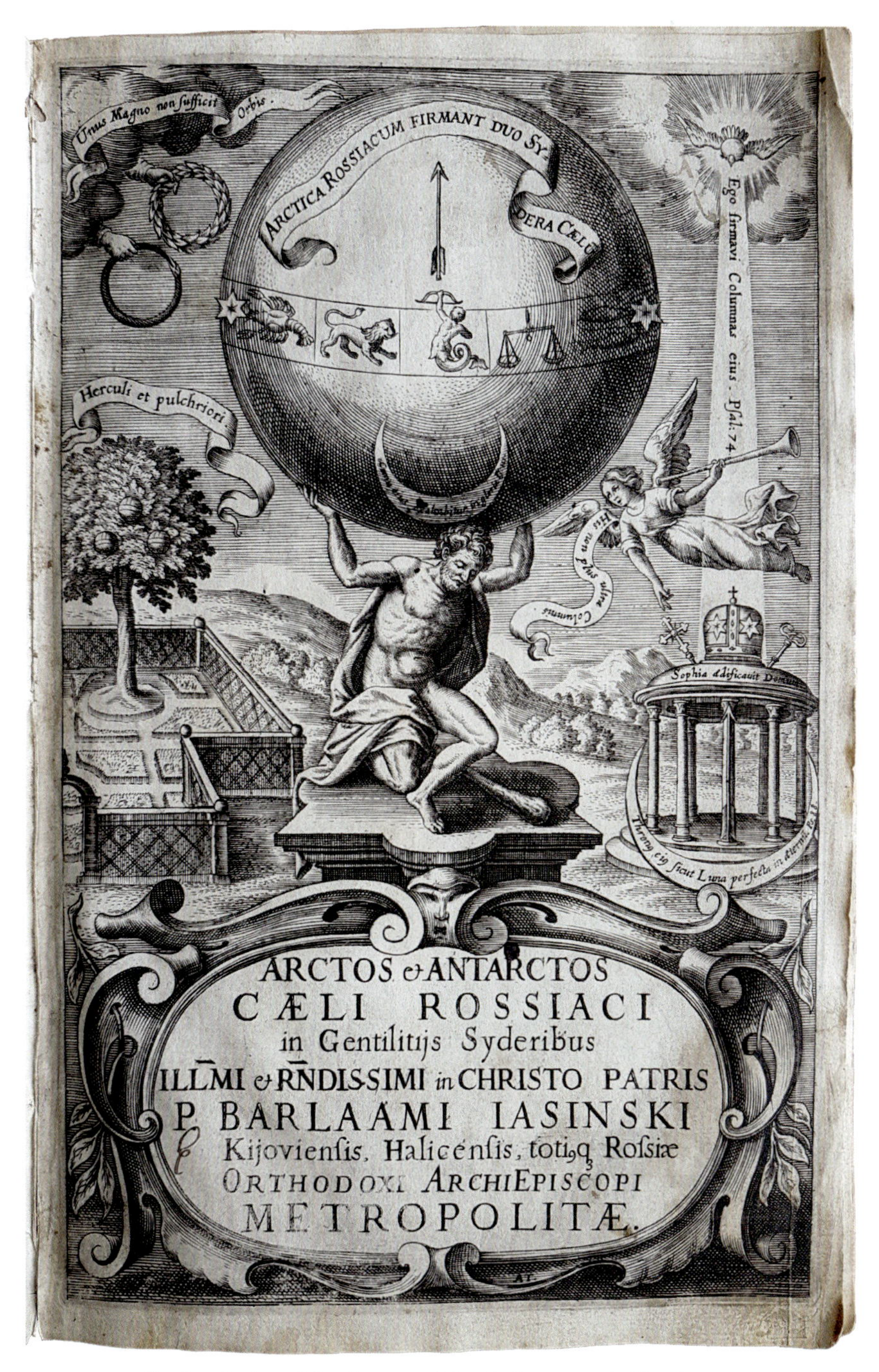

FIGURE 22 The frontispiece of the *Arctos caeli Rossiaci*. KDNBK, shelfmark 529577
PHOTO J. NIEDŹWIEDŹ

ARCTOS
CÆLI ROSSIACI,
IN GENTILITIIS SYDERIBVS
ILLVSTRISSIMI AC REVERENDISSIMI PATRIS.
P: BARLAAMI IASINSKI,
Primùm emeritissimi Rectoris Collegij KijouoMohilæani,
dein dignissimi Præsidis Cænobij S: Nicolai Pustyño Kijouiẽ:
tandẽ celeberrimi Archimãdritæ S: Lauræ Kijouo Pieczariẽsis,
ad extremùm cõcordi omniũ suffragio, totiusq; Rossiæ plausu,
KIIOVIENSIS HALICENSIS &c:
ORTHODOXI
ARCHIEPISCOPI
METROPOLITÆ.
Ad auspicatissimũ eius, solenniq; apotheosi celebratũ ingressũ,
in CATHEDRAM METROPOLITANã KIIOVIENSẽ,
intra communem Orbis Roxolani lætitiam,
Sereno vultu
RESPLENDENS.
Applaudente sibi suâ alumna Pallade KijouoMohilæanâ, nec non hæbeti calamo,
sui deuinctissimi Clientis Stephani Iaworski AA: LL: & Ph: M:

Anno Orbis increato Lumine illustrati 1690.

FIGURE 23 The title page of the *Arctos caeli Rossiaci*. BUW, shelfmark 28.20.3.207
PHOTO J. NIEDŹWIEDŹ

ARCTOS[1]

CAELI ROSSIACI

IN GENTILITIIS SYDERIBUS

ILLUSTRISSIMI AC REVERENDISSIMI PATRIS

P[ATRIS] BARLAAMI IASINSKI

Primum emeritissimi Rectoris Collegii Kijovo-Mohilaeani,
dein dignissimi Praesidis Caenobii S[ancti] Nicolai Pustynno-Kijoviensis,
tandem celeberrimi Archimandritae S[ancti] Laurae Kijovo-Pieczariensis,
ad extremum concordi omnium suffragio, totiusque Rossiae plausu

KIIOVIENSIS, HALICENSIS et c[etera]

ORTHODOXI

ARCHIEPISCOPI

METROPOLITAE.

Ad auspicatissimum eius solennique apotheosi celebratum
ingressum
in CATHEDRAM METROPOLITANAM KIIOVIENSEM
intra communem Orbis Roxolani laetitiam,
sereno vultu

RESPLENDENS.

Applaudente sibi sua alumna Pallade Kijovo-Mohilaeana nec non
haebeti calamo
sui devictissimi clientis Stephani Iaworski a[rtium] l[iberalium] et
ph[ilosophiae] m[agistri]
anno orbis increato lumine illustrati 1690.

[1.]

FIGURE 24 The coat of arms of Barlaam Jasyns'kyj. BUW, shelf-mark 28.20.3.207
PHOTO J. NIEDŹWIEDŹ

Syderibus, Vir summe, Tuis est patria Olympus
 Atque Tuam Lunam vastus Olympus habet;
Quid, quod et alta Sagitta illuc quoque cuspide tendit?
 Summum nempe Virum stemmata summa probant
5 Dumque Tuum vehitur per tam sublimia stemma,
 Quid mirum quod Te Fama per astra ferat?
Scanda per alta pede innocuo fastigia, Praesul,
 Cumque Tuis astris vectus in astra ruas.

[II.]

ILLUSTRISSIMO
AC
REVERENDISSIMO
IN CHRISTO PATRI, PATRI
BARLAAMO
IASINSKI,
KIOVIENSI, HALICENSI ET C[ETERA]
METROPOLITAE,
DOMINO, PASTORI, PATRONO, MECAENATIQUE
SUO MUNIFCENTISSIMO,

diuturnam incolumitatem et perennem felicitatem.

[1.] Primo dicendi in limine ingens mihi Tuarum Laudum aperitur Oceanus, ARCHIPRAESUL ILLUSTRISSIME. Absterret mentem haec abyssus, quae solos nonnisi praestolatur Daedalos eruditis pennis bene plumatos, ut tantam absque naufragio vastitatem metiantur. Typhis aut Iasonis artem bene calleat Argonauticam, qusquis immensum Tuarum Laudum nititur enavigare Pelagus. Remota est Tua, Archipraesul Illustrissime, verencundia, quae remis oratoriis, nigro innatantibus aequori, frena iniicit, expensa componit carbasa et quasi anchoram figit silentium indictura. Parendumne igitur, an contra flantem Tuae Modestiae Aeolum velis remisque luctandum? Scio equidem Tuae verecundiae genium esse mereri magis Laudes, quam audire, et laudanda potius patrare, quam patrata laudari malle, nec secus virtutes occultare, quam gemmas lapidesque pretiosos maris abscondunt viscera. Spectandum tamen est virtutis debitum, cui certe iniuria foret, si stipendiarium sibi detraheretur Laudis vectigal, ut enim Caelis solem, soli lucem, luci umbram, sic virtuti arcto faedere annexam sociam Laudem, temerariis abripere ausibus esset violentum.

[2.] Serviendum praeterea posteritati, serviendum consuetudini ac denique serviendum communi totius Orbis Roxolani et vel maxime nostrae, an potius Tuae Palladis Leatitiae, quae ut suapte natura diserta est, ita celebrem plaudendi materiem nequit praetergredi, quin amplas verborum encyclopaedias, tanquam disertas amoris testes, in publicam evolvat scenam. Nec certe silere de illo fas est, qui loqui dedit et linguam, rudem alias ac informem massam, scintillanti amoris camino aureisque malleis in vocale suarum laudum transformavit instrumentum, ac veluti mutum Memnonis simulacrum,[2] non tam suorum Planetarum ignibus, quam munificis auri nitoribus in sonos animavit.

[3.] Certe si Romani olim Academici suam in Mecaenates testati gratitudinem, nubem depinxerant e mari sublatuam, eamque rorantem ac dulci aqua, quae ante fuerat amarior, in suum mare redeuntem, addita nota Academica: *Redit agmine dulci*,[3] cur etiam mihi iisdem gratitudinis vestigiis insistere non liceat? Ac veluti nubi a Te meo plusquam gemmeo Gange sublatae iterum in Te meam Originem dulciori Eloquentiae meatu influere? Audebo itaque ac immenso Tuarum Laudum Pelago, etiam contra flantem Tuae verecundiae Boream, rudem alias aequoreisque inassuetam fluctibus committam eloquentiae classem. Nec sinuosos verebor undarum Maeandros, ubi praelustris Tuorum Planetarum mihi praelucet Arctos, ad quam tremulum calamum ceu magneticam dirigam acum. Quodsi audax penna Icareo temeritatis ausu justam promeruerit Nemesim, libens paenam ex⟨a⟩equar ac felicior Icarus totus Laudum Tuarum immergar Oceano. Placet sic naufragum fieri vel in ipsis Syrtibus[4] promontorium habituro.

[4.] Ne tamen etiam in Modestiam Tuam sim crudelis, vide quid Tuae tribuam verecundiae: silebo[5] primam ad omnis honestatis amussim exactam juventutem, quae veluti aurora futurae serenitatis erat praenuntia. Tacebo studiis oneratos an ornatos adolescentiae annos, praeteribo Sapientiae sublimitatem, Tuorum Planetarum aemulam, sinam reliquam non tam temporibus quam virtutibus distinctam aetatem, non commemorabo tot tantorumque honorum celsitudinem Tuis virtutibus exaequatam, non ambitiose possessam, digne oblatam, dignius gestam, quae non tam Tibi largitur, quam a Te sortitur ornamentum. Transibo niveos illos mores, quorum liliata canities indicium et testis est, non producam in scenam venerandam illam vultus Majestatem et omnem, quam in Catone[6] olim suspexit antiquitas, symmetriae gravitatem orisque dignitatem. Non hic licentiosis ausibus turbabo religionem, hoc est omnis in Te pietatis Ideam, non exactam illam actionum regulam, prudentiam, non sollicitum Honoris Divini zelum, non facilitatem omnibus accessibilem, non animi submissionem, orbi in tanta Majestate admirandam. Omnia enim haec sua augusta amplitudine, meae paginae excedunt angustias. Caelo se gloria tollit. Virtutibus pagina caelum est, theatrum orbis, encomiastes aeternitas.

[5.] Atque haec ego omnia gravate praetergrediar Tuaeque consultaturus Modestiae, reliogioso silentio tanta venerabor ornamenta, Harpocrati similior quam Tullio.[7] Alia mihi materies Oratorios suggerit enthusiasmos, nimirum nullo fuco decolor mea in Te fides, nulla sophismatum tinctura limatus candor, nullo denique hypocrisis stigmate notata sinceritas, cuius amplam hyperbolen ne tota quidem ars rhetorica valet adaequare. Leviter enim amat, cuius amor potest circumscribi. Et hoc ego philanthropium hac rudi pagella exaratum, plaudentium multitudini associatus, ante Tuam venerabundus defero Majestatem. Exiguum fateor, sed quid?

Flumina parva vides parvis de fontibus orta.[8]

[6.] Tagus aureas arenas fundit.[9] Erythreum Pelagus uniones vomit, Arabica tellus fert lapillos, poeticam venam nonnisi Pagaseus eructat Caballus. Ast a turbido fonte quid sperandum, nisi haec faecibus permista scatebra? Aurei Hesperidum Horti auream ferant sobolem, Daedalei Labyrinthi cydonia producant mala, e sterili autem rubo quod expectandum, nisi gustibus ingrata labrusca? Imo platanus nullis beata fructibus, si alicubi, hic certe solemnem illam suae sterilitatis sibi vendicat tesseram: *Nil praeter umbram habet.*[10] Non respues tamen etiam vile philtrum, Mecaenas Illustrissime,

Muliplicant doni pretium donantis amores,
Affectumque simul, res data dantis habet.

[7.] Etiam haec obtutibus indigna apparebit atomos, postquam Solares Tuae Clementiae radios offunderis; neque nox haec nigro depicta atramento infamem patietur repulsam, si Tua Luna atque Sydera solitam vultus amaenitatem demonstrabunt.

TUAE ILLUSTRISSIMAE CELSITUDINI,
DOMINO, PASTORI, PATRONO, PATRI,
MECAENATIQUE SUO CLEMENTISSIMO.
Pedisequus cliens ac mancipium
Stephanus Jaworski.

[III.]

[1.] ARCTOS

AVITORUM ILLUSTRISSIMI
ARCHIPASTORIS SYDERUM,
AD quam
MAGNETICUS SCIPIONIS METROPOLITANI
INDEX
Mira quadam Sympathia, in Electione connitebatur.
EPIGRAPHE
IMMOBILIS AD IMMOBILE LUMEN.[11]

[2.] Huc adesto individua Kijoviensium rupium habitatrix Echo,
Tecum ego hodie in Scenam prodeo. *Eo*.
Taceat mendax veritatis nuntius, livor,
Solam ego Te in testimonium huc appello veridicam. *Dicam*.
5 Dic sane totique narra posteritati,
Quod soli Virtuti pateat ad honores feliciter *iter*.
At ambitionem ac desidiam quaenam expectant fastigia? *Stygia*.

DIC OBSECRO VERIDICA ECHO,

Non ne Divinum Opus est,
10 ex dignissimo Antistete Pieczariensi,
omnium votis, assensu plausuque electus Metropolita? *Ita*.
Non ne Polo placuit, ut ei conferretur Metropolis? *Polis,*
POLIS CERTE PLACUIT.
Concors enim vox eligentis populi, cuius nam est fidei? *Dei*?

15 Ipsa dies Electioni destinata, Divo Iustino sacra,
quid nisi justum Electionis opus personat? *Sonat*.
Quid enim erat tessera illius diei, magnum Iustini[12] nomen? *Omen*.
Omen certe fuerat justae Electionis – Iustini nomen
et prima Iunii die – quis nam debuerat eligi primus? *Imus*.
20 Recte respondes, Veridica Echo,
Aeternae enim Veritatis prepositio est:
qui futurus est dignitate primus, debet esse submissione imus.
At qualis est hac in parte noster Praesul Ilustrissimus? *Imus*.

Dic identidem Loquax Dialogiasta Echo,
25 quem illa Electionis dies caelitus implorabat
per suum Divum Iustinum Philosophum? *Sophum.*[13]
Sophum certe implorabat fascibus viduatae Sophiae,
ut par pari gauderet, *auderet.*
Gemit enim honorarius scipio, si indignis manibus tangitur, *angitur*,
30 et non firmatis Sapientia humeris,
quid, quaeso, est Thronus? *Onus.*

SED

quae tunc Eligentium vox strepuit,
dum fasces vidui reluctati conferebantur Barlaamo? *Amo.*
35 Quis protunc in se aperuerat
oculos atque ora Electorum plusquam mille? *Ille.*
Cur eum uno populus ore Archipraesulem clamabat? *Amabat.*
Sic semper Virtutem honores hamant, *amant*
unicum honoris illicium est Virtus,
40 nec affectus tantum, sed etiam suffragia et calculos trahit
Animus magnus – *magnes*,
ut palam sit,
quod electorum arbitria ad nutum Virtuti inclinentur,
et omnis Virtuti manus et affectus militat. *Litat.*

45 SED DII BONI!

Quanta protunc lucta eligentium et electi intercesserat! *Erat.*
O quam pulchrum erat spectaculum,
ubi Honor[14] et Modestia certamen inivere! *Vere!*
Quam speciosum agonium,
50 ubi fugientis erat comes Honor individuus! *Viduus.*

Vide tamen, quanta Modestiae vis erat,
ut cum integro exercitu Rossiaco[15]
pro collato sibi luctaretur honore *Ore.*

Facilius certe erat eligenti exercitui
55 Crimensem paulo ante vincere Camillum,[16] *quam illum.*

Difficilius ei Archipraesulea imponebatur vitia,
quam hosti eripiebatur vita: *ita*

nec tam difficile erat flectere olim monstrum Crimense, *ense*,
quam contumacem illius mentem precibus devotis, *votis*.

60 Totam suam votorum seriem pertinaci nisu devolvebat
in Czernihoviensem Antistitem[17] magnum, *Agnum*.
Agnum certe re et nomine,
ne scilicet amisso vellere Gedeonico,[18]
abque tanto Agno Rossiacum esset Ovile *vile*.

65 Vicit tamen in hac lucta Elector Rossiacus Exercitus *Citus*,
cui solemne est tam hostilem ferociam morti,
qua reluctantem Modestiam, praesuleae mancipare *arae*.

Itaque
post diuturnam luctam Modestia triumphata
70 aureisque honoris revincta catenis,
invito tandem pede stetit in fastigio. *Io*
Io triumphe! Vicit Honor Modestiam
Archipraesuli daturus lauream! *Auream*.

Tu vero Laconica Mima Echo,[19]
75 quid sentis de tanta Archipastoris Modestia,
qua omnium affectus congregat? *Regat*.

Ergo jam, Archipraesul Illustrissime,
Incipe faustum regimen Tuo dignissimum grege: *rege*!
Sustine indefessis humeris, Hercules gloriosissime,
80 honorariae pondus catenae, *tene*!

Nos vero, Loquacissima Echo,
quid diutius importunis verbis obstrepimus? *Repimus*.
Quid tantos a nobis elicit clamores? *Amores*.
Amores certe, nullibi enim nisi in illo
85 metam invenit telum amoris missile. *Sile*.

[IV.]

ARCTOS
HERBOWYCH PLANET,
która
Nie tylko rosski horyzont oświeca,
Lecz i miłości ku Bogu skrę wznieca.

Epigraphe:
LUCET ET ACCENDIT.[20]

Bądźe już łaskaw, cny Heperijonie,
Co świetnym glansem polerując skronie,
Alabastrową po niebie karetę
Poczwórno pędzisz. Dajemyć waletę.
5 Rączym obrotem ty, która w lektyce
Glancowne światu prezentujesz lice,
Luno srebrzysta[21] w górnym gabinecie
Już cię żegnamy przy krótkiej walecie.
Arktyczne gwiazdy, które na północy
10 W swej ogniorodnej jaśniejąc karocy,
Athlanta mocą strzymujecie nieba,
Bądźcie łaskawe, już nam was mniej trzeba.
Miłym świecący koralem Phosphorze,[22]
Co złotowłosym Phaebem w jednej sforze[23]
15 Jaśniejesz pięknie i ty, cny Boocie
W glancownym dosyć polorowny złocie,
Aspektów pełne ślicznych nieb kagańce,
Co w krąg po sferach odprawując tańce,[24]
Świecicie pięknie w górnym arsenale,
20 Miejcie się dobrze, wam dajemy *Vale*![25]
Już bądźcie z Bogiem. I wy, co z natury
Światło wzniecacie żaglom, Cynozury,[26]
Nam już promieni waszych mniej potrzeba,
Już nasze światłem inszym świecą nieba.
25 Świecą rossyjskie nieba, o jak cudnie!
Właśnie jak jasne pięknych dni południe,
Kiedy im ARCTOS cnego Infułata
Złotym promieniem godziny przeplata.

Już tu bezchmurne gaśniecie splendory
30 Złotymi Phaeba wzniecone kędziory.
Mało masz ceny, piękny Oryjonie,
Oto herbowy Księżyc[27] swoje skronie
Ethezyjami[28] uwieńczywszy mile
Złote Rossyjej naszej wzniecа chwile.
35 To pewna, że ta Cynthyja tak jaśnie
Nasz oświecając horyzont nie zgaśnie.
Rzęsisty bowiem promień na nią płynie
Od najaśniejszej świata monarchinie.[29]
O niesłychana na świecie fortuno,
40 W której herbowa obfitujesz, Luno,
Pod panieńskiemi rezydując stopy,[30]
Co są jaśniejsze stokroć nad pyropy!
Ostre już twoje teraz w pełni rogi,
Gdy przy nich świecą przenajświętsze nogi,
45 Lichych nie znajdzie makuł nikt na twarzy,
Gdzie się słoneczny promień pięknie żarzy.
Już ni uszczerbku, ni się bój zaćmienia,
Mając na wstręcie glans tego promienia.[31]
Tudzież i wy, Gwiazd herbowych pochodnie,
50 Co na rossyjskich niebiosach pogodnie
Arktycznym pięknie toczycie się kołem,[32]
O, jak pogodnym nam świecicie czołem,
Kiedy w uwitej z pięknych gwiazd koronie
Przeczystej PANNY otaczacie skronie.[33]
55 Już tedy obacz, cne rossyjskie plemię,
Co to za światło twą oświeca ziemię.
Już z Morpheusza wzrok wydarszy ckliwy
Do prawdozrocznej rzuć się perspekt⟨y⟩wy.
Obaczysz pewnie, że te luminarze
60 Żadnej nie mogą podlegać przywarze,
W tak pięknym Czystej PANNY świecąc znaku
Na roxolańskim świętym zodyjaku.
Szczęśliwemiście nieb rossyjskich sfery
Takiej nabywszy od tych Planet[34] cery,
65 Którym słoneczne MARYJEJ bisiory
Niezgasłe nigdy wzniecają polory.
Io! Triumfuj roxolański świecie!
Już cię okropna noc nigdy nie zgniecie,

Hojne gdy Planet tak świetnych promienie
70 Smutne od ciebie rozpędzają cienie.
Ani cię mogą zuchwałej Lachezy
Niepowściągliwe potłumić imprezy,
Licha albowiem noc śmiertelnych piasków
Jasnych MARYJEJ nie ogarnie blasków.
75 Insze światełka choć piękny glans krasi,
Cóż, gdy je prędko lada chmura zgasi.
Chwalebne jednak naszych nieb Planety
Tej niefortunnej nie znają mutety,
Kiedy niebieskich świateł Monarchini
80 Blask im niezmierzchły blisko siebie czyni.
Jaśniejcie przeto, roxolańskie nieba,
Tego wam światła dawno było trzeba.

[v.]

[1.] Ciekawa przezornych obserwantów *sagacitas*[35] niestępiałą w światowe luminarze zapatrzywszy się źrzenicą, nie już *per tubum opticum*,[36] ale przez samą *veritatis indagatricem experientiam*[37] tego dochodzi, że nie wszystko to złotą ceną słynie, co się wydatnym w oczach ludzskich zaleca glansem:

> Non bene, quod rutilat fulgore, probabitur aurum,
> Nec vera est pretii nuntia flamma micans.[38]

Dociekł tejże prawdy *non levi rudimento*[39] i polityczny jeden experient, który wszytkie te sublunarne *lumina linceis*[40] przenikn⟨ą⟩wszy *oculis*,[41] a *qualitates*[42] onych dobrze *ad Lydium veritatis lapidem*[43] doświadczywszy, taką zacności onych próbę *Delphico verius oraculo*[44] zeznawa:

> Non omnis lux optimae naturae index est, nam et ligna putrida lumen aliquod sub noctem solent fundere et in stellionibus sub stellarum luce tanta lues.[45]

[2.] Jakoż i przyznać, że *lucis et coloris fallit imago*.[46] Nie jednemu Ikarowi *fulgor mollit odoratas pennarum vincula ceras*,[47] tak że całym morzem, ledwie nieszczęścia swego *labem eluere* i *deplorare*[48] może. Niejeden *cum papilione*[49] do klarownej pochodni wysokolotne przypaliwszy skr⟨z⟩ydła, *gravi gemitu*[50] na swoją niedolę owe zawołać musi *epiphonema*: *Heu species praeclara fefellit*.[51] Nie padły nigdy, ani paść mogą, choćby od samego żółcią lub jadem napojonego języka takie *scommata*[52] na Prześwietne Świątobliwości Waszej luminarze.

[3.] Nie tak tu bowiem herbowe jaśnieją phaenomena, aby od wypogodzonego onych promienia w niefortunnej jaki *Icarus* miał się chłodzić kąpieli, ani tak południowym świat rossyjski klarem *exhilarant*,[53] aby onych *species praeclara fallere*[54] miała. W inszych nieba pochodniach jakieś makuły ciekawa upatruje *mathesis*,[55] tu jednak pierwiej przytępi *vindici radio*[56] zazdrościwe Zoilus oko, a niżeliby ciemnofałeczną perspectywą jakie miał dojrzeć limatury, tam gdzie słoneczny przenajdostojniejszej Matki Bożej paludament żadnym i pierworodnej podniety nieprzykopcony dymem na ulubiony swój podnóżek herbowy Świątobliwości Waszej Księżyc i na błyszczące Korony swej adamanty rodowite Świątobliwości Waszej *Sydera*[57] niezmierzchłe nigdy *uberi copia*[58] przesyła polory.

[4.] Światowej to tylko polityki praktyka *fumosas maiorum* liczyć *imagines*[59] jakoby inaczej zapalone *avorum cerae*[60] świecić nie mogły, aż by je *cognatus ignibus fumus detestabili labe* musiał *contaminare*.[61] Herbowe jednak Świątobliwości W[aszej] miłością Bożą wzniecone nie tak pałają ognie, aby ich sprośna jaka, wzrok ludzki zarażająca profanując kurzawa, łzy z oczu wyciskać miała. Raczej *meliori vicissitudine*[62] tym rodowite Świątobliwości Waszej przyjazna cnocie fortuna uqualifikowała *flammas*,[63] że przy nich wyciśnione ciężką nieszczęścia prasą *arescunt lacrimae*.[64] Niechże i w dalszy czas takież Rossyjej sprawują *sudum et sine nube serenum*.[65]

[VI.]

[1.] ARCTOS

AVITORUM ILLUSTRISSIMI
ARCHIPASTORIS SYDERUM,
quae
praelustrem honorum dedignata
meridiem,
obscuras magis et privatas amat Religionis noctes.
Epigraphe.
NIL INDIGA LUCIS.[66]

[2.] Haec est miranda fecundae rerum parentis naturae solertia, ut quidquid praestantissimum orbi largiatur, id prorsus usibus et aspectibus humanis absconditum esse velit. Matrem alii blandienti titulo, ego novercam hac in re crediderim Naturam, quod praestantissimis quibusque rebus utilitati humanae surreptis, irritet duntaxat avidam mortalium famem, non expleat.

Rubet hactenus pretiosa Pactoli tempestas[67] vel ipso pudore decolor, quod tanta arenarum pretia usibus et visibus humanis erepta invidis abscondat fluctibus.

Eluit etiamnum aut deplorat totis undarum cataractis turpem avaritiae labem Afric{an}um pelagus, quod tam splendidos unionum, adamantum, rubinorum caterorumque (quibus raritas et avaritia pretium addididt) lapillorum nitores, maligno turbine occultaverit an verius extinxerit. O, quoties non tam aequoris quam proprii sudoris immergimur abysso, nescio an uniones hamaturi, an ardentem habendi cupidinem extincturi!

[3.] Sollicitamus terram et veluti alteri Nerones[68] in viscera matris nostae saevimus ac, ut auro potiamur, ferro scrutamur abdita telluris, dubii, credo, an Caucasea sit, quod tam duros e suis visceribus ediderit. Frustra jam aureis Hesperidum Hortis pervigil draconum custodia,[69] frustra Phryxaeo Colchidum velleri insomnis taurorum flammas vomentium tutela,[70] frustra denique cuivis gazophylacio[71] centoculus adhibetur Argus, cum etiam illuc Herculis aut Iasonis temerarii pertingent ausus non tam fortitudine quam avaritia stimulati.

[4.] At unde, obsecro, tantorum Ilias malorum?[72] Non aliam credite mihi horum originem, nisi quod sagax natura, ut rebus pretium faceret, absconditas esse voluit; non aliter credo valorem, nisi raritate rebus mercatura. Dies abscondit sydera, nox occultat solem, tenebrae quandoque lucem tegunt, tellus metalla supprimit, mare lapillos absorbet, concha recondit margaritam, ipsas denique caelorum intelligentias, plus dico, ipsum Deum invidi caeli, novo utinam Gigantomachiae ausu expugnandi, heu oculis nostris abripiunt. Verbo: pretiosissima quaeque occultissima sunt et occultissima pretiosissima.

[5.] Dabis veniam licentiae, Archipaesul Illustrissime, quod paulo audacius Tuae Verecundiae transgressus limites, rei expositae documentum Tuam demonstrabo Modestiam. Scio equidem Tuas Virtutes Tibi ante oculos sistere, idem esse, quod aliis exprobrare vitia; audendum tamen est Patrona Veritate, quae Veroniae, non Placentiae nata,[73] ut sophistica linguae blandientis detestatur illecebras, sic omnibus mortalium respectibus contemptis, rem non fucatis depictam coloribus amat promulgare. Quodquot in Te virtutes, Archipraesul Illustrissime, tubo Veritatis optico, sagax contemplatur oculus, totidem inaestimabiles numerat uniones, Arabicos miratur lapillos, ne ipsius quidem Themidis aut Critolai lance[74] digne ponderandos. O quot hic rubini, tum igneo gloriae Divinae propagandae zelo, tum amore Divino succensi! Quanta, quamque inconcussa, aut verius loquam, adamantina finalis in bono perseverantiae durities! Quam prodigiosa multitudo unionum, quos non jam caelestes, sed Tuae frontis rores (nisi forte etiam hanc caelum appellavero) religioso elicit jugo profudere! Sed quid? Omnia haec virtutum pretia velut profundissimus abscondis Oceanus et Lumina tam nitida in abdito niteris occultare. O quoties has inaestimabiles gemmas honorariae ultro eripebas coronae et eriperes proculdubio, nisi violenta manus, pretium Virtuti factura, totos virtutum nitores per vim coronae insereret.

[6.] Bene Tuae Mentis exprimit energiam, Tuae Modestiae symbola Arctos Gentilitia, quae meridianos honorum detestata fulgores, obscuris magis gaudet noctibus vel ipsis tenebris illustrissima. Solares dignitatis radios adeo Tibi graves esse compertum est, ut crederet quis (sed parce temeritati) Te Originem traxisse de alta Atticae Noctuae propagine, cui solemnis est illa tessera, quod *nil sit indiga Lucis*, nisi sciremus et Tua Te proderet Indoles, non degenerem Te esse Aquilarum sobolem.[75]

[7.] Adstruat ceteris ad fastigia gradum Daedalea dextera, sudet Polycleti aut Vulcani officina, Tibi honores conciliat ipsa honorum fuga et tunc vel maxime dignitates allicis, cum maxime renuis. Novum est istud ac insolitum ad titulos iter per titulorum stragem. Paradoxum est per contemptum dignitatis ad fastigia eniti, imo portentum crederem in fuga triumpahare posse, nisi ultra Parthorum victoriam,[76] Te quoque, Archipraesul Illustrissime, hujus rei haberem documentum. Ac ut ceteros honores Tibi non tam collatos, quam intrusos gravate praetergrediar, ad unicos solii Metropolitani fulgores, etiam obstante Tuae Modestiae umbra obtutus converto.

[8.] In Cancro Sol eluxerat,[77] cum Tu, Sol Rossiacus, ad solium Metropolitanum electus omnium votis ac desideriis illuxisti, quasi Tuam Cancrinam ad honores tarditatem vel ipsi testarentur caeli. Habeat suos Orbis Tantalos aut

Hippomenes pro aureis honorum fructibus rapiendis Stadiodromos insignes. A Te vero procul haec probrosae velocitatis stigmata, quem nuper Sole in Cancro radiante, cancrino passu, hoc est retrogradatim ad fastigia vidimus et stupuimus processisse.

[9.] Bene nimirum Tuam ad honores tarditatem Caelum intellexerat, cum gloriosam illam Tuae Mentis pigritiem publico tarditatis indice, hoc est Sole in Cancro radiante, prodidisset. Quanquam non solus tunc in caelesti Zodiaco Phaebus cancrino incesserat gressu, cum etiam Tua Luna eam Solis moram aemulabatur. Saepe lentum protunc incusabamus Solem, quod non citius nobis Tui honoris promulgandi horam attulisset; saepe indignabamur, quod cum suo cancro nostram retardasset laetitiam. Bene tamen nostrae taediosae exspectationi Caelum ea re providit, ut nimirum majora essent, quae sero venirent gaudia. O prodigium! Pegasus Perseo aut Bellerophonti vehiculum est, cum in Heliconis Culmina enitendum. Solem ferunt praecipites quadrigae,[78] cum ad arduam Caelorum meridiem luctandum est. Te vero, Phaebum Roxolanum, in hoc praeclaro Caeli orthodoxi Zodiaco solus ad Solium provehebat an potius retardabat cancer.

[10.] Sed habeat sane cancrinos, imo podagricos Modestia ad Honorem pedes, cito tamen etiam pumilionis imbecil⟨l⟩itas[79] adibit Solium, cui virtus et merita giganteam suggerunt proceritatem.

Nemo enim testudo ad fastigium est, cui et Virtus et pertinax eligentium manus candidas appendere calculorum alas. Quaerat Modestia latebras et solita dignitatum effugia; nunquam tamen bene latuit Virtutum serenitas.

Emminet indicio prodita flamma suo,
quoque magis tegitur tectus magis aestuat ignis.[80]

Haec ego dum loquor: in Te, Archipresul Illustrissime, ceu in Virtutum speculo rei propositae documenta video.

[11.] Hilarescite oculi ad fortunae vestrae spectaculum! Absterge lacrymas viduata hactenus Rossia, lugubres excute squalores, tristes nenias in laetum paeana, planctus in plausus, maestas lacrymarum tempestates in amaenam transfer serenitatem! *His ipsis frontem nubibus expedi*,[81] gestienti vultu insolitum cerne triumphum! Alibi Magnanimitas aut audentis animi heroica Fortitudo ad perenne provehitur Capitolium,[82] honorariis fascibus adhibetur, plausibus undique populorum stipatur nec tam curru triumphali, quam hilari plaudentium pectore deportatur.

At hic Modestiam Archipraesulis pari videmus circumagi pompa, gloriosa meritorum gradatione, ad summa progredi fastigia et ceu quadrigis quibuspiam quat⟨t⟩or honoribus gestis ad aeternitatem eluctari.

[12.] Habent nempe hoc Divinum fastigia, quod non sublimi cothurno incedentem fastum, nec arrogans ambitionis supercilium, sed demissos Verecundiae vultus ac fugacem horis Modestiam in sublime evehant. Ita scilicet exiguas res nobilitavit natura, ut nec tenue gramen ab electro, nec vile ferri metallum a magnete, nec denique animi modestia ab honore destituatur, sed tacitis quibusdam viribus allicitur, trahitur, sublevatur. Quare non immerito Soli dixerim affine Solium, cum ultra nominis etymon ille vaporum tenuitatem, hoc autem animorum exiguitatem in altum attrahat.

[13.] O Modestiam nullis unquam laudibus exaequandam! O palmarem semper animorum submissionem, quae *depressa magis consurgit in altum.*[83] Ite procul fulmina ac caelestem dedignata Vulcaniam, arrogantes Apenninos, Vesuvios, Pelion, Ossam, caeterosque, quos jam neque Gigantum attollat manus, ferite montes. Caelis imminentem exurite aedium arborumque celsitudinem, turbate pontum insolentiores Aeoli decumanis absorbendi fluctibus. Ridet haec discrimina vera animi humilitas et, ceu Syren formosa, contemnit tuta pocellas. Nimirum

> In brevibus nunquam sese probat Aeolus undis,
> nec capit angustus Boreae certamina collis,
> Alpes ille quatit, Rhodopeia culmina quassat.
> Incubuit nunquam Caelestis flamma salictis,
> Nec parvi frutices iram meruere Tonantis,
> ingentes quaercus, annosas fulminat Ornos.[84]

[14.] Obstupescite tantam submissionis Praerogativam, nullius prorsus discriminis gnaram ac ultra omnem fortunae ictum sublevatam, ut nec ad sublimia securius iter pateat, nisi per infima, nec in summo consistiere liceat citra jacturam, nisi per imos gradus.

[15.] Et haec Tibi Clavis, Archipraesul Illustrissime, non honorum duntaxat, verum etiam pectorum reserat adyta. Ingredere faustus tam magnificum Tuarum Virtutum Augustale, antequam volubili Syderum Tuorum ARCTO in Caelum deveheris.

[VII.]

ARCTOS
HERBOWYCH PLANET,
do której
Swój bieg rossyjska konformując nawa
Zawsze u portu szczęśliwego stawa.

Epigraphe:

INOCCIDUA SEQUOR[85]

Bez pochyby ten podobny żelazu
Lub z krzemiennego ma serce Kaukazu
Albo z bułatu Wulkanowej huty
Stalistym Bronta jest młotem ukuty;
5 Rzec mogę śmiele, że go nie Lucina,
Ale okropna z Stygu Prozerpina
Lubo z Plutowej kawerny mierziona
Nędznie wydała na świat Tyzyfona,
Albo ta, którą Cerberowa kluza
10 W swych pętach trzyma, zrodziła Meduza,
Ach, który widząc w tak burzliwej fali
Rossyjską nawę,[86] nic się nie użali!
Marnie straciła (ach, biedna fortuno!)
Droższe nad Kolchów Gedeona runo.[87]
15 Jak się tu we łzy nie rozpłynąć cale,
Widząc a oto wichrem wzdęte fale
Albo z samego snać żwawego piekła
Burza na ten świat wydarszy się, wściekła
Skoro uderzy w osłabiałe żagle
20 Rossyjskiej nawy aż natychmiast nagle
Jazońską Argo skołatawszy marnie,
Samego w tonią Argonautę garnie,
Nawę zaś biedną niefortunne wiosło
W Scyllę rzęsistych łez nędznie zaniosło.
25 Stój, przebóg, wichrze! Stój srogi Eole![88]
Chciej wżdy mieć litość na naszą niedolę!
Któryż, ach, który Hippotades drugi[89]

Gedeonem Czetvertynium metropol[itam] Kijov[iensem]

Nam tak skuteczne wyrządza posługi?
Jak przed tym gromiąc srogie śmierci wiatry,
30 Które i same obalają Tatry,
Marpeskie skały, dodonejskie dęby
Niestrulchałemi podcinają zęby.

Clauserat Hippotades aeterno carcere ventos. Metamor[*phoseon*], *L*[*ibro*] 4

Ej, powstań znowu, cny Hippotadesie,
Niechaj ta śmiałość swą karę odniesie.[90]
35 Twarde jak przed tym włóż na wiatry pęta,
Niechaj nie bierze góry złość przeklęta.
Rzuć je w okowy do wiecznej klawzury
Lub w ostre sępom ciemnym daj pazury.
Okropne znowu niechaj Aquilony
40 Straszne Cerbera kryją pawilony.
Po tych zaś burzach niech piękna pogoda
Weselszej chwili utrapionym doda.
O, kiedyż błyśniesz, cny Hyperyjonie,
Kiedy osuszysz rzęsistych łez tonie?
45 Lecz daremne są o tym moje słowa,
Złość zawsze w swojej porze[91] trwać gotowa.
Już oto ona nieuchronna burza
Co w swych przepaściach wszyte⟨k⟩ świat zanurza
Twego, mizerna Rossyjo, nauklera
50 W swoją śmiertelną Charybdę zabiera.
Ach, już zuchwały Jazon w swej imprezie
Do Kolchów runo Gedeońskie wiezie,
Który w twej łodzi zasiadał na styrze,
Oto już teraz świeci na Empirze.[92]
55 Już mu wybiła godzina ostatnia
Na twą zaś nawę, przebóg, przebóg, matnia
Jadowitą swą paszczękę wywarła,
Aby ją w swojej otchłani pożarła![93]
Otrzy swą jednak łzę, ros⟨s⟩yjskie oko,
60 Czem w łeznej toniesz kąpieli głęboko?
Wszak ta zwyczajnie w świecie alternata,
Że Bóg weselem uciski przeplata.
Samej jedynej nie obaczysz roży,
Tamże przy onej i ciernie się sroży.
65 Kiedy piorunem i dżdżem niebo sieje,
Weselszą potym twarzą się zaśmieje.
Jasny choć zaćmi promień Phaebus złoty,

Lecz znowu błyśnie szczęśliwie przed wroty.[94]
Hamuj przeto żal, cny Roxolaninie,
70 Już i twa nawa w ląd sz⟨cz⟩ęśliwie płynie.
Austry ją, prawda, w kręte wparły wiry,
Lecz już łagodne wion⟨ą⟩wszy Zefiry
Lubym tchem z krętej gorzkich łez topieli
Zwątlone żagle do brzegu napięli.
75 Już onej ARCTOS cnego Infułata
W herbowych gwiazdach złote wznieca lata.
Czy możnaż już tu jakiej bać się tonie
Przy tak przezornym na styrze Jazonie?
Krzyż Infułata i pastorał cale,
80 Tamten kotwicą, ten wiosłem na fale.
Jasna zaś ARCTOS miasto Cynozury:[95]
Przy tej nie trzeba żadnej bać się chmury.

[VIII.]

[1.] Byłoby za co *communes querelas*[96] wnosić na surową *inclementiam fatorum*,[97] gdyby nam *meliori talione*[98] szkody nagradzać nie miały. Ten-ci to u nich jedyny piołunowych gorzkości kondyment, że *gravi ictu*[99] zraniwszy serca, tuż zaraz na serdeczną ranę skuteczne dają *pharmacum*: *omne Deus dulci sanat medicamine vulnus*.[100] Przestańcież już ciężkim zranieni żalem, Heraklitowie, na swoją narzekać niedolę: *Hei mihi, cura nulla dolor est medicabilis arte!*[101] Umie bowiem w lekarskiej sztuce dobrze wyćwiczone fatum *convenienti antidoto*[102] przykre na sercu goić blizny,

Discite sanari, per quem mala vulnera fertis:
 Una manus vobis vulnus opemque tulit.[103]

[2.] Jakoż rzetelny widzieć document na osierociałej dotąd roxolańskiej ojczyźnie, której nieuchronne fatum rzęsiste łzy *grandi pectoris tormento*[104] niedawno z oczu wycisn⟨ą⟩wszy, teraz już je pogodniejszym czoła swego suszą promieniem. Przybiera się albowiem z grubej sierocej żałoby w ozdobną i świętą szatę, *indumentum laetitiae*,[105] bierze pozorną postać owdowiała niedawno teraz głową i opiekunem swoim szczęśliwie obdarzona roxolańska *Metropolis*,[106] fortunnej doznając alternaty, że *maestum sol hodie caput, cras l⟨ae⟩tum roseo promet ab aequore*.[107]

[3.] Zaszedł był, przyznać, że posępną nocą rossyjski horyzont, gdy mu książęca w antecessorze[108] twoim, jaśnie w Bogu przeoświecony Archipasterzu, *claritas*,[109] do śmiertelnego przybliżywszy się zachodu, słonecznych, bo książęcych umknęła promieni. Któż by był nie życzył onemu rossyjskiemu słońcu, w książęcym swym klarze, pogodnie zawsze *sine nube*[110] jaśniejącemu niezmierzchłego nigdy południa? Kto by się nie zdobywał na Jozwego: *Sol sta, ne moveare*?[111] Zachód jednak śmiertelny wszystkie gaszący luminarze i naszego roxolańskiego tytana fatalną okrywszy powłoką, smutne *derelictis orphanis*[112] postanowił umbry, gdzie *absque cura salutis*[113] Endymijnowym przychodziło twardym zasypiać letargiem.

[4.] Wszakże *luminum Parens*[114] nie dał długo po smutnym onego luminarza zachodzie w okropnej dziedziczyć nocy. Wzbudził z posępnych niełaskawej fortuny obłoków *serenae diei nuntias*,[115] pogodne Świątobliwości Waszej zorze, przy których Świątobliwość Wasza wolnemi *nulla reclamante* senatu głosami[116] na horyzont roxolański, niby *luminare maius*[117] wystawiony, już *tandem plena maiestate*[118] całemu rossyjskiemu światu *in plenitudine Lunae* i *felici sydere*[119] jaśniejesz.

[5.] Niech się tam *arrogantius quam verius* słońce szczyci, że go ledwie poczwórne *ad augem*[120] mogą wydźwignąć cugi. *Ardua prima via est et qua vix mane recentes enituntur equi.*[121] Tu jednak nie fabułeczną tropologią, ale samym znamy experimentem,[122] że Świątobliwość Waszą *sereniorem Rossiae Phaebum tot eligentium conatus,*[123] ledwie *violento motu ad augem honoris* zdołały *sublevare.*[124] Tak to *magnarum molium natura est difficile in altum erigi.*[125] Jaśniej przeto temi, które *nomine et virtute spargis*[126] promieniami, fatalnego nigdy nie doznając zachodu.

[IX.]

[1.] ARCTOS

GENTILITIORUM ILLUSTRISSIMI

ARCHIPATORIS SYDERUM,

ad quam

Navis Institoris de longe portans Panem,

seu

Thaumaturga Beatissimae Virginis Laura Pieczariensis

ceterorumque honorum gubernacula,

rite dirigebantur.

Epigraphe:

HIS SECURA POLIS.[127]

[2.] Magni quondam Macedonis[128] majorem nomine avaritiam Scytharum nonnemo redarguens sicite illum talibus alloquebatur verbis: *Quid tu* (inquam) *tantillus homo tantum appetis orbem? Videsne, ut magna nimis navigia regi neqeant?* Secus tamen docemur magistra rerum experientia posse a probis Argonautis etiam maximas regi triremes.

[3.] An enim exigua classis est Thaumaturga illa, nullisque satis digne decantata praeconiis, Magna, Magnae DEI MATRIS laureata semper Laura Kijovo-Pieczariensis? Magna certe navis est, quia non Sydoniis, nec Tyriis, aut Africis mercibus, charibdico absorbendis barathro, sed tot Sanctorum Corporum onerata et ornata thesauris, quos nec sua olim gaza aut Perse{no}polis tulit Alexandro. Magna profecto navis est: si enim Argo quondam Iasonica magna et esse, et dici imo inter astra referri[129] meruit, eo quod Colchicum portaverat vellus, quos non merebitur titulos nostra Thaumaturga nullisque unquam allisa scopulis Argo, portando tam pretiosum VELLUS GEDEONICUM,[130] nullis Iasonibus in spolia cessurum. Magna sane navis est, quia non paucitatem hominum, ut quondam Noemitica, sed tantam mortalium multitudinem a naufraga tot discriminum praeservavit Sorbonia. Magna ad extremum navis est Sacrosancta Laura Pieczariensis, quia in immenso illo Gratiarum Divinarum pelago nullis Syrtibus nullisque Charibdibus referto ad fortunatas semper Caelorum insulas, ad promontorium illud bonae spei, adspirante Divini Pneumatis favonio, promovetur. O Magni tudinem, nullis unquam eloquentiae cancellis comprehensam!

[4.] Huius tamen onerariae navis vastitas, o quam probum Te sui gesserat nuper Argonautam, Archipraesul Illustrissime! Ibi demum ostendisti, quid valeat Virtutis robur, cum tam rite tantae vastitatis rexisses habenas. Numirum ducis in bello at Argonautae in navigio agnoscitur industria.[131] Infra vires Tuas erat, quod ceterorum excesserat, illuc attigisti, quo nec mente aliis adire concessum. Ita nihil insuperabile est, ubi magnae Virtutis accesserit efficacia, tempestates edomat, procellas superat, ventis frena iniicit, de saevienti turbine undarumque praeliis triumphat, in ipso naufragio portum habet Caelis agnata probitas.

Magnum olim erat indomitum Macdoni frenasse Bucephalum;[132] majus erat Bellerophonti vel Perseo pennatam Pegasi velocitatem cohibuisse habenis; maximum fuerat torvas leonum cervices t⟨r⟩iumphatoribus Romanis sub jugum misisse ac frenis immanem belluarum flexisse ferociam. At quid haec umbra ad Solem? Quid atomos ad Olympum? Quos jam Tu non mereris titulos, Archipraesul Illustrissime, cum tantam nostrae Thaumaturgae classis, laureatae, inquam, Laurae Pieczariensis immensitatem tam probe rexisses, ut nulla unquam Tuo regimine felix naufragia, nullos saevientium tempestatum experiretur turbines. O terque quaterque beatum Iasonem, cui nova vixque saeculis audita navigandi methodus!

Caelum portus, at alma parens mare, vota rudentes,
Temo timor, gemitus flamina, vela preces,
Anchora crux, malus pietas, lux stemmatis Arctos,
Pneuma Notus, remus Scipio, vector Amor.[133]

[5.] Dirigant quantumvis nautae magneticas suarum navium acus ad Polum Arcticum. Plerumque tamen vel hoc indice per devia lora remittunt ac erraticam per tot discrimina rerum classem, diro allisam scopulo, aequoreis insepeliunt saburris. Risit haec discrimina nostra Mystica Triremis et quoties ad Tuam Gentilitiam ARCTUM sua direxerat navigia, toties contempsit tuta procellas.

[6.] O quantum debet benignis Tuorum Planetarum influxibus! Quantum Tuis sudoribus, de quibus tanquam de rorido caelorum illapsu fecudni crevere uniones nostram sacram onerariam pulchrius quam Sydoniae gemmae, nobilius quam Tyriae merces ditaturi, Tibi vero gloriam nec non perennitatem mercaturi! Singula tamen religioso silentio praetereunda duxi, non hominum judicio, sed caelesti lance ponderanda. Erunt forte, qui etiam haec lividis contemplabuntur oculis. At quid mirum? Solem pertinaci nisu comitatur umbra, majori serenitati graviora annectuntur fulmina, Hybleam[134] rosarum amaenitatem spinarum pungunt aculei, ridentem pratorum serenitatem immanis plerumque contaminat anguis. Quid igitur mirum, si etiam virtutis fulgores maligna livoris caligo soleat temerare.

Virtutem Genii duo semper in orbe sequuntur
hic bonus, ille malus, gloria ac invidia.[135]

[7.] Quamobrem ne ego etiam zelotypiam irritem atque Lydio Veritatis lapide[136] Theoninos livori acuam dentes,[137] profundo omnia immergo silentio Harpocrati[138] similior quam panegyristae. Et quamvis tacendo dicenda veritati injurius[139] sim, Tuae tamen consulturus Modestiae, illa, quae Tu religioso tegis velo, nec ego ausim detegere ornamenta. Loquetur veridica rerum Fama Teque memorandam orbis historiam pulchra succedentium aetatum serie non morituris tra⟨n⟩smittet annalibus. Opera Tua Te manifestabunt orbi et quemadmodum supremum universi Opificem promptius ex effectibus agnoscimus.[140] Sic Tua Virtus (quae e caelis suam trahit originem) clarius in suis tot tantisque posteritati relucebit effectibus.

[8.] Fulgebit nulla unquam oblivionis nocte obnubilandus Sacrae Basilicae Pieczariensis vertex ducali quidem sumptu, Tuo tamen felici regminie, sollicita cura, gravi persuasione, prudenti impulsu, maturo denique cosilio deauratus et quoties ad Arctoum Planetarum Tuorum jubar repercussos reddet fulgores, toties detestabilem oblvionis fugabit caliginem, praelustri semper Tui Nominis, Stemmatis Virtutisque nitore, Caelum Pieczariense serenaturus. Neque hoc detrahere Tibi poterunt etiam maligni dentes, nisi forte illius, qui ignarus est, quod plura debeamus consilio ac regimini quam executioni ac facultati. Magnis olim cumulaverat laudibus suum Romana antiquitas Augustum, quod lateritiam Romam accepisset, marmoream reliquisset.[141] Te tamen vel ipso Augusto augustiorem veneramur, quod feliciori Midae contactu ferreum Sacri Aedificii tectum in aureum transmutaveris eo gloriosiori metamorphosi, quod extra fabulas.

[9.] Taceo magnifica Sacris Aedibus adstructa propylaea ceterasque tum devotioni, tum communi refectioni erectas moles; haec enim suum esse non minus liberali ac artifici dexterae, quam Tuo felici debent regimini. Principaliori siquidem causae tribuit effectus philosophica veritas. Non frigebit cum illis lapidibus Tua fama, imo ipso solidior Caucaso perennaturos cum marmoribus durabit in annos. Muta illa saxa non tam nativa sui duritie quam Tuae magnitudinis stupore obrigescent, ac in vocales etiam nunc efformantur Memnones,[142] postquam solaribus radiis non minus ab auro ducali[143] quam a Tua praelustri ARCTO animantur. Densos excipiunt malleorum ictus, sed non aliter, nisi ut Tibi in plausum resonent, et cum Augusta majestate spectabuntur, plus tamen ad commendationem habebunt, quod tanti praesidis stetissent regimine.

[10.] Sed quid ego saxis diro vulnere Tua Nomina incidam? Quid lapidum fidei Te credam, quem docta librorum volumina vocali satis classico Orbi decantant? Perennius certe nomen est chartae quam marmori impressum, calamo quam scalpro exaratum, atramento quam sudore depictum. Altius effert literaria a penna quam erecta in Caelum marmora.

[11.] Tuum hoc est stipendiariae laudis vectigal, Archipraesul Illustrissime, quem tot tantaque librorum volumina Tuo iudicio atque calamo edita, castigata, correcta, approbata, singulis in se contentis depraedicant literis. Lydium Te alii dicant Pieczarensis typi Lapidem, ego veriori vocabulo Censorium Catonem aut Critolai, vel ipsius Themidis Lancem appellavero, in qua verbis ut nummis praelum illud utebatur.

[12.] Aurum, quod Arabico fulgeat nitore et pretio, debet hoc igni, volumina complura, quod lucem videant, Tibi debent: primum a camino, alterum a calamo Tuo pretium, nitorem, imo et esse suum derivavit. Illud prodigii nomen hoc saeculo meretur, quod cum tanta Tuus calamus loquatur, sui tamen autographi ubique obliscitur. Oculum Te orbis crederem, quod cum tantas in libris contempleris veritates, Te tamen ipsum non videas. Haberet procul dubio singularem suum valorem pagina, si a Tuo nomine sibi impresso pondus sortiretur. Sed hanc ipsi ultro eripis gloriam ac felicitatem, ne scilicet, cum nulli sis gravis, etiam chartae Tui nominis pondere gravis esses. Operam tam utilem praestas et eius luce contentus, umbram, hoc est gloriam, non quaeris. Commendabilis esse, non commendari vis, mereri laudem, non adipisci, quo magis libro viventium[144] inscribaris, quam his fastibus dentata temporum carie quandoque consumendis. Et quamvis Tua augusta nomina angustiis charae non credas, nihilominus ut ex digito Gigas, ex ungue leo,[145] ex linea Apelles, sic Te ex sublimitate scriptorum facile est agnoscere, tanto magis clariorem, quanto magis latitantem.

[13.] Et hoc est Tuum, Archipraesul, regimen, Thaumaturgae classis MARIANAE, quae ad arcticum Tuorum Syderum directa Polum, triumphale semper meruit celeusma.[146] Plura vero de Te dicere volentem ipsa dicendorum multitudo confundit ac paene obruit, ipsa scribendorum sublimitas, imbecile transgressa ingenium Caelo se tollit, perennaturis ipsius aeternitatis fastibus inscribenda.

[x.]

ARCTOS
PLANET
HERBOWYCH,
na której
Niebopodobna Szkół Kijowskich sphera[147]
Od wszelkich ruin bezpiecznie się wspiera.

Epigraphe:

CORREXIT ORBEM[148] Psalm[us] 93.[149]

Były takowe nieszczęśliwe czasy?
Bodaj w podziemne zapadły tarasy![150]
Albo lotnego Perseusza ślady
Za nieprzechodne zaleciawszy Gady,[151]
5 Rączym swym pędem na wstecz nie wracały,
Kiedy kołowrót niebem ociężały[152]
Lubo arktyczne sfer górnych zawiasy,
Które zodyjak k⟨r⟩ęty swemi pasy
A z niem firmament wszystek dniem i nocą
10 Dziwną na sobie obracają mocą,
A nie strzymawszy tak wielką machinę,[153]
Mało cały świat nie wparły w ruinę.
Mało tak piękne boskiej ręki dziła[154]
W się nie połknęła grobowa mogiła,
15 Jak to na świecie nic nie znajdziesz cale,
Gdzie by śmiertelne nie wzbiły się fale.
Ach, nic nie widzieć, co by to Czas płochy
W swoje bezdenne nie miał garnąć lochy!
Swą wszystko nawą Charon, naukler srogi,
20 Gdzieś za stygijskie zawozi odnogi.
Jakże już tu trwać inne rzeczy mają,
Kiedy i same nieba upadają?
Na was to takie nieszczęśliwe losy
Mohileańskie padały niebiosy.
25 Świetne herbową jego Luną nieba,
O, jakby z was dżdże łez krwawych lać rzeba,

Athlas en ipso laborat, Vixque suis humeris labentes sustinet axes. L[iber] 2 Metamor[phoseon]

Kiedy was chmura niefortunna była
  Posępnym zewsząd mrokiem otoczyła.
Jasny kijowskich palestr firmamencie,
30 O, jaki-eś w ciężkim w ten czas był lamencie,
Mohileańskie kiedy (ach, niestety)
  Na tobie smutnie pogasły planety.
Ereb się cieszył z swoimi meduzy,
  Że cne Mohiły owdowiały muzy.
35 Topniały w gorzkie łez obfitych rzeki
  Z Byblidą nędzne Rossyjej powieki.
Rany zaś w sercu Minerwa zdumiała
  Nosząc, z Nijobą dziw, że nie skamiała.[155]
O ciężki żalu! Surowy morderca![156]
40 Jakoś na ten czas dręczył wszystkich serca!
Przebóg, jak przykre zadawałeś blizny,
  Gdy kaukazowy legł filar[157] ojczyzny!
Osobliwy żal kijowskiej Palladzie
  W serce wraziłeś, ach śmiertelny jadzie,
45 Lernejskim w Stygu sokiem napajany,
  Kiedy on Athlant padł niezmordowany.
Język drętwieje,[158] nie staje mi siły,
  Kiedy przyjdzie śmierć wymienić Mohiły.
Twardsza nad Marpez[159] ręko Libityny,[160]
50 Znać cię stygijskie Plutona doliny
Acherontowym pokarmem mizernie
  W swej jadowitej wykarmiły Lernie,[161]
Kiedy ogromne athlantowe siły
  Ważysz się składać do ciemnej mogiły.
55 Już i wam, śliczne Szkół Kijowskich nieba,
  Gdy wasz padł Athlant, upadać potrzeba.
Jednakże stójcie, jeszcze nie przegrana!
  Oto fortunna jaśnieje odmiana!
Oto herbowych planet ARCTOS świeci,
60 Która wam promień w cieniach waszych wznieci.
Wasze to szczęście, Szkół Kijowskich sfery,
  Kiedy pozbywszy z lica bladej cery
Szczęśliwie znowu na arktycznym kole
  Perłowe nauk zlewacie Paktole.
65 Któż tu nie widzi? Chyba ten, co oczy
  Zazdrość mu szpetną limaturą mroczy,

Jak Szkół Kijowskich powstała fortuna,
    Gdy im jaśnieje JASIŃSKIEGO Luna.
Hidaspem złotym cieką Hypokreny,
70   A ściemiężone sieroctwem Kameny[162]
Aż teraz ledwie w tak niesporej dobie
    Ku swojej pierwszej przychodzą ozdobie.
Leniwego snu już zrzucają pęta,
    Gdy im szczęśliwie błysnęła ponęta
75 Jutrzenki jasnej. O fortunna pora!
    Tać to *amica* jest *musis aurora*![163]
Czujcież już, muzy, w tak pogodnej porze,
    Gdy wam jaśnieją JASIŃSKIEGO zorze!
Ktoś tam daremno słońcu pochlebuje,
80   Kiedy go rządcą nauk być mianuje.[164]
Ja Kijowskich Szkół w naukach fortunę
    Na twą, Pasterzu, cale zlewam Lunę.

[XI.]

[1.] Wielkim by trzeba szacować walorem z oczu rozkwilonych padające perły, gdyby się niemi folgi sercu strapionemu dokupić można. Całe by Arabijej dostatki i nieskomputowane Kreza depozyta na taki odważyć nie żałował towar Horacyjusz Sarmacki,[165] gdyby ten łezny oczu zapłakanych balsam rany serdecznie goić umiał.

Sarb[ievius] Lyr[icorum] l[iber] 4

Sique flent mala lugubres
Auferrent oculi. Sydoniis ego
Mercarer bene lacrymas
Gemmis aut te retum merce monilium.[166]

Darmo jednak na serdeczne blizny od płonnych łez zasięgać mediciny, od których jako od rosy padającej większa pospolicie bywa żalu *faecunditas*.[167]

Ibidem

Ceu rore seges viret,
Sic crescunt riguis tristia fletibus.[168]

[2.] Próżno tedy i mohilaeńska Pallas po nienagrodzonej swego fundatora stracie *duritiem fatorum emollire*[169] łzami usiłuje. Próżno onę wiary prawosławnej opokę, *re et nomine petram*,[170] rzęsistemi macerujemy łzami *Annibales*. Daremnie *gutta cavat lapidem*,[171] ile kiedy z Phaenixa tego, który już ogniem miłości Boskiej zapalony *finiit in odoribus aevum*,[172] nowy nam Świątobliwość Wasza *prodiit de cinere Phaenix*[173] albo z popiołu kryształ.[174]

[3.] Widziemy Świątobliwość Waszą *corpore de patrio similem Phaenica renasci*,[175] a oraz winszujemy tej fortuny mohilaeńskim potem bujno wzroszczonemu Szkół Kijowskich wirydarzowi, że *uno avulso ramo non deficit alter aureus et simili frondescit virga metallo*.[176] Odebrał kijowskiej Palladzie niebieski architekt snadź na fundament górnej Jerozolimy[177] węgielny on Rossyjej kamień w swym imieniu *petram*,[178] Piotra Mohiłę, na której opoce cała Rzeczpospolita Roxolańska,[179] a najbarziej *scientiarum moles*[180] niby *in solida basi*[181] wspierała się. Jednakże szczęśliwa jest twoja nie tak szkoda, jako raczej zamiana, Minerwo mohilea⟨ń⟩ska, gdy po utracie kamienia, znowu cię Barłaam, jako niegdy Indianów, drogim ubogaca kamieniem,[182] a kamieniem nie innym, tylko nieoszacowanym mądrości chryzolitem.[183]

[4.] Drogi zaprawdę, a wszystkie zacnością swą przewyższający kruszce mądrości kamień, bo go nie podejźrzana światowych jubilerów taxa, ale sama barziej niż *Themidis lance*[184] Ducha Ś[więtego] zważywszy szala, taką wysokiej ceny daje próbę: *Sapientia nobilior est omni lapide pretiosa.*[185] Niech tam koronatowi izraelskiemu[186] pochlebne pióro przypisuje *panegyres*,[187] że *carneum Philistinorum propugnaculum Goliam sternens, unico lapide rempublicam fundavit.*[188] Przyzwoitszym tytułem ta pochwała Świątobliwości Waszej służy, kiedy całą *rempublicam literariam*[189] na jednym mądro⟨ś⟩ci nieoszacowanym ufundowałeś kamieniu. O, jak pięknie ten mądrości kamień nie już philistyńskiemu olbrzymowi, ale grubej nieumiejętności w łeb ugodzić umie! O, jako wiele magnesową efficacyją mądrych literatów i młodzi rossyjskiej do siebie powabia serca! Tegoż kamienia Barłaamowego świetny promień i mojej płochości oświeca *caliginem*,[190] tak iż wszystko *quidquid sum, possum, habeo*,[191] wszystko to na stałym onego kamienia ugruntowałem fundamencie, a jako *veteri Deucalionis arte*[192] ludzie z kamieni porośli, *saxa faciam traxere virorum*,[193] tak i ja płochości mej *originem*[194] temu przypisuję kamieniowi. *Et documenta damus qua sumus origine nati.*[195]

[5.] Niechże i w dalszy czas ten drogocenny Barłaama kanak nie tylko Indyją, jak przedtym, ale i Rossyją, a najbarziej swojej Pallady ubogaca *indigentias*. Niech w archipasterskiej Świątobliwości W[aszej] mitrze niezmierzchłym zawsze jaśniejąc polorem, nigdy nie gaśnie, jako a⟨s⟩beston,[196] *qui semel accensus conceptos detinet ignes, extinguique nequit perlucens perpete flamma!*[197]

[XII.]

[1.] ARCTOS

AVITORUM ILLUSTRISSIMI
ARCHIPASTORIS SYDERUM,
circa quam
ROSSIACI CAELI VOLVITUR ORBIS
epigraphe:
HAC CARDINE TUTUS.[198]

[2.] Quod Caelis luminaria,
hoc orbi primates
lustrant orbem et illustrant.
Tenebrescit Luna, quoties a Sole destituitur,
5 primates, quoties a virtute.
Damnum terris minatur Sol,
quoties diuturnis incalescit aestibus,
primates, quoties ira.
Luna, si exalbescat, portendit nimbum,
10 si primates, lacrymas.
Caliginem Sol fundit orbi, quoties nube tegitur,
primates, quoties naevo.
Ventos praenuntiat Luna, si rubeat,
si primates, furorem.
15 Dedignatur humanos obtutus Sol in auge[199]
Primates, in summo.
Sol fulgoribus,
primates furoribus
ex oculis spectantium lacrymas eliciunt.
20 Terret orbem Sol, si Lunam habeat vicinam,
primates, si levitatem.
Solem sequitur umbra,
primates plebs integra.
Mobile mutatur semper cum principe vulgus.
25 Sol terram adurit, quoties radiat in Leone,
primates, quoties in severitate.
Sol et Luna censurae hominum patent, si patiantur eclypsim,
primates, si vitia.
Tam luminaria quam primates

30 occasu extinguuntur;
et tam Luna quam illi
terrae interjectu
OBSCURANTUR.

[3.] De Tuis vero planetis, Archipraesul Illustrissime, quid loquar non tam astrologus quam sincerus veritatis interpres? Certe non tam illis summam honoris augem gratulari fas est, quam Orbi Rossiaco in Tuis Syderibus Arcticis basim immobilem, cui tutius quam Athlanteis innititur humeris.

[4.] O quoties Rossiacum *rapitur vertigine Caelum*! Quoties *sydera summa trahit celerique volumine torquet*,[200] ut meram jurasses volubilem Fortunae rotam, vix non ad exitum effuso quandoque ruentem impetu! Sed cohibe tandem effrenem volubilitatis insolentiam, Orbis Rossiace, erroneam spherarum celeritatem habenis comprime, en jam Arctici illuxere Poli, an verius tantae molis cardines, quibus Rossiaci innixi Orbes *per devia currere cessant*. Torqueat quantumvis praecipiti vertigine suam sors maligna⟨m⟩ peripheriam, ad Orcum utinam suo perfido curru descensura. At non terrret Rossiacos Orbes eiusmodi *facilis descensus Averni*,[201] quibus Tua, Archipraesul Illustrissime, pro axibus Arctos Archipastorea vero optime gnara regiminis dextera moderatur habenas.

[5.] Expavescant Jovis atria grandem jacturam, quoties improbo Phaetontis ausu

fumat uterque Polus, quos si violaverit ignis,
atria pulchra ruent.[202]

At nescit eiusmodi discrimina Roxolani Caeli serenitas, apage infamem solisque Phaetontibus agnatam jacturam, dum ROSSIACI SOLIDIS VERTUNTUR in AXIBUS ORBES. O felix Orbis Roxolani firmamentum, nullo unquam malignae vicissitudinis turbine evertendum! O fortunatam nostri Zodiaci scenam, ubi tam pulchra meritorum gradatione ac giganteis virtutum passibus itur ad augem! Esto sua inde Titani gloria, quod in Leonibus ac Scorpionibus coruscanti radiet vultu hisque ferarum jugis ad augem tumente passu eluctetur. Hoc ego tamen probrum magis quam gloriam censeo, quod tantos splendores tam atroci belluarum Sol circumnectat custodia, quasi vel suae metuat luci, ne extinguatur, vel ceteros arceat Planetas, ne emendicatis accendantur fulgoribus.

[6.] Aliam Roxolano Caelo eamque gloriosiorem gratulamur, Tuorum Planetarum revolutionem, ARCHIPRAESUL ILLUSTRISSIME! Nescit Tua Luna feroci Leonum Scorpionumque circumnecti tutela, quae enim affinitas luci cum tenebris, clementiae cum immanitate? Accedite huc confidenti passu et accendite aureis fulgidae Lunae nitoribus vestras inopiae caligines, miserrimi tenebriones, abest hic dirum immanitatis satellitium vestras indigentias repulsurum. Terret equidem non raro Leonibus s⟨a⟩epta via ad majestatem Solis terreni accessuros, ubi pro clementia prae foribus excubante terror ac metus insomnes agit vigilias, quasi ipsum honorem pertinax hoc satellitium coerceat, ne prae fastidio suum deserat candidatum. Abest a Te probrum hoc, Archipraesul Clementissime, qui paterna affabilitate, suavissima popularitate ita omnium affectus allicis, ut magis amicorum, quam praesuleae coronae ambitu circumnecti videaris. Muniant Leonibus aut Scorpionibus sua terreni Soles atria; ad Te vero humanis necessitatibus lacteum iter est, liliato candore Tuae venerandae canitiei asymbolo[203] adumbratum, ut jam vel ipsi Iovi hac in re gloriam adimas, ad cuius palatia niveum ducit iter:

> Est via sublimis caelo manifesta sereno,
> lactea nomen habet, candore notabilis ipso,
> hac iter est superis ad magni tecta Tonantis.[204]

[7.] Luna Tua in praelustri hoc Rossiaci Caeli Zodiaco virulentam Scorpionum Leonumque praetergressa ferociam, in tardo non nisi radiat Canero, quoties ad honores eundum est, in Virgine, quoties intaminata vita ceteris praelucedum, in Libra, quoties Iustitiae rigori parendum, in Tauro, quoties suave jugum religionis patientissime tolerandum, in Geminis, quoties agnata parvulis innocentia fugendum, in Aquario, quoties aut lacrymis aut sudoribus in salutis negotio desudandum, in Ariete, quoties vellus non sibi sed aliis ferendum, in Piscibus denque, toties immenso gratiarum Divinarum mari innatandum. O pulchram Tuae Cynthiae[205] in Roxolano Zodiaco gradationem vel ipsis Caelis invidendam! Quid si adhuc memorem asymbolum[206] nostrae Rossiae Arcitenentem, in quo Tua Luna paene suum fixit domicilium? Stemma rei documentum est, ubi tam prope Cynthia sociali faedere annectitur sagittae, ut in arcum telo flecti videatur. Adeo scilicet praeliare invaluit saeculum, ut etiam amor suas habeat pharetras, nunquam absque triumpho; nec aliter suam novit exercere artem jaculatoriam, quin simul dulci ictu amica feriat pectora.

Dogma mihi veritatis est Tuum Gentilitium Telum, quo tot saucia pectora prono casu aut in victimam, aut in venerationem Tuo succubunt nomini. Certe quoties sagitta haec dulci saevit immanitate, toties addit calcar animi Tuos nutus praevolaturis; nec stimulat tantum, sed etiam vulnerat prona in venerationem pectora. Suaves tamen cicatrices, quas lenis Amoris infligit manus, mox vuleri antidotum allatura.

[8.] Et hoc est Tuae Lunae in Arcitenente exercitium, Archipastor Illustrissime! Hoc per Zodiaci Roxolani Olympia tam gloriosum Tuae Cynthiae agonium. Neque sua desunt huic Tuo Planetae etiam praesagia, non jam lividis spectanda palpebris, sed pura sinceritatis crystallo. O quam horrendam Caelestis Luna minatur tempestatem, quoties ambienti circumnectitur corona! At nec disparem etiam Tua Luna nobis portendit eventum, postquam tam splendida Archiplraesuleae Coronae circumdatur peripheria. Nimbos scilicet ominatur Horizonti Rossiaco, sed illos, quibus humana demergitur calamitas, gurgites minatur, sed qui afflictorum absorbent miseriam, torrentes pollicetur, sed quibus stagnat aurea Pactoli tempestas, irriguam Mohileanae Palladi appromittit grandinem, sed gemmeam, qualis illa nascente caelitus decidebat, densos praenuntiat imbres, sed saxeam Rossiacae telluris sterilitatem fecundaturos, largos denotat rores, sed in pretiosa unionum incrementa migraturos. O serenam tempestatem! O felix diluvium, per quod ad fortunatas licet navigare insulas! O desideratum naufragium, ubi in ipsis vorticibus portus est! O prognosticam tantae felicitatis Lunam, jam non Lunam, sed Solem meritissimum, nisi Lunam inde, quod per continua luminum crescat incrementa! Hos igitur faustos de Tuis Planetis eventus sibi Rossiacus gratulatur orbis. His felicissimis Tuorum syderum gaudet influxibus, hac subsistendi methodo Tuis Arcticis Polis Rossiacus innitur orbis, fatalem utinam vertiginem nunquam experurus.

[XIII.]

ARCTOS
HERBOWYCH PLANET,
która
Lub wszytkich planet mnóstwo w zachód godzi,
Lecz ona sama nigdy nie zachodzi.

Epigraphe:

VERTITUR, NON OCCIDIT.[207]

Bój się ty, komu polorowne cudnie
 Płochej fortuny jaśnieje południe,
Ażebyś po tej wesołej pogodzie
 Na posępnym się nie oparł zachodzie.
5 Rącze albowiem Phaetonta cugi
 Chociaj jaśnieją pięknie przez dzień długi,
Lichy je jednak wieczór na to czuły
 W nocne zapędza chmur ciemnych makuły.
Arabskie chociaj jaśnieją minery[208]
10 Wypogodzonym glansem złotej cery,
A przecie i tam mrokiem swym rdza snadnie
 Na drogocenny kruszec gwałtem padnie.[209]
Miga się pięknie marszałkowa słońca,[210]
 Cóż, kiedy wieczór dniowi chciwy końca
15 Jasność gaszące wybuchnąwszy fale,
 Rumiane na niej pogasi korale?
Alternata to w świecie ta dziedziczy,[211]
 Że co tylko wschód luminarzów liczy,
Skrzydłami swemi ciemny zachód marnie
20 Te wszystkie lampy niebieskie[212] ogarnie.
Jedyna tylko ARCTOS tej jest cnoty
 Że ją niebieskich sfer lotne obroty
Nieshamowaną w biegu lecąc drogą,
 W zachód tetryczny skierować nie mogą.
25 Szczególna ona w jednej stojąc porze,[213]
 A w niegasnącym jaśniejąc splendorze,
Krętego niebios nie doznawszy biegu,
 Na zachodowym nie bywa noclegu.

Jedyna ARCTOS to miewa z natury,
30 Że jej zachodnie nic nie szkodzą chmury.
Mam już tu czego z affektem sowito
Tobie winszować, cny Metropolito.
Elizejska twa ARCTOS złotej cery
Takiej jest zawsze wspaniałej maniery.
35 Tym ją natura utalentowała,
By w ciemny zachód nigdy nie wpadała.
Rzecz jest jawna, że ARCTOS na północy
W swej polorownej jaśnieje karocy.
O, jako pięknie właśnie jak na probie[214]
40 To twoja ARCTOS wyraża na sobie
Północ posępnych nieznająca cieni,
Lecz najaśniejszych monarchów promieni
Okryta blaskiem, niechaj sama przyzna,
Jak się rossyjska cieszyła ojczyzna.
45 Ledwie wymówić językowi można,
Jak twa ARCTOS w glans monarszy zamożna
Jasnym promieniem otoczywszy skronie,
W całym wydała blask Septemtryjonie.
Tam słyszeć było, jak z twej mądrej mowy
50 Hurmem się lejąc potok nektarowy
Attyckie, które wonna Hybla liczy,
Wszystkim słyszącym przesyłał słodyczy.[215]
Któż to wymówić dostatecznie zdoła,
Jak tam twa ARCTOS swe obrotne koła
55 Jawnie kierując tam, gdzie sama chwała
W nieśmiertelności podwoje jechała?
Już tedy darmo, zachodzie zbyt żwawy,
Nocnych obłoków rychtujesz kurzawy,
Okropne darmo zawodzisz chmur szańce
60 Na gwiazd niezgasłych arktyczne kagańce.
Wszak wiesz, że ARCTOS takiej jest zacności,
Że się zachodniej nie lęka ciemności.
Silić się możesz w imprezach swych snadnie,
Jednakże ARCTOS w twe chmury nie wpadnie.
65 Któż by mi tu dał z wymownej Attyki
Słodkim zaprawne kanarem języki?
Jedyne źrzódło mądrości Atheny,
Gdzie twoi teraz mowni Demostheny,

Herodotowie, Homery, Solony,
70 Periklesowie, Ulissy, Platony,
Aristotele mądrzy, Theopompy?
O, gdyby waszej w krasomowstwie pompy
Liche me pióro dolecieć zdołało,
Na jakie by się vota zdobywało,
75 Jakie by tobie, Pasterzu i Panie,
Rymy pisało na powinszowanie!
Czcze, jednak pióro z mądrej Hypokreny
Wierszopiśmiennej nic nie piwszy weny[216]
Krótki ten rym, lecz w affect nieubogi,
80 Pod twe, Pasterzu, nisko ściele nogi,
Jeśli zaś w tępych rymach wykroczyło,
Wybacz, bo zdrojów kastalskich nie piło.[217]

[XIV.]

[1.] Nie to szczęście, przy pierwszym powitaniu świata tego wprzód na wypogodzoną *titulorum*[218] niżeli *caelorum* zapatrywać się *serenitatem*.[219] Nie to szczęście, zapalonymi *maiorum ceris*[220] w aemulacyją z samemi niebieskiemi wchodzić pochodniami; nie to szczęście, pokątnych chybiwszy cieni, *illustrissimis* albo *serenissimis* przed światem jaśnieć *titulis*.[221] Nie to szczęście, z Phaetontem słonecznemi przyodziawszy się promieniami, *ultra mortalium sortem*[222] na najwyższej sphaerze tak glansownym zajaśnieć południem, żeby cię ani ludzka *absque vindice radio*[223] dojźrzeć nie mogła powieka. Przyjdzie bowiem czas kiedy fatalny, a wszystkie gaszący luminarze zachód te polorowane śmiertelnym mrokiem zatłumiwszy blaski, to jawnie pokaże na oczy, że *vitrea omnis fortuna est, quo illustrior eo fragilior*.[224] A tak wyuzdaną na życie ludzkie wszystkie te *serenitates* zgasiwszy burzą, to tylko na mauzoleach zostawi epitaphium: *Cinis est quod ante micabat*.[225]

[2.] To mi raczej na gruntownym fundamencie wkorzenione szczęście, tak klarownym *in auge gloriae*[226] zajaśnieć polorem, żebyś nigdy posępnego nie doznał zachodu. To prawdziwe szczęście takim świecić promieniem, którego by *cruda fatorum immanitas*[227] tetrycznym nie zgasiła zmierzchem. A komuż *competentiori jure*[228] tej powinszować fortuny, jeżeli nie Świątobliwości Waszej, Jaśnie w Bogu Przeoświecony Archipasterzu? Twoja to ARCTOS herbowa tym się z natury szczyci przywilejem, że w jasnym swym cudna klarze na stoczystym lotnych sfer obrocie do posępnego się nigdy nie skłania zachodu: *VERTITUR NON OCCIDIT*.[229] Ona to niezhamowanym opierając się obrotom, wybornie sobie może ową *vendicare gloriae tesseram: VERTOR NON EVERTOR*.[230]

Et licet assidua rapitur vertigine caelum
Syderaque alta trahit, celerique volumine torquet.
Nitor in adversum: nec me qui caetera vincit
Impetus: et rapido contraria devehor orbi.[231]

[3.] Jaśniejesz, Świątobliwość W[asza], na wysokich praeeminacyjach właśnie niby *in auge gloriae*,[232] ale nie tak nas wypogodzona Twa uwesela *serenitas*,[233] żeby nam, strzeż Boże, *tristi praesagio*[234] o posępnym swym miała kiedy prognostykować zachodzie. *Vertitur non occidit*. Nie zna zachodu ani śmiertelnych cieni wysokich cnót *serenitas*. Owszem, *virtus post fata superstes*[235] niby wonna róża *et decerpta dabit odores*[236] albo jako Syren *contemnit tutus procellas*,[237] lubo *inter delphinas Arion*[238] z burzliwych nawałności do nieśmiertelnego płynie portu. Pięknie poeta:

Musisz szturm tracić natarczywy jadzie,
Cnota nie zwykła podlegać przysadzie.
Lecz do niezwiędłej krocząc zawsze sławy,
Łatwo odłoży sztych na siebie żwawy.[239]

[4.] Zapieczętowało już i Twoim, Archipasterzu, cnotom nieśmiertelności przywilej dobrze znające *rerum pretia*[240] *consistorium* niebieskie.[241] Sama sława, *virtutis gloria merces*,[242] górnolotne swe pióro w hojnych portach *religioso* Świątobliwości W[aszej] *jugo totoque laborum pondere* wyciśnionych[243] omoczywszy, niewyglozowanym wieczności charakterem imię Świątobliwości W[aszej] w nieśmiertelne wpisała *annales*,[244] że się słusznie szczycić możesz:

Iamque opus exegi, quod nec Iovis ira, nec ignes,
Nec poterit ferrum, nec edax abolere vetustas.
Cum volet illa dies, quae nil nisi corporis huius
Ius habet, incerti spatium mihi finiat aevi.
Parte tamen meliore mei super alta perennis
Astra ferar, nomenque erit indelebile nostrum.[245]

[5.] Niech tam rzymskich zwycięzców dzielność, tryumfalnym wozem do swego chwalennie wjeżdża *Capitolium*. Świątobliwości W[aszej] sama ARCTOS herbowa pięknym tocząca się wieczności cyrkułem, triumfalny do nieśmiertelności sprawuje pojazd, gdzie nie poczwórne królów zhołdowanych cugi,[246] jako zuchwała onych zwycięzców jeżdżała[247] *arrogantia*[248] ani lwów zaprzężonych[249] nieujeżdzona srogość, ale niby *triumphales quadrigae*,[250] cztery praeeminencyje[251] *temperantissimis tuae modestiae habenis frenatae*,[252] przykrym cnót gościńcem do nieśmiertelnego Świątobliwość W[aszą] wiozą *Capitulium*. SIC ITUR AD ASTRA.[253]

[6.] Przykra wprawdzie do nieśmiertelności droga. *Non est virtuti mollis ad astra via*.[254] Niebezpieczny gościniec, gdzie *mille per insidias iter est et monstra ferarum*.[255] Trzeba przez tak wiele do szczęśliwego nieśmiertelności kresu przedzierać się *difficultates, per cornua Tauri Haemoniosque arcus*,[256] *violentique ora Leonis*.[257] Nie lęka się jednak tych nieprzebytych trudności herbowa Świątobliwości W[aszej] ARCTOS, która *vertitur non occidit*.[258] Niestraszne herbowej Lunie *zodiaci monstra*,[259] gdzie na wyostrzone *cornua Tauri*[260] są wstrętem niestępiałe Księżyca rogi.[261] Na tęgie *Haemonii arcus* cięciwy herbowa świeci do nieśmiertelnej mety godząca Str⟨z⟩ała, która *vim vi retundet et ictibus ictus*.[262]

[7.] Jedźże już, Archipasterzu, szczęśliwie fortunnym Księżyca Twego kołem, *Arcticis* Twoich Gwiazd *axibus triumphalibus quatuor honorum quadrigis*[263] do pożądanego, a cnotom Twoim zamierzonego nieśmiertelności kresu. Niechaj Ci trakty śnieżystym zakwitnąwszy narcyssem *Lacteam viam tuis moribus concolorem*[264] reprezentują. Niechaj długofortunnych lat, dni, momentów i wszelkich pomyślnych pociech *satellitia*[265] w nierozdzielnej z Świątobliwością W[aszą] idą komitywie. Niechaj przezorna niebios *Providentia*[266] wszystkie Świątobliwości Waszej na tym honorze ułacnia trudności. Niechaj słodkim pomyślnych pociech nektarem przykre osładza piołuny. Niechaj Athlantowej na dźwiganie takiego ciężaru dodaje siły. Wiemy, jak ciężka jest archipasterska mitra, w której *nullus unio, qui non sit sudor, nullus adamas, qui non sit terebra.*[267] Dobrze onej ciężar jeden poeta, barziej niż *Themidis* szalą zważył, gdy drogocenne w niej diamenty Zyzysowym utytułował kamieniem:

Si scires, quanti plenum est diadema pericli
 Sysiphei malles ponderis esse reus.[268]

[8.] Niechaj przeto do dźwigania takiego ciężaru łaskawe nieba niezmordowanych Świątobliwości W[aszej] sił dodają. Niechaj sama *assistrix divinarum sedium Sapientia,*[269] sama, mówię, przedwieczna Boga *Sophia*[270] siedmiu kolumnami,[271] które już cnotom Twoim *in trophaeum*[272] misterną w kathedrze metropolitańskiej wystrukturowała ręką, tak ciężką *honoris molem*[273] wspiera, wszelakie precz niefortunne oddalając obaliny.

[xv.]

A solis ortu ad occasum laudabile nomen.[274] *Psal*[*mo*] 112.

JAK TU BARŁAAM W POCZĄTKU I Z KOŃCA,
TAK BARŁAAMA ZNA WSCHÓD, ZACHÓD SŁOŃCA.

Burzliwym wichrem skołatany korab,
O, jako wielki ma do portu powa**B**!
Albo żelazo, choć rzecz nieużyta,
O, jako rączo magnesu się chwyt**A**!
5 Rannej Jutrzeńki jasnoświetny kolor
Tuż się słoneczny gwałtem ciśnie polo**R**.
Lękliwe ptastwo uchybiwszy sideł,
Rwie się do gniazda, choć pozbywszy skrzyde**Ł**.
Albo i dzikich zwierząt ciemna gwiazda
10 Z przykrych niewczasów przypędza do gniazd**A**.
Arktycznego jest ten przymiot promienia[275]
Rwie się do niego magnes z przyrodzeni**A**,
Mizerne nawet źdźbło zdeptane gminem
Skrytym powabem idzie za bursztyne**M**.
15 Jasne gdziekolwiek słońce się rumieni,
Tuż w tropy[276] podłość idzie marnych cien**I**.
A jakoż nie brać mnie przykład z stworzenia?
Jak od Twych szczodrych łask stronić promieni**A**?
Słońcem mi zawsze, Pasterzu, bywałeś,
20 Gdy mię, marny cień, przy sobie chowałe**Ś**.
Jam jest nikczemnym, twardym na kształt stali
Tyś mi magnesem, w niefortunnej fal**I**
Nawą zwątloną jestem, tyś mi Jazon
Tobie należy trymfalny scazo**N**.
25 Szczerym, rzec mogę, mnie elektrem byłeś,[277]
Gdy mię, źdźbło marne, w górę podwyższyłe**Ś**.
Któż może dojźrzeć, kto jest taki człowiek,
Choćby był samych Argusowych powie**K**,[278]
Jak jasny promień cieniom moim czyni,
30 Twa łaska serca mego monarchin**I**.

[XVI.]

Szczupłe To mojej uprzEjmości myto
Przyjąć cHętnie rAcz, cNy metropolito,
PIóro zAś górnej nieśWiadOme dRogi[279]
Za Swe defeKta lecI pod twe nogi.

Notes to *Arctos caeli Rossiaci*

1 *Arctos* – the Polaris or the constellation of the Little Bear. A metonymy used to refer to Jasyns'kyj's *Sas* coat of arms representing a gold Crescent, two Stars, and an Arrow on a blue field (background). Cf. introduction.

2 *simulacrum* – about the silent Memnon's statue as a symbol of discretion, connected with Harpocrates cf. Coustau's emblem *In statuam Memnonis in Aethiopia* (Coustau 1555: 33). Cf. also HERC II 10 and VI 2, 34–37.

3 *dulci* – an allusion to the emblem *Redit agmine dulci* ("It returns with a sweet stream")—see Harsdoerffer 1657: 10. Cf. also LUCRETIUS 6.635–637: "percolatur enimu virtus retroque remanat | materies umoris et ad caput amnibus omnis | confluit, inde super terras **redit agmine dulci**" ("for the pungency is trained off, the substance of the water oozes back, and all meets at the sources of each river, whence **it returns** over the earth in a moving **mass of sweet water**"—transl. W.H.D. Rouse). Lucretius belonged, however, not to the Academy (the ancient Platonic school) but to the Epicureans.

4 *Syrtibus* – for the metaphor of Sidra (ancient Syrtis Major) as particularly dangerous waters threatening to kill sailors see LUCANUS 1.498–500, 5.484–485, 9.301–302, and 9.861–862.

5 *silebo … excedunt angustias* – long, elaborated *praeteritio*.

6 *Catone* – i.e. *Cato Uticensis*. See VALERIUS MAX.'s chapter on *maiestas* (10.7–8).

7 *Harpocrati similior quam Tullio* – in Hellenistic religion Harpocrates was the god of silence and secrets; cf. VARRO (*Ling.* 5.57: "Arpocrates digito significat, ut taceam"); cf. also AUGUSTINUS, *De civ. Dei* 18.5. Here as the opposite of the eloquent Marcus Tullius Cicero. See also a similar concept in: *Idea Bonorum Pontificum* written in 1715 for the Catholic bishop of Samogitia, Paweł Sapieha: "Tacitum potius agit, quam Oratorem, Harpocrati similior quam Arpinati" ("[he] introduces a silent rather than a speaker, more like Harpocrates than Cicero"—transl. B.A.—see Ostrowski 1747: 237).

8 *orta* – the verse appears to be a travesty of the Jesuit Jacobus Pontanus's (1542–1626) hexameter "Flumina magna vides parvis de fontibus orta" ("You see great rivers flowing from small streams"—transl. B.A.)—see his paraphrasing travesties of OVID's poems in: Pontanus 1610: 1202. Javors'kyj replaces *magna* with *parva* to emphasize his humility.

9 *fundit* – cf. IUVENAL 14.298–299: "aurum | quod Tagus et rutila volvit Pactolus harena" ("the gold which Tagus and the ruddy Pactolus rolls along"—transl. G.G. Ramsay).

10 *Nil praeter umbram habet* – "It gives nothing but shade". Cf. SENECA, *Dial.* 7.17.2: "Cur arbores nihil praeter umbram daturae conseruntur?" ("Why trees cover nothing but shade?"—transl. B.A) and the emblem "Nil aliud ac umbra atque flatus est homo" ("Man is nothing but a shadow and wind") in: Veen 1607: 208.

11 LUMEN – according to Filippo Picinelli (1604–ca. 1679) "Immobilis ad immobilem lumen" ("immobile to immobile light") means *calamitia* (see Picinelli 1680: s.v.). Here, however, it is rather a modified *Symbolum* XXIV by Diego de Saavedra Fajardo (1584–1648): "Immobilis ad immobile numen" (see Saavedra 1651: 190–196), which indicates that a prince who protects religion (*religio*) is the soul of the country (*anima rerum publicarum*).

12 *Iustini* – Justin Martyr's feast day is 1 June in both the Catholic and Orthodox Church (14 June according to the Gregorian calendar).

13 *Sophus* – from the Greek adj. σοφός—wise, prudent. Cf. below another transcription of a Greek word—*sophia* from ἡ σοφία—intelligence, learning, wisdom.

14 *Honor* – written here with a capital letter, in contrast to the previous *honor*/*honores*. While *honor* means here a public honour or an official dignity (the office of the Kyiv Metropolitan), *Honor* is a personal virtue of Jasyns'kyj.

15 *cum integro exercitu Rossiaco* – the Metropolitan of Kyiv was elected not only by the clergy but also by representatives of the laity, in this case by the Cossacks (*exercitus Rossiacus*). Hetman Mazepa had the final say.

16 *Crimensem … Camillum* – i.e. convince Ivan Mazepa to become the Hetman. An allusion to the Crimean campaign. See ECHO VII 96 and the footnote.

17 *Czernihoviensem Antistitem* – Lazar Baranowyč.

18 *vellere Gedeonico* – an allusion to the biblical story of "putting out a fleece". The judge Gideon asked God for a miracle, wetting a fleece left outside his tents. The miracle helped Gideon to make the decision to start a battle against the Midianites. Jasyns'kyj associated Gideon with Metropolitan Gedeon Četvertyns'kyj. Javors'kyj comments on the election of Gedeon Četvertyns'kyj to the post of the Metropolitan of Kyiv in 1685. Četvertyns'kyj was appointed by the Patriarch of Moscow Joachim. In return, Četvertyns'kyj acknowledged the dominance of the Moscow Patriarchate over the Kyivan Metropolis. Jasyns'kyj unsuccessfully opposed Gedeon as Metropolitan, arguing that he was not recognized by the Patriarch of Constantinople. See the introduction.

19 *Echo* – Echo resided on Mount Cithaeron between Boeotia and Attica, not Laconia, but Javors'kyj seems to characterize rather her laconic style (though she speaks a lot, but always using only one word), not her origin.

20 ACCENDIT – cf. Melanchthon 1600: 182: "ipse filius Dei, sol iusticiae, lucet et accendit veram Dei agnitionem" ("The very son of God, the sun of justice, illuminates and ignites the true recognition of God"—transl. B.A.).

21 *Luno srebrzysta* – the Silver Moon was represented in Jasyns'kyj's coat of arms; it also means Diana.

22 *świecący koralem Phosphorze* – the Morning Star that shines on the coral reefs.

23 *w jednej sforze* – together; cf. "Wstydliwość z Cnotą chodzi w jednej sforze". Lubomirski 1995, VII 32, 6.

24 *Aspektów … tańce* – a reference to astronomy. Aspect was the angle between the planets.
25 *Vale* – "Farewell!" The closing formula of Latin letters.
26 *i wy … Cynozury* – Cynosura (here Ursa Minor) was the constellation in the northern sky that facilitated navigation. This is also a metonymy of Jasyns'kyj's coat of arms. Cf. introduction.
27 *herbowy Księżyc* – an allusion to Jasyns'kyj's coat of arms.
28 *ethezyjami* – "the stars". In Latin *etesiae* was the north-western wind on the Aegean Sea.
29 *Od … monarchinie* – in contemporary Polish "od monarchini" (from the queen, i.e. the Holy Virgin).
30 *Pod panieńskiemi rezydując stopy* – "beneath the feet of the Holy Virgin". A frequent motif in Orthodox and Catholic art. In the subsequent lines Javors'kyj alludes to this picture.
31 *mając na wstręcie glans tego promienia* – "odpierając przy pomocy blasku tego promienia" ("repulsing with the use of the shine of this ray").
32 *Arktycznym pięknie toczycie się kołem* – "you revolve just like the northern sky".
33 *Przeczystej* PANNY *otaczacie skronie* – a reference to the Woman of the Apocalypse: "a woman clothed with the sun, and the moon under her feet, and upon her head a crown of twelve stars", Apoc 12.1. The Orthodox and Catholics usually associated this image with the Virgin Mary. In early modern Catholic art numerous pictures, sculptures, and engravings popularized this image. Javors'kyj revokes these commonly known representations and builds here a sort of emblem. Javors'kyj used this image in his poem "Ты, облеченна в солнце, Дѣво Богомати" (*You, the Virgin Mother of God, are clothed with the sun*), Николаев 2014a, p. 359, Николаев 2014b, p. 620. See JAVOR.SERMONS, Sermon 1, ff. 452–452v.
34 *Planet* – i.e. Moon and Stars represented in Jasyns'kyj's coat of arms.
35 *sagacitas* – "prudence".
36 *per tubum opticum* – "with a telescope".
37 *veritatis indagatricem experientiam* – "by an experiment—the truth investigator". Cf. CICERO, *Tusc.* 5.5: "virtutis indagatrix" ("about philosophy").
38 *Non bene … micans* – "It is not good that what shines brilliantly will be considered gold, nor does the shimmering flame indicate the true price" (transl. B.A.)—a couplet otherwise unknown, possibly written by Javors'kyj.
39 *non levi rudimento* – "in a not easy first attempt".
40 *lumina linceis* – "lights of the Lynx". The constellation of the Lynx was formed by the Polish astronomer Johannes Hevelius in 1687 from 19 faint stars between the constellations Ursa Major and Auriga.
41 *oculis* – "with eyes".
42 *qualitates* – "qualities".

43 *ad lydium veritatis lapidem* – "according to the Lydian stone of truth/authenticity". Cf. HERC II 8 (footnote 17) and PEŁN VIII 74; XIII 81; XXI 11. Cf. PLINY, *NH* 33.47.

44 *Delphico verius oraculo* – "more truthful than the oracle of Delphi". In Antiquity, Delphi (Greece) was the seat of Pythia, the famous oracle. The sacred site was dedicated to Apollo.

45 *Non omnis ... lues* – "Not every light indicates the best nature, because from rotten wood usually rises some light in the evening, and such a great misfortune [appears] in the newts (stellions) under the light of the stars." On the lizards called *stelliones* in Latin see PLINY, *NH* 29.22, OVID, *Met.* 5.461, and ALCIATUS, *Embl.* 49: *In fraudulentos* ("Against cheaters").

46 *lucis et coloris fallit imago* – "The image of light and colour is misleading". Cf. Camerarius 1605: 38 (emblem 36: *Fallit imago sui*).

47 *fulgor ... ceras* – "The brightness softened the fragrant wax which held his wings". Cf. OVID, *Met.* 8.225–226: "rapidi vicinia solis | mollit odoratas, pennarum vincula, ceras" ("The scorching rays of the nearer sun softened the fragrant wax which held his wings"—transl. F.J. Miller).

48 *labem eluere* i *deplorare* – "blot out the defeat and mourn".

49 *cum papilione* – "with a butterfly".

50 *gravi gemitu* – "with a heavy moan".

51 *epiphonema*: *Heu species praeclata fefellit* – "a pun: ah! he was seduced by the very bright view". Cf. a very similar juxtaposition of Icarus with a butterfly and the sentence: "species praeclara fefellit" in: Boschius 1702: 16 (*classis III*, CXCIV).

52 *scommata* – "insults".

53 *exhilarant* – "they cheer us up".

54 *species praeclara fallere* – "a bright appearance caused their collapse".

55 *mathesis* – here: "astronomy/astrology". Javors'kyj probably alludes to the discovery of sunspots by Galileo Galilei (1564–1642).

56 *vindici radio* – "because of a vindictive radius".

57 *Sydera* – "stars".

58 *uberi copia* – "with immense fertility".

59 *fumosas maiorum ... imagines* – "dusty portraits of the ancestors".

60 *avorum cerae* – wax portraits of the ancestors; encaustic paintings common in the ancient Mediterranean world. Javors'kyj did not know this painting technique and understood *cerae* as wax figures which could be burnt like candles or melt like Icarus's wings.

61 *cognatus ignibus fumus detestabili labe* musiał *contaminare* – "a relative of fire—smoke—pollutes with a scarlet blight".

62 *meliori vicissitudine* – "by a better vicissitude, fate".

63 *flammas* – "flames".

64 *arescunt lacrimae* – "the tears dry".

65 *sudum et sine nube serenum* – "clear and without any clouds serene [weather]".

66 LUCIS – i.e. *noctua*. See Picinelli 1680: 167 and *Applicationi varie*.

67 *Pactoli tempestas* – cf. CLAUDIAN, *In Rufinum* 1.101–103: "Non Tartessiacis illum satiarit arenis | tempestas pretiosa Tagi, non stagna rubentis | aurea Pactoli" ("Him nor the sands of rich Tagus' flood by Tartessus' town could satisfy nor the golden waters of ruddy Pactolus"—transl. M. Platnauer). "Pretiosa Pactoli tempestas" is used here as a metaphor for gold, because Pactolus contained gold and especially electrum ("white gold"), a natural alloy of gold and silver, that was the basis of the economy of the ancient kingdom of Lydia, one of the very first states which used the alloy to produce coins (see HERODOTUS 1.94). Pactolus was also recognized as a gold-producing river in Roman poetry, e.g. according to OVID (*Met.* 11.140–144) mythical Phrygian king Midas divested himself of the golden touch by washing himself in the river. Cf. also PEŁN V.III 3; VI 480; XVIII 3; XXII.A 164.

68 *Nerones* – an allusion to *Nero*.

69 *custodia* – in Greek mythology the Garden of Hesperides, which produced golden apples, was guarded by the Hesperides, nymphs of the evening, and by the immortal, never-sleeping, hundred-headed dragon Ladon.

70 *tutela* – when Phrixus arrived in Colchis riding on a golden ram sent by his mother, Nephele, to rescue him, he sacrificed the animal to Zeus and gave the king of the country, Aeëtes, the Golden Fleece of the ram, which the king hung in a tree in the holy grove of Ares, guarded by a dragon that never slept.

71 *gazophylacio* – from Gr. γαζοφυλάκιον, i.e. treasury.

72 *Ilias malorum* – Lat. translation of Gr. Ἰλιὰς κακῶν—an expression used by many ancient Greek authors (e.g. Aeschines, Eustathius, Plutarch, and Synesius) to emphasize the great misfortune and/or troubles (see Erasmus 2017: 166, no. 193).

73 *Patrona Veritate, quae Veroniae, non Placentiae nata* – a pun that alludes to the names of two Italian towns, Piacenza (Placentia) and Verona: speaking the truth (*vero*) was born in Verona, and does not have anything to do with talking to please somebody (*placeo*—to be liked). Javors'kyj borrowed this conceit from a popular collection of Latin epigrams by a Polish Jesuit Albert Ines (1619–1658)—see Ines 1686: *Acroamata*, LXX: "Quis ad aulam aptus. | Aula Placentinis, non Veronensibus apta est. | Qui placitura loqui novit, hic aulicus est." ("Who is suitable for court? The court for the citizens of Piacenza, is not for the Veronese. He is a courtier who can speak what pleases"—transl. B.A.).

74 *Critolai lance* – see: *Critolaus*; cf. GELLIUS 9.5, 6. For Critolaus's scale see CICERO, *Tusc.* 5.51: "Quo loco quaero, quam vim habetat libra illa Critolai, qui cum in alteram lancem animi bona imponat, in alteram corporis et externa, tantum pro-

pendere illam bonorum animi lancem putet, ut terram et maria deprimat" ("And at this point I ask for the meaning of the famous balance of Critolaus, who claims that if in one scale he puts the good that belongs to the soul, and in the other the good that belongs to the body and good things which come from outside the man, the first scale sinks so far as to outweigh the second with land and seas thrown in as well"—transl. J.E. King).

75 *Aquilarum sobolem* – cf. a similar metaphor about the Holy Roman Emperors Ferdinand II and III by Gevartius (Jean Gaspard Gevaerts) in: Goltzius 1645: 407: "**haud degenerem** sese tot fortissimorum Caesarum ac Victricium Augustae Domus Austriae **Aquilarum sobolem** esse commonstrarunt".

76 *Parthorum victoriam* – Javors'kyj refers probably to the Battles of Ctesiphon and Samarra in June AD 363, won by the Romans, but because the Roman Emperor Julian was struck in the side by a spear and died from his wound three days later, the Sasanians (who took power in Iran after the fall of the Parthian Empire) who had fled the Roman army a few days earlier, surrounded them and forced the new emperor Jovian to accept the humiliating terms of a truce (for the battle see Dignas, Winter 2007: 34–37). For Javors'kij's sources see e.g. Goltzius 1645: 148 and 150, however Goltzius writes about Persians, not Parthians.

77 *In Cancro Sol eluxerat* – i.e. election on 1 June 1690.

78 *quadrigae* – the god Sol (Helios) in a quadriga (a chariot drawn by four horses) was very popular in ancient Roman art, including the reverses of many Roman imperial coins (in particular from the third century AD). In early modern times this image became popular in representations of triumphs.

79 For *pumilio* (a dwarf or pigmy) as a symbol of weakness or powerlessness see MARTIAL 1.43.10 and 14.213.2.

80 *Emminet … ignis* – a contamination of two of Ovid's verses: the first (pentameter) taken from OVID, *Epist.* 12.38, the second (hexameter) from OVID, *Met.* 4.64: "Its flame shines forth its own betrayer" and "the more they covered up the fire, the more it burned" (transl. G. Showerman and F.J. Miller).

81 *expedi* – an inexact quotation from SARBIEWSKI, *Lyr.* I 2, 2–3: "Et moestum gemitu pectus, et hispdis | frontem nubibus expedi".

82 *provehitur Capitolium* – cf. HORACE, *Carm.* 3.30.1 and 7–9: "Exegi monumentum aere perennius | … usque ego postera | crescam laude recens, dum Capitolium | scandet cum tacita virgine pontifex" ("And now 'tis done: more durable than brass | My monument shall be … | … Ever new | My after fame shall grow, while pontiffs climb | With silent maids the Capitolian height", transl. J. Conington). HORACE, *Carm.* 3.30.1 and 7–9.

83 *altum* – cf. the first two verses of Alciato's emblem *Obdurandum adversus urgentia*: "Nititur in pondus palma, et consurgit in arcum; | quoque magis premitur, hoc mage tollit onus."

84 *Ornos* – a quotation from CLAUDIAN, *Carm. min.* 22.35–40: "'tis the Alps he shakes, the summit of Rhodope he harasses. Never doth the lightning strike the humble willows nor do the modest shrubs deserve the Thunder's angry bolt; lofty oaks and aged elms are his victims" (transl. M. Platnauer).

85 *INOCCIDUA SEQUOR* – "I follow what never goes down". According to Picinelli 1680 (*Applicationi varie*) the answer is "calamity" (Calamitia); cf. Saaveda 1651: *Symbolum* XXIV.

86 *Rossyjską nawę* ("the Russian ship") – the ship of the Kyivan (Ukrainian) Church.

87 *Marnie straciła ... runo* – see above, ARCT III 63.

88 *Eole!* – Javors'kyj used here the Latin vocative instead of the Polish one ("Eolu!").

89 *Hippotades drugi* – cf. OVID, *Met.* 4.663–665: "Clauserat Hippotades Aetnaeo carcere ventos | admonitorque operum caelo clarissimus alto Lucifer ortus erat" ("Now Aelus, the son of Hippotas, had shut the winds in their everlasting prison, and the bright morning star that wakes to their toil had risen in the heavens"—transl. F.J. Miller).

90 *karę odniesie* – "poniesie karę" ("will be punished").

91 *w swojej porze* – "w swoich niezmiennych rozmiarach" ("in its constant size").

92 *Ach, już zuchwały Jazon ... świeci na Empirze* – an allusion to Četvertyns'kyj's death.

93 *Matnia jadowitą swą paszczękę ... pożarła* – probably a reference to the hell's mouth, represented on the icons with the Last Judgement.

94 *przed wroty* – "przed wrotami [dnia]" ("at dawn").

95 ARCTOS *miasto Cynozury* – meaning: we are protected by Jasyns'kyj's coat of arms instead of Cynosura.

96 *communes querelas* – "common complaints".

97 *inclementiam fatorum* – "unfavourableness of the fate".

98 *meliori talione* – "with a better remuneration".

99 *gravi ictu* – "with a serious blow".

100 dają *pharmacum*: *omne Deus dulci sanat medicamine vulnus* – "they give a drug: God cures all wounds with a sweet medicine".

101 *Hei mihi, cura nulla dolor est medicabilis arte!* – "Alas, sorrow cannot be cured by any medicine." Cf. OVID, *Pont.* 1.3.25: "Cura quoque interdum nulla medicabilis arte est" ("Sorrow too can find at times no skill that will cure it"—transl. A.L. Wheeler).

102 *convenienti antidoto* – "with a proper antidote".

103 *Discite sanari ... tulit* – "Learn healing from the one who inflicts dangerous wounds on you: one hand alike wound and succour." An inexact quotation from OVID, *Rem.* 43–44: "Discite sanari, per quem didicistis amare: | Una manus vobis vulnus opemque feret" (Learn healing from him through whom ye learnt to love: one hand alike will wound and succour"—transl. J.H. Mozley).

104 *grandi pectoris tormento* – "in severe torment of the heart".
105 *indumentum laetitiae* – "the robe of joy".
106 roxolańska *Metropolis* – the Kyiv Orthodox Metropolis.
107 *maestum sol ... aequore* – SARBIEWSKI, *Lyr.* I 2, 9–10 ("The Sun that now hangs down this head, | With joy from blushing Thetis bed | I'th' morne will rise."—transl. G. Hils).
108 *antecessorze* – the ancestor, i.e. Petro Mohyla.
109 *claritas* – "brightness".
110 *sine nube* – "without a cloud".
111 *Sol sta, ne moveare* – "Sun, stand thou", Jo 10.12 (KJV).
112 *derelictis orphanis* – "to the abandoned orphans".
113 *absque cura salutis* – not caring about salvage.
114 *luminum Parens* – the Father of the lights, i.e. Jupiter.
115 *serenae diei nuntias* – heralds of a serene day.
116 *wolnemi* nulla reclamante senatu *głosami ... wystawiony* – appointed without any objection by the free vote of the council.
117 *luminare maius* – the greater lamp.
118 *tandem plena maiestate* – finally in your full majesty.
119 *in plenitudine Lunae* i *felici sydere* – as the full moon and the lucky star.
120 *ad augem* – to the light of the sun.
121 *Ardua ... equi* – "The first part of the road is steep, up which my steeds in all their morning freshness can scarce make their way." OVID, *Met.* 2.63–64 (transl. F.J. Miller).
122 *ale samym znamy experimentem* – "znamy z doświadczenia" ("we know from our experience").
123 *sereniorem Rossiae Phoebum tot eligentium conatus* – the efforts of so many electors [made you] the more serene Phoebus of Russia.
124 ledwie *violento motu ad augem honoris* zdołały *sublevare* – they were able to elevate you to the gleam of the honour (honourable office) almost by force.
125 *magnarum molium natura est difficile in altum erigi* – the nature of the great weight is that it is difficult to lift.
126 *nomine et virtute spargis* – enlighten with your name and virtue.
127 *Safe under this sky* – possibly inspired by the emblem *Secura suis radicibus* ("Safe thanks to its roots")—*Symbolum II* in: Philotheus 1677: 3.
128 *Macedonis* – i.e. Alexander the Great.
129 *inter astra referri* – The ship *Argo*, after its successful voyage, was translated into the sky and turned into the constellation Argo Navis.
130 *VELLUS GEDEONICUM* – see above, III 63.
131 *industria* – cf. *industria in agendo* (diligence/efficiency in action) as one of virtues of a commander-in-chief in Cicero's *Manil.* 29: "Neque enim solae sunt virtutes

imperatoriae quae vulgo existimatur, labor in negotiis, fortitudo in periculis, celeritas in conficiendo, consilium in providendo."

132 *Bucephalum* – According to PLUTARCH (Alex. 6) Alexander the Great broke the horse Bucephalus (i.e. "ox-head") when he was 12 or 13. Previously, nobody had been able to break the animal.

133 *Caelum ... amor* – a modified fragment of an epigram by the Jesuit Claudius Seripandus *De sancta Maria Gagdalena* cited by Possevino 1594: 209–210: "Spes malus, gemitus flamina, vela preces, | Temo timor, remi curae, pudor anchora, merces | Unguentum, comites crimina, rector amor" ("the hope [is] the mast, the groan—the breeze, the prayers [are] the sails, the fear [is] the pole, the concerns [are] the oars, the modesty—the anchor, the oil—the goods, the faults—the crew, the love is the helmsman").

134 *Hybleam* – i.e. from Hybla.

135 *invidia* – An epigram by Owen 1682: 96 (no. 190): "Virtue is always followed by two Genii in the world: one good, the other bad—glory and envy" (transl. B.A.).

136 *Lydio Veritatis lapide* – Lydius lapis—a black siliceous stone used to test gold and silver for purity, a touchstone.

137 *dentes* – *Theoninus dens*—the blade of satire, because Theon was mentioned by HORACE (*Epist.* 1.18.82) a satirical poet.

138 *Harpocrati* – see above, II 5.

139 *injurius* – the *-ius* ending suggests either a neuter singular or an adverb. A masculine form *injurior* would be much better here.

140 *ex effectibus agnoscimus* – cf. "a fructibus congoscetis eos" Mt 7.16 (Vulg.). "Ye shall know them by their fruits" (KJV).

141 reliquisset – cf. "[Augustus] iure sit gloriatus marmoream se relinquere, quam latericiam accepisset". SUETONIUS, Aug. 28.3: "[Augustus] justly boast that he had found it [i.e. Rome] built of brick and left it in marble"—transl. J.C. Rolfe.

142 *Memnones* – see above, II 2 and HERC II 10.

143 *auro ducale* – i.e. ducats (initially "duke's coins" or "duchy's coins")—the most popular gold coins in the 17th century.

144 *libro viventium* – cf. "the book of life", Apoc 13.8 and 21.27

145 *ex ungue leo* – a Latin proverb, cf. ECHO XII 39.

146 *celeusma* – from Greek τὸ κέλευσμα—"order, call, command".

147 *Niebopodobna Szkół Kijowskich sphera* – an unprecedented vault of the Kyivan Schools.

148 *Correxit orbem* – he improved the world.

149 *Psalmus 93* – actually the quotation is from Ps 95 (96).10: "Dominus regnavit etenim, Correxit orbem qui non movebitur iudicabit populos in aequitate" (Vulg.); "the Lord reigneth: the world also shall be established that it shall not be moved: he shall judge the people righteously" (KJV).

150 *podziemne ... tarasy* – the underworld (Hades).

151 *nieprzechodne ... Gady* – meaning: there was no possibility of travelling farther west than Cádiz.

152 *kołowrót niebem ociężały* – in verses 6–10 Javors'kyj summarized the early modern notion of the construction of the universe. He imagined it as an armillary sphere: the Zodiac (*zodyjak k⟨r⟩ęty swemi pasy*) and other celestial bodies circulated around an axis which was fixed at the Northern Pole (*arktyczne sfer górnych zawiasy*).

153 *machinę* – cf. "Atlas en ipse laborat | vixque suis umeris candentem sustinet axem". OVID, *Met.* 2.296–297: ("See, Atlas himself is troubled and can scarcely bear up the white-hot vault upon his shoulders"—transl. F.J. Miller); Javors'kyj replaced here sing. *cadentem axem* with the plural and changed the adjective: *labentes axes.*

154 *dziła* – "dzieła".

155 *z Nijobą dziw, że nie skamiała* – cf. "Nie dziwuję *Nijobie*, że na martwe ciała. | Swoich namilszych dziatek patrząc, skamięniała." KOCHANOWSKI *Treny* IV 17–18 ("But no, all's changed; for when a father's eyes | See what Niobe saw, he petrifies." Transl. S. Barańczak, S. Heaney); "Dziatek płacząc Nijobe sama skamieniała" KOCHANOWSKI *Treny* XV 26.

156 *Surowy morderca!* – nominative in the function of the vocative: "Surowy morderco!"

157 *kaukazowy ... filar* – i.e. a pillar made of stone.

158 *język drętwieje* – cf. CATULLUS, *Carm.* 51.9: "lingua sed torpet" ("the tongue is stiffening up").

159 *Twardsza nad Marpez* – harder than a rock. Cf. "Jako Marpes i skała owa na Sypilu | Przy uporze i swoim sadzi się fortylu." Twardowski 2007: 43, lines 177–178.

160 *ręką Libityny* – a fixed phrase in Polish literature in the 17th century, cf. S.I. Jacobi, *Śmiertelny w kotwiczowskim polu cyprys nielutościwą* ***Libityny ręką*** *przy opłakanym ześciu Kazimierza Radomickiego zaszczepiony*, Poznań: Drukarnia Akademicka, 1690 (the title).

161 *Lernie* – Hydra lived in Lerna.

162 Cf. *Hipokreny ... Kameny* – cf. "Nie chcę Kasztalu, nie chcę Hipokreny, | Fraszka z Pegazem dziewiętne Kameny." KOCHOWSKI, *Utwory*, p. 64, lines 5–6.

163 Tać to *amica* jest *musis aurora*! – "This friend is the dawn for the Muses".

164 *Ktoś tam ... słońcu pochlebuje ... mianuje* – meaning: some people praise the Sun (i.e. Apollo) as the master of the sciences and arts.

165 *Horacyjusz Sarmacki* – "the Sarmatian Horace"—a nickname of the poet *Maciej Kazimierz Sarbiewski.*

166 *Sique ... monilium* – SARBIEWSKI, *Lyr.* IV 13, 1–4 ("If mournful eyes could prevent

| The evils they so much lament | Sidonian pearls or Gems more rare | Would be too cheap for ev'ry tear." Transl. G. Hils).

167 *Fecunditas* – fertility. In old print a "hypercorrect" form: *faecunditas*.

168 *Ceu … fletibus* – SARBIEWSKI, *Lyr.* IV 13, 5–6 ("But moyst'ned woes grow fresh and new, | As corne besprinkled with the dew." Transl. G. Hils).

169 *duritiem fatorum emollire* – to mitigate the hardness of fate.

170 *re et nomine petram* – the rock in word and in things. Cf. Mt 16.18.

171 *gutta cavat lapidem* – drops of water hollow out a stone. OVID, *Pont.* 4.10.5 (transl. A.L. Wheeler).

172 *finiit in odoribus aevum* – see OVID, *Met.* 15.400: "finitque in odoribus aevum" ("so ends his life amidst the odours"—transl. F.J. Miller); Javors'kyj has changed the tense from *praesens* to *perfectum* (*finiis*—has ended).

173 *prodiit de cinere Phaenix* – the phoenix has risen from the ashes.

174 *z popiołu kryształ* – a frequently used topos in Polish literature in the 17th century. It was used as one of the main motifs in a conceit sermon preached for the funeral of Katarzyna Radziwiłłowa by the Jesuit Wojciech Cieciszewski. Javors'kyj might have read this sermon. Cf. "Kryształ z popiołu ukazany przy początku pogrzebu jaśnie oświeconej księżny Katarzyny z Potoka Radziwiłowej". Cieciszewski 1643: the title.

175 *corpore de patrio similem Phaenica renasci* – you are reborn from your native body similar to the Phoenix.

176 *uno avulso … metallo* – when one branch is broken off, there is no shortage of another golden branch, and the branch is covered with leaves of a similar metal.

177 *górnej Jerozolimy* – the heights of Jerusalem = Paradise.

178 *petram* – the rock.

179 *Rzeczpospolita Roxolańska* – "the Roxolanian Commonwealth"—the term reflects the republican ideas of the Polish-Lithuanian Commonwealth.

180 *scientiarum moles* – great quantity of sciences.

181 *in solida basi* – on a solid base.

182 *jako niegdy Indianów, drogim ubogaca kamieniem* – an allusion to the legend of Barlaam and Josaphat told in the *Pełnia*. A precious stone that played an important role in this story. Cf. PEŁN VI.

183 *chryzolitem* – "perido" (Pol. *peridot* or *chryzolit*) is mentioned in the Book of Revelations as one of the layers of the foundations of the Heavenly Jerusalem. Cf. Apoc 21.20 and Cesi 1636: 568, who says the chrysolite is native to India and Arabia, combines the colour of gold and the sea, shimmers like a star under the sun, and is also effective against demons.

184 *Themidis lance* – "the scales of justice (Themis)".

185 *Sapientia nobilior est omni lapide pretiosa* – "Wisdom is more noble than any precious stone".

186 *koronatowi izraelskiemu* – David who killed Goliath.

187 *przypisuje panegyres* – "ascribes the panegyrics [to him]".

188 *carneum Philistinorum ... fundavit* – "When he saw the Philistine stronghold Goliath, with one stone he founded the state". The allusion to David, who after killing Goliath was elected the King of Israel.

189 *rempublicam literariam* – "the republic of letters", i.e. the Kyiv College.

190 *caliginem* – "darkness".

191 *quidquid sum, possum, habeo* – "anything I am, I can, I have".

192 *veteri Deucalionis arte* – "with the ancient art of Deucalion".

193 *saxa faciam traxere virorum* – OVID, *Met.* 1.412: "the stones took on the form of men" (transl. F.J. Miller).

194 *originem* – "origins, beginnings".

195 *Et documenta ... nati* – "And we testify what are the origins of our birth".

196 *abeston* – asbestos. An obsolete form of the Greek *asbestos* (ἄσβεστος)—"unchangeable, inextinguishable" and as a noun "unslaked lime" or a mineral used in funeral pyres (see PLINY, *NH* 37.146). In the Latin elegy in PEŁN XIV 2 Javors'kyj developed this concept.

197 *qui semel ... flamma* – "which, when once catches fire, it is never dying down and its flames shine forever". Cf. "Nam semel accensus conceptos detinet ignes, | Extinguique nequit, perlucens perpete flamma". Marbodius 1511, *Libellus*: 19 (Ccc2r.). Javors'kyj probably used some later miscellany with this quotation like Bornitz 1678: 29 or the work of the medieval writer Thomas of Cantimpré (Cantimpratensis) *De natura rerum* where this fragment is cited.

198 *TUTUS* – Cf. "Omnis in Angelico cardine tutus homo." Golt 1712: 273: ("every man safe in the axis of angels"—transl. B.A.).

199 *auge* – from Greek ἡ αὐγή—light of the sun, a bright light.

200 *rapit ... torquet* – cf. OVID, *Met.* 2.70–71: "assidua rapitur vertigine caelum | sideraque alta trahit celerique volumine torquet" ("the vault of heaven spins round in constant motion, drawing along the lofty stars which it whirls at a dizzy speed"—transl. F.J. Miller).

201 *Averni* – cf. VERGIL, *Aen.* 6.126: "facilis descensus Averno" ("the easy descent to Avernus", i.e. the underworld).

202 *fumat uterque* – cf. OVID, *Met.* 2.295–296: "fumat uterque polus! Quos si vitiaverit ignis, | atria vestra ruent!" ("the heavens are smoking from pole to pole. If the fire shall weaken these, the homes of the gods will fall in ruins"—transl. F.J. Miller).

203 *asymbolo* – from Gr. ἀσύμβολος—without contribution, to which no one brings anything.

204 *Est via ... Tonantis* – a quotation from OVID, *Met.* 1.168–170 ("There is a high way, easily seen when the sky is clear. 'Tis called the Milky Way, famed for its shining

whiteness. By this way the gods fare to the halls and royal dwelling of the mighty Thunderer"—transl. F.J. Miller).

205 *Tuae Cynthiae* – an allusion to Jasyns'kyj's coat of arms and the goddess Diana—cf. SENECA, *Herc. Oet.* 641; LUNCANUS 1.218, 2.577.

206 *asymbolum* – cf. XII 6.

207 *Vertitur, non occidit* – it revolves but never sets. Cf. the emblem *Non occidit unquam* ("It never disappears") in Verani 1679: 163.

208 *Arabskie ... minery* – "Arabian minerals, precious metals"—i.e. gold which was associated with Arabia Felix. In Antiquity countries in Arabia acted as intermediaries in the sale of gold and precious stones.

209 *Snadnie ... upadnie* – cf. "U Fortuny to snadnie, | Że kto stojąc upadnie." KOCHANOWSKI, *Pieśni*, I 9, 13–14 ("It's easy for Fortune: | One who stands, has fallen."—transl. M.J. Mikoś).

210 *marszałkowa słońca* – the Evening Star.

211 *Alternata to w świecie ta dziedziczy* – "The changeability in the world has this feature".

212 *lampy niebieskie* – stars and planets.

213 *ona w jednej stojąc porze* – sense: Arctos (i.e. the North Star) does not change her position regardless of the time of the day or year.

214 *jak na probie* – it shines like gold checked if it is genuine.

215 *attyckie ... słodyczy* – the rhetorical speeches. An allusion to the Attic style in Greek rhetoric.

216 *Hypokreny ... weny* – cf. "Bowiemeś w tym mistrz i wiesz, skąd te weny | Niebieskie płyną—znając się sam na tym. | Wiesz, gdzie Parnasy, wiesz gdzie Hipokreny ..." TWARDOWSKI, *Paskwalina*, pp. 3–4, lines 9–11.

217 *zdrojów kastalskich nie piło*—Cf.

> Wybaczcie, mądrzy, iże prostej weny
> Nie kosztowała brzeczki z Hippokreny
> Ani mądrego w Kasztalijskim zdroju
> Piła napoju.
>
> KOCHOWSKI 1991: 164, lines 9–12 (*Muza słowieńska na koronacyjej ... Michała Króla polskiego ... anno 1669*)

218 *titulorum* – of the titles.

219 *caelorum ... serenitatem* – "the good weather of the heavens".

220 *maiorum ceris* – wax portraits of the ancestors (cf. ARCT V 4).

221 *illustrissimis ... serenissimis ... titulis* – with the aristocratic titles.

222 *ultra mortalium sortem* – "behind the fate of the mortals".

223 *absque vindice radio* – "without the inquiring beams". Javors'kyj refers to the

ancient theory of visual perception (the emission theory), also accepted by early modern science. According to this theory, the eyes generated the eye beams that were responsible for noticing the seen object.

224 *vitrea ... fragilior* – a fortune is like glass: the more it shines, the more fragile it is. Cf. "Fortuna vitrea est: tum cum splendet frangitur". SYRUS, *Sententiae* F 26.

225 *Cinis est quod ante micabat* – "What shone previously, now is the dust". Cf. Masen 1681: 771 (13), who cities "Mors omnes aequat" ("death makes everyone equal") as synonym for the lemma used by Javors'kyj.

226 *in auge gloriae* – in the gleam of glory.

227 *cruda fatorum immanitas* – the harsh ruthlessness of fate.

228 *competentiori jure* – more justly.

229 *VERTITUR NON OCCIDIT* – "it passes but does not end". See Ferro 1623: 53 (about Ursa Minor).

230 *vendicare gloriae tesseram: VERTOR NON EVERTOR* – to acquire the song of glory: I pass but do not perish.

231 *Et licet ... orbi* – see OVID, *Met.* 2.70–73, where the original sequence of verses begins with "furthermore" (*Adde, quod*) instead of "one may" (*et licet*) and there is *contrarius* instead of the plural *contaria*, as well as the verb *evehor* instrad of *devehor* with almost the same meaning: "Furthermore, the vault of heaven spins round in constant motion, drawing along the lofty stars which it whirls at a dizzy speed. I make my way against this, nor does the swift motion which overcomes all else overcome me; but I drive clear contrary to the swift circuit of the universe" (transl. F.J. Miller).

232 *in auge gloriae* – "in the glow of glory".

233 *serenitas* – "serenity".

234 *tristi praesagio* – "with a sad premonition".

235 *virtus post fata superstes* – "virtue survives death".

236 róża *et decerpta dabit odores* – "even the plucked rose will smell".

237 *contemuit tuta procellas* – "scorned the storms safely".

238 *inter delphinas Arion* – "Arion between the dolphins".

239 The source of the quotation is unknown.

240 *rerum pretia* – "the worth of [your] deeds".

241 *consistorium* niebieskie – the heavenly council (i.e. the Holy Trinity).

242 *virtutis gloria merces* – "glory, the prize for virtue".

243 *religioso ... pondere* wyciśnionych – by the religious yoke and all the weight of your squeezed works.

244 *annales* – "annals".

245 *Iamque ... nostrum* – almost the last verses of OVID, *Met.* 15.871–876: "And now my work is done, which neither the wrath of Jove, nor fire, nor sword, nor the gnawing tooth of time shall ever be able to undo. When it will, let that day come

which has no power save over this moral frame, and end the span of my uncertain years. Still in my better part I shall be borne immortal far beyond the lofty stars and I shall have an undying name" (transl. F.J. Miller).

246 *Poczwórne … cugi* – quadrigas used by the Romans in the ceremonial triumphs. Captured enemies ("królowie zhołdowani") were led behind the general's quadriga.

247 *jeżdżała* – cont. Pol.: ujeżdżała.

248 *arrogantia* – arrogance.

249 lwów zaprzężonych – in some ancient representations of triumphs (e.g. of Cybele and Attis) the quadriga was drawn by lions.

250 *triumphales quadrigae* – "triumphal quadrigas". Cf. VI 9.

251 *praeeminencyje* – four cardinal virtues, i.e. prudence, justice, fortitude, and temperance. See: HERC.

252 *temperantissimis … frenatae* – "restrained by the bit of your modesty".

253 *SIC ITUR AD ASTRA* – "So one goes to the stars". See e.g. Veen 1624: 7. The motto used also in the inscription in the icon of ECHO X.

254 *Non est … via* – there is no easy way from the earth to the stars. Cf. "Non est ad astra mollis e terris via". SENECA, *Herc. f.* 437

255 *mille … ferarum* – the road goes through thousands of perils and ferocious monsters. Javors'kyj makes an allusion to astrology and the dangers caused by an unfavourable position of the stars and planets. Cf. OVID, *Met.* 2.78: "per insidias iter est formasque ferarum" ("amid lurking dangers and fierce beasts of prey"—transl. F.J. Miller).

256 *Haemoniusque arcus* – the constellation of Sagittarius.

257 *Difficultates … Leonis* – through difficulties, the horns of the threatening Bull (Taurus), the Haemonian bow, and the maws of the violent Lion. Cf. OVID, *Met.* 2.80–81: "Per tamen adversi gradieris coruma Tauri, | Haemoniosque arcus, violentique ora Leonis" ("still shalt thou pass the horned Bull full in thy path, the Haemonian Archer, the maw of the raging Lion"—transl. F.J. Miller).

258 *vertitur non occidit* – "it passes but does not end".

259 *zodiaci monstra* – "beasts of the zodiac".

260 *cornua Tauri* – "the horns of Taurus".

261 są wstrętem niestępiałe Księżyca rogi – unblunted horns of the Moon are the obstacle (for the sharp horns of Taurus).

262 *vim … ictus* – "it responds with force to force and blow to blow".

263 *Jedźże … Arcticis Twoich Gwiazd axibus triumphalibus quatuor honorum quadrigis* – go in the triumphal quadrigas of the Stars of the northern heavens. Javors'kyj uses here an ambiguity of the Latin noun *axis*, which can mean a pivot, a chariot, Ursa Major, and the heavens. Cf. ARCT VI 9.

264 *Lacteam viam tuis moribus concolorem* – the Milky Way similar to your mores.

265 *satellitia* – "guards".
266 *providentia* – "providence".
267 *nullus unio ... sit terebra* – "there is no pearl that is not sweat, there is no damask that is not a borer" (transl. B.A.).
268 *Si scires ... reus* – "If you knew, how many perils the crown consists of, you would rather choose the Sisyphean burden" (transl. B.A.). A distich commonly used in the early modern schools, cf. Verinus 1541: 368.
269 *assistrix divinarum sedium Sapientia* – "Wisdom, the assistant of the God's throne".
270 *Sophia* – "Wisdom".
271 *siedmiu kolumnami* – the seven pillars of Wisdom, cf. "Wisdom hath builded her house, she hath hewn out her seven pillars", Prv 9.1.
272 *in trophaeum* – "as a trophy".
273 *honoris molem* – "the burden of the office".
274 *A solis ... nomen* – "From the rising of the sun unto the going down of the same the Lord's name is to be praised." Ps 113 (112).3.
275 *Arktycznego ... przymiot ... promienia* – a property of the ray of the Pole Star.
276 *Tuż w tropy* – just after them.
277 *mnie elektrem byłeś* – you were like amber for me (i.e. you attracted me).
278 *Choćby był samych Argusowych powieK* – if he had Argus's eyes.
279 *PIóro zAś górnej nieśWiadOme dRogi* – my quill pen that does not know the routes in heaven.

4

Pełnia nieubywającej chwały (1691)

FIGURE 25 The frontispiece of the *Pełnia nieubywającej chwały*. BKUL, shelfmark P. XVII.611
PUBLIC DOMAIN

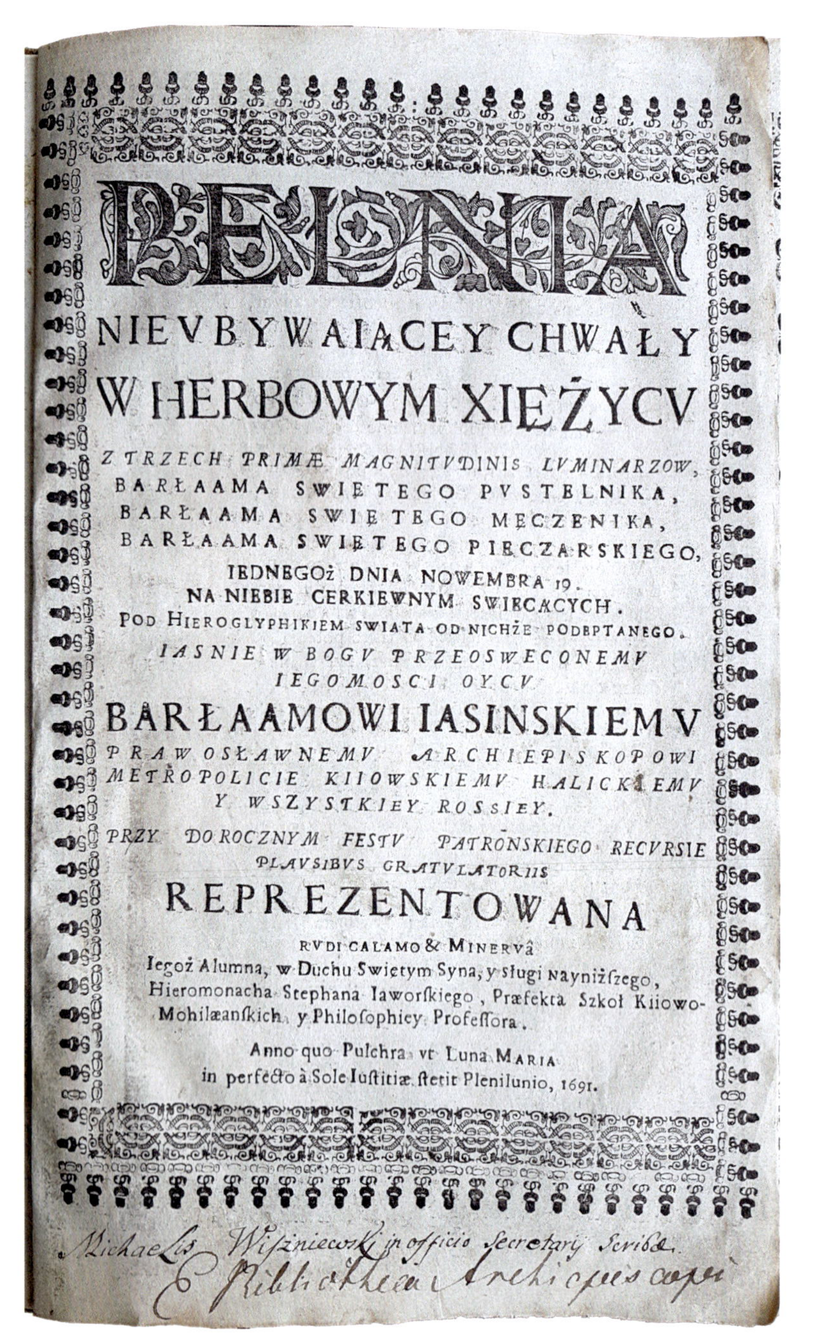

PEŁNIA

NIEVBYWAIACEY CHWAŁY

W HERBOWYM XIĘŻYCV

Z TRZECH PRIMÆ MAGNITVDINIS LVMINARZOW,
BARŁAAMA SWIĘTEGO PVSTELNIKA,
BARŁAAMA SWIĘTEGO MĘCZENIKA,
BARŁAAMA SWIĘTEGO PIECZARSKIEGO,
IEDNEGOż DNIA NOWEMBRA 19.
NA NIEBIE CERKIEWNYM SWIECACYCH.
POD HIEROGLYPHIKIEM SWIATA OD NICHŻE PODEPTANEGO.

IASNIE W BOGV PRZEOSWECONEMV
IEGOMOSCI OYCV

BARŁAAMOWI IASINSKIEMV

PRAWOSŁAWNEMV ARCHIEPISKOPOWI
METROPOLICIE KIIOWSKIEMV HALICKIEMV
Y WSZYSTKIEY ROSSIEY.

PRZY DOROCZNYM FESTV PATRONSKIEGO RECVRSIE
PLAVSIBVS GRATVLATORIIS

REPREZENTOWANA

RVDI CALAMO & MINERVÂ
Iegoż Alumna, w Duchu Swiętym Syna, y sługi Naynižszego,
Hieromonacha Stephana Iaworskiego, Præfekta Szkoł Kiiowo-Mohilæanskich, y Philosophiey Professora.

Anno quo Pulchra vt Luna Maria
in perfecto à Sole Iustitiæ stetit Plenilunio, 1691.

FIGURE 26 The title page of the *Pełnia nieubywającej chwały*. BKUL, shelfmark P. XVII.611
PUBLIC DOMAIN

PEŁNIA

NIEUBYWAJĄCEJ CHWAŁY

W HERBOWYM KSIĘŻYCU

Z TRZECH PRIMAE MAGNITUDINIS LUMINARZÓW,[1]

BARŁAAMA ŚWIĘTEGO PUSTELNIKA,[2]

BARŁAAMA ŚWIĘTEGO MĘCZENIKA,[3]

BARŁAAM ŚWIĘTEGO PIECZARSKIEGO,[4]

JEDNEGOŻ DNIA NOWEMBRA 19

NA NIEBIE CERKIEWNYM ŚWIECĄCYCH,

POD HIEROGLYPHIKIEM ŚWIATA OD NICHŻE PODEPTANEGO

JAŚNIE W BOGU PRZEOŚW⟨I⟩ECONEMU

JEGOMOŚCI OJCU

BARŁAAMOWI JASIŃSKIEMU,

PRAWOSŁAWNEMU ARCHIEPISKOPOWI

METROPOLICIE KIJOWSKIEMU, HALICKIEMU

I WSZYSTKIEJ ROSSYJEJ.

PRZY DOROCZNYM FESTU PATROŃSKIEGO RECURSIE

PLAUSIBUS GRATULATORIIS[5]

REPREZENTOWANA

RUDI CALAMO ET MINERVA[6]

jegoż alumna, w Duchu Świętym syna i sługi najniższego, hieromonacha Stephana Jaworskiego, praefekta Szkół Kijowo-Mohilaeańskich i philosophijej professora.

Anno, quo Pulchra ut Luna Maria
In perfecto a Sole Iustitiae stetit Plenilunio,[7] 1691

[I.][8]

Przed trzecim nadchodzącym dniem[9] BOGARODZICY
Ofiarowania TRÓJCY trzyletniej DZIEWICY
Trzech świętych BARŁAAMÓW dzień święci jedyny
Wiodących ku JEDNEMU W TRÓJCY na wchodziny:
5 PUSTELNIKA Z KAMIENIEM nioszacowanym
Do korony niebieskiej JOZAPHOWI danym;
MĘCZENNIKA z ofiarą w ręku gorającą,
Nie bałwanom, lecz BOGU z serca pałającą;
PIECZARSKIEGO też wciela ANIOŁA świętego
10 Senatorską swą jasność w ciemność kryjącego.
BOGU W TRÓJCY JEDNEMU ci zajedno świecą,
Kto ich ma za patronów, temu pomoc wzniecą.
Świecą li herbowe co Gwiazdy i grot Strzały,
Patronowie dopełnią ci światłem swej chwały.[10]
15 Miesiąc jeśli herbowy nie był dotąd w pełni,
Wstąpienie nań PATRONÓW pewnie[11] go dopełni,
Zwłaszcza że ten u PEŁNEJ ŁASKI[12] pod nogami
Miesiąc[13] jest z stojącemi na nim PATRONAMI.
Lecz wstępując na Miesiąc, świat to po⟨d⟩eptali,
20 W którym makuł trojakich zarazę być znali:
Żądzę ciała, a oczu łakomstwo i pychę,
Zdeptali ci trzej w świecie, te marności liche.
Przetoż od BOGA W TRÓJCY mają trzy korony,
Do których i ich alumn[14] będzie przypuszczony.

[II.]

W nowembrze Strzelca znak jest niebozodiaczny,
W tymże z Strzałą Barłaam jest Męczennik znaczny.
Krzyż z piórami miłości, z znakiem Trójcy wzgórę
Strzałę mu czyni,[15] nie masz i w niebie nad którę.[16]
5 Do łuku niebieskiego ta Strżała jest chciwa,
Z tym jej tejże miłości związek jest cięciwa.
Jeśli niebieski zdziałan łuk[17] promieniem słońca
Złączy z nim strzałę ręką płomieniem świecąca.
Przy tym gwiazd dwie w noc światłe, Pustelnik z Pieczarnym
10 Barłaamowie świecą dwa w habicie czarnym:
Jeden z drogim kamieniem wiary Cerkwie Wschodniej,
Świeci jako Jutrzenka z strony antipodniej.[18]
Drugi z krzyżem zakonnym, kryjąc jasność w cienie
Świeci jakby też Gwiazdy Wieczornej promienie.
15 W tych znakach trzech patronów czcząc, alumn się zniża
Z Luną, podnóżkiem Panny,[19] co ku Trójcy zbliża.[20]

[III.]

NA KLEJNOT, W KTÓRYM MIESIĄC, GWIAZD DWIE, STRZAŁA.
SPOJŹRZY[21] TU, JAKIE ZNAKI WLEWA CHWAŁA.
Luna sub pedibus eius. *Apocalyp*[*sis*][22] 12

1.

Przeczystej MATKI BOŻEJ Miesiąc jest podnoże,
Przy nim Gwiazd dwie i Strzała, cóż tu znaczyć może?
Gwiazdy światła są nocne: tak wiara z nadzieją
Tylo w życiu śmiertelnym pomagać umieją.
5 Wiarę słusznie przeznacza pierwsza Gwiazda Rannia,
Bo Wiara dzień zaczyna od grzechu powstania.
Druga Gwiazda Wieczorna przeznacza nadzieje,
Bo przy życia zachodzie ufnością jaśnieje.
Strzała w górę lecąca jest Miłość ku Bogu.
10 Z tym tu Miesiąc pokory u MARYJEJ nogu.[23]

2.

Przy Miesiącu dwie Gwiazdy z Strzałą w tym klejnocie
Służą też i trzech świętych BARŁAAMÓW cnocie.
Jutrzenka BARŁAAMA znak jest PUSTELNIKA,
Bo przezeń krztu świętego wschód Indom wynika.
5 Wieczorna Gwiazda, która mrok nocny przynosi
BARŁAAMA MIESZKAŃCA ciemnych PIECZAR głosi.
Strzała zaś MĘCZENNIKA jest znak BARŁAAMA,
Bo go ostry ból w niebo niósł jak strzała sama.
A Miesiąc, że znak bywa fortunnej odmiany,[24]
10 Więc w nim ten znak od tych trzech świętych podeptany.

3.

Vespere et mane et meridie narrabo et annunciabo, et exaudiet vocem meam. Psal[mus] 54[25]

[3a.] W wieczór, rano, w południe BOGU W TRÓJCY chwała,
W starości, z młodu, w pół lat by zawsze jaśniała.
Na sercu korzącym się jak Miesiąc ku nogu,
Na to zorze tu: późna i rannia po rogu.
5 Na to zmierza i Strzała ku słońcu do góry,
Swym indexem skazując południe bez chmury.

4.
Dum tua Virgineis compeltur Luna cothurnis,
Illinc crede mihi totum compleverit orbem.

[4a.] Gdy srebrzyste Księżyca herbowego rogi
Za podnóżek pod czyste Panny ścielesz nogi,
Wiedz zapewnie, Pasterzu, że się to wypełni,
Iż twój Księżyc trwać będzie w jasnej zawsze pełni.

5.
Horribiles procul hinc Ecclypses! Jam Tua ridet
Nubila virgineo Cynthia pressa pede.

[5a.] Już twemu Księżycowi od jasnego Phaeba
Światła (jako zwykł czynić) zasięgać nie trzeba.
Wielka jest mu dość światłość w HONORZE nadana,[26]
Większa, gdy nań wstąpiła SŁOŃCEM PRZYODZIANA.[27]

6.
Flectitur in dubium fortuna volubilis orbem,
Nec solet in certo fixa manere loco,
Ast tua dum medium praesentant stemmata circum,
Fortunam stabilem quis neget esse Tuam?

[6a.] Na obrotnym fortuny kto się wspiera kole,
Co był przed tym wysoko, wnet będzie na dole.
Tu jednak gdy się zjawia półmiesięczna sphaera,[28]
Pewnie stałej fortuny prognostyk zawiera.

7.
Caelestis procul hinc erratica sydera sphaerae,
Haec ad virgineos sydera fixa[29] pedes.

[7a.] W mnóstwie planet niebieskich takie się znajdują,
Które astrologowie błędnemi mianują.[30]
Tu na planetach stoją Matki Bożej nogi.
Toć pewnie błędnej światła te nie znają drogi.

8.

Plenior ut radiet totum quoque compleat orbem,
Virgineo voluit Luna subesse pedi.
Phaebe, vale, dixit, fraternum[31] linquo serenum,
Pro Te virgineus pes mihi Phaebus erit.

[8a.] Aby piękniejszym luna promieniem jaśniała
Jedynym się podnóżkiem Matce Bożej stała.
Jakoż pewnie słonecznych glansów jej nie trzeba:
Sama stopa panieńska stanie jej za Phaeba.[32]

9.

Plus quam Delphica sunt oracula[33] verba Tonantis,[34]
Non bene quae rutilant lumina tecta micant.

[9a.] Tylko t⟨o⟩ż wam przystało, jasnoświetne zorze,
Na tak wspaniałym jaśnieć z Księżycem honorze.
Prywatnie[35] wasz wrodzony splendor tracić szkoda,
Wszak świecący luminarz w kącie kryć nie moda[36]
I skrycie glansem świecić nie byłoby zgodnie.[37]
Któż bowiem w kącie kryje świecącą pochodnię?[38]

10.

Cosdroae Caelos[39] jactat memoranda vetustas
Quos bene Daedalea struxerat arte manus.
Sed tua Rossiacum gestat dum lumina caelum
Et Luna, et Stellis, te quoque Sole micat.

[10a.] Już przy twoich planetach świecących tak jaśnie
Niebo sztucznie zrobione Kozdroasza gaśnie.[40]
Któż albowiem lepszego tu nie przyzna nieba,
Gdzie przy Lunie i Gwiazdach sam staniesz za Phaeba?[41]

11.

Depressa magis consurgit in altum.

[11a.] Pospolicie tym strzała wyżej wylatywa,
Im więc niżej cięciwa naciągniona bywa.
Gdy tu spięta tak nisko cięciwa z planety,
Pewnie Strzała nie chybi pożądanej mety.

12.

Non humilis te meta decet Praenobile Telum
    Quod superat Astra Tuo niteris esse sinu.
Defuerit sed meta tuae si forte Sagittae
    En patris in meta cor Tibi sternit amor.

[12a.] Widzę, że prosto w niebo, lotna Strzało, mierzysz.
    Nim jednak w onę metę niebieską uderzysz,
Otoć miłość pasterska serce swe w cel kładnie,[42]
    Byś była z nim gdzie sam Bóg, który sercem władnie.

[12b.] In idem.

Że za metę masz niebo, któż temu nie wierza?[43]
    Oto i twa herbowa Strzała tamże zmierza.
Jakoż pewnie się oprzesz, Grocie, tam być chciwy[44]
    G⟨d⟩yć sam Księżyc jest miasto łuka i cięciwy.

[IV.]

Do Jaśnie w Bogu przeoświeconego Jego Mości Ojca
BARŁAAMA JASIŃSKIEGO
prawosławnego archiepiskopa
metropolity kijowskiego, halickiego
i wszystkiej Rossyjej,
Pana, Patrona, Pasterza, w Duchu Świętym Ojca
i Dobrodzieja swego

[1.] Już dziś chwalebnie *implevit orbem*[45] Twój prześwietny Księżyc, jaśnie w Bogu przeoświecony Pasterzu, a mnie wielce Miłościwy Panie. Zawszeć wprawdzie ten jasny luminarz na roxolańskim horyzoncie takim przy swej glansownej cerze świecił splendorem, że mógł sobie wybornie ową *vendicare gloriae tesseram*: ***SEMPER IN AUGE***.[46]

[2.] I lubo na tym ziemskim krążąc zodyjaku *per monstrosas* nieraz mu przyszło przedzierać się *difficultates*:[47]

> per adversi gradiendo cornua Tauri
> Haemonisque arcus, violentique ora Leonis,[48]

nigdy jednak na niego takowe paść nie mogło *opprobrium*,[49] żeby albo *famosam ecclypsim*,[50] albo jakiej nieforemnej w swym polorownym klarze miał doznać *decrescencyjej*.

[3.] Daleko barziej *ab hoc ictu*[51] bezpiecznym, *ab hac crisi*[52] wolnym teraz zostaje, kiedy nie już od słońca *solita praxi*[53] zwyczajnego *suae rotunditatis* zasiąga complementu,[54] ale od trzech *primae magnitudinis*[55] luminarzów, Barłaamów świętych, patronów Twoich, szczęśliwą będą udostojony Pełnią *perfecto*,[56] bo *trino fulgore*[57] przed światem się popisuje.

[4.] Sil się teraz, jako chcesz, ćwiczona w charontowej mathematyce[58] źrzenico, abyś przez ciemnofałeczną zazdrości swej persepktywę[59] w tych jasnoświecących planetach zmyślne jakieś czy upatrzyła, czy wmówiła *phaenomena*[60] albo *verius invidiae dogmata*.[61] Wierz mi jednak, że prędzej ciekawa popędliwego wzroku bystrość glansowną od świetnych luminarzów przytępisz repercussyją, a niźlibyś *irritis conatibus*[62] tam co wskurać miała, gdzie *unita lumini virtus fortior*[63] zostawszy, tym snadniej twą żwawą zrazić może natarczywość, im zwyczajnie bywa *majoris activitatis qualitas in gradibus intensis*.[64] Tracić tam musisz niepochybnie Twój popędliwy szturm, natarczywy jadzie, gdzie i sama herbowa Strzała tamże na pogotowiu[65] polorowanym świecąca Grotem, *vim vi retundet et ictibus ictus*.[66] Wzbudzaj, jako chcesz, złośliwy swym zębatym trydentem, Neptunie, *decumanos fluctus*,[67] żeby *dextrum Scilla latus, levum implacata Charybdis obsideat*.[68] Wszystkim jednak tym *insultibus* herbowa prześwietnego Księżyca pharos fatalnym stawszy się szkopułem (*impavidam ferient procellae*),[69] tym klarowniej w cymmeryskich zazdrości zajaśnieje umbrach, im wydatniejsza bywa pospolicie *contrariorum oppositio*.[70]

[5.] To, tedy, chwalebne Twego herbowego Księżyca *plenilunium*[71] miasto powinnej przy dzisiejszej uroczystości daniny, przy należytym powinszowaniu umyśliłem przed Twym, Miłościwy Panie, konspektem, reprezentować, czyli *verius*[72] adumbrować lichym tym enthuzjazmem. *Tua de tuis tibi offero*,[73] wiedząc dobrze, iż tym *gloriosus est propriis niti decoribus*, im *probrosius*[74] jakaś tam u Horacyjusza[75] *alienis ornata cornicula plumis movit risum furtivis nudata coloribus*.[76] Pójdzie to wprawdzie *sub rigidam censuram*,[77] żem się ważył na tak świetny luminarz z nieprzemytą *in Tullianis fontibus*[78] i w kastalskich albo hypokreńskich wieszczych zdrojów cysternach źrzenicą *licentiosis ausibus*[79] wglądać, zwłaszcza wiedząc, że *magna lumina et accensae cerae*[80] częstokroć śmiałe oko *vindici fulgore*[81] zraziwszy, to *philosophicum oraculum*[82] rzetelnie objaśniają, iż *sensibile excellens corrumpit sensum*.[83] Łatwa jednak w tym wymówka, bo lichego dowcipu *tarditas*,[84] gdzież, proszę, *convenientius* tępe miała *explorare et expolire visus*,[85] jeśli nie *ad fulgores*.[86] I lubo ją *Atticae noctuae*[87] pielęgowało gniazdo, nie tak jednak tu są ostre herbowego planety promienie, żeby *noctuae etiam obtutibus*[88] wstręt jaki dać miały, za większe to sobie poczytając chwały *argumentum*,[89] że poufałym na się każdemu dadzą wejźrzeć okiem.

[6.] I nie dziw, Miłościwy Panie, że z tą jakąkolwiek Twych herbowych planet stępiałym piórem okryśloną adumbracyją przed Twój *audaci gressu*[90] ważyłem się targnąć konspekt. Gdzież bowiem liche umbry z swym się ciemnym zwykły pospolicie popisywać pozorem, jeśli nie przy wielowładnej Gwiazd i Księżyca gubernie? Przyznam, że tu nie ów drogi patrona Twego Barłaama świątego chryzolit na wiązanie przy dzisiejszej uroczystości w Twe się wprasza ręce. Dasz jednak i na to, Miłościwy Panie, wzgląd łaskawy, wiedząc, iż moja niewolnicza *gratitudo*[91], *tot titulis et nexibus tuo nomini obstricta*,[92] nic kosztowniejszego w rekompensę w zubożałych swych nie znajduje argenteriach oprócz słów *amoris interpretes et unica sinceritatis dogmata*,[93] któremi gdy *de condigno*[94] z należytego hołdu wypłacić się niepodobna (zwłaszcza gdy *nec tua postulat remunderandi vicem, nec mea suggerit restituendi facultatem fortuna*[95]). Tedy przynamniej *de congruo*[96] niewolniczy wypłacając haracz z powinną kilka periodów, acz *rudi et simplici Minerva*,[97] na powinszowanie odzywam się *circumductyją*, która *parvi* będąc w sobie *momenti*, stąd chyba wielkiego nabędzie waloru, gdy ją pańska Twa ręka łaskawie przyj⟨ą⟩wszy, niepospolitym w tej mierze utalentuje honorem. A tak już, Miłościwy Dobrodzieju,

Accipe qua veniunt non qualia munera mente[98]

Lichą kartę do łaskawej ręki, a siebie samego pod pańskie rzucając stopy z tym się deklaru⟨j⟩ę, żem jest

[7.] świątobliwości Waszej Panu memu Miłościwemu
Pasterzowi, w Duchu Świętym Ojcu
Patronowi i Dobrodziejowi
Wszelkich dóbr cale życzliwym bogomodlcą w Ś[więtym] Duchu Synem
alumnem i sługą najniższym,
niegodny hieromonach Stephan Jaworski P.S.K.Ph.P.[99]

[v.]

DIVO BARLAAMO ANACHORETAE

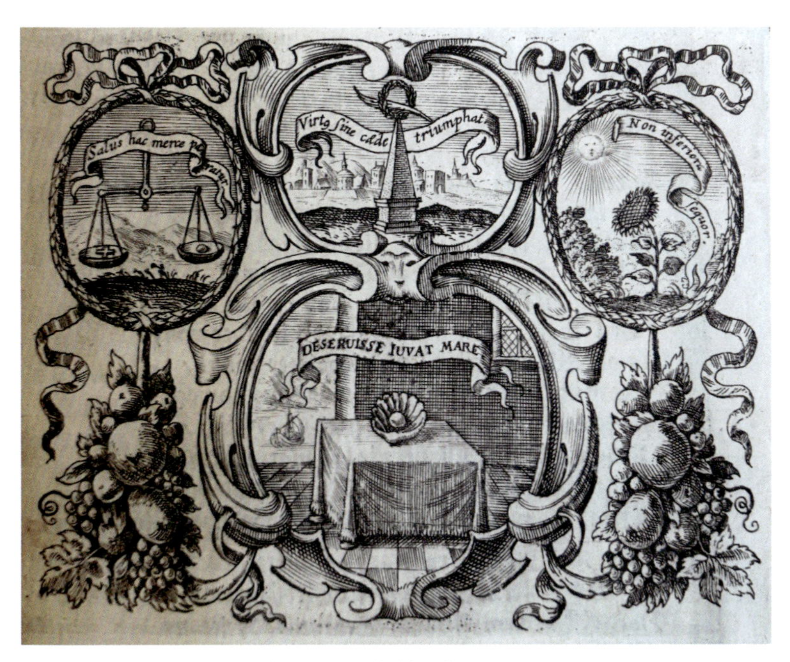

FIGURE 27 Icon 1 in the *Pełnia*. BKUL, shelfmark P. XVII.611
PUBLIC DOMAIN

1.

Podobne jest królestwo niebieskie kupcowi
    Szukającemu perły drogiej, CHRISTUS mowi.[100]
Azaż tego nie widzim podobieństwa znamię
    Skutkiem samym na tobie,[101] święty BARŁAAMIE?
5 Znalazłeś perłę, droższej nad którą nie trzeba
    Indom – wiarę podobną do kupienia nieba.

2.

Większą perła ma cenę, opuściwszy morze,
    W większym i BARŁAAMA cnota stąd walorze.
Opuściwszy ocean, świat i w nim syreny,
    Patrz jak skarbi na puszczy perłę wielkiej ceny
5 I Indyjej królestwu perłę drogocenną,
    Patrz, jak misternie wprawia w koronę zbawienną.

3.

Precz, indyjski w szacunku[102] Hydasp znamienity,[103]
Co z swych nurtów wylewsz drogie chryzolity.
Precz i Paktol, i Ganges znaczne w swojej cenie,[104]
Co drogie wylewacie Indyjej kamienie.
5 Święty BARŁAAM, droższy skarb nad złote Tagi
Dał perłę Indyjanom niebopłatnej wagi.

[VI.]

Jeśli niebios przychylnych dobroć niepojęta
Znaczne komu w szafunek zleciła talenta,
Stóocznym się natychmiast Argusem stać trzeba,
By nie zbłądzić w szafunku powierzonym z nieba,
5 Mieć na to wprzód wzrok bystry, aby przez prywaty[105]
Do znacznej nie przyść skarbów i siebie utraty
Albo żeby kto w jakich wsidlony ponętach
Po zakopanych głupie nie deptał talentach,[106]
Za który po tym skarbów mniej mądry szafunek
10 O jak ciężki musiałby dać Panu rachunek!
Więc aby w tym surowej nie podlegać karze,
Macie żywą przestrogę, skarbów swych, szafarze:
Barłaama świętego – cud rzadko widany.
Ten mając skarb na puszczy nieoszacowany,
15 Mając klejnot rozumem niepojętej wagi,
Różnych przemysłów, różnej zażywa odwagi,
Byle tylko ten drogi skarb nad chryzolity
Na bezludnej pustyni nie był marnie skryty.
Jakie zaś miał ten święty kupiec stąd intraty,
20 Czytaj, kto nie chcesz w skarbach podobnych mieć straty.

Tam skąd Phaebus rumiany z Jutrzenką powstaje
Są obszerne wszelakiej obfitości kraje
W nazwisku swym Indyja. Temi niegdy strony
Władnął tyran poganin, Awenir rzeczony,
25 Prześladowca Chrystusów. A skoro Lucina
W królewskich mu kolebkach przywitała syna
Nazwano go Josaphem. „Cóż mądrzy wieszczkowie?"
Że „ma być Chrystusowym sługą", każdy powie.
Zasmuci się król wielce, słysząc tę nowinę.
30 Więc żeby mógł uchronić swą miłą dziecinę
Od wiary Chrystusowej, każe nowe mury
Misternym wywieść gmachem, gdzie w piękne struktury
Syna każe wprowadzić i tam ku wygodzie
Piastunów i pacholąt nadobnych w urodzie
35 Przystawiwszy, zakazał, by w tym gabinecie,
Gdzie się chował królewic, nikt a nikt na świecie
Oprócz onych nie postał; aby ni frasunku
Ni chorób, ni boleści, śmierci ni trefunku

Jemu nie kłaść przed oczy, żeby każdej chwili
40 Pomyślne przy rozkoszach miewał krotofili.
Rośnie dziecię w podwojach przepysznej struktury,
Żadnej nigdy posępnej nie uznając chmury.
A jak latorośl gdy już w liście się oblecze,
Za tym i fruktem oko ucieszy człowiecze.
45 Tak i dziecię im dalej do lat przychodziło,[107]
Tym się barziej ojcowskie serce stąd cieszyło,
Widząc, że w nim wspaniała z natury maniera
Do wielkich zawsze rzeczy impet swój zabiera.[108]
Prędko po tym nabywszy przy swej pojętności
50 W ethyjopskich i perskich naukach biegłości,
Młodzieniec począł myślić, co za potajmeny
W tym jest sekret, że go ten gmach w sobie foremny
Trzyma z rodzicielskiego w rzeczach ordynansu,
Światowego za murem nie dając mu glansu
55 Miłą zażyć rozrywką. Z jakiemi myślami
Zwierzy się tym, co nad nim byli piastunami
A potym i rodzica z wielką czcią dziecina
Śmie pytać, co by była tego za przyczyna.
Sturbuje s⟨i⟩ę wprzód ociec z owego pytania
60 Wszakże widząc synowską do poszanowania
Wielką skłonność. „Dlatego – rzecze – w tej klawzurze
Ciebie trzymam, mój synu, żeby twej naturze
Nie przypadło nic a nic przeciwnego zgoła,
Co by przyćmić ci miało pogodnego czoła."
65 „Wiedź o tym – syn odpowie – najmilszy rodzicu,
Że żadnych nie obaczysz odtąd na mym licu
Znaków myśli wesołej, jeśli za fortecę
Nie każesz mi wychodzić, gdzie bym kontentencę
Serca mego odbierał,[109] pasąc ckliwe oczy,
70 Jako piękną strukturą ten świat w krąg się toczy."
Wielce się tu z tej mowy ociec poturbuje,
Co by czynić w tej mierze[110] sobie ruminuje,
Myśląc, że gdy mu wyścia z gmachów nie pozwoli,
Z czasem sama tesknica zwędzi go powoli.[111]
75 A tak ociec po długim, ckliwym rozmyślaniu
Musiał wolę swą skłonić ku jego żądaniu.
Miawszy tedy od króla Josaph pozwolenie,
Jeżdżał często na prospekt, gdzie uweselenie

Dopiero miał steskniony, patrząc na żywioły
80 I jak pięknemi ziemia przyodziana zioły.[112]
A w tym swym przejeżdżaniu z bożego zrządzenia
Napadnie na dwu mężów pełnych skaleczenia.[113]
Jeden ślepy był, drugi trędowaty w licu,
Dziwna rzecz, że pomogli obaj królewicu:
85 Ślepy mu wzrok otworzył duszewny, a drugi
Wewnętrzne mu zmył lice jak wodnemi strugi.
Z długiej bowiem rozmowy z ułomnemi snadnie
Myśl duchowna się jemu do serca zakradnie,
Słysząc od starców rzeczy przed tym niewiedziane,
90 Jako z wątłych te cielsko materyj lepiane
Podległe jest przypadkom, frasunkom, chorobie,
Nawet śmierci. Co słysząc, pocznie myślić sobie:
„I na toż to przyjdziecie, me prześwietne blaski,
Że was zaćmią posępne w ciemnym grobie piaski?
95 I na ten koniec wam przyść, glansowne szpalery,
I wam, drogim walorem szacowne minery,[114]
Że z was sobie jedyne śmierć czyniąc igrzysko,
Ze mną wespół powlecze w ciemne legowisko?
Cóż po tym, cielsku temu dawać wczasy żyzne,
100 Gdy wkrótce na śmiertelną przyść musi zgniliznę?
Stroić, tuczyć tak marną tę lepiankę z gliny
Na pokarm jadowitej po śmierci gadziny?
Zgaśniecie z swą ozdobą zwabiające oczy,
Skoro was nieuchronna noc swym cieniem zmroczy,
105 A tam kędy przyjemne źrzenic są pozory,
Obżarte będą z jamek wyglądać jaszczory.
Zgaśniesz i ty, urodo lilijoróżana,
Skoro cię nieuchronna śmierci dotknie rana.
A tam gdzie się korale[115] na twarzy rumienią,
110 Pełne gnoistej ropy potoki się wspienią.
Brwi jak tęcze, co wdzięczne ku widzeniu były,
Będą was wzorem strasznych tęcz żaby krążyły.[116]
Wnętrzności – szczere bagno smrodliwej topieli,
Gdzie robactwo się snując w tej sprośnej kąpieli
115 Wszystkiego (ach, niestety!) trupa wskroś przełażą,[117]
Skąd swądem i powietrza dziw że nie zarażą![118]
Gdzie przez gardziel przelazszy na wylot wąż wściekły,
Wygląda z gęby, mając ogon swój przewlekły

We wnętrznościach zgnojonych. Przebóg! Groza myślić,
120 Jak rozumem to teraz straszydło okryślić![119]
Cóż naonczas, gdy przyjdzie moment w ciemnym grobie,
Tych nieszczęsnych delicyj doznawać na sobie."
Takie i tym podobne myśli gdy się roić
Josaphowi poczęły, kto by miał ukoić
125 Te burzliwe wewnętrznych niepokojów fale
Młodzieniaszek natenczas nie znajdował cale.

Ale Bóg, który zawsze do ostatniej toni
Człowieka wydźwign⟨ą⟩wszy, w swej opiece chroni,
Nie dał Josaphowej skołatanej łodzi
130 W zamęconej tej pornąć frasunków powodzi,
Albowiem wielowładne rządów boskich wiosło
Tym go sposobem na ląd szczęśliwy zaniosło.

Był zakonnik na puszczy w wielkiej odległości,
Człowiek w świętych uczynkach i w doskonałości
135 Cnotami wielce znaczny, BARŁAAM imieniem.
Ten za boskim instinktem i jego zrządzeniem
Zwiedziawszy o Josaphie, idzie w świat z pustynie
I w indyjskie królestwo w okrętach przypłynie.
A powzi⟨ą⟩wszy wiadomość, że tam królewica
140 Żadna z przychodniów widzieć nie może źrzenica,
Sztucznym zajdzie fortelem, wnet habit odmieni
I kupcem się z daleka mąż święty być mieni.[120]
Przy tym puści głos, że ma kamień drogiej wagi,
Przed którym gasną wszystkie złotopłynne Tagi,
145 Albowiem ma do siebie[121] takowe przymioty,
Że boleści, frasunki, choroby, kłopoty
I defekty wszelakie przyrodzone zgoła
Ten kamień, który on miał, uleczyć wydoła.
O tej wdzięcznej nowinie jak skoro się dowie
150 Joseph, wnet Barłaama do siebie przyzowie.
„Pokaż mi ten specyjał – mówi – cny człowiecze!"
A Barłaam z natchnienia niebieskiego rzecze:
„Coś słyszał o kamieniu, są prawdziwe głosy,
Bo kłamać mi i same te szedziwe włosy,
155 Które widzisz na moim tym zgrzybiałym licu,
Przed tobą zabraniają, zacny królewicu.

Tylko proszę, niech ciebie wyrozumiem wprzody,
Bym snać na mym towarze nie miał jakiej szkody.
Bo jakież wzrośnie żniwo, jeżeli nasieniu
160 Na bezwilgotnym przydzie marnie paść kamieniu
Albo jeśli przy drodze przechodzących padnie,
Skąd je lada ptaszęta zobać mogą snadnie?
Albo gdy więc trefunkiem w ostre wleci ciernie,
Miasto fruktów żal miewa gospodarz niezmiernie.[122]
165 Więc i ja wprzód chcę wiedzieć twojej duszy rolę,[123]
By w niej dobre nasienie nie zrosło w kąkole."[124]
Na co Josaph królewic zamilczawszy chwilę,
Rzecze: „Starcze szedziwy, znaj, że barzo mile
Z wielkim gustem przyjmuję mądre twe rozmowy,
170 Proszę, oświeć mądrością twą rozum mej głowy.
W tym upewniam, że ciernia twe zacne nasienie
W moim sercu nie znajdzie ani też kamienie,
Od których by nieszczęsne serce zakamiało,
Ani ptastwa, żeby ten frukt pozobać miało.
175 Na dobrą ziemię padnie, miej pewną nadzieję,
Cokolwiek na mym sercu twój zamysł zasieje."
Tu dopiero staruszka usta otworzone,
A niebieską mądrością będąc napełnione,
Rozpłyną się w naukę, mówiąc, aby z cieni
180 Już się Josaph wydarszy do jasnych promieni,
Duszne oczy swe przetarł, a z tak rzeczy wielu
Poznał i jednemu się kłaniał Stworzycielu.
„Wierz – prawi – naprzód w Boga Ojca wszechmocnego,
Początku ni skąd w bóstwie swym niemającego;
185 W Syna, który przed wieki od Ojca się rodzi,
W Ducha, który od Ojca samego pochodzi.[125]
Te trzy persony jednej wierzaj być istności,
Jedność w Trójcy a Trójcę wychwalaj w jedności."[126]
Wprzód go tedy naucza o prawdziwym Bogu,
190 O przestępstwie Adama i z rajskiego progu
Nieszczęśliwym w nagrodę przestępstwa[127] wygnaniu,
Po tym o wielkim boskim nad nim zlitowaniu,
O wcieleniu, o mękach mianych z dobrej woli,
Wyzwoleniu nas wszystkich z czartowskiej niewoli,
195 O zmartwychwstaniu, Sądzie, piekielnej katowni,
O uciechach niebieskich, niemających rowni,

O marnościach światowych, tudzież sakramenta[128]
Przedkłada mu przed oczy. A w nim niepojęta
Radość w sercu się żarzy. „O zaprawdę – powie –
200 Dziwną jak⟨ą⟩ś masz dzielność w twej mądrej rozmowie,
Że dyjamentowemi jak Herkules pęty,
Na consens mię we wszystkim ciągniesz, starcze święty.
Ten ci to jest, jak widzę, kamień drogiej ceny,
Przy którym najbogatsze tonieją Miceny.
205 JEZUS ukrzyżowany, Syn Boga przedwieczny,
Któremu i ja służyć mam umysł stateczny.
Tylko nie chciej opuszczać mię, mój ojcze luby,
Jeśli pragniesz, abym mógł ujść piekielnej kluby.
Omyj mię wnet krztem świętym, niech tu wszystko ginie.
210 Ja z tobą nieodstępnie biegę na pustynię.
Na co Barłaam: „Nie chciej sam, Josaphie, tego,
Bo kłopotem nas wszystkich od ojca twojego
Na pustyni nabawisz. Ale niech krzest święty
W twym tu będzie pałacu od ciebie przyjęty,
215 Ja zaś pójdę sam w puszczę." Tu koniec rozmowy.
Za tym prosi, by Josaph do krztu był gotowy,
A sam zszedszy kryjomo z królewskiego gmachu,
Całą noc gdzieś na modłach w skrytym trawił dachu.
Nazajutrz skoro *Phaebus* zaprzągł konie swoje,
220 Znowu kształtem w królewskie wkradnie się podwoje.
Obszerniej mu do serca naukę zbawienną
Starzec święty wbijając i tak na codzienną
Taką z o⟨n⟩ym zabawę na pałace chodził,
Aż póki go przez święty krzest Bogu odrodził,
225 A stwierdziwszy go w wierze,[129] wkrótce gabinety
Jego z płaczem pożegnał. Na znak zaś walety
Dał mu z siebie mantiją ostrą, poszarpaną,
A sam odszedł z bolesną na sercu swym raną.
O, jak tu Josaphowi niewymowne żale
230 Nieraz gorzkiemi łzami zalawszy korale,
Serce ciężko dręczyły. W tym folga boleści,
Że jakby go samego widział, gdy się pieści
Z ulubioną mantiją, którą po jagodach
Łzy ścierając zawołą: „W tobież to na godach
235 Niebieskich się popisać,[130] płaszczu ukochany?
I tyżeś to jest plastrem na grzechowe rany?

Za tobąż to właśnie jak za pochmurnym cieniem
Cnota skrycie słonecznym jaśnieje promieniem?
W tobie cnota jak w cierniu róża się korzeni,
240 A w pozornym przed Bogiem koralu rumieni.
Precz królewskie purpury, precz paludamenta,
Większej u mnie jest ceny ta płaszczyna święta!"
Postrzegł ten płacz, przy boku jego będąc blisko,
Kamerdyner najstarszy, Zardan mu nazwisko.
245 Wpadnie w bojaźń niemałą, by nie był karany,
Bo na to do panięcia był destinowany,
By nikt a nikt nie wchodził, zwłaszcza z cudzej strony,[131]
W królewskie, kędy mieszkał Josaph, pawilony.
Więc z wielkiego frasunku przyszło do choroby,
250 Ale kiedy król kazał pytać pilnie, co by
Za przyczyna tych bólów, on ledwo się zwlecze,
A padszy przed majestat pański, z płaczem rzecze
„Zdrowie moje w twych ręku, miłościwy panie.
Przyznam, iżem za moją niedbałość karanie
255 Z mściwych twych rąk zasłużył, nie pilnując syna
Twego wiernie, skąd ta jest choroby przyczyna.
Człowiek jakiś przewrotny z dalekiej pustyni,
Barłaam w swym nazwisku, gdy się kupcem czyni,
Do królewskiej się wcisn⟨ą⟩ł tym figlem kamery,
260 A mając znać przy sobie jakieś charaktery,[132]
Josapha chrześcijańską zaraził nauką,
Zdradliwą słów łagodnych zmamiwszy go sztuką.
A tak skryty jad wzi⟨ą⟩wszy pod temi kanary,
Josaph cale chwycił się Chrystusowej wiary."
265 Dopiero tu z takowej nowiny wskroś serce
Ciężki przeszył frasunek srogiego mordercę.
Szarpie szaty, a z głowy włosy gwałtem zdziera
I Barachijuszowi cale się otwiera
Z tą nowiną. Ten będąc wielki mąż w poradzie,[133]
270 Animuje wnet króla: „Niech – prawi – w swej zdradzie
Nie barzo tryumfuje Barłaam zuchwały.
Obaczemy, kto wygra, jeszcze niestępiały
Sam się sroży na niego grot w mściwym kołczanie,
Tylko rozkaż go złapać lub mnie to zleć, panie.
275 Znajdziemy i na tego ptaszka zdolne sidła,
Nie będzie śmiało bujać, gdy mu przytną skrzydła.

Obaczysz, że się i sam wyrzecze swej wiary,
A z Josaphem powinne da bogom ofiary."
Tu dopiero król trochę przyszedszy do siebie,
280 „Bądźże – prawi – pomocny w takiej mi potrzebie,
Miły Barachijuszu, a jedź na pustynie
Z mnóstwem żołnierzów, aza kędy się nawinie
Ten niecnota Barłaam, zdobycz pożądana."
Barachijusz wlot skutkiem wolę pełniąc pana,
285 Jechał z wściekłą ⟨h⟩ałastrą na odległą puszczę,
Gdzie zoczywszy niemałą zakonników tłuszczę,
Skoczy do nich napi⟨ą⟩wszy swej nadziei żagle,
A napadszy na onych nieostrożnych nagle,
W niewolnicze wnet wszystkich arkany pochwyta,
290 Barłaama tam jednak nie znalazłszy, pyta,
Gdzie by mieszkał. A oni w klar[134] mówili śmiele:
„Chociaj wiemy onego na pustyni celę,
Jednak ci nie powiemy." On wnet na to zgrzytnie,
A przywiódszy do domu, sam wszystkich w pień wytnie.
295 Ale nie tu królewskiej koniec zawziętości,
Daje bowiem ordinans wszem w pospolitości,
Którzykolwiek w naukach biegłemi się zdali,
Aby się wszystcy w miasto królewskie zjechali
Na termin naznaczony solennej dysputy,
300 Gdzie jeśliby poganie chrześcijan zarzuty
Solwować nie zdążyli, ze wstydem dać mieli
Chrześcijanom zwycięskie palmy. A jeżeli
Na wstecz losy zwycięskie drugiej stronie padną,
To ci tamtym przypiszą wiktoryją snadną.
305 Rzecz do skutku przychodzi. Siędzie król na tronie,
A tu mnóstwo uczonych w tej i w owej stronie.
I jak tylko zasiadło liczne mędrzców grono,
Nachora czarownika zaraz przywiedziono,
Mieniąc go Barłaamem w pustyni pojmanym.
310 A ten dobrze już na to był informowanym,[135]
Aby wprzód chrześcijańskiej mocno broniąc strony,
Po tym rzkomo od pogan zdał się zwyciężony.
Tak rzeczy sporządziwszy, król wnet mówić zacznie:
„Wy, którzyście w mądrości wyćwiczeni znacznie,
315 Macie tu czas i miejsce z waszemi nauki
Popisać się i chytre Barłaama sztuki

Biegłemi wielkich nauk przewyciężyć słowy,
Bo inaczej pod mściwy miecz dacie swe głowy.
Josaph tudzież widziawszy Nachora chytrego,
320 Rzkomo za Barłaama uznał prawdziwego.
„Słyszysz li – rzecze – dekret pański, Barłaamie?
Patrz, abyś sam nie był w tej, coś mi kopał, jamie.
Bo gdy pogan pokonasz, będziesz wysławiony,
A jeżelibyś od nich został zwyciężony,
325 Ja sam z ciebie mą ręką wydrę serce twoje
I zażartych psów twoją posoką napoję,
Że będziesz stąd całemu światu na przykładzie,
Jak to synów królewskich w skrytej sidlić zdradzie."
Nachor tedy bojąc się uchwalonej kary,
330 Co powierzchownie tylko chrześcijańskiej wiary
Bronić miał, to prawdziwie zeznał przy dispucie,
Że Chrystus Bóg prawdziwy. A za tym w kompucie
Chrześcijańskim zostawszy, od Josapha skrycie
W pustynie był zasłany na duszne obmycie.
335 A Josaph przy tryumfie trwając aż do końca,
Przyznał, że wzrok tępieje u sowy od słońca.
Gdy już nie mógł przekonać tym niewinnej duszy
Ociec, same bezdenne piekło nań poruszy.
Wtrącił do niego panien kilka gładkiej cery,
340 Gdzie zaraz Awern wściekłej pożogiem Wenery
Pocznie serca podpalać, mniemając, że snadnie
Mężnego Thezeusza zmiękczyć Aryjadnie.
Lecz tracisz natarczywość i szturm twój mierziony
W słodkich cukrach zdradliwie, jadzie wysmażony!
345 Porusz wszystkich fortelów bezdennego piekła,
Nic jednak nie poradzisz tu, Wenero wściekła.
Gorzki piołun zdradliwie tając pod nektary,
Gdzie sama miłość boska wznieciła pożary.
O serce święte, żadnej niepodległe zdradzie!
350 Bodajbyś zawsze było takim na przykładzie,
Na których ta zdradliwa Cyprydy ponęta
(Ach, z jaką szkodą!) wkłada niewolnicze pęta.
Krótko mówiąc, kiedy już ni takowe sidła,
Które nań zarzucała bogini obrzydła,
355 Młodzieniaszka uwikłać cale nie zdołały,
Z takowego postępku ociec zadumiały,

Nie wie, co dalej czynić w gniewie swym zażarty.
Wszakże Barachijusza mądrą radą wspary,
Dzieli na pół królestwo, a oddzielną stronę
360 Pod władnącą synowi oddaje koronę.
Winszujemyć z applawzem wszyscy chrześcijanie
Tej królewskiej purpury, pożądany panie!
Żadna nigdy korona w tak wielkim walorze[136]
W świecie postać nie mogła, ni w takim polorze
365 Rozjaśniała, jako twa w wielkiej świeci cenie,
Mając od Barłaama wprawione kamienie.
Skoro się już rozgościł w państwie swym król nowy,
Daje wnet wstęp w królestwo chrześcianom gotowy,
Sam tymczasem bożnice z bałwanami kruszy,
370 A na to miejsce wielką moc świątnic funduszy
Wystawia z wielkim kosztem Bogu prawdziwemu,[137]
Tudzież okrzcić się każe królestwu wszystkiemu.
Rzecz każda skutkiem płynie przy miłej pogodzie,
Szczególny tylko ociec jemu na przeszkodzie.
375 Wszakże gorące za nim Josaphowe modły
Acz nie prędko pogańską oziębłość zeń zwiodły.
O jak tu Josaphowi radość niesłychana!
Jaka dziwna w szczęśliwym frumarku zamiana!
Ociec niegdy Josapha rodząc, dał mu życie,
380 On zaś ojca odrodził przez krzestne obmycie.
Za przykładem królewskim wnet gmin pospolity
Wespół z senatem został krztem świętym obmyty.
Prędko po tym w pokucie król stary umiera
A tu się successyją samo berło wdziera
385 Josaphowi do ręku. Lecz darmo w zapędzie
Gonisz się za Josaphem, królewski urzędzie!
Puść się tam w zawód, kędy ambicyja chciwa
Z Atalantą na złote jabłko jest skwapliwa
Albo kędy więc Tantal głodem wymorzony,
390 Uciekający chwyta frukt skąpej Pomony.
Tam ty sobie honorze zapisuj mieszkanie,
W sercu zaś Josaphowym moc twa nie postanie.
O pogardo honorów! Bodajbyś w pamięci
Zawsze ludzkiej zostając, tych gromiła chęci,
395 Którzy to do honorów jak do pewnych kwieci
Z wielkim obrotny jeleń appetytem leci,

Gdy mu więc we wnętrznościach mawrytańska strzała
Z naciągnionej głęboko cięciwy utkwiała.[138]
Którzy choć i woskowe swe skrzydła być czują,
400 Ikarowym się jednak torem w górę snują,
A prędko tytanowym[139] sparzeni promieniem
Oceanowym muszą chłodzić się strumieniem.
Lecz wracam do Josapha, który gdy oddala
Successyję po ojcu, wszystek ciężar zwala
405 Na Barachijuszowe zdolne w tym ramiona.
Temu się po obudwóch dostała korona.
Josaph zaś dawne myśli mając w pilnej pieczy,
Dopiero je skutecznie przywodzi do rzeczy.
Żegna wszystkie królewstwo, z płaczem się rozstaje
410 I z monarchy monachem jedynym się staje,
Bieżąc w puszcze do swego cnego Barłaama,
Z którym go i śmiertelna nie rozłączy jama.
Nim go jednak w dalekiej znachodzi pustyni,
O, jakie mu trudności w tym pokusa czyni,
415 Różne przed oczy stawiając piekielne straszydła!
Lecz cóż boskiej miłości uczynią te sidła?
Po królewskich pasztetach wikt twarde korzenie,
Napój zaś po nektarach – błotniste strumienie.
Po tyryjskich jedwabiach[140] przykra włosienica,
420 Żebrak jeden ubogi z króla, z królewica.
O, gdybyśmy dostąpić mogli tej fortuny,
By nam boska słodziła miłość te piołuny!
Lecz mało nam smakujesz, ach słodyczy święta,
Gdzie gust cale zmamiła światowa ponęta.[141]
425 Znalazł Josaph nieprędko, bo aż we dwie lecie
Po swej z thronem, z królestwem i z światem walecie.
A znalazłszy swojego ojca Barłaama,
O, jaki tam wzniecała applawz miłość sama!
Jakie tam z obudwu stron było przywitanie,
430 Jakowe serc miłosnych ukontentowanie!
Cóż dopiero gdy Josaph o wszystkim powiada,
Jak było Barłaama nasienie nie lada,
Że z niego bujne wzrosły wiary świętej żniwa,
Tam g⟨d⟩zie przed tym parząca lęgła się pokrzywa.
435 Jak tym kamieniem, co mu dał Barłaam święty,
W znaczne całe królewstwo wzbiło się talenty.

A starzec radość w sercu ledwie zmieścić może,
Mówiąc: „Tobie za wszystko dziękuję, mój Boże!"
I tak gdy w onej puszczy pospołu mieszkali,
440 Jeden się nad drugiego w cnotach uprzedzali.
Rzekłbyś, że w puszczy nowe niebo się zjawiło,
Kędy Kastor z Polluxem świecili tak miło.
Po długim czasie starzec powie mu nowinę,
Iż wkrótce już ma odejść w niebieską krainę.
445 A Josaph smutkiem wielkim rzecze przerażony:
„Bierzże i mię, mój ojcze, z sobą w tamte strony.
Niech już i me z tą będzie lepianką[142] rozstanie,
A z tobą wiekuiste w niebie pomieszkanie."
Wkrótce po tym Barłaam daje mu waletę,
450 A Josaph po swym ojcu smutną kwiląc fletę,
Z wielkim go nabożeństwem, z uczciwością grzebie,
Do ostrzejszego życia applikując siebie.
Na ostatek też i sam ojca swego tropy
W jasne planet niebieskich pospieszył pyropy.
455 Ciała obie[143] pospołu ziemia w sobie kryła,
Aż pokąd tych Indyja skarbów nie nabyła.
Boskim bowiem zrządzeniem ciała niezwątlone
W indyjską Barachijusz król przeniósszy stronę
Jako drogi depozyt cudami wsławiony
460 Miał za jedną ozdobę indyjskiej korony.
Winszujemyć, Indyjo, tak drogiej skarbnicy,
Z której się w swym ubóstwie ratują grzesznicy,
Nabywając i łaski, i chwały u Boga
Z tych dwu talentów, co ma skarbnica twa droga.
465 Pewnie ma twa korona walor znamienity,
Gdy w niej te dwa szacowne świecą chryzolity.
Szczyci się niebo stąd, że ma dwa luminarze.
Tyś, chwalebna Indyjo, w tej dwu świętych parze.
Co to są jak przy arce w Starym Testamencie
470 Dwaj cherubini przy twym złotym parlamencie.
Ci to święci są jak dwie niebieskie kolumny,
Te które lud wywiodły z egipskiej erumny.
Ten to Phosphor z Hesperem i Pollux z Kastorem
Pięknym cię oświecają, Indyjo, splendorem.
475 Ci *Arctos* i *Antarctos* są dwaj kołowroty,
Na których twego nieba toczą się obroty.

O, jak wielkie, jak drogie masz, Indyjo, sprzęty,
Któremi cię Barłaam ubogacił święty!
Więcej z tych świętych skarbów nabyłaś pochwały
480 Niż stąd, żeś się złotemi wspieniła kanały.[144]
Gasną twoje Paktole, gasną złote Tagi,[145]
Gdy z tym skarbem tak znacznym równej chcą być wagi.
Wielkie na cię fortuny spływają sowito,
Lecz nie mniejsze twe szczęście, cny METROPOLITO,
485 Za patrona świętego gdy masz BARŁAAMA,
Którego imię i rzecz w tobie świeci sama.
Świeci Indyja twego nauką patrona,
Twą chęcią w tym jaśnieje roxolańska strona.
Tam kamień drogocenny, promień wiary wznieca,
490 Tu w klejnocie planeta horyzont oświeca.
Bujnego chwały boskiej żniwa tam niemało
Z Barłaama świętego nasienia powstało.
Taż obfitość, toż szczęście, taż fortunna dola
Z pasterstwa twego płynie na rossyjskie pola.
495 Obszerniejsze ci jednak tu brzmieć panegiry,
Nie tak dźwięk barzo płochy rymotworskiej liry,
Jak mi raczej zabrania twa skromność zakonna.
Ta krótka niech ci będzie perora niepłonna:
WIELKIM SIĘ CHEŁPI SZCZĘŚCIEM INDYJA NIE SAMA,
500 GDY DRUGIEGO TU CIEBIE MAMY BARŁAAMA.

[VII.]

SAPIENTISSIMUS NEGOTIATOR:
DIVUS BARLAAM ANACHORETA

Macte animo Caeli mercatores[146]
NEGOTIAMINI, vox VERBI Caelestis est.
Venale iam nunc Caelum est,
olim violentum,
5 Mercatorum nunc in lucro,
olim heroibus in lucta.
Alio tamen pretio nec emitur nec venditur,
NISI GEMMA DIVI BARLAAMI.
Hic demum Iustitia Commutativa rigidum exercuit Imperium
10 pari utriusque pondere
DATI ET ACCEPTI.
Sed quaenam sit huius Gemmae acquirendae methodus?
Hic labor! Hoc opus est!
NIMIRUM.
15 Magna semer magnis parantur et stant nisibus,
nec magnum quidam censendum est
ad quod per ardua non devenitur.
Spinarum aculei tolerandi,
Antequam rosa excerpatur.
20 Nec in monte prius consistere licet,
nisi prodromis per praerupta viarum conatibus.
IDEM PER ARDUA TRAMES
ETIAM HUIC SAPIENTISSIMO NEGOTIATORI DIVO BARLAAMO,
postquam non alibi hanc pretiosam sortitur margaritam,
25 nisi in proprio sudoris lacrymarum et vix non sanguinis Oceano.
Par nempe tantis conantibus merces,
tanto sublimior,
quanto majoribus Laborum impensis comparata.
Haec scilicet Erythreis unionibus natura est, deciduo non nisi sudoris [rore
30 in fecunda crescere incrementa.
Neque providus hic Negotiator
nobilem hanc gazam in terrae visceribus abscondit
(nisi forte terram idque bonam cor eius apellaveris),
mox intendit Carbasa[147] CHARITATIS,

35 Obfirmat ratem valida, stabilis in Deum anachora SPEI,[148]
regitur demum Cynosura FIDEI
atque sic his mercibus onerariam navim[149]
inter tot furentes insanientis gentilitatis Indiacae Syrtes,
blandis Favoniis Ethesiisque,
40 quia Divino Pneumate, propellit.
Crederes tunc merissimum Iasonem tot tantisque procellis agitatum,
nisi quod non Colchicum,
sed GEDEONICUM VELLUS,[150]
quo torpentes incalescant animi,
45 veheret Indianis.
En spes et amor lucri quantum est solatium et incentivum laboris!
En quam magnitudo mercedis mitigat et minuit laborum gravitatem!
Nec iam Sapientissimus Argnauta
et tibi et suo pretioso unioni
50 Charibdicos saevientis tyrannidis horret vortices,
non ignarus, quod
Gemma etiam intra medium pontum habet portum,
intra procellarum lites invenit litus,
inter naufragia agit choragia margarita,
55 nec unquam pulchrius litora unionibus renident,
quam dum furit Oceanus.
Sed quodnam tantorum laborum lucrum scire satagis?
En Regnum et Caeleste et Indiacum
hausit in hac gemma suo igneo zelo eliquata
60 SANCTIOR HIC quam Cleopatraeus ANTONIUS.[151]
Urbes tot tantasque edomuit
suo oratorio an verius Divino pneumate,
SACRATIOR HIC CYNEAS[152] AN ULYSSES.
Mentes sive fregit sive illustravit
65 tonantis linguae fulminibus
HIC DIVINIOR PERICLES.
Enorme demum paganimi monstrum pofligavit
HIC BEATIOR ALCIDES.[153]
Nec unquam verius Gratiarum Divinarum Pelagus exstitit,
70 DIVUS BARLAAM,
quam cum hoc Erythreo unione.
O PRETIUM NON VILE LABORUM!
Ita semper
in arduo summa sita sunt.

75 Virtutem posuere Dii sudore parandam.[154]
Nec laureas merere licet,
antequam pulverem Olympicum irrigent
aut sudoris aut sanguinis imbres.
In hoc demum avaram suam tenacitatem ostendit
80 prodiga alias rerum natura,
quod nihil gratuitum voluerit,
nisi aut laboribus venale,
aut sudoribus comparabile.
SED IAM
85 DIVINISSIME NEGOTIATOR BARLAAM,
Tuae coronatae portum tetigere carinae,
hac felici merce oneratae an ornatae.
Gaude jam quod merces Tua sit magna nimis.
Pretiosum tamen Tuum unionem
90 fac reperiri a Tui nominis haerede
BARLAAMO ARCHIPRAESULE Kijoviensi, Halicensi totiusque [Rossiae,
IN IMMENSO GRATIARUM DIVINARUM MARI
MARIA,[155]
cui felicior hic Icarus totus immergi cupit.

[VIII.]

GLORIOSUS TRIUMPHATOR: DIVUS BARLAAM ANACHORETA

DISCAT ORBIS,
Non semper ad fortunatas triumphorum insulas
per rubeum sanguinis aequor luctandum esse.
HABEAT SUOS ETIAM PIETAS TRIUMPHOS,
5 ubi tanto magis intra Gloriam,
quanto magis extra sanguinem,
licet triumphare.
Imo majores Religio poscit et habet triumphos,
quia graviora in sua Athletica exercet certamina.
10 Sepitceps Averni[156] profligasse monstrum Herculeum est.
ORBIS CONTEMPTUS
haec demum est pulchra Beata Aeternitatis peripheria.
Nec unquam gloriosius in Caeleste Capitolium itur,
quam cum Orbis calcatus currum constituat triumphalem.
15 Carnis victoria tanto gloriosius,
quanto domesticus hostis periculosior.
Plus est hic unum Cupidinis retundere ictum,
quam integram Mauri enervare pharetram.[157]
Illa certe pulchrior purpura est,
20 non quam sanguis funestat,
sed quam verecundia Tyrio melius murice[158] depingit.
Fulminis inscia laurus
tunc demum pulchre coronat et ornat,
si eam infernale non adusserit fulmen.
25 Palmae victrices nunquam pulchrius effrondescunt,
quam dum magis liliatum innocentiae candorem,
quam roseum sanguinis ruborem,
REPRAESENTANT.
Nec pulchrius Marito cruore, quam Religioso sudore irrigatur,
30 et victrici, quam innocenti manu colligitur
MESSIS TRIUMPHALIS.
DOCUMENTUM EST DIVUS BARLAAM ANACHORETA
postquam tot victorias numerat,
quotquot rebelles rectae rationi edomuit appetitus:

35 TANTO GLORIOSIOR TRIUMPHATOR,
quanto fortior est qui se quam qui fortissima vincit maenia.
IO TRIUMPHE!
Postquam Divinior
AENEAS SYRTES[159], SYRENES VICIT ULYSSES.
40 IO TRIUMPHE!
Ubi illibata vitae consuetudo de impudentia,
insomnis vigilantia de segnitie,
mira temperantia de luxurie
PERPETUUM AGUNT TRIUMPHUM.
45 Sed altius adhuc assurgis, Triumphator Inclyte,
cum monstrosum gentilitatis Indiacae portentum
victorioso premas calce.
Nunquam verior Alcides,
quam cum hoc septiceps, id est septeno flagitio enorme monstrum,
50 imo totam Stygem,
VICISTI, PROFLIGASTI, TRIUMPHASTI.[160]
Et cum caecas perfidiae noctes ab India fugasses,
tunc demum Sol in illo Oriente exortus credi poteras,
nisi quod tantas Virtutes Tuas nullae vitiorum Tuorum praecesserint
[umbrae.
55 IO TRIUMPHE!
Totidem profundas Tui venerationes accpie, Victor Gloriose,
quotque ruinas idolorum circumspicis.
Ipsis casibus Te adorant simulacra
et altior emines illis cadentibus,
60 quibus stantibus minor videreris.
Veriora trophaea nunquam Tibi assurrexisse poterant,
quam cum delubra corruerunt.
Nec un⟨q⟩uam altior et firmior stetisti,
quam casibus eiusmodi.
65 SED QUID MIRUM?
Cur enim non ruissent an mendacia an oracula
ad praesentiam Veritatis a Te promulgatae?
Quidni umbrae disperiissent
ad exortum tanti Planetae?
70 Ut altius solidiusque Tibi assurgeret trophaeum.
Lapidem movisti,
LAPIS autem erat CHRISTUS.
Nunquam clarius et Fidei a Te promulatae pretium,
quam ad Tuum plus quam Lydium lapidem.[161]

75 APOSTOLICO SCILICET FUNCTUS MUNERE
PETRAM HABUISSE DEBUERAS,
et ut solidam Indis Ecclesiam erexisses,
angulare et singulare tulisti
FUNDAMENTUM.
80 Tristes paganismi noctes non aliter illustrasse an fugasse debueras,
nisi excussis e Tuo Lapide ignibus.
Alterum ego Te crederem Davidem
BARLAAM DIVINISSIME,
nisi quod non carneam Philistinorum turrim Goliam,[162]
85 sed horrendius infidelitatis Indiacae portentum
TUO LAPIDE PROSTRASSES,
ac totam Indiam unico Lapillo fundasses ac ditasses.
O desiderandam Fidei Generationem,
quam infidelitatis antecessit corruptio!
90 O CORRUPTIONEM PESSIMI OPTIMAM!
IO TRIUMPHE!
Quotquot Indes tam Oriens, quam Tu et Tuum illustre monile
[irradiat,
BARLAAM VICTORIOSISSIME,
totidem animata marmora, spirantes colossos, vivos obeliscos habe,
95 quos sanctior extra fabulas DEUCALION
postquam e Tuo Lapide formasti
novamque Fidei vitam inspirasti,
mox felici metamorphosi in Memnonia mutasti simulacra,
Honos Nomenque Tuum nunquam tacitura
100 et documenta ferunt, qua sunt origine nati.
IO TRIUMPHE!
Quocunque incesseris, Barlaam Invicte,
ubique in triumphale Tibi sertum rosae pullulant,
a quibus tam acres perfidiae spinas expunxisti.
105 Ipsa terra Indiaca Tibi herbam porrigit in laureas,
posquam sentibus paganismi igneo Tuo Zelo exustis,
probrosa maledictionis crisi liberatur.
ROGOS TRIUMPHALES ACCENDIT
vel ipsum hoc Tuum Divinum prae Manibus Fulmen,
110 quo Sanctior an Pericles, an Scipiades,[163] an Iupiter,
postquam in Indiaco fulminasti Caelo,
mox an montes an mentes fregisti?
Suos quippe etiam animus habet montes:

mente tumescit homo, monte tumescit humus.
115 Sed quid opus triumphalibus pyris illi?
Qui satis splendide
vel gemmeo suo lucet monili,
vel propriis Virtutum splendioribus
tanto pulchius serenat,
120 quanto gloriosius est propriis niti decoribus.
ERGO JAM TRIUMPHATOR INCLYTE
progredere victoriosis passibus ad Capitolium,[164]
quod Tibi prostrata tot monstrorum erigunt capita.
TRIUMPHA PERENNIS!
125 Nec a Tuis Triumphis exclude Tui haeredem nominis,
BARLAAMUM ARCHIPRAESULEM Kijoviensem, Halicesem totiusque [Rossiae,
qui in debitum Tuae Victoriae stipendium
suos avitos Planetas in ignes Triumphales
et Gentilitiam Lunam in Arcum Victricem
130 CONSECRAVIT.

[IX.]

FLOS IN DESERTO:
DIVUS BARLAAM ANACHORETA

Rosas prome, Lingua,
DE TANTO FLORE LOCUTURA;
Venustos Eloquentiae flores, imo integros Tullii[165] hortos exere,
TANTI FLORIS amaenitatem laudatura!
5 Sed quid imbecil⟨l⟩i virium tenuitate tentas aggredi,
merite quod audes.
SOLOS HIC FLOS IN SUI[166] *ODOREM TRAHIT DAMASCENOS*[167]
et mella de tanto Flore spumant
in solius non nisi ora Divinissmi Platonis
10 *DAMASCENI.*[168]
Tantus nimirum Hymettus
tanti non nisi Hortensii artis liquoribus
et debuerat, et potuerat
IRRIGARI.
15 Sed quid mirum? Florem hunc depingi[169] a Divo Damasceno,
cui ipsum Cadidissimum inter spinas Lilium MARIAM
Hybleis exornare coloribus,
erat solemne.
Ita semper a magnis non nisi maxima fiunt.
20 PERVENUSTI IRIDIS COLORES NON NISI A SOLE EFFORMATUR.
Et certe
nec vulnera praecisae manus sanius curasse poterat[170] Damascenus,
quam floribus eiusmodi,
nec Flos hic Divinior Barlaam
25 amaenius posteritati effloruisse poterat,
quam artis an rubeis cruentae dexterae roribus
IRRIGATUS.
Fabula esto
Rosae olim candorem cruoribus Cypriae Deae sive coloratum sive
[faedatum,[171]
30 sed partem Veri fabula reperit in Te,
FLOS DIVINISSIME *BARLAAM*,
cui roseos appinxit colores
vel Tua nativa Verecudia,

vel cruenta de Te scribentis DAMASCENI manus,
35 unde meritissimam Te crederem Rosam,
si non tam procul esses a vitiorum aculeis.
Verum cum virus enormibus paganismi scarab〈a〉eis
mella vero Christianis apibus propinas,
hic ego Te cum plausu Rosam decantabo,
40 addita illa solemni epigraphe:
UNI SALUS, ALTERI PERNICIES.[172]
Proh miseram mortalium sortem!
Quibus nec rosea licet vernare venustate
sine spinarum satellitio,
45 nec alibi efflorescere concessum,
nisi
vel in labirintho, in quo mille errores,
qui ducit in errores variarum ambage viarum:
vel in aureis Hesperidum hortis, ubi totidem dracones,
50 nec ullibi plures Tantali,
quam inter aurea poma.
PROCUL A TE HOC PROBRUM,
FLOS DIVINISSIME BARLAAM,
Cuius Hyblea Vernatio
55 extra labyrinthum est,
quia extra errores,
extra Hesperidum viridaria,
quia extra omnem auri fulgorem,
suis formosa decoribus.
60 Quid huc frustra irrito conatu contenditis
aut algores infamis brumae
frigidi erga Deum cordis,
aut ardores infernalis fomitis?
Inter haec extrema vitiosa
65 medium huic Divinissimo Flori temperamentum
VIRTUS EST.
Inter utrumque via media tutissimus ibat.[173]
Tunc demum merissimum Heliotropium[174] credi poterat,
cum ad SOLEM IUSTITIAE
70 omnimodam gereret Conformitatem.
ERGO JAM FLOS DIVINISSIME BARLAAM,
in Elysios Campos felici metaphora transplantare,
VERNA PERENNIS,

Tuisque Sabaeis odoribus[175] Caelum recrea.
75 Tui tamen nominis et odoris sequaci,
BARLAAMO ARCHIPRAESULI KIJOVIENSI, HALICENSI totiusque
[Rossiae,
gratam spira fragrantiam,
ut cotra vim Mortis Tu sis ipsi Medicamen in Elisiis Hortis,
et ut quemadmodum currit in odorem Tuarum Virtutum,
75 ita hac dulci illecebra
Gloriosior hic Theseus
Caeleste quoque incurrat viridarium.

[x.]

DIVO BARLAAMO MARTYRI

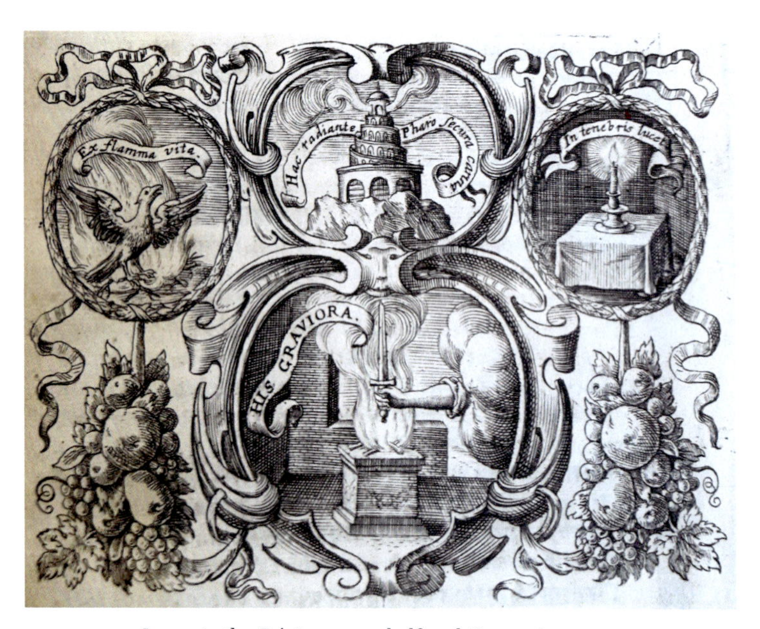

FIGURE 28 Icon 2 in the *Pełnia*. BKUL, shelfmark P. XVII.611
PUBLIC DOMAIN

1.

Mucyjusz[176] niegdy za błąd ogniem rękę parzy,
  BARŁAAMA zaś ręka za prawdę się żarzy:
On,[177] że nie trafił króla nieprzyjaciół razić,[178]
  Ów[179] trafił Bogu kadzić, a bałwanów kazić.[180]
5 Nie chwalże już z Scaewoli, Rzymie swoją dolę,
  BARŁAAMA świętego mamy nad Scaewolę.

2.

Niemądrych panien[181] aby nie podlegać karze,
  Trzeba mieć gorające w ręku luminarze.
Patrzcież tu na świętego mądrość BARŁAAMA,
  Jak za luminarz ręka pali mu się sama.
5 Gdzie niemądrym oliwy do lamp nie dostaje,[182]
  Tu sama gorająca ręka to dodaje.

3.

Mądrość boska człowieka, gdy nie gin⟨ą⟩ł w męce
　　Z niebieskim szuka ogniem, gwiazdy mając w ręce.[183]
A BARŁAAM męczennik z ogniem szuka Boga,
　　Gdy mu rękę tyrańska pali męka sroga.
5 Tam gdzie jest ręka Pańska gwiazdami świecąca,
　　Nie zbłądzi ręka sługi ogniem gorająca.

[XI.]

Ta jest ludzkiej niemała naturze przygana,
Że na niestałym gruncie jest ufundowana.
Skąd nie dziw, że zostając w tak wspaniałym stanie,
Nieustającej musi podlegać odmianie.
5 Cóż albowiem stałego tam kto kiedy zoczy,
Gdzie się sam w krąg fundament nieprzestannie toczy?[184]
I cóż się tam z gwałtownym upadkiem ominie,[185]
Gdzie sam fundament musi podlegać ruinie?
Kto jednak na obrotnej świata tego sphaerze
10 Statecznym chce stać krokiem, niechaj przykład bierze
Z BARŁAAMA, świętego męczennika, który
Miał wspaniały animusz, jak skaliste góry
Krzemiennego Kawkazu albo też Marpeza,
Gdy na nie srogi wiatrów wywrze się impreza,
15 Niewzruszone w swym statku stojąc, czynią wstręty.
Takim trybem tu stanął ten męczennik święty.
Wywrze nań jawnie tyran charontowe[186] jady,
Nie mogąc łagodnością potajemnej zdrady
Ucukrować świętemu. Wnet jak lew się sroży,
20 A okrutne mu męki przed oczy położy.
„Jeśli – prawi – twojego nie odstąpisz Boga,
Wiedz to pewnie, że wszystka ta katownia sroga
Na cię się wysforuje. Odmień tedy wiarę,
Naszym bogom oddawszy powinną ofiarę."
25 Na co święty męczennik namniej niestrwożony
Rzekł: „Choćby tu i z dzikiej afrykańskiej strony
Wszystkich bestyj zażartość na mnie się wywarła,
Gotowem przy Chrystusie mym stać aż do garła.[187]
Niech mi tu siedmiołebne staną w oczach Lerny,
30 Niech z otwartej paszczeki Acheron niezmierny
Wszystkie jady wyzionie, niechaj zajuszony
Gniew się na mnie wywiera srogiej Tyzyfony,
Wszystkie zgoła pomyślne zbierz z świata katusze:
Ja już od Boga mego namniej się nie ruszę!"
35 O stateczny umyśle! Krzemienna opoko!
Jakoby cię na sercach wkorzeniać głęboko![188]
I któżby dał,[189] aby twa nieprzełomna siła
W sercach ludzkich podobnym torem się krzewiła?

Zawstydź się tu, ktokolwiek! Już nie dla katowni
40 Ni siarczystym płomieniem rozżarzonych głowni,
Lecz dla marnej uciechy znikomego cienia
Rzeczą samą boskiego zrzekasz się imienia.
Nic tedy nie wskórawszy groźbą złość tyrana
Naprzód do żelaznego rzuci się Wulkana,[190]
45 Każąc świętego szarpać stalowemi haki
I bić srogo żyłami. Ale cóż ból taki
Zaszkodzić mógł świętemu? Właśnie jako w świecie
Większy bywa od bicia szacunek monecie,
Tak i Bałaamowi te tyrańskie plagi
50 Większej w taxie niebieskiej dodawały wagi.
Szarpaj, jak chcesz, hakami, wszak ziemia zorana
Większym bywa zwyczajnie fruktem przyodziana.
I od żył święty ożył, bo tyrańskie żyły
Do dalszych mąk cierpienia barziej go zmocniły.
55 Cóż tedy złość tyranów czyni jadowita?
Oto innego chytrze fortelu się chwyta.
Ciągnie do swych bałwanów męczennika gwałtem,
Chcąc onego tam podejść swym wymyślnym kształtem.[191]
Wnet z rozkazu tyrana rozciągną mu rękę
60 Nad ogień i kadzidło w niej włożywszy, mękę
Nieznośną mu zadadzą, mieniąc, przekonany,
Że tak w ogień kadziło rzuci przed bałwany.
Co gdyby był uczynił, zaraz krzyknąć mieli:
„Jużeśmy dokazali, już czegośmy chcieli!
65 Jużeś nasz Barłaamie, jużeś naszej wiary,
Otoś już naszym bogom winne dał ofiary."
Ale darmo zarzucasz i te skryte sieci,
Plutonowa chytrości![192] Łatwo z nich wyleci
Ten, komu skrzydła boska miłość przyprawiła.
70 Patrzże, coś tym tyrańskim fortelem sprawiła.
Patrz na jasny luminarz,[193] czy zmroczył co twarzy,
Lubo się mu do piersi samych ogień żarzy?
Stoi jasna pochodnia w tym klarownym blasku,
Żadnego się nie bojąc fatalnego piasku.[194]
75 Stoi świecąca pharos cudna w swoim klarze,
Wam, światowi, jedyna pomoc, marynarze.
Stoi ów słup ognisty,[195] co niegdyś na puszczy
Izraelskiej przyświecał z podziwieniem tłuszczy.

Kadzidła przed bałwany z ręki żadną miarą
80 Nie rzuca w ogień, pokąd taż ręka ofiarą
Bogu swemu została tym ogniem spalona.
Z tąż świecą dusza święta w niebo wprowadzona.
Tak tedy ten męczennik ciałem tylko właśnie
W śmiert⟨e⟩lnym na czas mroku burzą mąk tych gaśnie.
85 Lecz stój, pióro, co piszesz? Azaż bowiem chmury
Mrokiem jasnej zdołają przyćmić Cynozury?
Azaż kiedy znikoma chmur zasłona marnie
Wielkiego luminarza mrokiem swym ogarnie?
Świeci i świecić będzie swym promieniem jaśnie
90 I nigdy już ten Tytan prześwietny nie zgaśnie.
A jak niegdy *Phaeb* wzruszał statuę Memnona,[196]
Która tak pięknym kunsztem była urobiona,
Że skoro tylko na nią ten *Phaeb* złotowłosy
Swym uderzył promieniem, aż wnet wdzięczne głosy
95 Z miłym koncertem od niej brzmiały na przemiany,
Melodyjne swym dźwiękiem wydając padwany,
Tak coś dziś podobnego i ze mną się dzieje,
Kiedy mię ten luminarz swym promieniem grzeje.
A nie tylko mi glansem swym jasnym przyświeca,
100 Lecz też i w sercu płomień życzliwości wznieca.
A tak już będąc ogniem tym szczerze zagrzany,
Te przy powinszowaniu wykrzykam paeany:
Tryumfuj, BARŁAAMIE, infułacie godny,
Gdyć swym ogniem twój świeci Tytan światłorodny!
105 Niech ci długofrotunne dni, chwile, momenta,[197]
Swym promieniem sprawuje ta Cynthija święta.
Już tu nie mają sprawy[198] niefortunne nocy,
Przecz uchodzą w posępnej Morphea karocy
W cymmeryjski Plutona horyzont podziemny
110 Lub do okropnej Bronta i Steropa Lemny.
Tu cokolwiek w zamysłach twych się, panie, dzieje,
Wszystko to dniem fortuny pogodnym jaśnieje,
Gdyć od twego patrona, cnego męczennika
Tak pogodny z męczeńskich ogniów blask wynika.
115 Jaśniej świecą i twoje planety herbowe,
Gdy tak znacznie przybyło onym światło nowe
Od jasnoświecącego twego luminarza.
Taki fawor fortuny rzadkiemu się zdarza.

Czego kiedyć winszują me liche Kameny,
120 Tępe pióro takiemi poją Hypokreny.
GWIAZDA NIEGDY TRZEM KRÓLOM JADĄCYM ŚWIECIŁA,
GDY ICH DO KRÓLA KRÓLÓW BOGA PROWADZIŁA,
TOBIE OD TEGOŻ KRÓLA ŚWIECIĆ BĘDĄ ZGODNIE
W RĘKU PATRONA TWEGO ŚWIECĄCE POCHODNIE.

[XII.]

NOVUS PHAENIX:
DIVUS BARLAAM MARTYR

Alterum Phaenicem Divum Barlaamum Martyrem
Assyria sive gratulatur sive invidet,
ETIAM TIBI, O ALMA PARENS, ECCLESIA.
Tua jam altitudine altius nunc evola,
5 cui pennas potiore Daedali arte adstruxit
SANCTIOR PHAENIX BARLAAM.
Sortem Tuam quis humilem dicere praesumpserit?
Cum tam sublimis nidus Divinioris Phaenicis extitisti,
nunc demum palam est, quanti sis,
10 cui vel ipsa Phaenicis huius raritas addidit pretium.
Nec jam sola Cappadocia Thaumaturgos,[199]
nec solae Athenae sapientes,
nec sola Macedonia Alexandros,
nec solae Lac⟨a⟩enae viros,[200]
15 nec denique sola Assyria Phaenices parturi⟨i⟩t,
EN HORUM OMNIUM TUUS BARLAAM COMPENDIUM EST.
Clare jam liquet
DIVAM MATREM ECCLESIAM AEMULAM CAELI ESSE,
dum par Utriusque sive Officium sive Beneficium
20 NIDUM TANTAE ALITI EXTITISSE.
Quid jam aestuas furiali accensa foco Tyranni saevities
in Divum Martyrem debacchata?
PHAENIX EST,
cui flamma splendorem,
25 ignis vitam parturi⟨i⟩t.
Et quoties tum his, tum Seraphicis in Deum ardoribus[201] accenditur,
toties ex hoc felici incendio
vividior assurgit et illustrior.
SED BENE EST.
30 Succende quantumvis sive furores, sive incendiarios rogos,
Tyranne an tiro verius Erebi,
nunquam tamen meliorem vitam huic Divino Phaenici dedisti,
quam cum eriperes hoc cinere bustuali.
Neque Mar⟨t⟩yr Divus gratiorem unquam Caelis odorem praestitisse
[poterat,

35 quam cum thus in Heroica manu successum
effumaret.
HIC DEMUM VERISSIMUS PHAENIX,
cum in tam suavi fragrantia an finiret, an inciperet vitam.
Quippe haec est Alitis illius natura:
40 quassaque cum fulva substravit Cynnama myrrha,
se super imponit, finitque in odoribus aevum.
Quid igitur insidiosos Martyri laqueos moliris, Tyranne?
Blandiris, ut capias,
quippe
45 fistula dulce canit, Volucrem dum decipit auceps.
AT PHAENIX EST,
cui non tam natura,
quam Divinus Amor addidit alas.
Facile scilicet evolat paenas, cui Amor Divinus annectit pennas.
50 Praedicet jam suam gloriam
toto quantumvis tonantis caeli reboante sonitu,
ILLA FULMINUM MINISTRA IOVIS AQUILA.
Vel tantis tamen suis fulguribus,
IGNIBUS ADDICTAM NOSTRI PHAENICIS NATURAM
55 numquam adaequabit;
neque enim huic Sanctiori Aliti suum deest manu succensum
[fulmen,
nisi quod ferire aut nolit, aut nesciat.
Tenebrescit vel ipsis suis noctibus obscurior
clara illa, quia alienae nil indiga lucis,[202]
60 ATTICAE MINERVAE NOCTUA,[203]
SI CUM DIVINISSIMA ALITE BARLAAMO IN COMPARATIONE EVOLET,
QUID ENIM TENEBRIS CUM LUCE COMMUNE?
ILLA AB UMBRIS ET NATURAM, ET COGNOMEN,[204]
HAEC AB IGNIBUS ET VITAM, ET NITOREM
65 DERIVAVIT.
O Felicem Phaenicem!
O praedicandam Salamandram,
cui incendium vitae stipendium,
et fumus propellit funus!
70 Nec pavit monumentum ignis elementum.
ERGO JAM
evola felix e Tuis fatalibus cineribus Phaenix,
et ne sola Tonantis Aquila glorietur Ganimedis raptu in Caelum,

rape etiam Tu in Tuum sublimem nidum
75 Tuarum Virtutum et Nomnis haeredem,
BARLAAMUM ARCHIPRAESULEM Kijoviensem, Halicensem totiusque [Rossiae,
ut palam sit,
quod Vos non Vobis tantum nidificatis Aves.
Appende, Divinissime Phaenix, arte Daedal⟨i⟩ca
80 huic Tuo Icaro Gloriossimo
vel literarias, vel gentilitias in sagitta pennas,
nullibi tamen casuro,
nisi
IN PLENUM GRATIARUM DIVINARUM
85 *MARE MARIANUM.*

[XIII.]

PHAROS IGNITA:
DIVUS BARLAAM MARTYR

Quid praesumis, penna,
plusquam ausibus Icareis,
in tantae Lucis involare incendia?
Aude tamen,
5 si quid in nigro aequore naufraga
vel extinguere, vel temperare incendia valeas.
Sed frustra,
majoribus enim et altioribus aestuat incendiis
HAEC IGNITA PHAROS, DIVUS BARLAAM MARTYR,
10 quam ut a fluctibus aequoreis extingui possit.
In hoc solum vel ad tantam lucem obscuritas est.
Quaenam flamma in Divo Martyre potior erat,
an externa furoris Tyranni,
an interna Amoris Divini?[205]
15 Manus ne magis ardore,
An cor amore scintillaret?[206]
Magnitudinem incendii in Martyre etiam inde metiri licet,
quod vel ipsa Duo Ecclesiae Luminaria,
DIVUM BASILIUM MAGNUM,
20 *DIVUM IANNEM CHRYSOSTOMUM,*
sive in laudem sui accenderit,
sive in spectaculum evocaverit.
Ita scilicet
nec Sol Phosphoro,[207]
25 nec Cynthia Syderum comitatu,
nec illustria Divorum facta suis carent gloriae Praeconibus.
Cedat jam illa Macedonis[208] an gloria, an ambitio,
quod solius non nisi Homeri calamo et lingua celebrari,
solius Apellis penicillo depingi,
30 solius denique Pyrgotelis[209] celatura sculpi,
praesumpserit.
Major procul dubio ad Magnitudinem Divi Martyris
gloriae cumulus accessit
tantos suorum factorum et Praecones, et Scriptores
35 HABUISSE.

Sed quid mirum?
PHAROS est DIVUS BARLAAM MARTYR.
Certe tanta tamque fastigata moles
non alia debuerat solidari Basi
40 nisi
DIVO BASILIO MAGNO.
Tanta Basilicae Majestas
Bene convenit
cum regio BASILII nomine.
45 Magnis scilicet Magna stant Basibus.
Nec palmo Giganteam fas est metiri proceritatem,
orbis non nisi a Sole illustratur.
Et vero
fulmen illud in manu Divi Martyris succensum
50 non vallem praeter naturam suam petiisse debuerat,
sed ingentem illam Ecclesiae Turrim,
magnam Magni Regis Basilicam,
cuius Bases in montibus Mentibus Sanctis
DIVUM BASILIUM MAGNUM.
55 Nec certe aureum illud OS,
DIVUS IANNES CHRYSOSTOMUS,
alibi suum debuerat experiri pretium
nisi ad Divi Martyris incendia,
quippe
60 fulvum spectatur in ignibus aurum.
PHAROS est IGNITA BARLAAM.
Unde nec suo caret, quo circumluitur, Oceano,
illo nempe,
qui tot uniones, quot dictiones,
65 tot chrysolit⟨h⟩os, quot periodos,
tot gemmas, quot lit⟨t⟩eras
pretiosa in orbem despumat tempestate.
Aurea dum eloquio Ioannes flumina ructat,
auriferum merito gemmiferumque Mare est.
70 O Inexhaustum Sapientiae Pontum,
qui naufragos ad caelestem deducis Portum!
O arueas hujus Oceani undas,
quae restringuitis flammas immundas!
ET CERTE
75 neque Martyris tanta flammantis Dexterae incendia

aliter vel restingui vel temperari debuerant,
nisi aurifero illo Oceano.
ITA SEMPER
in brevibus nunquam sese probat Aeolus undis.
80 Pontos ille petit, Rhodopeia culmina quassat.
Aurum Lydiis non nisi exploratur lapidibus,[210]
nec in mortalibus, sed in ipsis diis
suam experiri fortitudinem
Gigantibus solemne est.[211]
85 ET SANE
SACRIFICIUM ILLUD
ture et igne in succensia Martyris Manu peractum;
majori energia expressisse quisquam alius,
nec debuerat, nec potuerat,
90 nisi illi,
QUI INCRUENTUM SACROSANCTAE LYTURGIAE SACRIFICIUM
pervenusta methodo
SIVE EXPLICARUNT, SIVE STATUERUNT.
Nimirum si plus poterant, in eodem genere poterant et minus.
95 Nec flumina metiri illis est difficile,
qui immensum enavigarunt Oceanum.
Facile Sydera spectant,
qui Solem ipsum irretorta palpebra intuentur.
ET AD IGNITAM PHARUM NON CAECUTIUNT,
100 quorum visus IGNE CONSUMENTE
AN EXPLORATUS, AN EXPOLITUS.
O Caelum animatum, Barlaamum,
non tam succensis ignibus,
quam his Duobus Luminaribus illustre!
105 O Solem in Geminis radiantem!
O Caelestem Beatae Aeternitatis Peripheriam
his Duabus firmatam Axibus!
Hic ego vos appellabo Divinissmi Doctores
vel Binas illas Sacrae paginae Aquilas,
110 irretorto vultu Solem illum aestuantem Barlaamum intuentes,
vel Duo Supremi Tonantis Candelabra,
in quibus haec accensa resplendet Fax Barlaam.
Nunc demum vestras Lucubrationes clarius Orbis releget
ad hanc Supremi Cleanthis[212] Lucernam.
115 SED JAM,
PHAROS LUCIDISSIMA MARTYR SACRATISSIME,

splendor perenniter
tum nitidis donorum naturalium et supernaturalium fulgoribus,
tum ignibus Heroicae Manui admotis,
120 tum inaccessibili lumine gloriae,
tum denique splendidissimis encomiorum radiis
a Bino Ecclesiae Luminari derivatis.
PRAELUCE NITIDISSIMA PHAROS
etiam in hoc naufrago orbis Oceano
125 ad Bonae Spei Promontorium luctanti,
Tuarum Virtutum et Nominis Haeredi,
BARLAAMO ARCHIPRAESULI Kijoviensi, Halicensi totiusque Rossiae,
ut palam sit
Gentilitiam ipsius Lunam Tui aemulam esse.
130 *Lumina noctivagae ceu fert Pharus aemula Lunae.*[213]

[XIV.]

[1.] LUX IN TENEBRIS: DIVUS BARLAAM MARTYR

Excute tandem caecitatem Tyranne
ad tantae Lucis fulgorem!
Prodi ex Cymmeriis errorum noctibus
praelucente tam illustri Face!
5 Sed frustra:
quippe caecus est ignis stimulatus ira.[214]
Et lippiens ad tantam Lucem magis caecutit noctua,[215]
nisi forte ab hac Face Divina illustriorem Tyrannum inde dixeris,
quod totus exarsit in iram,
10 ut dubium esset,
AN DIVUS BARLAAM MAGIS IGNIBUS,
an saevus Tyrannus furoribus scintillaret.
Est in promptu Sanctiori Iovi Barlaamo succensum in manu fulmen,
quo facile
15 exuret et saevis compescet ignibus ignes.
Nunquam clarius Te efferam belluam prodidisti, Tyranne,
quam ad Divi Martyris ignes.
Sanctior quippe hic Diogenes facem manu praefert hominem
[quaesiturus,[216]
Te hominem esse minime arbitratus.
20 O FELICEM METAMORPHOSIM! O FAUSTAM VULCANIAM,
UBI SANCTIUS METALLUM DIVUS BARLAAM
ardenti Tyrannidis camino
in aurum Arabicum, an verius Divinum,
quia caelesti Lance librandum,
25 TRANSFORMATUR.
Ita semper nauta maris tempestatibus,
miles hostium insultibus,
arbor ventorum incursibus,
Virtus denique adversitatibus
30 EXPLORATUR.
Nec alibi ferri soliditatem cognoscere licet
nisi sub malleo.
Imo in metallis et adamantibus
MAJUS FIT LUMEN AB ICTU.

35 Ferrum si transit ad ictus,
ingenti splendore micat vultuque nitenti
audet ad argenti decus aspirare superbum.
Incudis ast expers subito, fuscatur et atram
vertitur in scabiem celerque absumitur aevo.
40 O siliceam, o ferream, o adamatinam in Martyre Constantiae
[Soliditatem,
cui majus fit lumen ab ictu!
Tot scilicet verberibus contusus Martyr
non extinguitur, sed inflammatur,
ut palam sit, quod
45 SILEX PERCUSSUS CONCIPIT IGNES.[217]
Hic ego Te, Divinissimue MARTYR, merissimum apellabo ABESTON.[218]
Arcadiae tellus Lapidem producit Abeston,
ferreus huic color est naturae mira potestas,
nam semel accensus conceptos detinet ignes
50 extinguique nequit perlucens perpete flamma.[219]
Nunquam illustrior Apotheosis Tibi contingisse poterat,
HERCULES DIVINISSIME BARLAAM,
quam cum populatrix flamma Te caelo inferret.
Iamque valens et in omne latus diffusa sonabat
55 securosque artus, contemptoremque petebat.
flamma suum.[220]
Optimam hic (nova philosophandi methodo[221]) dicam optimi
[corruptionem,
dum ex ambusta manu generatur
terrae Cinis,
60 Caelo Civis.
Nec unquam evidentius est elementum manere formaliter in mixto,[222]
quam ad ignes Barlaami.
O VESUVIUM FUMANTEM MARTYREM,
quem furentis Tyrannidis Aquilones
65 non extinguunt, sed inflammant.
PRAESTANT ADVERSA SECUNDIS.[223]
Adeste errabundi vespertiliones
aut noctibus, aut sacris ignibus amici,
en jam FAX MARTYR MONSTRAT AD ASTRA VIAM.
70 Nec jam solis diis
est via sublimis Caelo manifesta sereno,
lactea nomen habet, candore notabilis ipso,

hac iter est superis ad magni Tecta Tonantis.[224]
Clariorem illuc mundani tenebriones sortiuntur viam,
75 quibus
LUX in TENEBRIS LUCET BARLAAM.
Nullus, credo, ignis vehementiori impetu ad suum caeleste centrum
connititur,
quam incendiarius Divi Martyris caminus,
ubi tam ardoris, quam ardentis,
80 IDEM SCOPUS EST.
Nec ullum fulmen tam alta petit,
quam in manu Martyris saevienti Vulcania fabricatum.
Incende jam Syracusas Metelle,[225] Saguntum Pompei, Carthaginem
[Scipio,
adest praesto suus incendiarius,
85 ETIAM SANCTIORI TROIAE DIVO BARLAAMO,
nisi quod nec minis, nec blanda astuti Ulyssis eloquentia expugnetur
conformiter ad Vatis[226] monitum:
Ipse te clausam modereris, Urbem,
consul aut Caesar,[227] quoties minantum
90 turba fatorum quatient serenam
pectoris arcem.[228]
Sed accendas licet sacratiorem hanc Romam, insaniens Nero,
nihilominus tamen
lateritia comburetur, marmorea erigetur;[229]
95 accendis Martyrem,
ut extinguas,
in flammas agis,
ut noctes inducas,
ipsis ignibus Lucem niteris obumbrare.
100 Quid facis ah demens?
INCENDIA LUCEM NUTRIUNT, NON EXTINGUUNT,
nec fatales eam tenebrae comprehendunt.
Exer⟨c⟩e quantumvis totas infernalis matheseos artes an astus,
callide Archimedes Tyranne,
105 SANCTIOREM TAMEN HANC ONERARIAM DIVUM BARLAAMUM,
illustrabis potius quam combures.[230]
Praesto huic suus est Gratiarum Oceanus,
cui vel ipsa Averni incendia extinguere est solemne.
Nunquam certiorem portendit serenitatem hic Sol Barlaam,
110 quam cum ante fatalem sui occidentem

an cruoribus, an ignibus erubuit.
O THAUMATURGAM DIVI HEROIS FORTITUDINEM!
Alterum jurasses Mu⟨c⟩ium Scaevolam,[231]
si in feriendo Avernali Porsen⟨n⟩a errasset.
115 Alterum diceres Prometheum,
si solaribus arderet ignibus.
Rubum denique crederes ardentem,[232]
si non combureretur.
Ita solemne est Herculi non tam gladio quam igni Hydram
[profligasse.
120 *ERGO JAM LUX EXTINGUI NESCIA,*
BARLAAM DIVINISSIME,
splende perenniter,
LUCEM INACCESSIBILEM INHABITANS,
Radios tamen Tuae Serenitatis sparge liberaliter
125 in sequacem Tui nominis et lucis,
BARLAAMUM ARCHIPRAESULEM Kijoviensem, Halicensem totiusque
[Rossiae,
ut vel sic alta haec splendoribus assueta propago,
IN LUMINE TUO VIDEAT LUMEN.

[XV.]

DIVO BARLAAMO PIECZARIENSI

FIGURE 29 Icon 3 in the *Pełnia*. BKUL, shelfmark P. XVII.611
PUBLIC DOMAIN

1.

Nie gaśniesz, BARŁAAMIE, w książęcym twym klarze,
    Lub[233] w ciemnej dotychczas zostajesz pieczarze.
Ujmy żadnej i księżyc stąd w sobie nie czuje
    Lub część siebie w zakryciu światu prezentuje.
5 Wszak i skarb drogi nie ma stąd w sobie nagany,[234]
    Gdy bywa na pożytek w skrytości chowany.

2.

W porównaniu z księżycem jest BARŁAAM snadnie.[235]
    Tamten w nocy, ten w cieniach Pieczar światłem władnie.
Tamten słońce w bliskości pokrywa zaćmieniem,
    Ten książę⟨ce⟩ tytuły zakonnym ćmi cieniem.
5 W tym jednak między sobą jawnie są rozdzielni:
    Księżyc bywa z uszczerbkiem, a Barłaam w pełni.

3.

Gdy jest w krągu księżyca część skryta, część jasna
 Barłaama w pieczarze splendeca to własna.
Kryje książęcą sławę pokorą i piaskiem,
 Świeci cnót nieba godnych trudnym skrycia blaskiem.
5 Kryje ciało swe w ziemi, świeci duszą w niebie,
 Lecz i ciałem przez cuda świeci nam w potrzebie.

[XVI.]

Nie gaśnie jako widzę wielkie urodzenie,
Chociaż je kto w zakonne zaprowadza cienie.
Owszem, przy zakonniczym żałobnym kolorze
Wydatniej w swym wrodzonym jaśnieje splendorze.
5 Boć drogi kruszec ceny traci stąd niewiele,
Że go podczas w nikczenym grzebie kto popiele.
Złoto barziej arabskim stąd walorem słynie,
Gdy przez hutę Wulkana mniej poczesną płynie.[236]
Ba, i kolos nie traci przez to swej wielkości,
10 Że mu czasem w pochyłej przydzie stać niskości.
Prześwietna luminarzów niebieskich natura
Nie gaśnie, choć ją czasem ciemna kryje chmura.
Owo zgoła jak światło piękniej w nocnym cieniu
Niźli przy południowym jaśnieje promieniu.
15 Tak wielka rodowitość zacnej parentele
Większą w cieniach zakonnych jasność sobie ściele.
Na rzetelne takowej prawdy pokazania
Barłaam tu pieczarski święty w dowód stanie.
Temu choć senatorskie prześwietne tytuły
20 Same się do kolebki niemow⟨l⟩ęcej wsuły,[237]
Jednak będąc w tak jasnym urodzenia klarze,
Większej nabył daleko jasności w pieczarze.
Skoro bowiem nań promień ewangelski błyśnie,
Że snadzniej się przez ucho igielne przeciśnie
25 Przy ogromnej wielkości swej wielbłąd garbaty
Niż w ciasną nieba fortę wniść może bogaty,[238]
Natychmiast pogardziwszy książęcemi mitry
I zwycięską swą nogą depcąc ten świat chytry,
Tuż swej już poślubionej oddawszy waletę,
30 Za szczególną zakonne życie obrał metę.
A gdy przybył tam z pompą, gdzie pieczarna jama,
Z chęcią w zakon przyjęto cnego Barłaama.
Dowie się o tym ociec, do gniewu nie płochy,
Bieży co wskok z sługami w ciemne Pieczar lochy,
35 Gdzie zaraz trzodę wilcy rozpędziwszy wściekli,
Barłaama świętego gwałtem z Pieczar wlekli,
A zdarszy habit święty z ciała mu i z głowy,
W drogocenne go poczną stroić złotogłowy.

Lecz święty po kilkakroć ów strój bardzo drogi,
40 Złotym sidłem być mieniąc, rzucał go pod nogi.
I aż za rąk związaniem odziany w bławaty
Do książęcej ze wstydem musiał iść połaty.[239]
A nim doszedł, na drodze upatrzywszy błoto,
Tam wnet wszystkie na sukniach świecące się złoto
45 Nogą pogrąży, mówiąc: „Niechaj w tej topieli
Wszystko pornie, cokolwiek mię od Boga dzieli.
Niechaj wszystkie pokusy te błocko pochłonie,
Bylem ja został wolny od piekielnej tonie."
O marności światowych wzgardo nadder cudna!
50 Bądź przykładem tym, których nikczemność obłudna
Jako węda zdradliwie pokarmem ukryta
Hakiem rybki w zamęcie nieostrożne chwyta.
Gdy już przyszedł na pałac, siędzie przymuszony
U stołu książęcego. A w tym zaprawiony
55 Korzenno dadzą obiad.[240] On u tego stołu
Nic do gęby nie biorąc, wzrok spuścił ku dołu.
Barziej sobie smakuje zakonne suchary
Niż półmiski zaprawne słodkiemi kanary.
Po obiedzie ociec go szle w jegoż pałace,
60 Gdzie, patrz jakim fortelem do serca kołace
Niewinnego pokusa: wnidzie tamże żona,[241]
Na powab niewinności z umysłu strojona[242]
I coraz się niewinnym oczom prezentuje,
A słowa jadowite kanarem cukruje.
65 Porwie się święty jak od żmije jadowietej
I uszedszy do jednej ucieczki zakrytej
„Znam cię, znam – prawi – ziółko, iżeś jest pokrzywa,
Tak ci w cukrach zwyczajnie jad ukryty bywa.[243]
Gdzie kwitnącym pozorem łąka się umai,
70 Tam częstokroć szkaradny wąż w trawie się tai.
Gdzie się w wodzie wspienione gładko ścielą wały[244]
Tam najprędzej na ostre wpadnie okręt skały.
Tak ci to więc i ptasząt bezrozumnych sidlą,
Potajemnym wprzód chytrze wabiem oczy mydlą,
75 Lecz kiedy poczną pierzchać nie w czas już,[245] pod siatką
Natychmiast je zdradliwy ptasznik wita klatką."[246]
W takich myślach i modłach przy wybladłej cerze
Gdy Barłaam przez całe trzy dni trwał w kamerze,

Oto znowu rozświeci słońce po tej fali.[247]
80 Widząc bowiem to ociec, nad nim się użali,
A bojąc się od mściwych niebios ciężkiej kary,
Dobrowolnie już syna puścił do Pieczary.
O, jaki dziw, jaki płacz, jak wielkie lamenty,
Gdy oddawał waletę swym Barłaam święty![248]
85 On jednak szedł z radością, jako kiedy sieci
Uchybiwszy z weselem ptaszek w gniazdo leci.
A przybywszy szczęśliwie w pieczarne ciemności,
Takiej w życiu zakonnym był doskonałości,
Że uważywszy rzeczy mógłbyś mówić śmiele,
90 Iż nie człowiek, lecz anioł był to w ludzkim ciele.[249]
A jak winna macica[250] stąd żyźniejszą bywa,
Gdy ją na czas w swych ziemia wnętrznościach pokrywa
I jak drzewo w frukt barziej i siłę się krzepi,
Kiedy w ziemi głęboko swe korzenie szczepi,
95 Tak i Barłaamowi ciemnych Pieczar skała
W swych wnętrznościach wielkiego waloru dodała.
Rzekłbyś, że to jest drugi Danijel w jaskini,
Który ze lwy utarczkę piekielnemi czyni.[251]
Wkrótce po tym i bracia, i pobożność sama
100 Za starszego[252] obrała wszystkim Barłaama.
O jakie tu przykrości czynił swej naturze,
By nad innych i w cnotach był i w praelaturze,
Za nic mając ten honor, gdzie tylko godnością
Honoraci jaśnieją, nie cnót wspaniałością.
105 Ciągnął wszystkich za sobą wszelakich cnót śladem,
Objaśniając im swoją naukę przykładem.
Lecz nie dosyć świętego wielkiej żarliwości
Na tak przykładnej wszystkim zakonnej ostrości.
Jeszcze na różne miejsca pielgrzymuje święte,[253]
110 Znosząc wszelkie niewczasy, trudy niepojęte.
Tak to więc boska miłość gdy się w kim wkorzeni,
Najprzykrzejsze piołuny w nektary przemieni.
Jarzmo pracy zakonnej nic temu nie szkodzi,
Komu wszelkie gorzkości miłość boska słodzi.
115 Tak tedy gdy obchodzić miejsca święte raczy,
Wkrótce na miejscu onym świętym się obaczy,
Gdzie z świętemi prac wieczną odbiera zapłatę,
Za dobrowolną świata marności utratę.

Oprócz górnej nagrody, co nigdy nie ginie,
120 Ma i tu nieposlednią na ziemskiej dolinie,
Gdy ciało jego święte nic nienaruszone
Świeci dotąd w Pieczarze cudami wsławione.[254]
Tak to zwyczajnie walor miewa znamienity
Perłorodna macica, choć bez margaryty.
125 O jakich pochwał godna jest jama pieczarna,
Kiedy w niej te rozumne umartwione ziarna
W takie światu i niebu zakwitnęły żniwo,
Które deszcz łez obfitych skrapiał nieleniwo!
O jakich jest pieczarna pochwał godna jama,
130 Kiedy nie już Jozepha, ale Barłaama,
Nie Aegyptu, lecz Rossom[255] cnym ożywiciela
Niby matka z wnętrzności swych własnych udziela.

A tu już mi się ściele okazyja sama
Do cię, METROPOLITY cnego BARŁAAMA
135 Tępe pióro skierować na powinszowanie.
I któż wielkiej fortuny nie przyzna-ć w tym, panie?
Że w tak znacznym godności twej jaśniejąc klarze,
Patrona twego tudzież masz blisko w Pieczarze.
Jak ten patron na prośbę twą nie ma być snadny,
140 Gdy się zbliża do niego twój affekt przykładny?[256]

[XVII.]

Jużeś tedy bezpiecznym, gdyć patron trojaki
Puklerz na nieprzyjacił trzech nieladajaki.
Trzej patroni w dzień jeden gdy się celebrują,
BOGU W TRÓJCY jednemu za cię supplikują.
5 PUSTELNIK BOGA OJCA błaga, co przez puszczę
Izraelską cudownie niegdy przewiódł tłuszczę.
MĘCZENNIK cierpiącego za cię modlił Boga,
Aby twa w żadnych mękach nie postała noga
PIECZAR ciemnych MIESZKANIEC w modłach ⟨j⟩est gorący,
10 Abyć światło dał hojne DUCH OŚWIECAJĄCY.
Tak kędy ci trzej twoi święci patronowie
Jako niegdy ze wschodniej strony trzej królowie[257]
Przed Królem królów BOGIEM gdy się prezentują,
Podobneż Jemu dary za cię ofiarują.
15 BARŁAAM Z PUSZCZY daje klejnot takiej ceny,[258]
Że przy onym tanieją złote karaceny.
BARŁAAM zaś MĘCZENNIK przy swej srogiej męce
Niesie BOGU kadzidło w podpalonej ręce.
BARŁAAM CO W PIECZARZE ciało martwił swoje
20 Myrrhę, znak umartwienia, wniósł w górne pokoje.
Darem tedy trojakim trzej Barłaamowie
TRÓJCĘ ŚWIĘTĄ błagają, twoi patronowie,
Aby ciebie do nichże twa trojaka cnota
WIARA, NADZIEJA, MIŁOŚĆ w te-ż wcisnęła wrota.

[XVIII.]

[1.] PRINCEPS SINE TIARIS: DIVUS BARLAAM PIECZARIENSIS

Novum est istud Divi Barlaami ad Titulos iter
Per Titulorum Stragem.
Et vix non portentum
Princeps sine tiaris, sine opibus Dives, Illustris absque auro.
5 SED QUID MIRUM?
Cum Principum Nomina
non in aerario nascuntur,
non in Tiaris educantur,
neque crescunt inani jactantia Titulorum.
10 PRINCEPS EST QUISQUIS IMPERIA SUI EXERCET,
NEC QUI TENET, SED QUI CALCAT ORBEM, PRINCIPIS MERETUR [NOMEN.
Ille nonnisi vere Illustrissimus,
cui serenitas non ex auri et Titulorum,
sed ex Virtutum fulgore crescit.
15 Brevis ac evanida lux est ab auro,
perennis a Virtute.
Nec multum prodest Illustrissimus Oriens,
si infami morum Occidente funestetur.
PRINCEPS EST
20 non, cui purpuram Tyrio murice[259] depinxit artificiosa manus,
sed cui faciem roseis coloribus cohonestavit Verecundia.

[2.] Quid enim Dignitati suffragium mendicemus a metallis, aut tenui filo appendamus tantum nomen,[260] ut Princeps credatur, cui sudet in istud vocabulum bombyx trahitque ex se cognomentum et nitorem proceribus vermis operosus? Nec liceat illustri titulo serenari, si fulgor ex auro et conchis non effluxerit. Ita inter vilia (nam et gemmis fecit pretium habendi cupido non natura[261]), inter vilia, inquam, saxa, viles et pene saxei nomina quaerimus. Ita eviscerамus terras, scrutamur maria, sollicitamus elementa, toti prope naturae graves infestique, ut superbo nomine sese jactet arrogantia! Ita ut magni ab orbe censeamur, orbis versandus est, tantum non evertendus! Alius frequentia mortalium circumagitur et jam adoratur quasi non mortale genus, alius supra cervices hominum attolitur et supra humanam sortem abiisse creditur.

[3.] BARLAAM PIECZARIENSIS
simul fortunam, simul titulorum pompam, simul principem exuit,
PRINCEPS ILLUSTRIOR.
Postquam aulae comitatum, palatii majestatem abjecit,
5 RERUM DOMINUS.
Postquam arbitria terrarum excussit,
INGENS ARBITER.
Positis diadematibus,
CORONA PROCERUM.
10 Tumentia divitiis aeraria quasi vilem telluris partum exosus,
GEMMA PRINCIPUM.
Tunc demum Imperatorum Maximus extitit,
cum imperare desiisset.
Nec unquam magis omnem consecutus laudem,
15 quam cum omnem abjecit.
Tunc ingentes facultates sortitus,
cum ingentes perosus.
O PRODIGIOSUM BARLAAMI ITER:
per contemptum prosperitatis ad summam felicitatem,
20 per facultatum stragem ad opimam divitiarum copiam,
per titulorum tumulos ad sublimes honorum cumulos
ELUCTARI!
O Animum omni humana sorte altiorem!
O Mentem vere Divinam tot tantisque non irretitam illecebris!
25 SED QUID MIROR?
Quis enim sanus fatalem Midis invideat felicitatem,
Qui nunquam magis famem patiuntur,
quam cum satiantur?
Nunquam verius inopes,
30 quam cum divites vel maxime,
sua illis satietas famem parit
et ipsa sibi opum immensitas gignit egestatem.
QUIS INVIDET HYDROPICUM AVARIS MORBUM,
ut tunc sitiant vel maxime,
35 cum totum exsorbeant Erythreum[262]
(ejus nimirum est naturae hoc Africum aequor, ut majores aestus
[pariat,
quoties nimiis fluctibus intumescit)[263]
et quidquid aggesserint,
gradus est avaritiae, non finis?

40 QUIS demum INVIDET REGNORUM ATLANTIBUS AUREAM
[SERVITUTEM,
tenentur a divitiis,
quas se falso tenere existimant.
Rubent in purpura,
cui ruborem elicuit vel ardor habendi, vel pudor.
45 HIC DEMUM TANTALI,
quos nec regalia poma,
nec gemmei satiant fluctus.
Nec T⟨a⟩rtessiacis illos satiaret arenis,
Tempestas pretiosa Tagi, nec stagna rubentis
50 Aurea Pactoli.[264]
HINC JAM PATET, QUANTUS SIS,
BARLAAM DIVINISSIME,
postquam simul fortunae mendacia, simul Te ipsum
In specu tumulasti.
55 Funere plexisti, quae funere plectunt.
Et palam fecisti, quod
IN CINEREM DESINIT, QUIDQUID MICAT.
NUNQUAM TU MAGIS ORNATIOR,[265]
quam cum vestem splendidam calcaveris.
60 LILIATUS INNOCENTIAE CANDOR
nunquam in Te clarius illuxit,
quam ad habitus Religiosi nigredinem.
Tum demum Caelitum in Te congregasti Visum,
cum in hoc Religioso nigro appareres.
65 EXUISTI CHLAMYDEM,
ut doceres
nec arbores ex foliis, sed ex fructibus,
nec homines ex veste, sed ex Virtutibus
COMMENDARI.
70 Immersisti luto vestem,
ut palam esset
massam corporis humani parum differre a luto,
cum utrique fecisti operimentum commune.
Mollem Tibi crederem viam ad Caelum per lutum veste coopertum,
75 Nisi scirem arduum esse divitias calcare.
HEM NOVUM LUCTATOREM!
Qui veterum more Heroum vestes deponit,
ad luctam descensurus.[266]

ADESTE QUORUM AD SUPEROS NISUS EST;
80 non alio tramite illuc conniti licet,
nisi per immersas luto facultates;
NEC MOLLE AD SUPEROS ITER EST,
nisi mollitie eiusmodi.
IN LUTOSO ORBIS NAUFRAGIO
85 non alius pons ad bonae spei promontorium,
nisi quem Divinissimus Barlaam
ex veste et opibus calcatis
sibi efficit, aliis monstrat:
HAC, HAC MORTALES, ITUR AD ASTRA VIA.[267]
90 Ad Caelum non nisi per calcatum Barlaami caenum,
ad caelorum vertcem per fortunarum vorticem
est luctandum.
SED JAM
Gloriosissime Opum, Titulorum Mundique Contemptor,
95 PRINCEPS DIVINISSME BARLAAM,
non ab auri ac ducalium titulorum
sed a Virtutis Caelestiumque Triumphorum fulgoribus Illustrissime,
perenna felix,
plusquam ducali, quia caelesti redimitus diademate.
100 Et Tua superna serenitate protege Haeredem Tui nominis,
BARLAAMUM ARCHIPRAESULEM Kijoviensem, Halicensem totiusque
[Rossiae,
ut qui terno: opum, titulorum mundique contemptu Te imitatur,
trinam quoque a Trinitate Divnissima Tuo patrocinio lauream
NANCISCATUR.

[XIX.]

[1.] ULYSSES INTER SYRENES: DIVUS BARLAAM PIECZARIENSIS

Oceanus Orbis est.
Quotquot mortales, totidem nautae.
Quotquot pericula,
totidem scopuli, Scyllae Charybdesque,
5 quibus naufraga vitae humanae ratis identidem alliditur.
ADVERSITATES ET INFORTUNIA
tumultuania sunt Ventorum praelia,
quibus agitata vitae mortalium Carina
decumanis plerumque fluctibus absorbetur.
10 Quotquot illecebrae an verius fortunae mendacia,
totidem insidiae sunt,
et ad Promontorium Bonae Spei Remorae
SYRENUM QUANTA PLURALITAS,
quarum blandas voces audire est perire!
15 NON DESUNT TAMEN ETIAM SYRENIBUS SUI ULYSSES.
Talem Te stupet et veneratur Orbis Rossiacus,
BARLAAM DIVINISSIME,
postquam simul Uxorem,[268] simul Orcum in Tuam innocentiam
[saevientes
PROFLIGASTI.
20 Quippe
Paucis mutatis, Uxor et Orcus idem.
Nunquam Tu Gloriosior exstitisti, Ulysses,
quam ad blandas huius Syrenis voces.
Et ne truci malo inhaesisses, Crucis Malo[269] adhaesisti,
25 cui non tam funibus, quam fortiori ligandi modo, sicilicet amoris nodo
es annexus.
ITA SEMPER CRUX TUTISSIMA IN TEMPESTATIBUS ANCHORA.[270]
Nec aliter licet eluctari insidias Syrenis, nisi Crucis remis.
O Gloriosum de PRINCIPE MANCIPIUM,
30 cui nunquam liberior Animus, quam vinculis Cruci catenatus,
nunquam solidior principatus, quam in hac sevitute!
Alterum ego Te catenatum crederem Sampsonem, Barlaam
[Divinissime,

nisi infames Dalilae laqueos effugeres,
infernales Philistinos vinceres et vincires,
35 excaecantem denique amorem excaecasses.
Ita semper et fumus flammae improbae, et funus animae evitatur
per funes Cruci annectentes.
Certe cum compesceres amoris Divini ignibus ignes,
tunc demum Iupiter credi poteras,
40 nisi quod extra fabulas.
Nunquam tu verior de Parthorum exercitu Heros,
quam cum in hac lucta fugiendo vinceres.[271]
Quippe non sola parturit pugna laureas,
pulchrius quandoque fuga triumphat:
45 nec melius est manibus quam pedibus interdum ad Victoriam conniti,
aeque enim quadrigis ac pedibus itur in Capitolium ad Triumphos.
IN VITIORUM LUCTA VICTORIA EST FUGA,
nec pulchior victorem, quam profugum cingit laurea.
Fugientes vitia, non tam fugiunt, quam fugae specie Victorias
[insequuntur.
50 Talem Te Transfugam Orbis veneratur, Orcus reformidat,
BARLAAM DIVINISSIME,
cui fuga a mundo et immunda femina laureas nexuit, erexit
[trophaea.[272]
Quid igitur hic ante BARLAAMUM compares in perniciem an Tibi, an
[Innocentiae,
perfida Syren, an verius formosum monstrum – femina?
55 Novit hic Beatior Ulysses, malo Crucis nexibus amoris alligatus,
pulchris eludere astibus astus.
Novit hic Prudentissimus rerum Aestimator BARLAAM
sub luce luem quando latere,
et speciosum malum speciem esse semperque formam formidinis
[affinem.
60 Novit hic Sapientissimus rerum Indagator BARLAAM,
quod non semper
mollibus est verbis verus alendus amor.
Nam plerumque,
ut cupidus capitur fallaci piscis ab hamo,
65 sic pariunt homini mellea verba necem.
Nec bene quod rutilat, fulgore probabitur aurum,
nec bene candorem mellea verba probant.
Is tenor est mundi falso res pingere fuco,

uncia candoris libraque fraudis erit.[273]
70 Novit hic Solidus Veritatis Contemplator BARLAAM,
quod femina
quanto nitentior, tanto nocentior,
quanto formosior, tanto formidolosior,
nec ulli certiores Virtutum scopuli,
75 quam blandientis feminae oculi.
Testante Apollinis Oraculo:
O oculi scopuli titulo potiore vocandi,
Heu quibus allisae tot periere rates![274]
Novit hic sagacissimus rerum Scrutator BARLAAM,
80 quod feminae arrisus est irrisus,
quo tot Sampsones in ludibrium vertuntur.
Eius munera sunt funera,
eius favor est furor,
qui quanto se blandius in animum insinuat, tanto acerbius mordet.
85 Eius denique mel est fel,
quod ubi suaviter illapsum fuerit, viscera dilaniat crudelissime.
ET CERTE LUCIS ET COLORIS FALLIT IMAGO.[275]

[2.] Sub rosis spinae, sub crystallina saepe glacie caenum latet voraginosum. In muro polito coluber nascitur horrendus. Interiora dentis candidi molesta terebrat scabrities. Quo pretiosior pannus, eo majorem edit tinea stragem. Quo subtilius linteum, hoc magis a blattis corroditur et terebratur. Quo feracior arbor, eo magis a verme infestatur. Hoc est:

[3.] sub corpore nitido facieque praepulchra multae latent fraudes
et horrenda vitia.
O fallax Syren! O perfida lena voluptas!
Hei mihi quot flenda nubila fronte tegis!
5 Sub risu abscondis lacrymas, sub melle venenum,
ut celant Paphiae[276] spinea tela rosae.
Ita scilicet lacrymis gravida est omnis mundana voluptas ac laetitia.
Iridi assimilem crederes, cuius si forma spectaveris, ridet, si rem plorat,
ut proinde scite a quodam poeta Iris appellatur
10 Risus plorantis Olympi.[277]
Omnia haec triumphat, quia omnia fugit
NOVUS IN FUGA TRIUMPHATOR, BARLAAM DIVINISSIMUS.

[4.] Fugit haec lacrymosa gaudia, risus eiulantes, plorantem Iridem, mel felleum, perniciem delicatam, dulce venenum, sapidam amaritudinem, jucundum supplicium, delectabilem morbum, blandam mortem; verbo concludam: fugit mundum et immundam feminam, illum amantes, an potius hamantes. Protectionem in fuga quaerit intra sinum Matris, hoc est in Terrae visceribus, et ut cautus sit, cautes aggreditur.

[5.] Alias innocentia facile expugnatur, nisi ita sua arce muniatur.
Nec facile Cupidinis eliduntur tela, si desit tutela.
Rosa pudoris facile carpitur, ni internae compunctionis spinis armetur,
et Constantia mentis facile evertitur blandimentis,
5 suis destituta munimentis.
IO TRIUMPHE!
Novum Victoriae genus,
nova Triumphandi methodus,
fuga nectit laureas.
10 Imbellis manus messem colligit palmarem,
purpura sine sanguine rubet.
TRANSFUGA CORONATUR.
Ita Victoria etiam in hoc Honori affinis est, quod Transfugam [insequator.
Ergo jam,
15 Glosiosissime ULYSSES BARLAAM,
OCCINE LAETUM CELEUSMA,
postquam Syrenibus refertum, eluctatus mundi Oceanum
discrimine plurimo,
naufragio nullo,
20 flortunatus Insulas ac Auream attigisti Chersonessum.
TRIUMPHA FELIX VICTORIOSISSIME ULYSSES BARLAAM,
postquam indomitam plusquam decenni expugnatione Trojam [Caelestem
Loricatus Te ipso Heros expugnasti.
Nec ab eiusmodi Triumpho excludas Heredem Tui nominis,
25 BARLAAMUM ARCHIPRAESULEM,
KIJOVIENSEM, HALICENSEM totiusque ROSSIAE,
qui Tuo exemplo Syrenes perosus ad eandem Urbem
feliciter expugnandam
Gentilitium suum direxit Telum.

[xx.]

[1.] NOVUS ANNIBAL: DIVUS BARLAAM PIECZARIENSIS

Usque adeo Virtuti nihil invium est,
ut neque Annibali Alpes,[278]
neque Barlaamo Rupes
resistere valeant.
5 Rumpit Rupes et vel ipsum cavat Caucasum Herculea Virtus.
Saxei enervantur montes,
ubi magnae accesserint mentes,
nec adamantina[279] obsunt limina,
ubi magna molimina.
10 Quidquid arduum Natura obiicit,
Virtutis Obiectum est.
Ardua Virtus amat, gaudet Patientia duris,
laetus est, quoties magno sibi constat Honestum.
Paradigma est par:
15 *ANNIBAL ET BARLAAM:*
ille acetum et ignem,[280] Hic lacrymas et aestum Amoris Divini
saxis impendunt emolliendis.
Pari tamen uterque conatu, pari eventu, pari denique gloria rem
[aggreditur,
ut neque Annibalis liquoribus,
20 neque Barlaami lacrymis
sua desit efficacia,
et Lacrymae prosu⟨n⟩t, lacrymis adamanta movebis.
In hoc non nisi dispar utriusque ratio,
quod Annibalem effeminat Capua,[281]
25 Barlaamum ne tota quidem Styx frangere valet.
Uterque cuniculos agit,[282] uterue Urbem expugnaturus,
Ille Romam, Hic Caelestem Hierosolymam,
illi Roma Italorum, Huic Amor Caelorum est pro stimulo,
quippe
30 nomine converso, ROMA sonabit AMOR.[283]
Ita in Heroibus Virtutem an dolum nemo requirit.
Et vel in ipsis cuniculorum tenebris clarior Virtus emicat, dum
[dimicat.

Omnem interdum juvat movere lapidem,
ut altior Heroum emineat Fortitudo.
35 DISCITE SANCTIORIS GIGANTOMACHIAE ENCELADI:
non semper aperto Marte etiam Caeleste expugnatur Capitolium,
suus etiam huic expugnationi adest dolus,
a quo abest dolor.
VIDETE STRATAGEMA[284] IN HEROUM GEMMA
40 *BARLAAMO.*
Cuniculos interdum agere licet,
ut Caelicolam agere liceat.
Saxum integrum quandoque movere juvat,
ut infernalis Goliath prosternatur.
45 Solus meretur perenne probrum Nero Claudius, an potius in Vero
[claudus,
quod ferro matris scrutatus viscera,
dubius, credo, an ferrea sint, quae talem in lucem ediderint.[285]
DIVINISSIMUS BARLAAM PIECZARIENSIS:
nunquam Gloriosior homo,
50 quam a perfossa humo.
Communis omnium Matris Telluris viscera scrutatur,
dubius credo, an aurea sint, quae talem Caelo genuere.
Hem pius Filii in Matrem furor,
cuius est impius in Filios favor!
55 Blanditur quippe, ut noceat,
amat, ut hamet,
et simiae instar suammet prolem ipsis strangulat amplexibus.[286]
Discite Adami, hoc est Terrae Filii, paradoxum:
per calcatam hanc atque confossam itur ad astra matrem.
60 Novum at Navum Paradigma est
BARLAAM PIECZARIENSIS.
Confodit communis nostrum Matris Telluris uterum, an Orbis
[tumulum,
quod tam multos confoderet.
Laniat Parentis viscera, ne vivat,
65 per quam multi non vivunt.
Sauciat Sancto Sacrilegio Genitricem,
quod non tam vivis Mater, quam mortuis esset sepulchrum.
Ad Cor eius, hoc est ad Centrum nititur,
dubius credo, an esset naturae magnetis, quod tantopere traheret
[magnetes.

70 Vel certe Cor illud Matri erepturus,
quod tam multos Caelo eriperet.
Vide, quam gravis erat Terrae,
ne Caelo levis esset.
Nunquam Tellus gravius passa telum,
75 quam Filium sui contemptorem.
O inauditum, multis ambitum, paucis concessum eiusmodi Matris [cultum!
O admirandam Viri gravitatem,
cum vel per praerupta Terrarum ad Centrum connitatur!
Iactet magnificentius quam verius suam prisca aetas gloriam,
80 quod subito fruges Tellus inarata ferebat.[287]
DIVINISSIMO BARLAAMO
vel ipsi saxei montes in uberem gloriae assurgunt messem.
Ita nihil sterile est, ubi Virtutis cultura accesserit.
Et vel petra solvitur in fecunditatem,
85 ubi irriguus lacrymarum ac sudoris decidit imber,
nimirum
largifluo ex oculis, si non rorabitur imbre,
nil nisi cum spinis gramen habebit humus.
Nunquam Tu altior et solidior illuxisti,
90 *BARLAAM DIVINISSIME,*
quam cum in petra lateres.
Nec unquam pretiosius extitisti METALLUM,
quam in hac Beatiori Cryptarum Aurifodina.

[2.] [a.] Gaude jam Teraugusta tot tantorumque Divorum Mater, fecunda Heroum Genetrix,[288] Inexpugnabile Fidei Catholicae Munimentum et, ut paucis plura complectar, GEMMA ORBIS, ROSSIA! Aliis ementiti gaudiorum nitores in sepulchralem abeunt cinerem, Tibi vel ex ipsis Cryptarum sepulchris gaudia reviviscunt.

[b.] Nunquam scilicet veri gaudii materies est magis pulchra quam sepulchra. Non jam hic Tyriis aut Sydoniis cornucopiis, nec teretum merce monilium gaudia mercari[289] licet, non dives Alexandri gaza, nec inaestimabile thesauri reconditorium Persenopolis[290] uberem gaudiorum praestant materiem! Quid enim commune noctibus cum Sole? Habes, Rossia,[291] quotquot Sanctorum Lipsana,[292] totidem pretiosissima ac ne ipsis Cleopatrae Unionibus satis digne ponderanda aeraria.[293] Quotquot Divorum Exuvias, totidem pretio totius Orbis aestimatas conchas vel extra margaritam venerandas. O felicem in suis aurifodinis Arabiam Rossiam! O aemulam Caeli Patriam Beatorum! Praedicet toto quantumvis luctantium procellarum sonitu fluctuque tumescenti suae tempestatis pretia Erythraeum Mare; solidior est Tua gloria, o Alma Divorum Parens Rossia, quam ut a perfido undarum elemento adaequari possit. Inexhaustum scilicet illud Gratiarum Divinarum Pelagus MARIA has Tibi fudit margaritas, haec Divinior Cleopatra hos ad Te propinat uniones. Nec Bethleemica tantum Crypta, sed etiam Tua e hoc Mari pretiosissimis ditatur unionibus. Imo ipse Boristhenes Rossiacus nova metamorphosi in Pactolum Tagumque abiisse creditur, postquam suis in littoribus tot pretiosas legit gemmas, quotquot mortalitatis an verius Sanctitatis Exuvias nullo corruptionis,[294] imo ne ipsius quidem omnia rodentis invidiae maligno dente tactas, praeterlabentium undarum murmure plaudentique praedicat tempestate. O uniones carissimi Rossiae Uni omnes, nulla Themidis lance digne ponderandi, nullo arithmetico Euclidis artificio digne computandi! Adeste, quibus in votis Unio est:[295] nunquam arctius faedera copulantur firmanturque, quam unionibus eiusmodi. Novos dixerim vos, tota Philosophia exsibilandos, nisi eiusmodi admittatis uniones.

[c.] Sed jam refode, quem tumulasti Thesaurum, Rossia, quid tanta liminaria in obscuro latent et quid talenta tegis terrae visceribus, nisi ideo fortasse, ut ad umbrarum nigredinem magis candor tantarum Virtutum elucescat et ad sepulchrales Cryptarum noctes Splendor Santitatis clarius effulgeat. Ita pretiosissima quaeque occultissima sunt et occultissima pretiocissima.

[3.] Sub Crucibus fertur Caesar reperisse latentem
Thesaurum, Latio grande monile foro.[296]
Ast Tibi ab Andrea Divo Crux, Rossia, data est,[297]
Lipsana Thesauri sub Cruce, credo, latent.[298]
5 Sed petas licet abditissima terrarum penetralia,
DIVINISSIMUM GAZOPHILACIUM,[299] BARLAAME;
nunquam tamen latuit celari nescia Virtutum Serenitas.
Solem radii declarant.
Fontem rivi tacito murmure enuntiant.
10 Florem odores produnt.
SANCTITATEM MIRACULA INDICANT.
Eminet indicio prodita flamma suo,
quoque magis tegitur, tectus magis aestuat ignis.
Et ut aqua in puteis e fistularum latebris altius erumpit,
15 sic quoque
FORTIOR E LATEBRIS EMERGIT AD AETHERA VIRTUS.
In profundum Cryptae sepulchrum intrasti,
ut ex hoc felici funere vitam traheres,
PHAENIX ROSSIACE BARLAAM!

20 Ab aestibus scilicet improbis non aliter Tibi Virtus Altissimi
[obumbravit,
nisi tam illustri Cryptarum umbra.
Hinc jam non miror etiam petram in tantam solvi fecunditatem,
cum tam Beatae Virginitati, quam Saxeae Soliditati
in UMBRA fecundari fit solemne.
25 In profundam specum descendisse juvit,
ut altius ascenderes, BARLAAM DIVINISSIME!
Unde merissimam Te crederem Divinae Themidis Lancem,
ubi
DESCENSUS JUVAT ASCENSUM.
30 Quod vatibus in doctrina,
Tibi in opere est,
nimirum
mortuus ut vivas, vivus moriaris oportet.
Assuesce ergo prius, quam moriere, mori.
35 Hic demum Euangelicam illam Serpentis Prudentiam[300] clare
[expressisti,
cum tam stricta Cryptarum foramina penetraris,
mundanas deponeres exuvias.
Utque novus serpens posita cum pelle senecta
luxuriare solet squamaque nitere recenti,
40 sic ubi Tu Princeps angusta foramina Cryptae
pervadis, veteres ex artubus exuis artus.
Parte Tui meliore viges radiantia raptus in astra,
Crypta tamen tegit Exuvias gravitate verendas.
Prodigium crederem,
45 tantam et animi, et Virtutum amplitudinem
tantis Cryptae angustiis comprehendi potuisse,
nisi scirem,
et gemmas maximi pretii in exigua concha,
et Alexandrum pene totum in brevi Iliade,[301]
50 et Solis magnitudinem in oculo humano,
et ipsam Dei Immensitatem in intellectu
posse latitare.
HEM QUAM ARCTUM AD CAELUM ITER EST![302]
Cryptarum angustia vel in sua obscuritate
55 clarum documentum est.
Petant alii suo nomini fulgorem ab auri titulorumque nitore,
vel in tanta claritate obscurissimi.

DIVUS BARLAAM PIECZARIENSIS
ab ipsis Cryptae noctibus Illustrissimus est,
60 suae Ipsi tenebrae splendorem pariunt.
O quam illustris umbra est, ex qua inclaruit Barlaam!
Ignoti major Laus est et Gloria Divi
nunquam tam clarus, ni latuisset, erat.
Ita scilicet
65 Vera Laus sciri fugit, ipse pulcher
Se sua Titan prohibet videri
Luce – qui totus potuit latere
major habetur.
O Thaumaturgum in BARLAAMO Beatae Aeternitatis Horologium,
70 in quo totam cum Sole Aeterno conformitatem discimus
EX UMBRA![303]
SED JAM
PRAERUPTIS ROSSIACIS ALPIBUS,
ANNIBAL GLORIOSISSIME *BARLAAM*,
75 CAELESTE FELIX ATTIGISTI CAPITOLIUM.
Triumpha perennis,
nec tamen a Triumpho excludas
Tui Nominis ac Virtutis Haeredem atque Cultorem,
BARLAAMUM ACHIPRAESULEM
80 KIJOVIENSEM, HALICENSEM totiusque ROSSIAE,
QUI
in Tuo terrestri Cryptae Capitolio,
tot capitibus Thaumaturgum Oleum fundendibus insigni,
Sanctius Arae Trophaeum
85 TUO NOMINI ET HONORI
EREXIT, DEDICAVIT, CONSECRAVIT.

[XXI.]

STEPHANOMA[304]

SIVE

COROLLARIUM GRATITUDINIS

ERGA CELEBRANTEM SUOS SANCTOS PATRONOS

PATRONUM AUTORIS HUIUS OPERIS, STEPHANI.[305]

[1.] Wprzód niźli na cerkiewnym niebie[306] w słonecznym zajaśniała splendorze ona,[307] która jest wybrana jako słońce, przenajdostojniejsza Matka Boska; marszałkują onej w jutrzenkowej jasności twoi trzej patronowie, święci Barłaamowie, jaśnie w Bogu przeoświecony Pasterzu miłościwy mój Patronie. Tylko co ma wchodzić w cerkiew świętą niby *sponsa ad thalamum*[308] ona niebieska Ducha Świętego oblubienica Przenaświętsza Panna, alić owe *classicum*[309] wytrębuje hasło: *Ecce sponsa, exite obviam illi.*[310]

[2.] Cóż na to? Oto innym jako niemądrym pannom serdecznie w oziębłym affekcie gasną kagańce,[311] a twoi patronowie święci, Patronie mój, patrz, jaki na przywitanie tej niebieskiej oblubienicy przygotowali apparament: wychodzą *in occursum*[312] onej z niegasnącemi i mroku żadnego nigdy nieznającemi luminarzami. Barłaam święty Męczenik miasto zapalonej pochodnie własną rękę ogniem niby złoto wulkanowym poleruje płomieniem.[313] Barłaam święty Pustelnik miasto pałającego luminarza drogi prezentuje kamień, wszystkie chryzolity ceną i jasnością przewyższający, od którego cała rozjaśniała Indyja. Barłaam święty Pieczarski miasto świecącej lampy jaśnie oświecone książęce prezentuje tytuły, które tym barziej większym jaśnieją glansem, im zwyczajnie wydatnie⟨j⟩sza bywa przy umbrach pieczarnych jasność.

[3.] A jakoż z tak pięknie jaśniejącemi lampami, *tanquam internae flammae symbolis*[314] nie mieli wniść na wiekuiste gody z niebieską oblubienicą ci trzej święci onej occurrentowie? I słusznie, bo *ex directione primae regulae*[315] czyni to Cerkiew święta, że tych trzech praekursorów świętych na przywitanie trzyletniej Panienki Naświętszej[316] wysyła. Albowiem do Trójce Przenaświętszej trzyletnią Panienkę Świętą idącą nikt doskonalej prowadzić nie może jako ci trzej święci marszałkowie, których trzeci dzień przed festem Introdukcyjej[317] onej celebruje. Marszałkuje Barłaam święty Męczenik Naświętszej Panience swym zapalonym męczeńskim ogniem do Boga Ojca, który *ignis consumens est.*[318] Marszałkuje Barłaam święty Pustelnik Naświętszej Panience swym drogocennym świecącym kamieniem do Boga Syna, który *lapis angularis est.*[319] Marszałkuje Barłaam święty Pieczarski Naświętszej Panience z swym pieczarnym cieniem do Boga Ducha Świętego, który jest *virginitatis faecundae obumbraculum.*[320]

[4.] A tak oni święci antagonistowie z niebieską, której marszałkowali, oblubienicą weszli już szczęśliwie *in offenso vestigio ad perennaturum gloriae thalamum*[321] Trójce Przenaświętszej, od której za swoją antagoniją trzy wieńce albo (według pospolitego mądrych zdania) *tres laureolas*[322] w rekompensę *cursus felicter consummati*[323] odbierają. Odbiera *laureolam doctorum*[324] Barłaam święty Pustelnik w nagrodę swej zbawiennej nauki, którą pod hieroglyphikiem drogiego kamienia całe zbogacił indyjskie królestwo. Odbiera *laureolam martyrum*[325] Barłaam święty Męczenik w nagrodę swych męcze⟨ń⟩skich, w których jako *Phaenix* niebu odrodził się, ogniów. Odbiera *laureolam virginum*[326] Barłaam święty Pieczarski w nagrodę swej *in flore illibato*[327] zachowanej czystości.

[5.] A jakoż oni chwalebni święci *Stephanitae*[328] przy swej szczęśliwej koronacyjej nie mieli mię, *Stephanum, ex vi correlationis*[329] na triumph i applauz pobudzić? Jakoż nie miałem one trzy wieńce, acz nie hyblejskim kwieciem, ale *oratoriis pro posse meo rudi pollice carptis* przyozdabiać *flosculis*,[330] wiedząc dobrze, iż *solem caelo detraheret, quisquis emerita virtutibus denegaret ornamenta*?[331] Jednakże doskonalszą patronów twych koronacyją niebom zleciwszy, które same *de condigno*[332] cnoty uwieńczać zwykły, raczej *pro finali operis complemento*[333] obracam rzecz do Ciebie, Patronie mój miłościwy, któremu nie tak z imienia mego, jako z niewiędniejącej wdzieczności zbieram *Stephanomata* na uwieńczenie nie głowy, bo ta już pasterską ukoronowana tiarą i pod oneż niebieskie patronów swych świętych gotuje się *laureolas*, ale na uwieńczenie hojnej Dobroczynności, niby nieprzebranej fontany, z której każdodziennie moja *sterilitas plenis irrigatur cataractis*,[334] zwłaszcza gdy mię do tej *praxim vetus et consuetudo et monitum*[335] stymuluje, owe pospolite otrąbiwszy gnoma: *Hauris aquam, puteum corona*.[336] Jakoż rzecz uważywszy, ni od kogo barziej niewiędniejące wdzięczności *Stephanomata*, jako *a Stephano*. I nikomu barziej jako wielowładej serca mego monarchi⟨ni⟩, pańskiej twej Dobroczynności, *iure tributario*[337] są należyte.

[6.] Wysoka albowiem Dobroczynności praerogatiwa między innemi sobie od natury uprzywilejowanemi własnościami ma też i ten niepośledni przymiot, iż królewskim jakoby trybem nad poddaną wdzięcznych sobie affektów życzliwością wielowładnie panując, niedostępnym w tej mierze i nad pospolitą ludzkiej kondycyjej fortunę wyniesionych równa się majestatom; bo jako przestronne ziemskich potentatów gubernium podległe regimentowi swemu prowincyje i władzy swej concredowane narody rządzić i moderować zwykło, tak dziedziczna powolnych genijuszów[338] monarchini – pańska gromadnych łask Do⟨b⟩roczynność – w serdecznej thron swój trwale ugruntowawszy rezydencyjej, nad hołdowniczą obowiązałej Wdzięczności powolnością uniwersalne pospolitym trybem rozpościera dominium. I nie zachodzi nigdy w nie-słuszną ospałych niechęci rebelliją poddana niewolniczego affectu Wdzięczność, ale skrzydlastą zawsze nieleniwej rączości tam wylatuje ochotą, gdzie tylo by najmniejsze królującej nad sobą Dobroczynności ordynanse życzliwej wyświadczonych łask wyciągają zamiany.

[7.] Przyprawiać jej nietrwałych z topniejącego wosku skrzydeł z Dedalem albo nieporównanych w biegu Phaetonta woźników nie potrzeba: niedościgłym ona czułej prędkości lotem sama się tam wzbijać umie, gdzie jej słoneczne przyświecającej Dobroczynności influencyje łaskawym zwykły jaśnieć promieniem. Ochotniej nad chybkiego Pegaza tam zabieży, gdzie obfitą szczodrobliwych łask fontanę hojnym na swój pożytek spływającą strumieniem rozkwitłą niewiędniejącej ży⟨cz⟩liwości koroną uwieńczać zamyśliła. Porywczszym nad Atalantę impetem tam się wybiera, gdzie fortelnym Hyppomenesa kunsztem złota powabiającej Dobroczynności ponęta skutecznym łask swoich bodźcem do nieleniwego ją powabnych chęci stymuluje zawodu.

[8.] Poddałem i ja pod panującą wielmożnej twej ku mnie Dobroczynności władzę podległą obligowanych usług Wdzięczność. Dawnom już zwycięską dobrodziejstw twoich konwinkowany szczodrotą królewskie tej to jedynowładnej wdzięcznych affektów potentatki imperium w serdeczną poddanych życzliwości krainę stateczną przypuścił intromissyję. Teraz tylko *restat*[339] onej, jako władnącej sercem ⟨monarchini⟩, niewiędniejące na uwieńczenie z należytą submissyją conferować Stephanomata. Więc z rzetelnym tym poddaństwa mego hieroglyphikiem[340] albo raczej *suppedaneo debitae venerationis folio*[341] przy należytym festu patrońskiego powinszowaniu przed twym konspectem tym poufalej *obstrepere*[342] śmiem, im łaskawsza pospolicie *aures quaerenti in pedibus*[343] audiencyja dana bywa.

[9.] Odbieraj, Miłościwy mój Patronie, nieomylny stąd dokument, iż królującą w sercu mym praeeminencyją pańska twa Dobroczynność jawnie się zaszczycać może, kiedy w złotej wypiastowany swobodzie wolny mój geniusz posłuszną Wdzięczności swej ochotę pod wielowładne onej submittuje gubernium, a przyrodzonej swej nieco uchybiwszy wolności, hołdowniczy w tym prezencie trybut z swego serdecznego wypłaca depozytu.[344]

[10.] Trzebać by, przyznam, na powinszowanie trzech świętych twych patronów trzy one z chwalnego Helikonu zaciągnąć *Charites*. Owszem, na powi⟨nn⟩ą tych trzech patronów gratulacyją, trzeba, żeby i *oratio tres virtutes habeat*,[345] to jest *ut sit clara*[346] od męcz⟨eń⟩skich Barłaama świętego ogniów, *ut sit emendata*[347] jako złoto *ad Lydium lapidem*[348] od drogiego Barłaama świętego chryzolitu, *ut sit ornata*[349] jako *imago ab umbris*[350] od pieczarnych Barłaama świętego Pieczarskiego cieni.

[11.] Wybaczysz jednak, Miłościwy mój Patronie, że tu się wszystko opak dzieje. Od ogniów męcz⟨eń⟩skich tylko affekt mój szczery zapalam, a zaś facundyja dymem przykopcona, nieforemny nie tak oczom, jako uszom Waszej

Pasterskiej Mości sprawuje dyzgust. Od kamienia pustelniczego affekt tylko mój w szczerości *solidatur*[351] i niby *Lydio lapide exploratur*,[352] a zaś ingenijum przy tymże kamieniu w ora⟨t⟩orskie *sterilescit concetpus*.[353] Przy pieczarnych cieniach serdeczne tylko życzliwym płomieniem pałające niby *ad oppositum magis elucescunt* ognie,[354] ingenijum zaś na powinną gratulacyję przy tych pieczarnych cieniach *obumbratur*.[355] Z tym wszystkim jednak moja *sermocinalis scientia*,[356] jeśli kiedy swoje *tres mentis operationes*[357] objaśnić mogła jako przy tych trzech luminarzach Barłaamach świętych.

[12.] Niech się tam siłą subtelne mądrych dowcipy *in investigandis scientiarum obiectis*,[358] moja *palaestra*[359] nigdy doskonalej ukontentowana być nie mogła, jako kiedy *novam philosophandi methodo*[360] Waszą Świątobliwość *pro adaequato attributionis obiecto*[361] o⟨d⟩ebrała.[362] Wszystkie albowiem mojej gymnady *actus scientifici ad nutus*[363] Świątobliwości Waszej, *tanquam scientiarum ideae conformantur*,[364] wszystkie niby *ad primum mobile moventur*,[365] wszystkie *tanquam ad finem suum ultimum referuntur*. I jeżeli tam mądrzy logikę utytułowali *scientiarium ancillam*,[366] ja *competentiori titulo*[367] nazwę ją *ancillam*[368] świątobliwości waszej, ponieważ nie tylko onej *actus scientificos*,[369] ale też *totum esse et posse meum speciali subordinatione* twojej pasterskiej zwierzchności,[370] patrońskiej Dobroczynności i ojcowskiej submittuję protekcyjej.

[13.] Owo zgoła w takiej się poczuwam być obligacyjej *aeviternum* Świątobliwości Waszej *mancipium*,[371] że *nihil mei aut meum est, quod potiori titulo non sit tuum*.[372] A jakoż z tych dożywotnich wypłacić się obligów pańskiej twej szczodrobliwości, która *ut maiestate praecellit, ita mutuum non reposcit*?[373] Oto przynamniej *verbis ut nummis*[374] powinne należało mi oddać Świątobliwości Waszej *stipendium*[375] przy dorocznej patronów twych, Barłaamów świętych, rewolucyjej, których tu pochwałę nieumiejętnym piórem w comput zebrawszy, Waszej Pasterskiej Mości Patronowi memu, jako żarliwemu czci i chwały ich zelantowi i promotorowi z uprzejmą śmiem dedykować submissyją. Pochwał tu żadnych Wasza Pasterska Mość sobie należytych nie znajdziesz, których mi wrodzona Waszej Pasterskiej Mości *pertinaci nisu* pisać zabrania *modestia*,[376] dając *ad intende*[*re*],[377] że *gloriosius est mereri laudes, quam habere*.[378] Szczególna tylko tu twych patronów świętych nie tak *panegyris*,[379] jako *historia rudi calamo texta*[380] miasto powinnej daniny przy solennej festu patrońskiego rewolucyjej w twe patrońskie wprasza się ręce.

[14.] Przyjmiż, mój Miłościwy Patronie, tę życzliwą wdzięcznego poddaństwa daninę, którą gdy z najpokorniejszą ofiaruję submissyją, hołdowniczą uniżoność moję pańskiej Dobroczynności twej dożywotnim zapisuję poddaństwem, a w dalszą tejże Dobroczynności protekcyję siebie polecając, nieodmowną zawsze na wszelaki panującej nad Wdzięcznością moją Dobroczynności rozkaz szczycę się gotowością.

[XXII.A]

MNEMOSINE
SIVE
RECORDATIO PATROCINII
STEPHANICA[381]

Dziwna *metamorphosis* w świecie niegdy trwała,
Która w rzeczy rozliczne ludzi zamieniała:
Tu Narcyz zdziwiwszy się w źrzódle swej piękności,
W kwiatek tegoż imienia swe zamienia kości;
5 Tu Nijobe[382] po dziatkach swoich gdy łzy leje,
Z nagła od nieznośnego żalu kamienieje;
Tu Helijady smutne wyśpiewując lessy
Po swym bracie w fatalne mienią się kupressy;
Tu ptaszkiem się stać przyszło biednej Halcyjonie,
10 Kiedy jej poślubiony Ceix nagle tonie;
Ówdzie Aktaeon w postać jelenia przybrany
Od swoichże brytanów srodze rozszarpany;
Tu Apollo pasterską wzi⟨ą⟩wszy postać na się
W rozkwitłych łąkach bydło u Admeta pasie;
15 Tu Acis w hojne źrzódło, w lwicę Atalanta,
W skałę Gorgo zmieniła mężnego Atlanta.
Innych *metamorphoses* wyczytasz bez miary,
Które są u poetów artykułem wiary,
Jednakże ja tym wszystkim przyznawszy naganę,
20 Wolałbym sam mieć taką szczęśliwą odmianę,
By mię w wymowne usta Cyrce zamieniła,
A rhetorskich języków tysiąc nadarzyła.
Wszystek bym się rozpłynął na twoje pochwały,
Zacny METROPOLITO, w cnotach twych wspaniały.
25 Lub wolałbym być piórem biegłego poety:
Pewnie bym do tej tylko biegł szczególnie mety,
Bym twe imię chwalebne nie na piramidzie,[383]
Która to więc za czasem w śmiertelny proch idzie,
Ani na marmurowej wyniosłej kolumnie,
30 Którą więc pyszna ręka sobie stawia dumnie,
Nie na cedrach ani na kawkazowej skale,
Bo to wszystko zatopią śmiertelności fale,
Ani na obeliskach, bo i te czas płochy
Kiedyżkolwiek w bezdenne swe zabierze lochy,

35 Ale w księgę wieczności. Tam bym z pracą szczerą
Złotołokietną ciebie zapisał literą.
Lecz darmo się tam wdzieram. Już w ten komput złoty,
Ciebie dawno wpisały twe rozliczne cnoty,
Które chwalić tylko co chcę rozpuszczać żagle,
40 Alić mi wnet w zdumiałych oczach stanie nagle
Twoja SKROMNOŚĆ zakonna w łaskawej personie,
Tuż głęboką pokorę piastując na łonie.
Mogłaby swym widokiem zgromić gniew wzruszony
Pałającej ognistą złością Tyzyfony
45 Albo siedmiogłownego uśmierzyć Cerbera,
Kiedy więc swą piekielną zajadłość wywiera.

Ta tedy moje pióro strzymawszy gwałtownie,
W ten sens do mnie perorę wszczęła gładkomownie:
„Daremna jest twa praca, daremne zawody.
50 Znaj, iż żadnej pochwały i żadnej nagrody
Od rymotworskich wierszów twych nie potrzebuję,
Ani się też do tych cnót, co w mię wmawiasz, czuję.
A dajmy to, choćby się jakie znajdowały,
Pewnie za nie od wierszów nie zasięgam chwały.
55 Za nic u mnie są głośne twe panegiryki,
Które trąby śmiertelnej zagłuszą okrzyki.
Chwała ludzka gdy idzie w recompensę cnocie,
Jakby drogi karbunkuł w sprośnym tonął błocie.
Nie przydaje waloru, lecz raczej ujmuje
60 Ludzka chwała, bo często w hardą myśl wprawuje.
Częstokroć Ikarowe skrzydełka przyprawi,
A po tym nieszczęśliwej ruiny nabawi.[384]
Więc nie próżnej u świata chwały szukać trzeba,
Lecz wiecznej u samego Rządziciela nieba.
65 Tam jako wszystkie dobra tak też nie mniej chwała
Przez nieskomputowane wieki będzie trwała.
Kto ludzkiej chwały szuka, wiatr znikomy goni
Lub się też ostrej chwyta brzytwy w strasznej toni.
Za cieniem się mizerny niemądrze ugania,
70 Kto się ku ludzkiej chwale z uczynków swych skłania.
Na piasku ten fundament zakłada nietrwały,
Ktokolwiek dobrze czyni dla ludzkiej pochwały."

Te słowa wymówiwszy, z oczu mych wnet zniknie.
Me natychmiast okropny serce strach przeniknie,
75 Żem się nikczemnym wierszem ważył nadder śmiały
Czynić wzmiankę twoich cnót godnych wiecznej chwały,
Zwłaszcza do tej nie będąc pracy przyuczony,
Bez wiosła puściłem się na Pont niezmierzony.
Same nawet stępiałe pióro tamże snadnie
80 Z ręki nagle zdrętwiałej od strachu wypadnie,
A uznawszy swą wielką płochość pióro śmiałe,
Bieglejszym rymotwórcom tę zleciło chwałę.

Wtym gdy przedsięwziętego zaniechałem dzieła,
Oto nie wiem skąd, się tuż druga scena wzięła.
85 Stawa w oczach persona bogato przybrana,
A złotemi łańcuchy zewsząd skrępowana.
Na szacie zaś rozliczne różnych kwieci wzory.
Znać, iż samej robota kwieciorodnej Flory.
Tu narcyss, tu rozmaryn, tu zaś tulipany,
90 Tu lilija, ówdzie zaś kwiat wdzięcznoróżany.
Zgoła ni Aryjadny kręte labirynty
Takie w sobie miewały niegdy hijacynty,
Jakie tam na tym stroju w ten czas widzieć było.
W stoocznego Argusa zmienić by się miło.
95 Mniemałem, że to samej Wiosny jest persona
Albo kwitnąca Flora, albo też Pomona.
Z stroju jednak poznałem, iż to WDZIĘCZNOŚĆ była,
Którą tak DOBROCZYNNOŚĆ twoja ustroiła.
Że zaś drogą jej szatę wdzięcznemi kolory
100 Różnych kwieci upstrzyła ręka ślicznej Flory,
Te bujno się krzewiące kwiecie wydawały,
Że u niej dobrodziejstwa zawsze kwitnąć miały.
Że choć się z mroźnej strony sam Aqwilo ruszy,
Wdzięcznych DOBROCZYNNOŚCI kwieci nie ususzy.
105 Chociaj Arctos okropnym Eolem wzruszona,
Którego lodowata pielęguje strona
Lub septemtryjonalnym zima mrozem wzdęta,
Co samego Neptuna kajdanami pęta;
Sam nawet z Boreasem Awster wyuzdany
110 Prędzej się wysiliwszy nie ujdą nagany
Aniżliby imprezy skutek otrzymały,
By te dobrodziejstw kwiecie precz zruinowały.

Tu się nieco zapatrzę na ten prospekt miły,
W który same łakomie oczy się wlepiły.
115 Lecz znienacka tak pięknie twarz wypogodzona
Tej to persony z nagła stanie zasępiona.
Właśnie niby perłową w pół dnia karoc Phaeba
Posępną okrążywszy chmurą dżdżyste nieba,
Jasnoświetne na wszystek świat tłumią promienie,
120 Cymmeryjskie ziemianów[385] przesyłając cienie.
Spojźrzy na mnie, wywarszy zagniewane oczy,
A w tym do mię w taki sens furyje wytoczy:

„Czem, wżdy, od przedsięwziętej ustałeś roboty?[386]
Czem do takiej zabawy mało masz ochoty?
125 Czem twój Apollo pracą tak prędko zmorzony
Złotosrebne na lutni swej odciągał strony?
Czem do wychwalenia cnót pióro masz leniwe?
Znać podobno cię Muzy postrzegszy pierzchliwe
Tak błahego poetę, nazad uleciały,
130 Cóż albowiem z nieukiem takim czynić miały?
Aza nie wiesz, iż wielkich animuszów chwała
Powinnym cnót trybutem przed laty bywała?
Horacyj Mecaenata, Homer Macedona,[387]
Wirgilij Aeneasza, Seneka Nerona,
135 Biegły w rytmie Klaudyjan u Honoryjusza,
Gracyjan także swego miał Auzonijusza,
Sławny panegirysta Plinijusz Trajana
I innych prawie liczba nieskomputowana.
Tych wszystkich ta jedyna bywała zabawa,
140 Aby z ich piór szła cnotom należyta sława.
A twe pióro w pochwale swego Mecaenata
Czemu chybkim Pegaza impetem nie lata?
Tępego rymotwórcę znać pióro stępiało,
Bo w hypokreńskiej rzadko cysternie bywało.
145 Ni wieszczego nie piło Hipokren strumienia,
Który wierszopłynnemi strugami się wspienia.
A ponieważeś błahy poeta, jak widzę,
Że nic nie masz konceptu (w czym się za cię wstydzę),
Ni Entheusz poetom właśnie przyzwoity,
150 Abyś godnie mógł dać dank cnotom należyty,
Przynamniej oddaj dzięki cnej DOBROCZYNNOŚCI
Za tak znaczne na ciebie wylane hojności!”

Tu swoją skończy mowę ta bogini miła,
A im surowsze na mnie furyje stroiła,[388]
155 Tym więcej mi do tego, o co narzekała,
Nierozmyślnym swym fukiem wstrętu dodawała.[389]
Cierpiąc bowiem zniewagę od niej oczewistą,
Tym samym zaniechałem być panegirystą.
Częścią, żem do funkcyjej tej niezdolny wcale,
160 A puszczać się uporem trudno przeciw fale;
Częścią, że mi twa SKROMNOŚĆ usta skrępowała,
Aby z nich próżna nie szła w recompensę chwała.
A tak WDZIĘCZNOŚĆ nic ze mną nie wskurwaszy, rzecze:

„O, twardszy nad opokę marpeską człowiecze!
165 Że cię złote nie zmiękczą dobrodziejstw Paktole,
Hojnie na twą płynące, niewdzięczniku, dolę!
A ponieważ twe tępe pióro dzięk nie czyni,
Hojnej DOBROCZYNNOŚCI, mojej monarchini,
Znajże, iż ja będąc jej wiecznie zhołdowana,
170 Skąd mię widzisz złotemi pęty skrępowana,
Nie chcę być w powinności mojej tak ospała,
Bym powinnej mej pani trybut nie oddała."

A w tym czasie mię WDZIĘCZNOŚĆ porzuciwszy zgoła,
Wielkim głosem na SŁAWĘ w taki sens zawoła:

[XXII.B]

GRATITUDO INVITAT FAMAM AD REDDENDUM MUNIFICENTIAE LAUDIS TRIBUTUM[390]

„Gdzieś słodkobrzmiąca SŁAWO?[391] W której świata stronie?
Czy twardym snem zasypiasz na Morfea łonie?
Czy gdzie Herkulesowe światu głosisz czyny?
Czy dziwną piękność sławisz graeckiej heroiny?[392]
5 Czy Thezea Labirynth w swych fortelach kręty
Nie wywikłane jakie tobie czyni wstręty?
Czyli snadź nieprzechodnych Alpes Annibala
Trudność prędkiego tobie prześcia nie pozwala?
Czyś gdzie thessalskiej Tempe rozkwitnęły gaje?
10 Czyliś też w garamantskie zaleciała kraje?
Czy tam, gdzie z ognistemi planetów minery
Atlas dźwiga obrotne z Alcydesem sphaery?
Snadź podobno Alcyda wysławiasz przy Lernie,
Gdzie zgromił ogniem Hydrę siedmgłowną misternie.
15 Albo snadź na na memphickiej zasiadszy kolumnie,
Co cień na mile rzuca wywiedzioną dumnie.
Stamtąd cuda ogłaszasz siedmiorakie świata,
Które trwają w pamięci w nieprzeżyte lata.
Lub szczerozłoty pałac wysławiasz Nerona,
20 Albo mężnego światu głosisz Macedona.
Snadź Meander lub Ewryp strasznokrętej toni
Tobie prześcia prędkiego w nasze kraje broni.
Albo Scylla, albo też Charybdis obżarta
Prześciu twemu wstręt czyni na ciebie wywarta.
25 Ej! Wzbij się Daedalowym piórem obarczona,
Oto na cię wygląda roxolańska strona!
Wsiadaj na wiatrogonne woźniki Boota,
Których cugiem poczwórnym jeździ karoc złota
Lub strzałolotne osiądź Phaetonta konie,
30 Które po trudach pławi w hesperyjskiej tonie.
Dla prędszego pośpiechu niechaj ci przybędzie
Wóz Cyprydy[393] w poczórne sprzężone łabędzie
Lub twój niech bystry orzeł, cny Ganimedesie,
Brzmiącą sławę tu w nasze krainy zaniesie.
35 Przybądź, proszę, cna Sławo, a okrzyki walne
Głośnorycznym brzmi[394] hukiem w trąby tryumfalne!

Niechaj rozmowne Echo na powinszowanie
Sonoralnym koncentem wdzięczne wyda granie,
Tudzież w huczące rogi zabrzmi na przemiany,
40 Niech się wszędzie wesołe rozchodzą padwany.

Lecz rzeczesz: „Dokąd takie tubalne muzyki?
Na co przerażającej mej trąby okrzyki?
Co po symphonijacznych wesołych koncentach
I tryumphom służących moich in⟨st⟩rumentach?
45 Czy nie znowu Annibal graeckim wojskiem władnie,
A rzymskie huffy mieczem niezliczone kładnie?
Czy tego, co na złotym sypiał materacu
Znowu mężnie Macedo położył na placu?[395]
Czy bitnego Sesostra waleczna potęga
50 Zhołdowanych monarchów w powóz swój zaprzęga?[396]
Czy zwyciężcę jakiego srogie lwy i słonie
Przez wylanej krwie wiozą niezbrodzoną tonię?[397]
Czy dziesięćletnią pracą niedobytej Troi
Dobywszy już, Ulisses w niej tryumphy stroi?"

55 Przyznam ci się, cna Sławo, tak jest w samej rzeczy:
Nie Mars tu tryumphuje, co ostremi mieczy
Liczne hufce na placu wojennym pokłada,
Ni Bellona, co we krwie zanurzać się rada,
Ani męstwo, co tysiąc śmierci[398] się nie boi,
60 Ani śmiałość, co z śmierci jedne żarty stroi,
Ni odwaga, co żadnej nie boi się straty
Na siarczyste bez trwogi rzuca się granaty
A huczących dział ryki i straszne kartany
Za wesołej muzyki poczyta padwany.[399]
65 DOBROCZYNNOŚĆ tu swojej mocy dokazuje,
Ona to nad wdzięcznemi sercy tryumphuje.
Ona mając animusz ludzki pokonany,
Złote kładzie na niego dobrodziejstw kajdany.
Ona to i mię WDZIĘCZNOŚĆ trzyma w swej niewoli,
70 Z której żadna potęga już mię nie wyzwoli
I prędzej swoich Tytan jasnych glans promieni
Niezwyczajną przemianą w smutną noc zamieni,
Prędzej jasna z orszakiem świetnych gwiazd Latona
Cymmeryjskiemi będzie cieniami zaćmiona,

75 Prędzej, w dżdżystych obłokach mieszkając, Pleady[400]
Kryształowe na ziemie lać przestaną grady,[401]
Prędzej rannej Jutrzenki koralowe skronie
W hesperyjskich swych nurtach ocean pochłonie
I prędzej Pirothousz[402] opuści Thezea,
80 Prędzej mężny Alcydes[403] cnego Promethea
Od twardego Kawkazu uwolni kamienia
Niż ja z DOBROCZYNNOŚCI wynidę więzienia.
Tej to tryumphatorki powabna ponęta,
Te na mię, które widzisz, złote kładzie pęta.
85 Ona zhołdowanemi animuszy włada,
Ona dyjamentowe na nich więzy wkłada.
Ona to z serc poddanych tryumphy ponosi,
Jej przeto głośny applawz niech twa trąba głosi.
Którego na wojennym placu ręka śmiała
90 Z zuchwałych nieprzyjaciół wiele krwie wylała,[404]
Prawda, że przez posłane harde karki śmiele
Do niezwiędłej pochwały sobie stopnie ściele,
Lecz ten tryumph lementem bywa przeplatany,
Gdy go gasi obfitej krwie potok wylany.
95 Mało ogień splendoru tryumphalny miewa,
Kiedy go krwie wylanej ocean zalewa.
Zwycięski p⟨ea⟩n mało do applawzu ruszy,
Gdy go lament jęczących niewolników głuszy.
Chwalebniejszy daleko taki tryumph bywa,
100 Który DOBROCZYNNOŚCI ręka otrzymywa,
Bo gdziekolwiek ta tylko wielowładna Pani
Serca z złotej cięciwy zhołdowane rani,
Beze krwie, bez lamentów wszędzie tryumphuje,
A tak jej tryumph tamte tryumphy celuje.
105 Tamci bohaterowie z krwawego strumienia
Żelaznym hardo stylem swe piszą imienia,
DOBROCZYNNOŚĆ zaś zgoła nie tej jest maniery,
Bo złotemi się pisać zwykła charaktery.
Tamci zwycięzcy imię na paryjskiej skale[405]
110 Lub na cerach wspaniałych piszą poufale,
A DOBROCZYNNOŚĆ złotą ręką imię swoje
Na trwałe wnosi w serca wdzięcznego podwoje.
A tam swoje chwalebne wyrywszy tytuły,
Drogocennymi one zdobi karbunkuły.

115 Tam w serdecznym kasztelu[406] ona thron zasiada,
Tam poddanemi sobie affektami włada.
Tam nad zhołdowanemi sercy try⟨u⟩mph czyni
Ta zamożna affektów ludzkich monarchini.
Jej przeto niech, cna Sławo, twoja trąba ryknie,
120 Jej trymphalny p⟨ea⟩n niech głośno wykrzyknie!
Cnej sławy instrumenta, ej, proszę, zabrzmicie[407]
Szczodrobliwemu dając dank METROPOLICIE!
Niech za tak znamienitą swą ku mnie szczodrotę
Dziękomownę od głośnych trąb usłyszy notę.
125 Niechaj Echo ogromne wyda dźwięk niemały,
A o thebańskie głośno obiwszy się skały,
Tam się niechaj swym hucznym koncentem rozwinie,
Kędy Ganges z Paktolem złotym nurtem płynie,
Kędy Hydasp swe piaski perłorodne sieje,
130 Gdzie się lawrem okryty Parnass zielenieje,
Gdzie złotopłynną falą Erydan się pieni,
Gdzie szkarłatnym Jutrzenka licem się rumieni,
Kędy słodkobrzmiącego Orpheusza strony
Bystrym rzekom tamują impet zapędzony
135 I gdzie Neptun w wodnistym rezydując dworze,
Morskie brzegi trójzębnym swym trydentem porze.
Ten trybut DOBROCZYNNOŚĆ niech METROPOLITY
Od Wdzięczności odbiera sobie należyty.
Ale mało na jednym cnej sławy okrzyku.
140 Niechaj się tu i Muzy w swoim stawią szyku.

[XXII.C]

EADEM GRATITUDO INVITAT MUSAS
AD REDDENDUM MUNIFICENTIAE
GRATIARUM TRIBUTUM

I Sam, sam[408] z strojnemi lutniami stawajcie,
Dwójbarczystego Parnassu boginie!
Ojczyste na czas góry opuszczajcie,
Z których bogaty mądrych wód zdrój płynie.
Na głośnych cytrach wdzięczny odgłos dajcie,
Niechaj przestronne Echo się rozwinie:
Brzmijcie koncenty, triumphalne pienia
Opiłe rythmów z wieszczego strumienia!

II Dziś słodkomruczne Kaballu potoki,
Czystym glansowne kryształem fontany,
Dziś marmurowe waszych skał opoki,
Rozkwitłym Flory wzorem malowany
Górnym wniesiony barkiem pod obłoki
Waszym pieszczotom Helikon oddany
Opuśćcie, proszę. W roxolańskie strony
Wasz wiedźcie orszak bluszczem uwieńczony.

III Składną do rymów wenę[409] w się czerpajcie,
Którą krynice hypokreńskie leją,
Muzkie wieńcami głowy otaczajcie,
Niechaj na skroniach lawry zielenieją!
I skrzydlastego Pegaza siodłajcie,
Niech prędkolotne pióra was odzieją,
Niech i wymyślne Daedala roboty
Prędszej wam w biegu dodadzą ochoty.

IV Złotopromienną prześwietny koroną
Pułkom niech waszym Phaebus marszałkuje,
Który przyćmione czarną mgły zasłoną
Niebieskie sphaery[410] światłem poleruje.
Niechaj najpierwszą liry swojej stroną
Koncentom waszym naprzód kredensuje,
A wy wzajemny z cytr swych odgłos dajcie,
Swobodnym na nich palcem przebierajcie.

V Z podziemnej dzisiaj ciemnych antrów strony
Niech z Amphijonem Orpheusz wychodzi,

A magnesowe trzymając pawony,[411]
Niech bystropłynne tamuje powodzi.
Niechaj sam i tam kamień rozproszony
Posłuszym, gdzie chce, w tańcu krokiem wodzi.
Chętną niech znowu opokę zwojuje,
A rozwalone Theby restawruje.[412]

VI I które w lasach Dryjady mieszkacie
Rzęsistym z mirtu liściem osypane,
Które po kniejach dziki zwierz ścigacie
Myśliwczym kształtnie łubiem przepasane,
Co i z srogiemi tygrami igracie,
Po woli macie lwy nieugłaskane,
Swych instrumentów grą się popisujcie,
Przemienny zewsząd okrzyk intonujcie.

VII W codziennej zmokłe kąpieli zgrąziwszy
Kędziory, którym Thetis distilluje,
W głębokich morza nurtach zatopiwszy,
Alabastr śnieżnych twarzy opłukuje,
Niech was z przejźrzystej głębi wynurzywszy,
Trzyzębnym Neptun trydentem szykuje:
Gładkie napee, nadobne syreny,
Melodyjnemi zabrzmijcie Kameny.

VIII Co już i w górnym Olimpie mieszkacie
Ognistosuty firmament haftując,
Herbowne na nim gwiazdy zapalacie
Lubo Karocy Boota[413] kierując,
Lub wyschłe rosą dziardyny skrapiacie,
Rzewno nad dżdżystym Smokiem[414] upłakując,
Bliskim, Najady, Pleadom skrewnione,
W nadolny bądźcie horyzont spuszczone.

IX Które na koniec przepędzone wieki
Na jednej perle wyryte widziały,
Gdyście zdumiałe gromadząc powieki,
Dość w świetnozłotym pierścieniu jaśniały,
Trzeba, abyście zdrój annońskiej rzeki[415]
Rozrzutnym na się kanałem wylały.
Wierszopiśmienne nimph dziewiętnych grono,
Skoncentrowana tu stawaj korono!

X Na jednych ustach nie dosyć WDZIĘDZNOŚCI.
Tysiąc języków mownych potrzebuje,

Gdy panującej cnej DOBROCZYNNOŚCI
Winny poddaństwa trybut prezentuje.
Nie chciejcie waszej umknąć przytomności,
Tego dziś po was WDZIĘCZNOŚĆ reqwiruje,
Abyście za nią nieodstępnym torem
Jednospólnym się pospieszały chorem.

XI Już swoich lawrów nieco pochyliwszy,
Któremi mądre głowy obciążacie
Ze mną, WD⟨Z⟩IĘCZNOŚCIĄ, mile się zbraciwszy,
Dań hołdowniczą społecznie oddacie.
Z kwiecistych ozdób koronę uwiwszy,
Wasze, któremi wieńce przeplatacie
Lub w jeden swoje palmy wieniec snujcie,
Skroń dobroczynną spólnie koronujcie.

XII Idźcie w niewolą, w którą dziś zabrana
Ja, WDZIĘCZNOŚĆ, idę, gdy ściśle krępuje
Mię DOBROCZYNNOŚĆ za panią obrana.
Niechajże i was chwalebnie zhołduje.
Żadnym moc onej męstwem niezłamana
W podobne i was pęta niech okuje.
Wolneć więz⟨i⟩enie, rozkoszne kajdany,
Któremi wdzięczny affekt jest spętany.

XIII Dlatego mój rythm tak wspaniałą zwodzi
Muz licznych pompę, aby odgłos sławy
DOBROCZNYNNOŚCI przez morskie powodzi[416]
Aż tam zaniosły, gdzie z dziennej kurzawy
Zapadły w morską Tytan[417] łaźnię wchodzi,
Gdzie szkarłat zorza purpuruje krwawy.
Będzie ta wieków potomnych robota,
Nie wgarnie za swe cnót niepamięć wrota.

XIV Tać to na pyszne, ta wspina się throny
Praerogatywa pańskiej łasce dana.
Ta niedosięgłej tyka się korony,
Cześć w DOBROCZYNNE genijusze wlana.
Iż w swą moc bierze państw serdecznych strony,
WDZIĘCZNOŚĆ od onej bywa zhołdowana,
Bo gdy ją szturmem łask swych dewinkuje,
Królewskie nad nią regimenta knuje.[418]

XV Nie tylkoć to wy, świata monarchowie,
Drogobudowne throny osiadacie,

Nie na swej tylko skroń prześwietną głowie
Dyjamentową obręczą spinacie.
Wielmożne sceptrum jakby własne zdrowie
Nie sami tylko w ręku swych ściskacie.
Paludamenta,[419] złotonitne szaty
Nie samym tyrskie farbują szkarłaty.[420]

XVI W serdecznym swój też majestat pokoju
Serc monarchini Łaska fabrykuje.
W perłowym ona wydatna zawoju
Królewskim głowę cyrkułem[421] zwięzuje
I w purpurowym okazała stroju
Złotego ciężki berła pręt piastuje.
Rządzącą władzy swej DOBROCZYNNOŚCIĄ,
Jak chce, kieruje poddaną WDZIĘCZNOŚCIĄ.

XVII Takaż i twojej moc DOBROCZYNNOŚCI
Wdzięcznych mych chęci kasztel już podbiła,
Poddaną wolnej swobodę WDZIĘCZNOŚCI
W takowąż wzajem niewolą wprawiła,
W samo najgłębszej centrum życzliwości
Królewskiej trwałość władzy wkorzeniła.
Już już szczęśliwie w sercu mym króluje,
Kiedy tak szczodrze Łaską swą szafuje.

XVIII I dotąd stała, posłusznej panując
Zawsze WDZIĘCZNOŚCI, niech w swych rządach słynie,
Dokąd swą Charon galerą kierując,
W lethejski ze mną śmierci nurt nie wpłynie,
Dokąd zmorzonych snem twardym[422] krępując,
Śmiertelna źrzenic kortyna nie zwinie,
Dokąd przez Stygę w kupressowej nawie
Na pożądanym porcie się nie stawię.

XIX Gdy tedy społem Muzy podległego
Trybut poddaństwa powinny oddają,
Na to uprzejmy z serca życzliwego
I ze mną affekt zgodnie wywnętrzają.
Cokolwiek Szczęście chowa fortunnego
Przez spólne tobie wota poświadczają,
A kiedy szczerze już na to wotują,
Tak na swych wszystkie lutniach applawzują:

XX „Życie niech twoje nicią tkane złotą
Lachesis z Parką w kłąb rozwlokły snuje.

Uważna niechaj Fortuna robotą
Przyjazny okrąg myślom twym kieruje.
Niechaj skrzydlastą przybrana ochotą
W twe gabinety Pociecha wlatuje.
Fortunnych godzin i lat bieg szczęśliwy
Sam niech Czas wiąże łańcuchem szedziwy."

[XXII.D]

APOSTROPHE AUTORIS

Niech tam kto inny attyckie słodyczy
Lubo wyborem rzymskim słowa liczy,
Ja przy tym feście z prostą stawam lirą
Brzmiąc panegirą.

5 Z prostej tu lutni opieszałe rymy,
Które nie cudnej Troi głoszą dymy,
Lecz prosty chęci mych dajęć[423] gatunek
Za podarunek.

Tudzież nie na tym ubogim prezencie,
10 Ale na sercu jak na dyjamencie
Ma służebnicza winszujące wota
Niesie ochota.

Nie słów wyborem, lecz uniżonością,
Nie wieszczków trybem,[424] ale uprzejmością
15 Z serdecznych zdrojów brzmią opiłe weny
W ten dźwięk Kameny.

Niechaj doroczny dzień patronów twoich
Na kołowrotach górna strona swoich[425]
Kędy srebrzysta Phaebe dni nie skraca
20 Tysiącem wraca.

Niech lotna sphaera, momentów mistrzyni,
Szczęśliwy rekurs takowych dni czyni,
Które patronów twoich chwilą jasną
Świecąc, nie gasną.

25 Niechaj obfite wszelkich fortun grono
Hurmem się wali na twe pańskie łono,
A tam póki świat jasne gwiazdy liczy,
Niechaj dziedziczy.

Niech Phaebus silnym krokiem Pyroenta
30 Szczęśliwe wieki, chwile, dni, momenta[426]
Fortunnym wiezie kołem swej karety
W twe gabinety.

Niech złotopłynne saturnowe lata,[427]
Co niegdyś były zaszczytem u świata,
35 Czas nakieruje na wstecz skrzydłonogi
W twe świetne progi.

Niechaj na złotej snuje nici wędzie
Parka, co kądziel życia twego przędzie,
A pasma niechaj w nieprzeżyte chwile
40 Jaśnieją mile.

Niechaj co tylko fortuna niestała
Rozrzutna na świat ręką pociech zlała,
W twe niechaj wszystkie te fortunne zdroje
Płyną podwoje.

45 Niechaj gdziekolwiek tylko stąpisz, panie,
Wszystko śnieżystym narcyssem się stanie,
Niechaj fortunnym szczęście twoje myśli
Cyrkułem kryśli.

Niech ślepej Parki bułat niestępiały
50 Na cię się nie rwie, pasterzu wspaniały,
Niech zasępionej Prozerpiny oczy
Ciemna noc zmroczy.

Żyj, póki słońce w ognistej swej sphaerze
Nieshamowany w locie impet bierze,
55 Niech roxolańskie zdobią gabinety
Twe cne planety.

Świętej pasterskiej twej całość kathedry
Nieskazitelne z natury swej cedry[428]
Niech wesprzą, znosząc oną nad libany[429]
60 W górne altany.

Niechaj twój przemysł wysokorozumny
W domu niebieskiej mądrości kolumny,
Które swym zębem czas żwawy pożera,
    Szczęśliwie wspiera.

65 Niech nie thebańskie,[430] lecz Sophijskie mury[431]
W piękne, jak wszczęły, powstaną struktury
Na dźwięk twej lutni, nowy Amphijonie,
    W rossyjskiej stronie.

Niech twym zamysłom fortuna wesoła
70 Swoje łaskawe nakieruje koła,
Aby zaczęte dość chwalebne dzieło
    Skutek swój wzięło.

Przy twym staraniu z fundatorskiej łaski
Okryły Ławrę święta złote blaski,
75 Też na kathedrę niech płyną fortuny
    Z twych Gwiazd i Luny.

Te życzliwości przy dzisiejszym święcie
W tym winszującym dość podłym prezencie
Nic nie wzmiankując twoich cnót tak wiele,
80   Pod nogić ścielę.

Notes to *Pełnia nieubywającej chwały*

1 *Primae magnitudinis luminarzów* – the greatest lamps.

2 *Barłaama świętego Pustelnika* – on St. Barlaam the Hermit see introduction, footnote 98.

3 *Barłaama świętego Męczennika* – on St. Barlaam the Martyr see introduction, footnote 99.

4 *Barłaama świętego Pieczaczerskiego* – on St. Barlaam of the Kyiv Pečery see introduction, footnote 100.

5 *Plausibus gratulatoriis* – with congratulatory applause.

6 *Rudi calamo et Minerva* – with a modest pen and talent—a characteristic expression for the topos of modesty.

7 *Anno quo Pulchra ... Plenilunio* – in the year that Mary, beautiful as the Moon, stood in the Sun-perfected full moon of Justice.

8 The poem is a commentary on the picture on the frontispiece of the *Pełnia*, depicting the Holy Virgin with her parents, the three Barlaams, and Jasyns'kyj's coat of arms. It forms the actual *subscriptio* of an emblem. Thus, poem [I.] should be read simultaneously with the picture (*icon*) because all the elements of the *subscriptio* and the *icon* interpret each other. Poem [II.] is yet another *inscriptio*. The cycle of heraldic epigrams (*stemmata*, III 1–12b) complement the meaning of the two earlier epigrams. The speech *Stephanoma* at the end of the panegyric (XX.) is the final commentary on the opening emblem.

9 *Przed trzecim ... dniem* – the Orthodox feast of the Entry of the Most Holy Theotokos into the Temple was on 21 November, three days after the feast of St. Barlaam, i.e. 19 November.

10 *Świecą li ... dopełnią ci światłem swej chwały* – the splendour given by the stars and the arrow of your coat of arms will be complemented by the light of the glory of the three patron saints, the Barlaams.

11 *pewnie* – surely.

12 *PEŁNEJ ŁASKI* – the Holy Virgin. A phrase from the Polish Catholic version of the prayer *Hail Mary*: “Zdrowaś Maryja, łaski pełna ...” (“Hail Mary, full of grace ...”).

13 *pod nogami Miesiąc* – a reference to the Woman of the Apocalypse: “a woman clothed with the sun, and the moon under her feet”, Apoc 12.1–6 (KJV); Cf. ARCT VII (Inscriptions in the icon of the emblem) and ECHO VII 74.

14 *alumn* – alumnus, i.e. Jasyns'kyj.

15 *Strzałę mu czyni* – i.e. the heraldic Arrow expressed on Jasyns'kyj's coat of arms. It is held by St. Barlaam the Martyr in the centre of the frontispiece.

16 *nie masz i w niebie nad którę* – even in the Heavens there is no such an arrow.

17 *łuk* – the rainbow (shown on the frontispiece).

18 z strony *antipodniej* – from the antipodes, i.e. low above the southern horizon.

19 *Luną, podnóżkiem Panny* – with the Moon, the footstool of the Holy Virgin. See PEŁN I 18.

20 *co ku Trójcy zbliża* – in standard Polish it should be: "co ku Trójcy się zbliża".

21 *spojźrzy* – look at (*spojrzyj!*)

22 *Luna sub pedibus eius* – "The Moon under her feet"; see PEŁN I 17–18.

23 *u* MARYJEJ *nogu* – at the feet of Mary.

24 *Miesiąc ... fortunnej odmiany* – The Moon can signify the vicissitude of fortune.

25 *Vespere ... meam. Psalmus 54* – "Evening, and morning, and at noon, will I pray, and cry aloud: and he shall hear my voice." Ps 54 (55) (KJV).

26 *w* HONORZE *nadana* – the light that comes from the honour of the Metropolitan of Kyiv.

27 *Większa, gdy nań wstąpiła* SŁOŃCEM PRZYODZIANA – greater light coming from the Blessed Virgin.

28 *półmiesięczna sphaera* – crescent moon.

29 *erratica sydera ... sydera fixa* – errant stars. In ancient and early modern astronomy, the planets, the Sun, and the Moon (Pol. *błędna gwiazda, planeta*). "Koło tego ognistego powietrza dopiero astronomowie kładą *caelum sydereum*, na którym lokują gwiazdy ruchome, błąkające się, albo erratica sydera, alias planety, słońce, miesiąc, marsa etc. Drugie Gwiazdy nieruchome, *fixa sydera*" ("Around this fiery air astronomers place the *caelum sydereum*, on which they locate the moving or wandering stars, a.k.a. *erratica sydera*, i.e. the planets: the Sun, the Moon, Mars etc. The other stars are immobile, i.e. *fixa sydera*"). Chmielowski 1745: 154.

30 *planet niebieskich ... astrologowie błędnemi mianują* – see above, PEŁN III 7

31 *Luna ... fraternum* – Luna (the Moon) was a personification of the goddess Diana, the sister of Apollo, the god of the Sun (Phoebus).

32 *Sama stopa panieńska stanie jej za Phaeba* – the foot of the Holy Virgin is enough for her instead of sunlight (Phoebus).

33 *Delphica ... oracula* – see ARCT V 1 (footnote 45).

34 *Tonantis* – Jupiter.

35 *Prywatnie* – without any benefit to others.

36 *nie moda* – it is not fashionable.

37 *nie byłoby zgodnie* – it would not make any sense.

38 *pochodnię* – cf. "No man, when he hath lighted a candle, covereth it with a vessel, or putteth it under a bed; but setteth it on a candlestick, that they which enter in may see the light", Lk 8.16 (KJV).

39 *Cosdroae caelos* – according to the *Aurea legenda* by Jacobus de Voragine, in 650 Khosrow (Chosroes), the king of Persia, conquered Jerusalem. He had an imitation of heaven built in a tower of gold, silver, and precious stones, in which he

could be worshipped as God. One of the attributes of his divinity was the Holy Cross looted from Jerusalem. VORAGINE, *Aurea legenda* 137.

40 *niebo … Kozdroasza gaśnie* – see footnote to PEŁN III 10, 1.

41 *sam staniesz za Phaeba* – you will replace Phoebus.

42 *kładnie* – "kładzie" ("it lays down").

43 *nie wierza* – "nie wierzy" ("he does not believe").

44 *Grocie tam być chciwy* – the spearhead which wants to be in heaven.

45 *implevit orbem* – [the Moon] filled the world with.

46 *vendicare gloriae tesseram*: *SEMPER IN AUGE* – to acquire the label of glory: ALWAYS INCREASING.

47 *per monstrosas … difficultates* – it had to go through terrible difficulties.

48 *per adversi … Leonis* – OVID, *Met.* 2.80–81, "thou pass the horned Bull full in thy path, the Haemonian Archer, the maw of the raging Lion" (transl. F.J. Miller).

49 *opprobrium* – reproach.

50 *famosam ecclypsim* – a notorious eclipse.

51 *ab hoc ictu* – from this blow.

52 *ab hac crisi* – from this crisis.

53 *solita praxi* – in the usual way.

54 *zwyczajnego* suae rotunditatis *zasiąga complementu* – she gains her usual fullness.

55 *primae magnitudinis* – of the first magnitude.

56 *perfecto* – in a perfect way.

57 *trino fulgore* – by triple light.

58 *charontowej mathematyce* – the fatal astrology. In this conceit, Javors'kyj makes an allusion to the astrological interpretations of the celestial phenomena.

59 *ciemnofałeczną zazdrości swej persepktywę* – dark facial jealousy of his perspective.

60 *phaenomena* – phenomena.

61 albo *verius invidiae dogmata* – or rather the dogmas of jealousy.

62 *irritis conatibus* – by futile attempts.

63 gdzie *unita lumini virtus fortior* – where the united virtue of the brightness is.

64 *majoris activitatis qualitas in gradibus intensis* – quality of greater activity in extended steps. Javors'kyj uses here the terminology of Aristotelian philosophy. Cf. Suarez 1861: 569, nr 64.

65 *na pogotowiu* – ready.

66 *vim vi retundet et ictibus ictus* – a force will stop another force and a blow—another blow.

67 *decumanos fluctus* – ten thousand waves.

68 *dextrum Scilla latus, levum implacata Charybdis obsideat* – cf. "dextrum Scylla latus, laevum implacata Charybdis obsidet", VERGIL, *Aen.* 3.420 ("The right side Scylla keeps; the left is given to pitiless Charybdis", transl. T.C. Williams).
69 *impavidam ferient procellae* – storms will strike the fearless.
70 *contrariorum oppositio* – the opposition of opposites.
71 *plenilunium* – the full Moon.
72 *verius* – rather.
73 *Tua de tuis tibi offero* – I offer you your things that came from your things.
74 tym *gloriosus est propriis niti decoribus*, im *probrosius … alienis* – it is more praiseworthy to shine your own colours than it is more shameful to shine someone else's (*coloribus*).
75 *Horacyjusza* – Horace.
76 *alienis ornata cornicula plumis movit risum furtivis nudata coloribus* – a modified fragment of HORACE, *Ep.* 1.3.19–20: "avium plumas moveat cornicula risum | Furtivis nudata coloribus" ("lest, if it chance that the flock of birds should some time or other come to demand their feathers, he, like the daw stripped of his stolen colors, be exposed to ridicule", transl. C. Smart).
77 *sub rigidam censuram* – under severe scrutiny.
78 *Tullianis fontibus* – the sources of Cicero (i.e. rhetoric).
79 *licentiosis ausibus* – full of attempts of freedom.
80 *magna lumina et accensae cerae* – great lights and lit candles.
81 *vindici fulgore* – with a punishing bolt of lightning.
82 *philosophicum oraculum* – philosophical oracle.
83 *sensibile excellens corrumpit sensum* – that what can be excellently perceived by the sense, spoilt the sense. See Thomas Aquinas, *De anima*, art. XXI: "sensibile excellens corrumpit harmoniam sensus"; Benoît Patar, *La traité de l âme de Jean Buridan* [*De prima lectura*], Louvain-la-Neuve: Éditions de l'Institut supéperieur de philosophie, 1991, *Tractatus primus*, III.429a, 134 and *Quaestio* 9, 305: "excellens enim sensibile corrumpit sensum".
84 *tarditas* – slowness.
85 *explorare et expolire visus* – to explore and refine our vision.
86 *ad fulgores* – to shine.
87 *Atticae noctuae* – of an Attic (brown) owl. An allusion to the collection *Noctes Atticae* by Aulus Gelius (2nd century); see ARCT VI 6 (p. 175).
88 *noctuae etiam obtutibus* – also to the eyes of an owl.
89 *argumentum* – argument.
90 *audaci gresu* – with a bold step.
91 *gratitudo* – gratitude.
92 *tot titulis et nexibus tuo nomini obstricta* – bound by so many reasons and ties to your name.

93 *amoris … dogmata* – explainers of love and the only dogma of sincerity.

94 *de condigno* – from very worthy.

95 *nec tua postulat … fortuna* – neither your fate demands repayment, nor mine provides an opportunity to give it back.

96 *de congruo* – from what is due.

97 *rudi et simplici Minerva* – an ignorant and simple output of Minerva.

98 *Accipe qua veniunt non qualia munera mente* – accept in your mind the gift just as it comes.

99 P.S.K.Ph.P. – Praefectus Scholarum Kijoviarum, Philosophiae Professor (the prefect of the Kyiv School, professor of philosophy).

100 *perły drogiej,* CHRISTUS *mowi* – an allusion to Mt 13.45–46: "Again, the kingdom of heaven is like unto a merchant man, seeking goodly pearls: Who, when he had found one pearl of great price, went and sold all that he had, and bought it" (KJV). Javors'kyj paraphrased a fragment of the Polish Catholic translation of the Bible by Jakub Wujek: "Zasię podobne jest Królestwo Niebieskie człowiekowi kupcowi szukającemu dobrych pereł" (BW).

101 *widzim podobieństwa znamię skutkiem samym na tobie* – you are a living testimony that it is as Christ said.

102 *w szacunku* – highly estimated.

103 *Hydasp znamienity* – according to ancient sources, Asian rivers (the Hydasp, the Ganges, and others) were rich in gold and precious stones. Javors'kyj reuses a motif from HERC VII 1–11.

104 *znaczne w swojej cenie* – known as precious.

105 *przez prywaty* – caused by efforts to make an insignificant profit.

106 *zakopanych głupie nie deptał talentach* – an allusion to the Parable of the Talents. See Mt 25.14–30 and Lk 19.11–27.

107 *do lat przychodziło* – When the child grew older.

108 *natury … wielkich zawsze rzeczy impet swój zabiera* – Nature has always led him to do great things.

109 *gdzie bym kontentencę serca mego odbierał* – where can I find contentment.

110 *w tej mierze* – in this situation.

111 *tesknica zwędzi go po woli* – He will slowly become overwhelmed by longing (melancholy).

112 *jak … zioły*, cf. KOCHANOWSKI, *Hymn* 11–12: "Tyś fundament założył nieobeszłej ziemi | I przykryłeś jej nagość zioły rozlicznemi" ("Of the earth untraversed, You laid the foundation | And covered its bareness with rich vegetation", transl. M.J. Mikoś).

113 *pełnych skaleczenia* – wounded.

114 *drogim walorem szacowne minery* – minerals estimated to be of high value.

115 *korale* – coral.

116 *Będą was wzorem strasznych tęcz żaby krążyły* – frogs will croak over the terrible blue arches of your eyebrows.

117 *trupa wskroś przełażą* – they pass right through the corpse's body.

118 *dziw że nie zarażą* – and it is a wonder they do not infect the air!

119 *Jak rozumem to teraz straszydło okryślić* – how to use reason to grasp this horror.

120 *kupcem się z daleka mąż święty być mieni* – the holy man is claiming to be a merchant from far away.

121 *ma do siebie* – has such advantages attached to it.

122 *nasieniu na bezwilgotnym … niezmiernie* – in lines 159–164, Javors'kyj makes an allusion to the Parable of the Sower: "And when he sowed, some seeds fell by the way side, and the fowls came and devoured them up. Some fell upon stony places, where they had not much earth: and forthwith they sprung up, because they had no deepness of earth. And when the sun was up, they were scorched; and because they had no root, they withered away. And some fell among thorns; and the thorns sprung up, and choked them", Mt 13.4–7 (KJV); see also Mk 4.1–20 and Lk 8.4–15.

123 *wiedzieć twojej duszy rolę* – I want to know the ground of your soul.

124 *nie zrosło w kąkole* – an allusion of a fragment of the Parable of the Tares: "The field is the world; the good seed are the children of the kingdom; but the tares are the children of the wicked one", Mt 13.38 (KJV). Javors'kyj used phrases from the Polish Catholic translation by Jakub Wujek: "kąkol", "rola", "dobre nasienie" (BW Mt 13.38).

125 *W Ducha … pochodzi* ("The Spirit who originates only from the Father") – in this sentence a dogma of the Orthodox Church is expressed. According to the Orthodox faith the Holy Spirit has its origins in God the Father. The Catholics believe otherwise: the source of the Holy Spirit is not only the Father but also the Son. This line is then a dogmatic and polemical (anti-Catholic) one.

126 *Jedność w Trójcy a Trójcę wychwalaj w jedności* ("Praise the unity of the Holy Trinity") – Javors'kyj expresses a dogma about the unity of the Holy Trinity. The Protestants contested this dogma and this line is a polemic against Protestant theology.

127 *w nagrodę przestępstwa* – as a result of the crime.

128 *Sakramenta* – sacraments. Javors'kyj uses a term taken from Catholic theology.

129 *stwierdziwszy go w wierze* – having given him the sacrament of confirmation.

130 *na godach niebieskich się popisać* – to appear in Heaven.

131 *z cudzej strony z cudzej strony* – from abroad.

132 *charaktery* – characters.

133 *mąż w poradzie* – a man good in counseling.

134 *w klar* – clearly, plainly.

135 *dobrze już na to był informowanym* – he was given instructions.

136 *w tak wielkim walorze* – so highly valued.

137 *funduszy ... prawdziwemu* – an inversion. A natural order of the sentence: "A na to miejsce wielką moc świątnic wystawia prawdziwemu Bogu z wielkim funduszy kosztem".

138 *utkwiała* – utkwiła.

139 *tytanowym* – of the Sun.

140 *po tyryjskich jedwabiach* – on Tyrian silks and jewels cf. HERC IV 5, 81; ECHO II 8; II 10; XIII 299.

141 *Gdzie gust cale zmamiła światowa ponęta* – when worldly temptations fooled our taste.

142 *lepianką* – the human body.

143 *Ciała obie* – both bodies (the Old Polish dual—grammatical number).

144 *Niż stąd, żeś się złotemi wspieniła kanały* – i.e. gold-bearing rivers.

145 *Pactole ... Tagi* – see HERC VII 2; 6; ECHO VIII 4; ARCT II 6; VI 2; XII 8.

146 *mercatores* – an allusion to the parable of the pearl. See Mt 13.44–46.

147 *Carbasa* – in classical Lat. fem. sing. *carbasus, -i* (from Gr. κάρβασος) or plural *carbasa, -orum* (especially OVID, *Met.* 6.233, 11.477, 13.410, 14.533).

148 *anachora SPEI* – cf. Ehermeier 1653: 20–24. Emblem 2, with two mottos: *Anchora Spei firmiter tenenda. Anchora laxata periclitatur navis* ("The Anchor of Hope should be held firmly. When the anchor is loose, the ship is in danger"—transl. BA), and Emblem 4. *Anchora Spei a Deo dirigitur* ("Anchor of Hope directed by God") with an icon showing a ship being blown by winds on four sides.

149 *navim* – in classical Latin acc. sing. would be *navem.*

150 *GEDEONICUM VELLUS* – see ARCT III 2, 63; VII 14; IX 3.

151 *Cleopatraeus ANTONIUS* – cf. the famous anecdote about Cleopatra's most expensive banquet recorded by Pliny the Elder (*NH* 9.59.119–121): "There have been two pearls that were the largest in the whole of history; both were owned by Cleopatra, the last of the Queens of Egypt—they had come down to her through the hands of the Kings of the East. ... In accordance with previous instructions the servants placed in front of her only a single vessel containing vinegar, the strong rough quality of which can melt pearls. She was at the moment wearing in her ears that remarkable and truly unique work of nature. Antony was full of curiosity to see what in the world she was going to do. She took one earring off and dropped the pearl in the vinegar, and when it was melted swallowed it" (cf. Macrobius, *Saturnalia* 3.17.14–17).

152 *Cyneas* – Cineas was a Thessalian and famous for his wisdom and advisor to King Pyrrhus; he was a pupil of the great orator Demosthenes (see CASSIUS DIO 9.40.5 and PLUTARCH, *Pyrrh.* 14.2–7, 16.3–4, and 19).

153 *Alcides* – born name of Heracles (Lat. Hercules), the most famous divine hero in Greek mythology. See. e.g. PS.-APOLLODORUS, *Bibl.*2.4.12.

154 *parandam* – this is an anonymous saying, not attested before the 16th century (see Walther 1967: no. 33715).

155 MARI, MARIA – a wordplay in which Javors'kyj plays on the Latin word *mare* (sea) and the name MARIA (Mary). Javors'kyj may have been inspired by an epigram by Lazar Baranovyč *Maria a Mari, co od Morza?* Cf. Baranovyč 2004: 108.

156 *Avernus* – i.e. without birds = the lower world, the underworld (see OVID, *Am.* 3.9.27; LUCANUS 6.636; STATIUS, *Th.* 11.588); *monstrum Averni*—Cerberus. Although most ancient writers gave Cerberus three heads, in Hesiod's *Theogony* (311–312) the hound of Hades has 50 heads and in HORACE, *Carm.* 3.11 (17–20) a single dog head and one hundred snake heads, but never seven.

157 *Mauri … pharetram* – cf. HORACE, *Carm.* 1.22.1–4: "Integer vitae scelerisque purus | non eget **Mauri** iaculis necque arcu | nec venenatis gravida sagittis, | Fusce, **pharetra**" ("No need of **Moorish** archer's craft | To guard the pure and stainless liver; | He wants not, Fuscus, poison'd shaft | To store **the quiver**"—transl. J. Conington).

158 *Tyrio … murice* – the name Tyrian purple refers to the ancient city of Tyre where a red pigment was made from the mucus of several species of the Murex snail. The Tyrian dye was greatly prized in antiquity and became a symbol of a high-status leader (see e.g. VERGIL, *Aen.* 4.262). During the Roman Empire only the emperor was permitted to wear Tyrian purple, hence it was called imperial purple too.

159 SYRTES – Syrtes in plural refers to two sandy flats between Carthage and Cyrtene: *Syrtis Major* (modern Gulf of Sidra or Sirte on the northern coast of Libya) and *Syrtis Minor* (the Gulf of Gabes or Cabes or Gaps on Tunisia's eastern coast in the Mediterranean See), famous because of the storm that wrecked Aeneas's fleet (see VERGIL, *Aen.* 1.111, 1.146, 4.41).

160 *vicisti, profligasti, triumphasti* – cf. LACTANTIUS, *De mortibus* 16.5: "Novies enim tormentis cruciatibusque variis subiectus novies adversarium gloriosa confessione vicisti, novem proeliis diabolum cum satellitibus suis debellasti, novem victoriis saeculum cum suis terroribus triumphasti."

161 *Lydium lapidem* – see HERC II 8 (footnote 17), ARCT V 1 and PEŁN XIII 81; XXI 11.

162 *Davidem … Goliam* – a reference to the duel between the young David and the giant Goliath. See 1 Sm 17.38–51.

163 *Scypiades* – i.e. one of the Scipio family, specifically for Publius Cornelius Scipio Africanus (236/235–183 BC) who defeated Hannibal at the Battle of Zama in 202 BC, and Scipio Aemilanus (185–129 BC), a Roman statesman successful in the Third Punic War and the Numantine War in Spain. Cf. e.g. LUCRETIUS 3.1034: "Scipiadas, belli fulmen, Carthaginis horror" ("the son of the house of Scipio, thunderbolt of war, terror of Carthage"—transl. W.H.D. Rouse).

164 *passibus ad Capitolium* – the triumph was the most prestigious civil and religious ceremony in ancient Rome, held to celebrate and sanctify the success of a military commander (during the Republic) or an emperor (during the time of the

Roman Empire) in a war against a foreign enemy. The triumphal procession with the successful army, captives, and spoils of the war, led by the man of triumph (Lat. *vir triumphalis*, later *triumphator*), started in the open space of the Campus Martis outside the city's sacred borders (Lat. *pomerium*), then entered the city of Rome through a Triumphal Gate (Lat. *Porta Triumphalis*), continued through the site of the Circus Flaminius, along the Circus Maximus, Via Sacra, and then the Forum. Finally, it ascended the Capitoline Hill (Lat. *Mons Capitolinus*) where the successful commander or emperor offered a sacrifice and the tokens of his victory at the temple of Jupiter Capitolinus.

165 *Tullii* – i.e. Cicero.

166 *IN SUI* – in classical Latin we would expect an acc. *suum* rather than *sui*.

167 *ODOREM TRAHIT DAMASCENOS* – the Damask rose (Lat. *rosa damascena*), a hybrid between the *rosa gallica* and *rosa Phenicia* originating from Iran, famous for its flavour, was harvested from the 7th century for its sought-after rose oil. The rose has been the symbol of many Christian virtues: in emblematics it appears, for instance, as a symbol of hope (*spes*), faith (*fides*), and patience (*patientia*)—cf. http://emblematica.grainger.illinois.edu/detail/emblem/E018648 (accessed 24.05.2025).

168 *Damasceni* – a reference to St. John of Damascus (ca. 675/6–749), a Christian monk, priest, hymnographer, polymath, and neoplatonic philosopher, a possible author of one of the Greek versions of the story of Barlaam and Josaphat. See PEŁN *Title* footnote 2.

169 *Florem hunc depingi* – an allusion to the homily by St. John of Damascus *Oration on the Nativity of the Holy Theotokos Mary*: "Today a rod was begotten from the root of Jesse, out of which a divine flower will arise for the world" (John of Damascus 2018).

170 *manus sanius curasse poterat* – according to hagiographical accounts, St. John of Damascus was condemned by the Caliph to have his right palm cut off. Thanks to the miracle of the Virgin Mary, the severed palm was reunited with the rest of his hand. Mary, however, obliged St. John to work assiduously with his healed hand (i.e. write). Seeing the miracle, the Caliph pardoned St. John.

171 *coloratum sive faedatum* – an etiological tale about the red colour of a rose was best known in the early modern period from *Progymnasmata* by Aphthonius of Antioch (4th century AD), where it serves as an exemplary narrative (Gr. διήγημα, Lat. *narratio*). Aphrodite stumbled into the rosebush hurrying to rescue her lover Adonis who had been attacked by the jealous Ares. "She fell among the thorns and the flat of her foot was pierced. Flowing from the wound, the blood changed the color of the rose to its familiar appearance and the rose, though in its origin, came to be as it now appears [i.e. red]" (transl. R. Nadeau revised by Matsen; Rollinson; Sousa 1990: 268). A Latin version of the Greek manual with commen-

taries (*scholia*) by Reinhard Lorich was published at least 150 times between 1542 and 1718, both in Catholic and Lutheran countries (see Awianowicz 2008: 232–234 and Awianowicz 2021: 165–167). Lorich gives Angelo Poliziano's translation of the narrative (see e.g. Aphthonius 1640: 37).

172 *UNI ... PERNICIES* – for one, salvation; disaster for another. See emblem 92 in: Camerarius 1605: 92 with the *subscriptio*: "Ut rosa mors, scarabaee, tibi est, apis una voluptas: | virtus grata bonis, et inimica malis" ("As the rose, the scarab, is death to you, yet pleasure to the bee, so virtue is kind to the good, enemy to the bad").

173 *tutissimus ibat* – cf. the emblem *Rebus in humanis citra peccatur et ultra. Hinc, illinc media tutius ire via* ("In human affairs, sin threatens from both sides. Therefore, it is safest to take the intermediate route"), in Zetter 1614: [167].

174 *Heliotropium* – in 17th-century emblems, the sunflower (*heliotropium*) was a symbol of man following the will of God (like the sunflower following the sun). Jeremias Drexel (1581–1638) popularized this image in his famous work *Heliotropium or Conformity of the Human Will with the Divine Will* (1627). See Drexel 1627.

175 *Sabaeisodoribus* – from Saba—the largest town in Arabia Felix (earlier a kingdom mentioned in the Old Testament), celebrated for its myrrh and spices, hence *Sabaeum tus* (i.e. frankincense) in VERGIL, *Aen.* 1.416; *flores Sabaei* in STATIUS, *Silv.* 5.1.211, and *Sabaeus odor* in COLUMELLA 10.262.

176 *Mucyjusz* – Caius Mutius Cordus (Mutius Scaevola) was an ancient Roman mythical youth, famous for his bravery. During the war between Rome and the Etruscan city of Clusium in 508 BC, he sneaked into the Clusian camp to kill the king Lars Porsenna who had laid siege to Rome. He failed and after being captured, he declared to Porsenna that he was the first of 300 such young Roman volunteers who were ready to assassinate the Clusian king. To demonstrate his determination, Mucius thrust his right hand into a sacrificial fire and held it there without giving any indication of pain. Porsenna, shocked by his courage, allowed him to return to Rome and sent ambassadors to the Romans to offer peace, and Mucius, who had sacrificed his right hand, obtained the *cognomen* "Scaevola", i.e. "left-handed" (see LIVY 2.12–13).

177 *On* – Mucyjusz.

178 *że nie trafił króla nieprzyjaciół razić* – because he was not able to defeat the enemies of the king.

179 *Ów* – St. Barlaam the Martyr.

180 *trafił Bogu kadzić, a bałwanów kazić* – he venerated the Lord and knocked the idols down.

181 *Niemądrych panien* – an allusion to the Parable of the Ten Virgins (Mt 25.1–13): "Then shall the kingdom of heaven be likened unto ten virgins, which took their lamps, and went forth to meet the bridegroom. And five of them were

wise, and five were foolish. They that were foolish took their lamps, and took no oil with them" (KJV).

182 *nie dostaje* – it is lacking.

183 *Z niebieskim szuka ogniem, gwiazdy mając w ręce* – probably an allusion to the spherical astrolabe. A man who does not want to die watches the sky and the heavenly bodies to find his way.

184 *się sam w krąg fundament nieprzestannie toczy* – the universe is constantly turning.

185 *cóż się tam z gwałtownym upadkiem ominie* – what can be avoided by a sudden fall?

186 *charontowe jady* – i.e. infernal anger.

187 *Gotowem ... garła* – I am ready to stand by Christ until my death.

188 *Jakoby ... głęboko* – may you be implanted in people's hearts!

189 *któżby dał* – who could make.

190 *do żelaznego rzuci się Wulkana* – he will try the heated iron tools.

191 *wymyślnym kształtem* – cunningly.

192 *Plutonowa chytrości* – infernal cunning.

193 *jasny luminarz* – the bright candelabra (i.e. St. Barlaam).

194 *fatalnego piasku* – the grave.

195 *słup ognisty* – the pillar of fire that accompanied the Israelites on their journey to Canaan. See Ex 13.22.

196 *Phaeb wzruszał statuę Memnona* – according to legend, when the first rays of the sun (i.e. Phoebus) touched the breasts of the Colossi of Memnon, they made moaning-like noises.

197 *długofrotunne dni, chwile, momenta* – see ARCT XIV 7 and PEŁN XXII.D 30.

198 *Już tu nie mają sprawy* – they do not work.

199 *Thaumaturgos* – St. Gregory the Miracle-Worker (Gr. *Thaumaturgos*, ca. 213–270), also known as Gregory of Neocaesarea. Gregory was born about AD 213 in Neocaesarea in Pontus in Asia Minor and he was consecrated bishop of his native city. Javors'kyj makes a mistake here, probably mistaking Neocaesare in Pontus for Caesarea in Cappadocia.

200 *solae Lac⟨a⟩enae viros* – Laconian women only give birth to (brave) men—see Erasmus 1533: 93: "Solae Lacoenae viros pariunt"—an abridged version of Plutarch's anecdote (*Lyc.* 14) about Leonidas's wife Gorgo: "when some woman, evidently a foreigner, said to her: 'You Laconian women are the only ones who can rule men,' she replied: 'That is because we are the only ones who give birth to men'" (transl. R.J.A. Talbert).

201 *Seraphicis in Deum ardoribus* – the seraphim were biblical spiritual beings in Heaven. They are a symbol of the flaming love for God (their name means flame). They are important figures in Orthodox theology. See Is 6. 1–3.

202 *indiga lucis* – eager for light. See ARCT VI 1.

203 *MINERVAE NOCTUA* – Javors'kyj alludes to the title of a common erudite book, *Noctes Atticae* by Aulus Gellius (ca. 125–180). See PEŁN endnote 87, p. 322.

204 *AB UMBRIS ET NATURAM, ET COGNOMEN* – Lat. *noctua* ("owl") is derived from *nox* (night). Javors'kyj makes a play on the words—Minerva's owl/night.

205 *flamma … Amoris Divini* – the torch of divine love was a popular motif of devotional works in the 17th century. Javors'kyj may have encountered it in a poem by Kasper Twardowski, *Pochodnia miłości Bożej* (1628). See Twardowski 1995.

206 *Cor Amore scintillaret* – Javors'kyj was probably inspired by Anton Wierix's well-known cycle of emblems *Cor Iesu amanti sacrum* ("A heart dedicated to loving Jesus"). See Wierix 1600; Grześkowiak; Niedźwiedź 2009: 16–21.

207 *Sol Phosphoro* – i.e. the Morning Star—see MARTIAL 8.21; MART. CAPELLA 8.851 and 9.882.

208 *Macedonis* – i.e. Alexander the Great.

209 *Pyrgotelis* – Pyrgoteles was one of the most renowned gem-engravers of ancient Greece in the latter half of the 4th century BC, placed by Alexander the Great himself on a level with Apelles as a painter and Lysippos as a sculptor in bronze (see PLINY, *NH* 7.37.125).

210 *Lydiis … lapidibus* – "verified with Lydian stones". See HERC II 8 and ARCT V 1 and PEŁN VIII 74; XXI 11.

211 *Gigantibus solemne est* – an allusion to Gigantomachy, in Greek and Roman mythology the Giants' battle with the Olympian gods (see. e.g. OVID, *Met.* 1.151–162).

212 *Cleanthis* – Cleanthes of Assos (see Vocabulary of toponyms, mythological, biblical, and historical names).

213 *Pharus aemula Lunae* – An inexact quote from STATIUS, *Silv.* 3.5.101: "lumina noctivagae tollit Pharus aemula lunae" ("the Pharus raises aloft the beacon that rivals the night-wandering moon", transl. J.H. Mozley 1928).

214 *caecus est ignis stimulatus ira* – a quote from SENECA, *Med.* 591: "Coecus est ignis stimulatus ira" ("Blind is the fire … when fanned by rage"—transl. F.J. Miller).

215 *at tantam Lucem … caecutit noctua* – in such light, the owl is rather blind. The owl here is a symbol of good vision in the darkness (see PAULINE OF NOLA, *Epist.* 40.6; PL 61, 371).

216 *Diogenes … quaesiturus* – see PHAEDRUS, *Fab.* 3.15(19).9 (about Aesop walking with a lantern in daylight): "'hominem', inquit, 'quaero'"; about Diogenes who "was looking for a man" see DIOGENES LAERTIUS 6.41 and popular 17th-century rhetoric books by the French Jesuit François-Antoine Pomey—see Pomey 1675: 308–312 and Pomey 1676: 93–96 ("Chria mista. Diogenes, accensa laterna, frequentissimo foro hominem quaerit").

217 *SILEX PERCUSSUS CONCIPIT IGNES* – cf. a similar phrase “silex percussus ignem emittit” in Bromyard 1614: 168.

218 *ABESTON* – an obsolete form of the Greek *asbestos* (ἄσβεστος)—“unchangable, inextinguishable” and as an subst. “unslaked lime” or a mineral used in funeral pyres (see PLINY, *NH* 37.146).

219 *Arcadiae ... flamma* – “The land of Arcadia produces an asbestos stone. Its color is iron and it has a strange natural power, for when it once catches fire, it is never dying down and its flames shine forever”—a hexametric version of Isidore’s of Seville definition (16.4) by Marbode 1511: 19 (Ccc2r.), quoted by Bornitz 1678: 29.

220 *Iamque... flamma suum* – an exact quote from OVID, Met. IX 239–241.

221 *nova philosophandi methodo* – Javors’kyj refers here to the *Novissima philosophia* by Stephanus Spinula, a member of the Congregation of Samoscha and bishop of Savona—see Spinula 1678.

222 *Elementum manere formaliter in mixto* – formally an element remains when mixed. See Spinula 1678: 440–442 (*Sectio VI. De mixtione elementorum*), in particular 442: “In lapide est gravitas terrae. Ergo etiam forma terrae. Ergo in mixto remanent formaliter elementa” (“There is the weight of the soil in the stone. So there is also the form of the soil. So in terms of form, the elements remain in what is mixed”—transl. B.A.).

223 *PRAESTANT ADVERSA SECUNDIS* – see Masen 1681: 597 (*Fons 2. Symb*[*ola*] *ex opposit*[*is*], 57): “Avis chartacea vento adverso in sublime fertur. Lemm(a): praestant adversa secundis” (“The headwind carries the paper bird up. Lemma: they overcome adversities through good luck”—transl. B.A.).

224 *Tecta Tonantis* – starting from “est via ...”—an exact quote from OVID, *Met.* 168–170: “There is a high way, easily seen when the sky is clear. ‘Tis called the Milky Way, famed for its shining whiteness. By this way the gods fare to the halls ... of the mighty Thunderer” (transl. F.J. Miller).

225 *Metelle* – There was no Metellus who conquered Syracuse. Most likely Javors’kyj meant Marcellus (*Marcus Claudius Marcellus*, ca. 270–208 BC).

226 *Vatis* – i.e. Maciej Kazimierz Sarbiewski (1595–1640).

227 *Caesar* – not the famous dictator C. Julius Caesar, but “an emperor” more generally.

228 *arcem* – starting from “ipse te ...” to “pectoris arcem”—an exact quote from SARBIEWSKI, *Lyr.* III 4, 9–12.

229 *erigetur* – Cf. Freculf 1539 II.1, fol. 102: “post hoc incendium urbis, quam se Augustus ex latericia marmoriam reddidisse iacta verat” (“after that fire in the city, of which Augustus truly said that he had turned it from wood to marble”).

230 *combures* – Javors’kyj refers here to the famous story about Archimedes’ machines destroying Roman warships with fire—Gr. πυρεῖα—“braziers” rather than

"burning mirrors" (which only appears in medieval texts and was not mentioned in the ancient Greco-Roman sources). See Rossi 2016: 158.

231 Mu⟨c⟩ium Scaevolam – see PEŁN X 1, 1.

232 *Rubum denique crederes ardentem* – God (Yahweh) spoke to Moses from the burning bush (*rubus ardens*). See Ex 3.1–4.

233 *Lub* – though.

234 *nie ma stąd w sobie nagany … schowany* – the fact that the treasure is hidden cannot be criticized.

235 *W porównaniu z księżycem jest* BARŁAAM *snadnie* – it is easy to compare the moon to St. Barlaam.

236 *złoto … płynie* – gold originating in Arabia is made more valuable by being melted down (and refined).

237 *wsuły* – see ECHO IV 20.

238 *przez ucho igielne przeciśnie … może bogaty* – a paraphrase of Mt 19.24: "It is easier for a camel to go through the eye of a needle, than for a rich man to enter into the kingdom of God" (KJV).

239 *połaty* – palace (Pol. *pałac*). This is a rare example of Javors'kyj using a Ruthenian word instead of a Polish one.

240 *zaprawiony korzenno dadzą obiad* – cuisine in the Polish-Lithuanian Commonwealth and the Hetmanate was characterized by the use of large amounts of imported spices. Thus, the dinner hosted by Josaph's father resembled the sumptuous feasts that Javors'kyj enjoyed at the court of Mazepa and other members of the Ukrainian elite of the time. See Dumanowski; Spychaj 2012.

241 *żona* – a woman.

242 *Na powab niewinności z umysłu strojona* – sophisticatedly dressed so as to seduce the innocent.

243 *Tak ci w cukrach zwyczajnie jad ukryty bywa* – often the poison is hidden in the sugar.

244 *Gdzie się w wodzie wspienione gładko ścielą wały* – where the rough waves seem the calmest.

245 *nie w czas już* – too late.

246 *zdradliwy ptasznik wita klatką* – it is likely that Javors'kyj drew this image from emblem III 10 by Herman Hugo from his famous work *Pia desideria*. The icon of this emblem depicts a human soul trapped in a birdcage. See Hugo 1624: 351–358. The reproduction of the icon: JAVOR.SERMONS, p. 379.

247 *po tej fali* – after the storm.

248 *Gdy oddawał waletę swym Barłaam święty* – when St. Barlaam was saying farewell to his family.

249 anioł był to w ludzkim ciele – see: "Taki, że oczom trudno zgadnąć zgoła, Czy anioł z człeka, czy człowiek z anioła", Lubomirski 1995: 5.6, 7–8.

250 *winna macica* – grapewine. Javors'kyj used a term from Jakub Wujek's Polish Catholic Bible: "Jam jest winna macica prawdziwa …", Jn 15.1 (BW).

251 *Danijel … czyni* – according to the Bible, the Persian king Darius III ordered the prophet Daniel to be thrown into a cave with lions. Thanks to God's intervention, Daniel survived and was set free. Dn 6.20–25.

252 *Za starszego* – the Archimandrite.

253 *na różne miejsca pielgrzymuje święte* – according to tradition, St. Barlaam went on a pilgrimage to the Holy Land in 1062.

254 *ciało … cudami wsławione* – the relics of St. Barlaam of the Kyiv Pečery rest in the oldest, underground part of the Kyiv Caves Monastery. In 1691, Barlaam Jasyns'kyj consecrated a new church in his honour.

255 *Jozepha, ale Barłaama, Nie Aegyptu, lecz Rossom* – Javors'kyj compared St. Barlaam to the biblical patriarch Joseph, sold into slavery in Egypt. The wife of Potiphar, Joseph's owner, tried to seduce him, but Joseph rejected her. Falsely accused, he was sent to prison. Cf. Gn 39.7–20.

256 *Jak ten patron … affekt przykładny* – Jasyns'kyj is a faithful worshipper of St. Barlaam, so St. Barlaam listens to his requests.

257 *trzej królowie* – the biblical Magi, traditionally referred to as the Three Kings. They paid homage to the newborn Jesus. See Mt 2.1.

258 *takiej ceny* – so precious.

259 *Tyrio murice* – see PEŁN VIII 21.

260 *tenui filo appendamus tantum nomen* – see HORACE, *Epist.* 2.1.224–225: "cum lamentamur non apparere labores | nostros et **tenui** deducta poemata **filo**" ("when we complain that men lose sight of our labours, and of our poems so **finely spun**"—transl. H. Rushton Fairclough). The names, like the *pemata* in Horace's earlier work, are woven from a fine thread, so artfully, with great precision and respect for the woven image.

261 *nam et gemmis … non natura* – it is likely that Javors'kyj took this phrase from a sermon by a Polish Jesuit Łukasz Stanisław Słowicki (1654–1717) *Princeps sine tiara seu S. Borgias*. Although Słowicki's sermon did not appear in print until 1705 (see Słowicki 1705: 192–202), Javors'kyj had a copy of it, probably made while studying in Poznań (Poland) ca. 1687. Javors'kyj must have personally known Słowicki, who taught rhetoric at the Poznań College from 1684 to 1687 (see EWoJ: 624). The manuscript of the sermon is held in RGIA ф 834 оп. 2 д. 1592в, fol. 936об–938об. ("nam et gemmis fecit praetium habendi cuopid non natura": the location of the sentence: Słowicki 1705: 192; RGIA ф 834 оп. 2 д. 1592в, fol. 936об). See introduction.

262 *Erythreum* – i.e. Erythraean—from Erythrae—in Greek sources (e.g. HERODOTUS, *Hist.* 1.18 and OGI 674.10) and here the Erythrean is the Red Sea. In Roman sources one of the 12 chief cities of Ionia (PLINY, *NH* 31.2.10 and CICERO, *Verr.* 2.1.19).

263 *Ejus nimirum est ... intumescit* – reminiscent of the image of Virgil's sea voyage in HORACE, *Carm.* 1.3.9–16: "illi robur et aes triplex | circa pectus erat, qui fragilem truci | conmisit pelago ratem | primus: nec timuit praecipitem Africum | decertantem Aquilonibus | nec tristis Hyadas nec rabiem Noti, | quo non arbiter Hadriae | maior, tollere seu ponere volt freta" ("Oak and brass of triple fold | Encompass'd sure that heart, which first made bold | To the raging sea to trust | A fragile bark, nor fear'd the Afric gust | With its Northern mates at strife, | Nor Hyads' frown, nor South-wind fury-rife, | Mightiest power that Hadria knows, | Wills he the waves to madden or compose"—transl. J. Conington).

264 *Aurea Pactoli* – See CLAUDIAN, *In Rufinum* 1.101–103: "non Tartesiacis illum satiaret harenis | tempestas pretiosa Tagi, non stagna rubentis | aurea Pactoli" ("Him nor the sand of rich Tagus' flood by Tartessus' town could satisfy nor the golden waters of ruddy Pactolus"—transl. M. Platnauer).

265 *MAGIS ORNATIOR* – after *magis* should be the positive degree: *ornatus*.

266 *descensurus* – ancient wrestlers and all other men training to compete in sports in gymnasia were naked and the Greek noun γυμνάσιον is derived from the adj. γυμνός (naked, unclad).

267 *VIA* – cf. VERGIL, *Aen.* 9.641: "sic itur ad astra" ("such is the way to the stars") in a passage where Apollo speaks to Aeneas's young son Iulus (Ascanius).

268 *Uxorem* – see PEŁN XVI 61–64 and introduction, footnote 98.

269 *malo ... Malo* – a wordplay—the first *malum* means "evil", the other—"an apple" or "any tree-fruit".

270 *CRUX TUTISSIMA IN TEMPESTATIBUS ANCHORA* – cf. Ebermeier 1653: 42: emblem XIII. *Arbor vitae II: Crux Christi Adami anchora* ("The tree of life: the Cross of Christ is Adam's anchor"—transl. B.A.) with the icon depicting a crucified Christ in the centre, a ship on the left, and a pelican feeding chicks on the right.

271 *vinceres* – i.e. Parthians in a comparison not directly related to a specific Roman victory already appeared in Augustan poetry—see e.g. OVID, *Rem.* 155–157: "ecce, fugax Parthus, magni nova causa triumphi | iam videt in campis Cesaris arma suis | vince Cupidineas pariter Parthasque sagittas" ("Lo! The fugitive Parthian, fresh cause of glorious triumph, already beholds the arms of Caesar on his plains: defeat alike Cupid's and the Parthian's arrows"—transl. J.H. Mozley).

272 *trophaea* – *trophaea* in an ancient meaning: a song and memorial of victory (originally built with a shield, helmets, and weapons taken from the enemy).

273 *uncia candoris libraque fraudis erit* – in ancient Rome an ounce (Lat. *uncia*) weighed about 27.35 g, which was one-twelfth of the Roman pound (Lat. *libra*) with a weight of 327.45 g. Despite changes in the weight standards in different early modern European countries, the similarity between the two units remained the same.

274 *O oculi ... rates* – an elegiac distich from an emblem by the Belgian Jesiut Herman Hugo (1588–1629)—see Hugo 1636: 79.

275 *LUCIS ET COLORIS FALLIT IMAGO* – cf. Camerarius 1605: 38: emblem XXXVI: *Fallit imago sui* ("The self-image is deceiving"), in which a panther symbolizes deceit, as it lures other animals (victims) with its pleasant scent.

276 *Paphiae* – Paphian, from Paphos—a city on the island of Cyprus, sacred to Venus.

277 *Risus plorantis Olympi* – a quotation from an unknown Latin poet; this periphrasis was usually cited anonymously in the 17th–18th centuries as an antonomasia of Iris (see Edmundson 1661: 49).

278 *Annibali Alpes* – Hannibal crossed the Alps into northern Italy in 218 BC and surprised the Romans who did not expect him on their territory.

279 *adamantina* – from the Greek ἀδάμας—"diamond", hence adj. ἀδαμάντ(ιν)ος and Lat. *adamantinus*—"untameable, extremely hard"—cf. LUCRETIUS 2.447: "adamantina saxa" and PLIN, *NH* 37.11.73: "adamantina duritia".

280 See LIVY 21.37.2, where the historian writes about Hannibal's soldiers who made a road to Italy, melting the rocks using fire and vinegar ("ardentiaque saxa infuso aceto putrefaciunt"). As noted by Downing Dowdall (1885: 127), it was already known in ancient times "that stone, when it has been subjected to a great heat, and cold water suddenly poured upon it, bursts: vinegar it is said acts especially on limestone".

281 *Capua* – Capua allied with Hannibal already after the Battle of Cannae in 216 BC and, at the time of Hannibal's invasion, it was isolated from the rest of Campania, which remained allied to Rome. Hannibal had made Capua his winter base in 215 BC, and conducted his campaigns against other Campanian cities. The Romans conquered Capua in 211 BC (see LIVY 23.7, 23.9–11, 23.14–15 and 17–18).

282 *cuniculos agit* – Javors'kyj builds a conceit based on comparison. Hannibal undermined the walls of Rome to capture the city; Barlaam dug an underground church in Kyiv's Caves to conquer the Heavenly Jerusalem.

283 *AMOR* – Javors'kyj emphasizes here an anagram in Latin: ROMA–AMOR.

284 *STRATAGEMA* – from the Greek τὸ στρατήγημα—here "trick, device" (see e.g. CICERO, *Att.* 5.2.2).

285 *lucem ediderint* – Cf. Gotfried Viterbensis (in Pertz 1872: 72): "Nero suae matris madavit viscera scindi | quo loco stringi potuit, quo spermate gigni | quo iacet alveolo matre creatus homo" ("Nero ordered his mother's body to be cut up, where he could have been conceived, where he was created from sperm, where the conceived man lies in the womb"—transl. B.A.).

286 *strangulat amplexibus* – cf. Junius 1606: 245: "Simia ... foetus suos strangulate" ("A monkey strangles its offspring") and Wild 1674: 364 (Lib. III, ode XIV): "Amore natos simia strangulate" ("A monkey strangles its offspring out of love"—transl. B.A.).

287 *Tellus inarata ferebat* – see OVID, *Met.* 1.109 about the Golden Age: “mox etiam fruges tellus inarata ferebat” (“anon the earth, untilled, brought forth her stores of grain”—transl. F.J. Miller).

288 *Gaude ... Mater ... fecunda Genetrix* – this prose section is based on a Polish medieval hymn about St. Stanislas *Gaude mater Polonia*, by Wincenty of Kielcza (the mid-13th century): “Gaude, mater Polonia, | Prole fecunda nobili” (“Rejoice, oh Mother Poland | Rich in noble offspring”—unknown translator). St. Stanislas was the main Catholic patron saint of Poland, so in the 17th century the hymn was commonly known in the Gniezno Archbishopric. Javors'kyj probably became familiar with the song during his time in Poland.

289 *merce monilium gaudia mercari* – see SARBIEWSKI, *Lyr.* IV 13, 1–4: “Si quae flent mala lugubres | auferrent oculi, Sidoniis ego | mercarer bene lacrymas | gemmis, aut teretum merce monilium” (“If mournful eyes could be prevent | the evil they so much lament | Sidonian Pearls, or Gems more rare, | would be too cheap for ev'ry tear”—transl. G. Hill in: Fordoński, Urbański 2010: 55).

290 *Persenopolis* – *sic*! (instead of *Persepolis*).

291 *Rossia* – the Kyiv Metropolis. See introduction, footnote 34.

292 *Habes, Rossia, quotquot Sanctorum Lipsana* – Javors'kyj makes an allusion to the relics of saints buried in the underground corridors of the Pechersk Lavra. These relics attracted pilgrims from all over Eastern Orthodox Europe. Thanks to them, the Pechersk Lavra is the most important Orthodox monastery among Eastern Slavs. Javors'kyj recalls this fact as an argument against the supremacy of the Patriarch of Moscow over the Kyiv Metropolis.

293 *Cleopatrae Unionibus satis digne ponderanda aeraria* – on Cleopatra's famous pearls see above, VII 2: *Cleopatraeus ANTONIUS*.

294 *nullo corruptionis* – thanks to the specific climate in the caves of the Kyiv monastery, the bodies of buried saints undergo natural embalming.

295 *Unio est* – A wordplay: *unio*—“pearl” and “unity”. Javors'kyj consistently capitalizes *unio* in both senses, which has been changed in the edition to distinguish *unio* (“pearl”) and *Unio* (“unity”).

296 *Latio grande monile foro* – probably an allusion to an unknown (?) story about one of the late Roman Christian emperors.

297 *Andrea Divo Crux, Rossia, data est* – St. Andrew the Apostle is recognized as the patron saint of the Kyivan Rus' and of all Eastern Slavs. From the 12th century chroniclers (including the author of the first parts of the Church Slavonic *Laurentian Codex*) maintained that St. Andrew led the Christianization of Rus'. In Javors'kyj's time, this was already common knowledge.

298 *Sub Crucibus... latent* – Lines 1–4 form an epigram in the form of an elegiac couplet. We could not establish whether Javors'kyj is the author.

299 *GAZOPHILACIUM* – from Greek τὸ γαζοφυλάκιον—“treasury”

300 *Serpentis Prudentiam* – Cf. BERNARD OF CLAIRVAUX, *In ps.* 7.12: "Haec nimirum commendata a Christo, et Christianis omnibus imitanda serpentis prudentia est, ut caput solum toto (si necesse fuerit) exposito corpore tueatur" ("This is namely recommended by Christ, and all Christians should imitate the wisdom of a serpent in that it only protects its head, while [if necessary] it disposes of the whole body"—transl. B.A.).

301 *in brevi Iliade* – quite a surprising comparison—Alexander (Paris) is not the main character of the *Iliad* (it casts him as a coward), nor is the *Iliad* a short (Lat. *brevis*) poem (it is divided into 24 books, contains 15,693 verses, and describes only 49 days of the Trojan War).

302 *ARCTUM AD CAELUM ITER EST!* – See "intrate per angustam portam (...) per eam quam angusta porta et arta via quae ducit ad vitam", Mt 7.13–14 ("Enter ye in at the strait gate (...). Because strait is the gate, and narrow is the way, which leadeth unto life", KJV); see also Benci 1617: 276: "Ardua ad coelum est via" ("Narrow is the way to heaven").

303 *EX UMBRA* – Javors'kyj compares Barlaam of the Kyiv Pečery with a sundial.

304 *Stephanoma* – from the Greek τὸ στεφάνομα—"crown, wreath".

305 *Stephanoma ... Stephani* – Stephanoma or a wreath of gratitude from the author of this work, Stefan venerating his saint's patrons.

306 *na cerkiewnym niebie* – i.e. in the church calendar.

307 *zajaśniała ona* – Javors'kyj makes an allusion to the feast of the Entry of the Most Holy Theotokos into the Temple. See PEŁN footnote 6.

308 *sponsa ad thalamum* – the bride to the bed.

309 *classicum* – trumpet.

310 *Ecce sponsa, exite obviam illi* – "This is the bride, go out to meet her". Cf. "Ecce sponsus venit, exite obviam ei", Mt 25.6 ("the bridegroom cometh; go ye out to meet him", KJV).

311 *niemądrym pannom ... kagańce* – see PEŁN X 2, 1.

312 *in occursum* – to meet.

313 *poleruje płomieniem* – in the passage, Javors'kyj relied on representations of the three St. Barlaams on icons.

314 *tanquam internae flammae symbolis* – as if symbols of an inner flame.

315 *ex directione primae regulae* – following the first principle.

316 *przywitanie trzyletniej Panienki Naświętszej* – the church tradition of the presentation of the Holy Virgin in the Temple of Jerusalem is based on the apocryphal stories about the childhood of the Virgin Mary referred to in the Greek Protoevangelium of James and the Latin Gospel of Pseudo-Matthew.

317 *festem Introdukcyjej* – the feast of the Entry of the Most Holy Theotokos into the Temple on 21 November.

318 *ignis consumens est* – he burned.

319 *lapis angularis est* – he is a cornerstone.

320 *virginitatis faecundae obumbraculum* – the protection of fertile virginity.

321 *in offenso vestigio ad perennaturum gloriae thalamum* – with a confident step into what is to be an eternal chamber of glory.

322 *tres laureolas* – three wreaths.

323 *cursus felicter consummati* – for a run happily completed.

324 *laureolam doctorum* – the wreath of the doctors [of the Church].

325 *laureolam martyrum* – the wreath of the martyrs.

326 *laureolam virginum* – the wreath of chastity.

327 *in flore illibato* – in an intact flower.

328 *Stephanitae* – crowned with laurels.

329 *Stephanum, ex vi correlationis* – Stefan (Javors'kyj) as a relative (i.e. bearing the same name).

330 *oratoriis pro posse meo rudi pollice carptis przyozdabiać flosculis* – decorate with flowers picked with unskilled fingers, according to my abilities as a speaker.

331 *solem caelo detraheret, quisquis emerita virtutibus denegaret ornamenta* – whoever denies deserved rewards for virtue, pulls the sun from the sky.

332 *condigno* – of being very worthy.

333 *pro finali operis complemento* – as the final complement of the work.

334 *sterilitas plenis irrigatur cataractis* – aridity is irrigated by full cataracts.

335 *praxim vetus et consuetudo et monitum* – practice (is stimulated) by an old custom and advice.

336 *Hauris aquam, puteum corona* – since you drink water, crown the well. See Pisarski 1676: 173, "Bywały czasy, kiedy ochłodzie ludzkiej służące źrzódła kwieciem koronowano, za wyraźnym zwyczaju, to jest, drugiego prawa mandatem: 'Huris aquam, puteum corona'".

337 *iure tributario* – under the law of tribute.

338 *powolnych geniuszów* – talented people who were won over by Charitableness.

339 *restat* – it is enough.

340 *hieroglyphikiem* – in his panegyric. In the early modern times hieroglyphics were a panegyrical genre. It combined an inscription with an image. Cf. Górska 2012: 15–46.

341 *suppedaneo debitae venerationis folio* – a footstool leaf (of paper) of due reverence.

342 *obstrepere* – to make a noise.

343 *aures quaerenti in pedibus* – looking for ears on feet—an allusion to Javors'kyj as Jasyns'kyj's footstool.

344 *z swego serdecznego wypłaca depozytu* – he pays his debts.

345 *oratio tres virtutes habeat* – a speech should have three properties. Javors'kyj makes an allusion to rhetorical theory. A proper speech should be clear, correct,

and ornate (*clara, emendata, ornata*). For *tres virtutes* of speech see CICERO, *De orat.* 1.144 and 3.37–55; QUINTILIAN, *Inst.* 4.2.36 and 4.2.103–104, and especially SOAREZ, *De arte* 3.2.

346 *ut sit clara* – to be clear.

347 *ut sit emendata* – to be correct.

348 *ad Lydium lapidem* – according to the Lydian stone or lditie; see HERC II 8, ARCT V 1, and PEŁN VIII 74; XIII 81.

349 *ut sit ornata* – to be ornate.

350 *imago ab umbris* – an image from the shadows.

351 *solidatur* – it is strengthened.

352 *Lydio lapide exploratur* – smoothed with Lydian stone.

353 *ingenijum ... sterilescit concetpus* – the talent lost its sharpness.

354 *ad oppositum magis elucescunt ognie* – on the contrary fires shine stronger.

355 *obumbratur* – is shaded.

356 *sermocinalis scientia* – preaching skills.

357 *tres mentis operationes* – three operations of the mind—a reference to the logic of St. Thomas, developed and expounded in the 17th century by, among others, the Jesuit Christoph Bechtlin. See Bechtlin 1662, who describes in his work "prima mentis operatio, sive simplex apprehensio" ("the first operation of mind, or initial understanding"), "secunda mentis operatio, sive enuntiatio" ("the second operation of mind, or a judgement"), and "tertia mentis operatio, sive discursus" ("the third operation of mind, or a discourse", i.e. close examination).

358 *in investigandis scientiarum obiectis* – in the study of scientific objects.

359 *palaestra* – study.

360 *novam philosophandi methodo* – in inquiring into objects of the sciences.

361 *pro adaequato attributionis obiecto* – with a new method of philosophizing.

362 *philosophandi methodo ... o⟨d⟩ebrała* – Jasyns'kyj was a professor of philosophy when Javors'kyj studied at Kyiv-Mohyla College. The allusion, in which the author uses philosophical terminology, is intended to be playful.

363 *actus scientifici ad nutus* – for the use of the scientific act.

364 *tanquam scientiarum ideae conformantur* – just as scientific ideas are formed.

365 *ad primum mobile moventur* – (all my actions) are moving towards the first movable. In classical, but also medieval and early modern astronomy the *primum mobile* was the topmost moving sphere in the geocentric model of the universe.

366 *scienciarum ancillam* – a slave of science. Cf. "philosophia ancilla theologiae" ("philosophy the slave of theology"), a famous formula by Petrus Damiani (ca. 1006–1072). On such a definition of logic in the 17th century, see also Penton 1688: 21.

367 *competentiori titulo* – with a more fitting name.

368 *ancillam* – a slave.

369 *actus scientificos* – scientific acts.

370 *totum esse et posse meum speciali subordinatione* twojej pasterskiej zwierzchności – everything is and can be mine by virtue of special subordination to your episcopal power.

371 *aeviternum … mancipium* – an eternal slave.

372 *nihil mei aut meum est, quod potiori titulo non sit tuum* – nothing belongs to me or is mine that under a stronger title would not be yours.

373 *ut maiestate praecellit, ita mutuum non reposcit* – as it stands out for its majesty, so it does not demand a loan back.

374 *verbis ut nummis* – with words like coins.

375 *stipendium* – tribute, contribution.

376 *pertinaci nisu* pisać zabrania *modestia* – your modesty forbids me to write constantly.

377 *ad intende*[*re*] – to intend, to endeavour.

378 *gloriosius est mereri laudes, quam habere* – it is more glorious to deserve praise than to receive it.

379 *panegyris* – panegyric.

380 *historia rudi calamo texta* – history written with a clumsy pen.

381 *Mnemosine sive recordatio patrocinii Stephanica* – Mnemosine or crowned with laurels and the memory of the patronage.

382 *Tu Nijobe* – cf. KOCHANOWSKI, *Treny* IV 17–18; HERC III 130 and footnote 78.

383 *na piramidzie* – an allusion to Horace's *Exegi monumentum* "pyramidum altius" ("higher than the pyramids"). See HORACE, *Carm.* 3.30.2.

384 *ruiny nabawi* – will be ruined.

385 W oryginale ziemianów, ale może ziemianom?

386 *przedsięwziętej ustałeś roboty* – you have interrupted the work you set out to do.

387 *Homer Macedona* – Javors'kyj's licentia poetica: Homer could not praise Alexander the Great, who was at least four hundred years his junior.

388 *furyje stroiła* – she expressed her anger.

389 *o co narzekała … wstrętu dodawała* – she increasingly discouraged me from doing what she complained about.

390 *Gratitudo … tributum* – Gratitude invites Fame to give due praise to Charitableness.

391 *Gdzieś słodkobrzmiąca SŁAWO* – the whole fragment (PEŁN 1–12) is a paraphrase of KOCHANOWSKI, *Treny* X 1–8. Javors'kyj also paraphrased this fragment in HERC III, lines 105–112 (see footnote 69).

392 *graeckiej heroiny* (a Greek heroine) – Helen of Troy.

393 *Wóz Cyprydy* – the chariot of Venus.

394 *brzmi* – brzmij (a former Polish imperative form).

395 *Czy tego ... placu* – an allusion to the Battle of Issus (333 BC), where Alexander the Great defeated Darius III of Persia.

396 *w powóz swój zaprzęga?* – an allusion to the images of Roman triumphs. Defeated enemies were forced to accompany the chariot of the victorious general.

397 *tonię* – in contemporary Pol.: *toń*.

398 *tysiąc śmierci* – Javors'kyj probably makes an allusion to a fragment of Tasso's *Jerusalem Delivered* in a Polish translation by Piotr Kochanowski: "Przez tysiąc mieczów ostrych prześć musieli". TASSO, *Gofred* 12.45.1.

399 *kartany ... za wesołej muzyki poczyta padwany* – bullets being fired will be like joyful music to him.

400 *Pleady* – Pleiades (a constellation).

401 *Kryształowe na ziemie lać przestaną grady* – the Pleiades will stop dropping crystal meteorites on Earth.

402 *Pirothousz* – Pirithous, together with his friend Theseus, descended to Hades to liberate Proserpine. Pluto imprisoned him in the underworld. Cf. HORACE, *Carm.* 3.4.79–80.

403 *Alcydes* – Heracles.

404 *Którego na wojennym placu ... wiele krwie wylała* – "The one whose valiant hand spilled much blood of bold enemies on the battlefield". This is probably an allusion to Hetman Mazepa.

405 *na paryjskiej skale* – on marble from Paros (Parian). In ancient times, marble from the Greek island of Paros was highly prized.

406 *w serdecznym kasztelu* – in the castle of the heart.

407 *zabrzmicie* – in contemporary Pol.: *zabrzmijcie*.

408 *Sam, sam* – you, you!

409 *Składną do rymów wenę* – a poem.

410 *Niebieskie sphaery* – celestial spheres.

411 *magnesowe trzymając pawony* – playing magnetic music. *Pawona* (Pol. *pawana*, *padwan*; Eng. *pavane*) was an Italian dance commonly known in early modern Europe.

412 *rozwalone Theby restawruje* – according to the myths, King Cadmus surrounded ancient Thebes (Thessaly in Greece) with massive walls with seven gates. See below, XXII.D 65.

413 *Karocy Boota* – the Big Dipper (part of the constellation Ursa Major).

414 *dżdżystym Smokiem* – in the October rains shooting stars (Draconids) are visible in the constellation Draco.

415 *zdrój annońskiej rzeki* – since the main source of Rome's grain supply (Lat. *annona*) from the first century BC onward was Egypt, which benefited from the flooding of the Nile, perhaps Javors'kyj in his amplification refers precisely to this great river.

416 *morskie powodzi* – the Sea.
417 *Tytan* – the Sun.
418 *Królewskie nad nią regimenta knuje* – charity exercises royal power over gratitude.
419 *paludamentum* – the scarlet vest of an official.
420 *tyrskie farbują szkarłaty* – see PEŁN VIII 22.
421 *Królewskim ... cyrkułem* – the crown.
422 *snem twardym* ("a hard sleep") – cf. "sen żelazny, twardy, nieprzespany" KOCHANOWSKI, *Treny* VII, 7.
423 *dajęć* – "daję ci" ("I give you").
424 *nie wieszczków trybem* – not like bards (poets).
425 *Na kołowrotach górna strona swoich* – on the reels of heaven. Javors'kyj refers to premodern concepts of the construction of the cosmos. Its model was the spherical astrolabe.
426 *dni, momenta* – see ARCT XIV 7 and PEŁN XI 105.
427 *saturnowe lata* – the Golden Age.
428 *cedry* – in the Bible, the cedars of Lebanon symbolized power and glory; cf. Is 35.2; Ez 31.2–9.
429 *libany* – the cedars of Lebanon.
430 *thebańskie* [*mury*] – see PEŁN XXII.C, V, 8.
431 *Sophijskie mury* – the walls of St. Sophia's Cathedral in Kyiv.

Editorial Comments

1 Sources

Copies of Javors'kyj's panegyrics are kept in the libraries and archives of Lithuania, Poland, Russia, and Ukraine. Only one copy of the *Hercules post Atlantem* has survived; the other panegyrics are preserved in several copies. Most of them are incomplete and poorly bound. As a result, their pages were put in the wrong order.

The following is a list of known copies of panegyrics. In the course of his research before the outbreak of the Ukrainian–Russian war, Jakub Niedźwiedź consulted most of them in Kharkiv, Lublin, Moscow, St. Petersburg, Vilnius, Warsaw, and Wrocław. We provide the catalogue number where it could be determined.

1. *Hercules post Atlantem* (HERC)

Code	Location (library/archive, shelfmark)	State
HERC 01	RSLM, shelfmark (n. inv.) 7456	complete

2. *Echo głosu wołającego na puszczy* (ECHO)

Code	Location (library/archive, shelfmark)	State
ECHO 01	BKUL, shelfmark P. XVII.614 https://dlibra.kul.pl/dlibra/publication/57571/edition/49839	complete
ECHO 02	NLRSPb, shelfmark Россика ИН364794/1	complete
ECHO 03	RGADA, shelfmark Ф ОРИ/ИН 9232 (17913)	complete
ECHO 04	RSLM, shelfmark (n. inv.) 7458	missing the last four pages [h2], [I, I2, K]

3. *Arctos caeli Rossiaci* (ARCT)

Code	Location (library/archive, shelfmark)	State
ARCT 01	BN Warsaw, shelfmark SD XVIII.3.865 https://polona.pl/preview/ad9f523a-a1ec-4fa8-bae9-b0027ff4cd9f	missing the title page
ARCT 02	BUW, shelfmark 28.20.3.207	complete
ARCT 03	BN Warsaw, shelfmark G.2224	only a frontispiece
ARCT 04	KDNBK, shelfmark 529577	only a frontispiece bound together with the *Pełnia*
ARCT 06	RGADA, shelfmark Ф ОРИ/ИН 9228 (17909)	missing the frontispiece; missing 2/3 of page H2 and two last pages (I2 and K)
ARCT 07	RSLM, shelfmark (n. inv.) 7466	missing the frontispiece and the title page

4. *Pełnia nieubywającej chwały*

Code	Location (library/archive, shelfmark)	State
PEŁN 01	BKUL, shelfmark P. XVII.611 https://dlibra.kul.pl/dlibra/publication/57572/edition/49840	missing the last two sheets Q2 and R
PEŁN 02	KDNBK, shelfmark 529577	complete
PEŁN 03	Ossol., shelfmark XVII-16879 https://www.dbc.wroc.pl/dlibra/publication/153781/edition/112599	missing the beginning and the end
PEŁN 04	RGADA, shelfmark Ф ОРИ/ИН 9229 (17910)	complete
PEŁN 05	RSLM, shelfmark (n. inv.) 7453	missing the beginning and the end
PEŁN 06	VUB, shelfmark III 10910	fragment of a copy printed without any icons; probably a proof-reading version

Our transcription of Javors'kyj's panegyrics is based on the following copies: HERC 01; ECHO 01; ARCT 02; PEŁN 02.

All the panegyrics were printed in 2°, without page numbers. The *Echo* and the *Pełnia* contain several copperplate illustrations (icons). Moreover, the *Echo*, the *Arctos*, and the *Pełnia* were printed together with the full-page frontispieces which are an integral part of the panegyrics.

The schemes of the panegyrics

HERC 01	title sheet + a sheet without a number + A, a_2, B, B_2, C, c_2 [D, D_2, E, E_2, F, F_2, G, G_2, H, H_2, I]
ECHO 01 (reconstructed)	title sheet + 4 sheets without numbers + b, b_2, C, C_2, D, [D_2], f, [f_2], [E], [E_2], G, [G_2], h, [h_2], [I, I_2, K]
ARCT 02	title sheet + A, A_2, B, B_2, C, C_2, D, D_2, E, E_2, F, F_2, G, G_2, H, H_2, J, I_2, K
PEŁN 02	title sheet + 3 sheets without numbers + A, A2, B, B2, C, C2, D, D2, E, E2, F, F_2, G, G_2,)(*)(, H_2, I, J2, K, K_2, L, L_2, M, M_2, N, N_2, O, O_2, P, P_2, Q, Q_2, R

The reconstruction of the *Echo*'s configuration is particularly difficult. The one we have proposed is the most plausible. However, an arrangement in which Part IX and Part X swap places is also possible.

A comparison of the copies revealed that there is a small difference between PEŁN 02 and other copies of the *Pełnia*. In PEŁN 02 line 25 in part XVIII reads: "Przy ogromnej wielkości swej wielbłąd garbaty". In all other copies, this verse was printed differently: "Ogromnością swą wielbłąd gruby i garbaty". We did not notice any other differences between the copies of the *Pełnia*.

2 Editorial Choices

2.1 *Texts in Polish*

2.1.1 Consonants

a) ſ / s / ś

The letter ſ is rendered as s or ś accordingly to the contemporary Polish rules, e.g. ſępem → sępem; ofuſzyſz → osuszysz, błyſniesz → błyśniesz.

b) **ſcz**

Consonantal group ſcz is rendered as szcz, e.g. Piaſczystey → Piaszczystej.

c) **x**

The letter x in Polish (Slavic) words is rendered as *ks*, eg. xiążęca → książęca; Xiężyca → Księżyca.

d) **Voiced and unvoiced consonants**

We write voiced and unvoiced consonants according to today's spelling standards, e.g. Sforze → sworze; prętko → prędko; zciemiężone → sciemiężone; ſnać → snadź (w starodruku występuje jako ſnać i ſnadź); przewyſzſzający → przewyższający; beſpieczny → bezpieczny; cięſzką → ciężką.

2.1.2 Vowels

a) **Letters y / i**

The letters y / i we write according to contemporary Polish spelling:

i → yj e.g. Heperionie → Heperyjonie; Hyperionie → Hyperyjonie; Indiej → Indyjej;

i → ij e.g. Kapitolium → Kapitolijum;

y → j e.g. doyrzeć → dojrzeć; niechay → niechaj;

i → y e.g. bez pochiby → bez pochyby; Horizont → horyzont; uciechi → uciechy;

y → i e.g. Hyppotades → Hippotades;

y → i e.g. drogy → drogi.

We standardized the name Kijów (Ukr. *Kyïv*): Kiiow → Kijów; kiiowski → kijowski.

We decided to leave incorrect versions of the name "Mecaenas"/"Mecaenat" (e.g. HERC 163, PEŁN XXIV.A 140). The correct Latin version would be Maecenas, and Polish Mecenas or Mecenat. However, in HERC the version *mecenas* appears once (VII 24).

b) **Vowels ę / e**

We standardized the spelling of words with ę / e / en, e.g. napieli → napięli; plemie → plemię; ſplędory → splendory.

2.1.3 Latin-Polish Hybrids

In the 16th–18th centuries there were hundreds of words borrowed from Latin in Polish. These words worked according to Polish grammar (e.g. nouns were given Polish suffixes when declined) and were pronounced just like other Polish words. Often, they were totally adjusted to Polish orthography, e.g. *ambicya* (ambition, Lat. *ambitio*) or *ortografia* (orthography, Lat./Greek *orthographia*). Just as often, however, we encounter a situation in which a Latin word had not been entirely Polonized and had Latin orthography and Polish suffixes, prefixes, or other features. Such Latin-Polish hybrids are common in early modern Polish prints and manuscripts. We can also encounter them in the Polish works by Javors'kyj. We decided to keep all these Latin-Polish hybrids in their original versions, although 17th-century printers were not consistent in their spelling. Such hybrids constitute part of the linguistic and scriptural pattern of Javors'kyj's' entire literary output. We did not write them in contemporary standard Polish to avoid giving the impression that the author used pure Polish orthography. These are examples of the hybrids with their contemporary Polish versions (in brackets), e.g. perſpectywa (perspektywa); vqualifikowała (ukwalifikowała); Phosphorze (fosforze); Phaebem (Febem); Roxolanſki (roksolański); Aquilony (Akwilony); applauz (aplauz); progress (progres). In the Vocabulary of Old Polish Words we also present two versions.

Only in one example, that of the Polish name of the Tatra Mountains, did we decide to change a hypercorrect version of Javors'kyj: Thatry → Tatry.

2.1.4 Abbreviations

We expanded the most common early modern abbreviations:
naszeº → naszego; sameº → samego; pāskie → pańskie; albowiē → albowiem; Twoī → Twoim; twŷ → twym; enthuziazmē → enthuziazmem; nieuchrōne → nieuchronne; Metropolitāſkiej → metropolitańskiej; hypokrēskich → hypokreńskich; odzywā się → odzywam się.

2.1.5 Upper- and Lower-Case Letters

We decided to reduce the number of words with upper-case letters. In this, we used the contemporary Polish norm, e.g.

Waletę → waletę; Przenajſwiętſze Nogi → przenajświętsze nogi; kaukazu → Kaukazu; charybdę → Charybdę; Runo Gedeońſkie → runo Gedeońskie; Archi-Pasterzu → Archipasterzu.

Nouns which are also the names of allegorical personages we left capitalized, e.g. Mądrość (Wisdom), Zazdrość (Envy).

2.1.6 Hyphenated and Disjunctive Spelling

The conjunctive and disjunctive spelling of words has been standardized in accordance with the rules of modern Polish orthography, e.g. Nieſkąd inąd → Nie skądinąd.

The participle no is written

a) with verbs disjunctively, e.g. niebierze → nie bierze; nieobaczyſz → nie obaczysz;
b) with adjectives and participles conjugately, e.g. nie uchronna → nieuchronna; nie zmierzchłym → niezmierzchłym.

We standardized the forms przed tym / przedtym → przed tym.

Compound words are hyphenated, e.g. Puſtynno Kijovienſis → Pustynno-Kijoviensis.

2.1.7 Spelling of Particles and Movable Particles

The particles and movable particles (by, ć / ci) are rendered in accordance with the rules of contemporary Polish spelling (without a hyphen), e.g. któż**by**; Same **by** tu o takiej pokorze świadczyły; Wiem**ci**.

2.1.8 Diacritics in the Letters á, ć, ł, ń, ó, ś, ź, ż

We decided not to use the letter á (*á pochẏlone*). In the printed works of Javors'kyj it was used only in *Hercules*. In other works (ECHO, PEŁN, ARCT) the 17th-century editors used only a (*a jasne*), without a diacritic. In the second half of the 17th century the inhabitants of Ukrainian lands and many parts of Poland and Lithuania—even native speakers—did not distinguish between the sounds á and a. The diacritic was still in use in many prints until the mid-18th century as an orthographic custom.

The diacritic marks are according to the rules of contemporary Polish orthography, e.g. ſmiertelną → śmiertelną; panienſkiemi → panieńskiemi; krżemiennego → krzemiennego; żęby → zęby; dżdzem → dżdżem; ciemnofaleczna → ciemnofałeczna.

We replaced o with ó (o with a diacritic), according to the contemporary Polish spelling, e.g. połnocy → północy. We left o only in the places when it was necessary because of the rhymes, e.g. roży (instead of contemporary róży).

We corrected Javors'kyj's orthography according to contemporary spelling rules. Some of them were incorrect even in the 17th century, e.g. gury → góry; ktury → który; obudwuch → obudwóch; pułmiſki → półmiski; ſzczegulna → szczególna; połkom → pułkom; opłokuje → opłukuje.

We kept the early modern spelling of the noun *nota* (contemporary *nuta*). It must have been spelled as nota not nuta, which is supported by the rhyme noty—złoty (HERC III 97–98). We therefore also left the verb nocić (today: nucić, see ECHO XII 130).

2.1.9 Alternations

We did not change alternative versions of the spelling of adjectives in the highest degree, participles and nouns, e.g. cofnicie (today: cofnijcie); najaśniejszej (today: najjaśniejszej); postrzegszy (today: postrzegłszy); prześcia (today: przejścia); rznicie (today: rżnijcie); starszy (today: starłszy); wydarszy (today: wydarłszy); zasiadszy (today: zasiadłszy).

We decided to leave alternations in the words: applawz / applauz; cymmeryskie / cymmeryjskie; glans / glancowny / glancowany; hipokreński / hypokreński; huffy / hufy; Hyperyjon / Heperyjon; Kawkaz / Kaukaz; królestwo / królewstwo; najniższy / naniższy; Narcyss / Narcyz; Parnass / Parnas.

We also preserved the Old Polish version of the nouns and adjectives: barzo, barziej, najbarziej (today: bardzo); kożdy (today: każdy); nadder (today: nader); muzski; zwycięzstwo and mężstwo (today simplified: zwycięstwo and męstwo).

2.1.10 Spelling of *Rossyja* etc.

We decided to preserve the 17th-century versions of the toponym and its adjectives with the double s (in contemporary Polish there is only one s): roſſki, roſſyjſki, Roſſiey → rosski, rossyjski, Rossyjej / roſyſkie → rosyjskie.

2.2 *Latin Poems and Prose Panegyrics*

The following rules are adopted for the Latin texts:

a) **Capitalization**

Capitalization is preserved as found in the original prints for proper names, apostrophes, personifications, and other rhetorically important stylistic contexts, e.g.: Perillustris et … Reverendus Pater, Vicarius (HERC), Archipresul Illustrissime (ARCT and PEŁN), Modestia Tua (ARCT) Virtus … Solitata, Luna … Syderum (ECHO), etc.

Words, on the other hand, when capitalization does not have a clear rhetorical justification, especially adjectives, are written with a lower-case letter, e.g. oratoriis, canities instead of Oratoriis, Canities (ARCT), incendia, literarias, periodos instead of Incendia, Literarias, Periodos (PEŁN), etc. Capital letters in the middle of words have been removed, e.g. Archi-Praesul → Archipraesul.

b) **Spelling of i / j / y**

The inconsistent spelling of the semivowel i / j in the four prints (i both as vowel and consonant appears in most Latin words in *Hercules*. In ARCT, ECHO, and PEŁN, the majuscule letter I serves both as a vowel and a consonant, e.g. KIIOVIENSIS, IASINSKI, while the minuscule j represents the consonantal I, e.g. Kijoviensis, jam, but also appears as the second i in such words as e.g. Dij, Favonij). In *Hercules*, where j appears only four times (Kijoviensis, jactate, jam, jucundior), the consonantal letter is retained only in the adj. Kijoviensis, while in ARCT, ECHO, and PEŁN j is preserved at the beginning of the words before a vowel (e.g. jam) and in the middle of the words between two vowels (e.g. majori, majestas), both in minuscule and majuscule spelling. However, where in old prints the spelling of i between two vowels is consistent, i has not been replaced by j, e.g. in: cuius (not cujus), eius (not ejus), eiusmodi (not ejusmodi), or huius (not hujus), e.g. Dij → Dii; Fauonijs → Favoniis; Hortensij → Hortensii; Gordijs → Gordiis.

Inconsistent spelling of y / i in words derived from Greek has been standardized, with the exception of forms prevalent in the text and normative for 17th-century prints, e.g. Olympus (instead of Olimpus), Myrmidoni (instead of Mirmidoni), Nylus (instead of Nilus), etc., although the spelling Geriones (instead of the classical: Geryones) has been preserved as a context for the Polish spelling of the time.

The vowel y has been preserved in words such as Inclytus (not Inclitus), lacrymarum (not lacrimarum), syderibus (not sideribus), etc. according to the 17th-century spelling custom.

c) **Spelling of u / v**

The spelling of the semivowel u / v which always appears in the old prints as V in majuscule and as u in minuscule has been differentiated and replaced by u when it serves as a vowel and by v when it serves as a consonant, e.g. Vbi → Ubi; vt → ut; vtriusque → utriusque.

d) **Spelling of ſ / s**

The letter ſ is rendered s (just like in Polish-language texts, e.g. ſtemmata → stemmata; eſſe → esse).

e) **Aspirated th**

The aspirated consonant th has been preserved in proper nouns, even if t is not aspirated in classical Latin, e.g. *Aethna* (not *Aetna*).

f) **Ligatures, contractions, and abbreviations**

The ligature æ, which is used in all three prints for the diphthong ae, but also for oe, has been expanded according to the 17th-century spelling standard, e.g. amæna → amaena (not amoena), → caeli, caeleste, caenobium, maenia, amaenitatem, Phaenix, Phaebus, paena, (not coeli, coeleste, coenobium, moenia, amoenitatem, Phoenix, Phoebus, poena as in the modern editions of ancient Latin texts).

The ligature conjunction & has been replaced by et, contractions *-ñ-* and *-ũ* have been expanded to -nn- and -um, suspensive endings -b$_9$ and enclitic -q; to -bus and -que; e.g. augē → augem; conat^9 → conatus; ictib^9 → ictibus; totiusq; → totiusque.

All abbreviations have been expanded to the full words, e.g. S: Nicolai → S[ancti] Nicolai; Claud: → Claud[ianus]; &c: → et cetera.

g) **Punctuation**

Changes in punctuation were made to make the reading of the original texts easier (to separate verbs of two sentences), e.g. "Numquam Tu Tibi clarior visus | quam cum privatus ..." → "Numquam Tu Tibi clarior visus, | quam cum privatus"; "quod rutilat fulgore probabitur aurum" → "quod rutlat fulgore, probabitur aurum";

or to set off an apostrophe to the addressee:

merebaris Praeses Dignissime → merebaris, Praeses Dignissime,
The Latin punctuation of Javors'kyj and other Ukrainian writers of the time deserves further investigation.

h) **Hypercorrections**
We changed the hypercorrect Latin forms used by Javors'kyj (or the printer): caeteras → ceteras; caeterasque → ceterasque; caeteri → ceteri; caeteris → ceteris; caeterorum → ceterorum; caeteros → ceteros; effaeminat → effeminat; faecunda → fecunda; faecundae → fecundae; faecundari → fecundari; faecundas → fecundas; faecundaturos → fecundaturos; faecundi → fecundi; faecunditatem → fecunditatem; faemina / foemina → femina; fraena → frena; haeres → heres; naenias → nenias; paean → pean; praetiosissimae → pretiosissimae.

3 Amendments

We introduced several necessary amendments to Javros'kyj's panegyrics. Most of the amendments correct the print errors or his spelling inconsistencies. We put the missing or replaced letters in brackets: 〈 〉. We did not mark the letters we removed but they are also listed below.

3.1 HERCULES

Title Kiioviensis → Ki〈j〉oviensis

II. Paragraph 1: aixisse → 〈d〉ixisse
Paragraph 2: anulso → a〈v〉ulso
Paragraph 3: heres → h〈a〉eres
Paragraph 4: Sysiphi → S〈isy〉phi
Paragraph 7: lingna → ling〈u〉a
Paragraph 11: Nyli → N〈i〉li
Paragraph 13: Maschoviticorum → M〈o〉schoviticorum
Paragraph 14: retrectat → retr〈a〉ctat
Paragraph 13: traxisees → traxis〈se〉s
Paragraph 14: retrectent → retr〈a〉ctent

III. line 13: daramne → dar〈e〉mne
line 42: roftrąco → roztrąc〈ą〉
line 55: ARCHIMAHDRYTO → ARCHIMA〈N〉DRYTO
line 62: uwieńczyła → 〈z〉wieńczyła
line 96: wdzięczną brzmiące → wdzięczn〈o〉brzmiące
line 102: koncepty → 〈koncenty〉
line 112: Phoebus—a 17th or 18th-century hand written emendation of the word (ae diphthong added)

line 150: Scypione → Scypion⟨i⟩e
line 203: pryznay → pr⟨z⟩yznaj

IV. Paragraph 2: vendicas → v⟨i⟩ndicas
Paragraph 5, line 26: fortae → fort⟨e⟩
Paragraph 5, line 27: abyssum → ab⟨i⟩ssum
Paragraph 5, line 56: Hisi suo Nominis in Ethymo → ⟨N⟩isi suo nominis in etymo
Paragraph 5, line 67: Coōmune → Com⟨m⟩une
Paragraph 5, line 78: compaedibus → comp⟨e⟩dibus
Paragraph 5, line 78: Gorgios → Gor⟨d⟩ios

V. line 55: rozumiie → rozumie
line 57: skrzyda → skrzyd⟨ł⟩a
line 59: prymioty pr⟨z⟩ymioty

VI. Paragraph 1: netiri → ⟨m⟩etiri
Paragraph 1: Illi → Ill⟨o⟩
Paragraph 1: exigno → exig⟨u⟩o
Paragraph 2, line 31: Ethymo → Etymo

VII. line 13: barbionie → barbi⟨t⟩onie
line 31: uchodzącemu → uchodzącem⟨i⟩
line 18: Hydast → Hydas⟨p⟩
line 77: szczod o ę → szczod⟨r⟩o⟨t⟩ę

3.2 ECHO

II. paragraph 1: ethymo → etymo
paragraph 4: Tataſkich → tatar⟨s⟩kich; Lumiua → lumi⟨n⟩a
paragraph 6: feroes → fero⟨c⟩es
paragraph 7: compediosam → *compe⟨n⟩diosam*
paragraph 10: przezentuie → prezentuje; niepryjacielskiej → niepr⟨z⟩y-jacielskiej; nie wprod → nie wpr⟨z⟩ód; ſtawy → s⟨ł⟩awy
paragraph 11: ludzſkich→ lud⟨z⟩kich; sią→ si⟨ę⟩

VII. line 13: okoliczy → okolicy

VIII. line 69: Piewnie → ⟨Pewnie⟩

IX. line 19: ni → ni⟨e⟩
line 32: Miſtryń → mistr⟨z⟩yń
line 91: spryiaią → spr⟨z⟩yjają
line 98: wdzęcznoſzumnych → wdz⟨i⟩ęcznoszumnych
line: zwinowſzy → zwin⟨ą⟩wszy

X. Inscription to the icon: naufraga → na⟨u⟩fraga

XI. number of stanza 11: IX. → ⟨XI⟩
III.3: Cwały → c⟨h⟩wały

XII. line 25: Mądrosią → mądroś⟨c⟩ią
line 88: natnry → nat⟨u⟩ry
line 141: zwyczajuie → zwyczaj⟨n⟩ie
XIII. line 129: Persouas → Perso⟨n⟩as
line 217: haederam → hederam
line 318: Palndamentum → Pal⟨u⟩damentum
line 328: deuique → de⟨n⟩ique

3.3 ARCTOS

II. paragraph 3: gtatitudinem → gratitudinem; exequar → ex⟨a⟩equar
IV. line 58: perſpektwy → perspekt⟨y⟩wy
V. przeniknowſzy → przenikn⟨ą⟩wszy
VII. line 48: wszytet → wszyte⟨k⟩
line 59: roſijſkie → ros⟨s⟩yjskie
line 70: szęsliwie → sz⟨cz⟩ęśliwie
line 72: wionowſzy → wion⟨ą⟩wszy
VIII. paragraph 2: wycisnowszy → wycisn⟨ą⟩wſzy; Lotum → l⟨ae⟩tum
X. line 8: ktęty → k⟨r⟩ęty
XI. paragraph 3: mohileaſka → mohilea⟨ń⟩ska
paragraph 4: mądrorci → mądro⟨ś⟩ci
paragraph 5: abeſton → a⟨s⟩beston
XII. line 2: ecclypsis → eclypsis
line 6–7: assymbolo → asymbolo
line 7: phatetras → pharetras
XIII. line 44: rosſſyjska → rossyjska
XIV. paragraph 6: Strała → Str⟨z⟩ała (the amendment after a manuscript amendment from the 17th or 18th century in two copies of *Pełnia*)
XV. line 8: Rrwieſię → Rwie się

3.4 PEŁNIA

Title PRZEOSWECONEMV → PRZEOŚW⟨I⟩ECONEMU
I. line 19: poteptali → po⟨d⟩eptali
III. Poem 9.a, line 1: też → t⟨o⟩ż
poem 12.b, line 4: Ggyć → G⟨d⟩yć
V. przyiowſzy → przyj⟨ą⟩wszy
deklaruę → deklaru⟨j⟩ę
VI. line 65: ſtę → s⟨i⟩ę
line 132: wydźwignowſzy → wydźwign⟨ą⟩wszy
line 143: powziowſzy → powzi⟨ą⟩wszy
line 204: iakoś → jak⟨ą⟩ś

line 227: ouym → o⟨n⟩ym
line 263: wciſnoł → wcisn⟨ą⟩ł
line 267: wziowſzy → wzi⟨ą⟩wszy
line 289: chałaſtrą → ⟨h⟩ałastrą
line 291: napiowſzy → napi⟨ą⟩wszy
line 443: gzie → g⟨d⟩zie

VII. line 53: littus → litus
line 55: littora → litora

VIII. line 63: unguam → un⟨q⟩uam

X. poem 1, line 5: Rrzymie → Rzymie
poem 3, Line 1: ginoł → gin⟨ą⟩ł

XII. line 14: Lacenae → Lac⟨a⟩enae
line 15: parturit → parturi⟨i⟩t
line 25: parturit → parturi⟨i⟩t
line 31: tirio → tiro
line 79: Daedalca → Daedal⟨i⟩ca

XIII. line 79: Eolus → Aeolus

XIV. line 27: insubltibus → insultibus
line 32: lub → sub
line 113: Mutium → Mu⟨c⟩ium
line 114: Porsena → Porsen⟨n⟩a

XV. poem 2. line 4: Xiążęcię → książę⟨ce⟩

XVI. line 20: niemowięcey → niemow⟨l⟩ęcej

XVII. line 9: eſt → ⟨j⟩est

XVIII. paragraph 3, line 48: Tertessiacis → T⟨a⟩rtessiacis

XIX. line 18: Ucsor → Uxor

XX. paragraph 1, line 22: prosut → prosu⟨n⟩t
paragraph 3, line 39: squammaque → squamaque

XXI. STEPHNANOMA

paragraph 2: wydatnieſza → wydatnie⟨j⟩sza
paragraph 4: męczęſkich → męcze⟨ń⟩skich
paragraph 5: monarchinini → monarchi⟨ni⟩
paragraph 6: dodroczynność → do⟨b⟩roczynność
paragraph 7: zyczcliwoſci → ży⟨cz⟩liwości
paragraph 10: powinnną → powi⟨nn⟩ą; Męczęſkich → męcz⟨eń⟩skich
paragraph 11: orarorſkie → ora⟨t⟩orskie
paragraph 12: obebrała → o⟨d⟩ebrała

XXII.A. MNEMOSINE

line 13: wziowſzy → wzi⟨ą⟩wszy

XXII.B. Gratitudo

line 44: infrumentach → in⟨st⟩rumentach
line 97: paean → p⟨ea⟩n
line 117: trymph → try⟨u⟩mph

XXII.C. EADEM GRATITUDO

stanza 11, line 3: WDIĘCZNOŚCIĄ → WD⟨Z⟩IĘCZNOŚCIĄ
stanza 12, line 7: więzenie → więz⟨i⟩enie

Commentaries to the Panegyrics

4.1 *Hercules post Atlantem*

I. [A Latin dedicatory letter]

1. Javors'kyj recommends his work to Jasyns'kyj, using many topoi of humility. He writes from abroad, where he has completed a philosophy course and is continuing his studies. He compares the new Archimandrite to the sun that illuminates the furthest places. 2. He admits that he is not completely distant, and that his soul flies to Jasyns'kyj. Javors'kyj acknowledges that Jasyns'kyj sent him to Poland and Lithuania to study. Thanks to this, Javors'kyj will be able to serve his patron better. He asks Jasyns'kyj to judge the work based on the author's intentions rather than its quality.

II. [A Latin speech and elogium]

1. It is good fortune for the Kyiv Caves Monastery, that Jasyns'kyj was elected to the post of the Archimandrite. Only Hercules can bear the burden after Atlas. 2. When his predecessor Castor died (i.e. Innokenty Gizel'), Jasyns'kyj, like Pollux, took over his duties. His shining light made the Monastery, i.e. the vineyard of the Holy Virgin, more fertile. 3. Gizel' should be lamented but he left Jasyns'kyj. His shoulders are apt to support such a weight. A harbinger and the first step to his current duty was his rectorship at the Kyiv-Mohyla College. It was Gizel' who appointed Jasyns'ky to the post. 4. The first source of Jasyns'kyj's power is his Wisdom. Wisdom is more powerful than physical strength and political power. 5. Only Wisdom can be a custodian of an office. Diligence without Wisdom is futile (an example of Jason and Phaeton). Wisdom is like a lighthouse or the thread of Ariadne. 6. Wisdom is the only resource that can help in climbing the summit. Without literary (intellectual) activities and the help of Minerva, nobody can conquer the summit and he will fall like Icarus. Wisdom is necessary not to fall under the burden of duties. 7. Jasyns'kyj praises his predecessor (Maecenas) because everything he possesses is due to the wisdom of Gizel'. He taught Jasyns'kyj that it is better to be silent than eloquent. True virtue is a prize in itself. 8. From his boyhood, Jasyns'kyj was wise (a topos of *puer-senex*).

He studied at the Kyiv-Mohyla College and later at the University of Cracow. It was a difficult path but he was constant in his efforts. Jasyns'kyj successfully steered his life and in the same way he will steer the boat of the Monastery. 9. At the University of Cracow he acquired great knowledge of philosophy. Javors'kyj compares Jasyns'kyj to the Polish Eagle. He describes his triumphal return from Poland to Kyiv and compares his patron to the ancient victors. Everybody showed their hospitality and joy: Roxolania, the Dnieper, and especially the Kyiv-Mohyla College. At the College, Jasyns'kyj showed his wisdom as a teacher and writer. 10. He exhibited his Herculean strength as a professor of the liberal arts. The difficulties of teaching in the College were his alone. 11. Javors'kyj recalls Jasyns'kyj's skills in rhetoric (as a preacher). 12. (1–12) In a poetic way [elogium] Javors'kyj describes the successes of Jasyns'kyj-orator. (13–23) The poet is not sure if it was rhetorical or divine inspiration. He calls him the new Orpheus of Rossia. (24–42) Jasyns'kyj was efficient in his teaching, preaching, and management of the College. His words were always illustrated by his deeds. (43–45) He joined words with deeds and academic deliberations with their implementation. 13. Javors'kyj describes a diplomatic mission by Jasyns'kyj to Moscow. The Rector astonished the Tsar and his court with his rhetorical talents. The Muscovian Eagle shined with military glory but it was outshone by Jasyns'kyj's eloquence. 14. His Herculean strength relied on his wisdom. Physical strength cannot be compared to the human mind that makes people more noble than animals. The human mind may trigger unknown layers of wisdom and virtue, and take the honours.

III. [A Polish poem]

1–16. A story about Prince Leszek who tried to get the crown through fraud. His attempts were unsuccessful because he lacked Wisdom. 17–40. Only those who have gained Wisdom and knowledge are able to gain power. 41–54. An encomium of Wisdom. It is more important than force, time, and death. Only Wisdom guarantees the throne. 55–66. An encomium of Jasyns'kyj's wisdom: he is talented and educated. 67–88. The poet alludes to Jasyns'kyj's studies in Lithuania (Vilnius?) and Poland. His wisdom was acknowledged at the University of Cracow. 89–98. The poet asks the Kyiv-Mohyla College why it does not praise Jasyns'kyj. 99–134. He assumes it still mourns after Petro Mohyla's death and describes the grief. The College collapsed when its patron died. 135–146. However, he calls on the College to stop its laments because it has a splendid new patron—Jasyns'kyj, who is called the second Mohyla. 147–184. Jasyns'kyj, who was the Rector of the College, revived and strengthened it. He is worthy of his immortal glory. 185–202. Praise for Jasyns'kyj as an accomplished preacher. The poet compares him to the ancient orators and calls him a Roxolanian Cicero and Demosthenes. He successfully preached in the most important churches of all Rossia (i.e. Kyiv Metropolis) and Moscow, and the Cathedral of the Kyiv Lavra. 203–208. An apostrophe to the Envy: Jasins'ky is truly worthy of his new office.

IV. [A Latin speech and elogia]

1. Hercules-Jasyns'kyj is supported not only by Wisdom but also by his Religious Humility. 2. Javors'kyj declares that his panegyrical speech might not be adequate to Jasyns'kyj's humility, because the hierarchy despises what his speech praises. Javors'kyj admits that his panegyric might be considered bold. Laudations are often written for people who do not deserve them. This is not the case with Jasyns'kyj, though. Javors'kyj hopes his panegyric will not be condemned. Jasyns'kyj's Humility serves Religion. 3. (1–12) Many people need an entire life to learn that their life was miserable. They are arrogant and put on airs. (13–22) They are the smallest when they want to be the greatest. The wiser they want to be, the more rude and stupid they become. This is because they are not obedient to Humility. 4. The poet dismisses hubris and warns arrogant people. 5. (1–15) Javors'kyj compares Jasyns'kyj's humility to the weight, which is difficult to lift. (16–22) Jasyns'kyj's humility is similar to a ship laden with jewels. However, the more laden it is, the more easily it beats the waves. And that is why Jasyns'kyj will reach the Happy Islands of honour. (23–48) Javors'kyj confesses that his quill is inadequate to sufficiently express his patron's humility. Jasyns'kyj proved this when he did not want to hold office in the Kyiv College. He escaped to the Kyiv-Pechersk Monastery where he chose the life of a hermit. The caves of the monastery were more apt for the jewels of his virtue. (49–61) Because of his humility Jasyns'kyj did not want to become the Hegumen of St. Nicolas's Monastery. He treated his election with contempt. Although St. Nicolas forced him to accept the office, his humility prevailed over the honour. (62–75) He was never patronizing towards others. Power changes the personality of people who get it. This metamorphosis did not occur in Jasyns'kyj and he kept his humanity. He also showed respect for wise people. (76) May the new honour be the glorious bonds of the new Hegumen. Let these chains be like the chain of precious stones with which the people of Tyre bound Hercules. Let it be so even though Jasyns'kyj can cut even the Gordian Knot with the blade of his Intellect.

V. [A Polish poem]

1–12. In vain a tall cedar seeks to grow above the clouds and other trees and wishes to reign over them. As soon as the stormy Aquilo begins to blow, it will be toppled and its washed branches will be in the mud. So it is better if it does not elevate itself above the other trees, because through humility it gains peace of mind. 13–30. Jupiter would not hurl thunderbolts at the rocks if they did not try hard to rise to the sky. To this day, the Heliads mourn Phaeton's fall from the sky, and Icarus is Neptune's slave because Fortuna stripped him of his feathered wings. But who is to blame for their misfortune and their doom? Icarus should not have flown all the way to the hot sky, his wax wings were too fragile. Even eagles, though they have swift wings, dare not fly so high. However, he fashioned flimsy wings out of wax and wanted to fly all the way to the Empireum? 31–44. Phaeton was also similarly foolish, for he unleashed a fiery chariot across the highest sphere. He should have held the reins of the swift Pegasus on such a dangerous road and restrained its impulsiveness. His horse would have lowered his wings if steel reins had held him. He should have steered the course of his chariot's wheels along the ordinary road—then you would not have died. But because he drove off too high, he was justly punished for this deed. 45–52. This is just the way it is: when someone rides high with too much certainty, it is as if they are stepping on slippery ice. This is how one usually pays for excessive haughtiness. Such is the epilogue with which tragic spectacles end. It is better for him to move along a lower track. If he tumbles, the fall will not be so harmful. If, on the other hand, his proud flight carries him high, he will break his bones after the fall. 53–62. What can we say here about honourable Jasyns'kyj, a literate man famous throughout Russia? Is it possible he kept a haughty thought in his mind or was he presumptuous? If anybody had such talents and wisdom as he has, they would definitely be haughty. They would fly like Dedalus above the high cedars of Lebanon. But here, the more virtues Jasyns'kyj has, the more humbleness they bring him. 63–68. His humility is similar to the trees of Hesperides: the more fruit they bear, the stronger their roots. 69–76. High honours are not harmful to his humility because he took high offices against his will. The witness might be the Mohylean Muses. Because he was not ambitious for power, he refused to take the post of Rector. 77–82. His refusal to take high splendours and remain a servant instead of the master must be acknowledged as a heroic and dear to the deed of Olympus, though it saddened Minerva (i.e. the College). 83–88. His humble nature could be seen when he was unanimously elected the prior of St. Nicolas's Monastery. He gained this not through his ambition (as people usually do) but by his contempt for this position. 89–94. Javors'kyj declares that he should not write about obvious things. The more important thing is to follow the example of Jasyns'kyj's virtue. 95–100. It is righteous that Jasyns'kyj was given the crosier. The elevation of his humbleness is similar to a palm tree: the more it is pressed, the higher it rises later.

VI. [A Latin speech and elogium]

1. Javors'kyj apologizes, that he depicted Hercules (i.e. Jasyns'kyj) on a small tablet. There is no way to entirely show his Piety. Thus, the poet does not recall

Jasyns'kyj's Herculean deeds. Among them there is the construction of the gate tower of St. Nicolas's Church. Javors'kyj compares the new gate to the triumphal arch because St. Nicolas was a victor. The gate signifies easy access to Jasyns'kyj's heart. Javors'kyj writes about the bells on the tower. Jasyns'kyj significantly extended the size of the monastery. He also cared about books (the library). The books allow him to communicate with the dead. Thanks to them he is prepared for a good death. Who lived well does not die in bad way. This is the allegory of life: its epilogue is the best death.

2. (1–13) Jasyns'kyj was generous to his students. Javors'kyj's speech bends to Jasyns'kyj's feet. Javors'kyj works are good when they are crushed by Jasyns'kyj's feet (i.e. when Jasyns'kyj reviewed them). (14–18) Other poets tried to find many metric feet to be successful but the feet of Jasyns'kyj are sufficient for Javors'kyj. (19–33) The poet confesses that Jasyns'kyj's generous hand always supported him. Thanks to this hand he was always elevated when his works (speeches) were poor. It always poured a golden rain on sycamore (*platanus*—an allusion to Javors'kyj's name) and caused it to blossom. (34–42) As a result a tree of porphyry grew up in the philosophical field. Javors'kyj's talent was developed thanks to Jasyns'kyj's patronage. The poet compares him to Deucalion, because he transformed a lump of marble into living people—his students. (43–53) Their gratitude towards Jasyns'kyj will be always carved on these living marbles. Javors'kyj recalls that his patron is strict and stimulates his students with golden spurs. (54) Jasyns'kyj formed his students to create literature. He engaged them in literary works. Javors'kyj compares Jasyns'kyj's pupils to Icarus. Now they can fly high with no fear of falling down like Icarus. Javors'kyj declares, that Jasyns'kyj's students will be loyal and obedient because he gave them golden spurs and quills to write literature.

VII. [A Polish poem]

1–20. Although Arabia has its fame for the gold from the Pactolus and Tagus Rivers, and Hydaspes, Hermus, and the Ganges have their glory because of their gold, Javors'kyj wants to praise the glory of Jasiński. He is his Pactolus and pearly Ganges, his Hydaspes and water from Hermus. Anything he possesses, has its source in this Hermus. 21–32. Not only Horace will praise his Maecenas to be known in the entire world. Javors'kyj declares that his zither will be louder and go after his Maecenas. It will praise his glory until daybreak rises from the sea, and until the Titan will take the horses of Sun from the western sky. It will praise him until Sisyphus rests on the rock of the Caucasus after his torment; until Tantalus is quenched by the waters of Neptune. 33–46. Deadly rivers of Hades will not prevail over Javors'kyj's poetry. Jasyns'kyj's deeds are carved in Javors'kyj's heart as if on the eternal rock of the Caucasus. 47–

54. Jasyns'kyj's kindness and favours towards Javors'kyj will be written in his heart deeper than inscriptions carved in steel by the underground Vulcan or in the hard marble sculpted by Phidias. 55–60. However, Javors'kyj is not the only one who was granted Jasyns'kyj's golden favours. All of the educated people in Rossia would say the same about the patron. They would all compose panegyrics about him because they experienced his favours. 61–66. Javors'kyj admits that he and other former students of the College praise Jasyns'kyj especially, because the Metropolitan had been their particular patron. They were at his service from their youth. He was not their lord but rather their father. He lived with them like they were his children, not servants. 67–74. He entrusted them wise Pallas. He, like a diligent farmer, who plants and waters vine, wisely had them taught. 75–78. Javors'kyj summons Apollo to play the praises of the patron on all strings of his lute: 79–90. May the brightness of the day enlighten his new office and may the darkness of the night not travel in the chariot of the Sun. May each of his days be bright and his next years be happy. May the wheel of Fortune bring him the Golden Fleece from Colchis. May Fortune make him cheerful in each moment of your life.

VIII. [A Latin conclusion]

The tired quill of an untrained Orator wants to elevate the ultimate monuments of noble Hercules. However, it cannot achieve this. Only the Orator's heart is able to truly venerate Jasyns'kyj. It will love him forever, until its death.

4.2 *Echo głosu wołającego na puszczy*

I. [A stemma (a heraldic verse)]

1–6. The Moon is like the Holy Virgin. The Morning Star means St. John the Baptist. They both stand beneath the Cross.

II. [A dedicatory letter to Hetman Mazepa]

1. A series of rhetorical questions: Is it fair to be silent on such a day? The voice crying in the wilderness provokes an Echo. Allusions to St. John the Baptist and the prophet Zechariah. It is necessary to speak not only in a rhetorical way but also with grace. 2. Mazepa's glory does not need any rhetorical accessories because your virtue is as bright as the brightest celestial body. 3. However, those who refuse to praise the Hetman are like those who try to dim the sunshine. The only excuse for not doing so, is that the blood of the enemies of the country tells volumes about Mazepa's virtue. 4. The orators should step down because the dead bodies of the Tatars and Turks marked the Hetman's path to office, not speeches. The Moon of Mazepa's coat of arms reflects more brightness than rhetorical enthusiasm. 5. Javors'kyj praises Mazepa's family

(Mazepa's Moon) and its history. Their glory requires not poetry but the rumble of cannons. 6. An enumeration in which Javors'kyj compared rhetoric to the slaughter of enemies. History is not better than the present times because Mazepa embodied all the virtues of his ancestors. 7. Although some people present their ancestors as a series of statues or portraits, their simulacra will perish with time. However, Mazepa is a living image of his ancestors. 8. The Hetman's honour relies on the military deeds of his ancestors and his own victories. He was also supported by the rulers of Russia. 9. One who gains high office artificially or by force will fall under the heavy burden. Without any virtues and their merits, they will get lost in a labyrinth. 10. This will never happen with Mazepa, because his is much better than his rivals. He proved his virtue in war against the Ottomans. Only after performing a series of great deeds did he receive his office. 11. The Hetman's family won high offices and immortality. Javors'kyj admits that he with his humble works followed the path of the Mazepas. The poet compares the work of his quill to Icarus's wings. Nevertheless, he expresses his hopes that Mazepa will accept his gift.

III. [A cycle of stemmas on the *Jasieńczyk* or *Klucz* (the Key) coat of arms]
The poet builds his conceits on the world's keys, to open doors: Mazepas' Key opens the doors of honour (1) heaven's door (3), the doors of glory (4), and the doors to the monarchs' cabinets (8). It is also the Key of St. Peter (2), grace and generosity (5, 6). Mazepa received the Keys to Russia (7). The Zaporozhian army gives Mazepa its Keys (i.e. recognizes his authority; 9).

IV. [A cycle of stemmas on the *Sas* or the Stars with an Arrow and Moon coat of arms]
The conceits are based on the Moon and Stars. There is only one Mars in the heavens. In the coat of arms of the Mazepas there are many Marses (1); there will not be any eclipse of the Moon of the Mazepas because it reflects the sunshine of the monarchs (2); Mazepa's Moon overshadowed the moon of the Turks (3); the Stars and the Moon are like a true heaven. Mazepa might be there, Phoebus (4); the only blot on the Stars and the Moon is the one caused by the war.

V. [A cycle of stemmas on the *Korczak* or Three Rivers coat of arms]
The poet compares Three Rivers to the rivers of Paradise (1), water in stories about Jason and Gideon (5), three Cardinal Virtues (6), and rivers in the heavens (8). Three Rivers are dangerous for the enemies of the Mazepas/a country like Scylla (2). They are abundant in gold and precious stones like the rivers of Arabia (3, 4). The Holy Virgin is a sea of divine grace to which the Three Rivers flow (7).

VI. [A decoration of stemmas on the *Odrowąż* or half an Arrow coat of arms]
The Arrow defeats the enemies of the country (1). Mars burnt the fletching of the Arrow to prevent its escape from the Mazepas (2, 3, 6). The Arrow flies high because of the Mazepas' love of the country (4).

VII. [A *subscriptio* to the emblem (Polish alexandrine)]
1–18. An apostrophe to the Thracian Dragon (i.e. the Ottoman Empire). The voracious Dragon has eaten Africa, Arabia, and Asia. It can also swallow America. Is there a new Sparta which can stop it? 19–44. However, hubris is always destroyed. Similarly, the arrogance of the Dragon and the Ottomans will be held back by the Eagle of the (Muscovian) monarchs. An enumeration of the insults against the Ottomans. 45–62. A fragment which interprets the icon: Hydra (i.e. the Turks) will be defeated by the Eagle with its thunderbolt-sword. Hercules (i.e. Mazepa) will destroy hydra with his baton. The Ottoman wave will break upon a column and will perish. 63–70. The Thracian Moon from Hell (i.e. the Muslims) will fade when the Stars and the Moon of Mazepa's coat of arms shine. 71–80. The Holy Virgin, beautiful like the full Moon, heralds the victory of the Roxolans over the Thracian Dragon. The Hetman will be supported by his patron, St. John the Baptist. 81–93. When the brilliance of Mazepa's Moon joins the Morning Star in the Rossian Sky, the Thracian Moon will perish. 94–98. The harbinger of this event is a recent attack of the Eagle of the Monarch on the cages of the Crimean vultures (i.e. the Crimean Tartars). 99–106. The poet wishes success to the Eagle (i.e. Muscovian monarchs): a triumph over the Thracian Moon. 107–112. The poet wishes that Mazepa's Star will accompany the Eagle in this victory.

VIII. [A *subscriptio* to the emblem (Polish Sapphic stanza)]
1–20. The poet declares that he prefers the Iron Age to the Golden Age. War is better than peace and iron is more valuable (authentic) than gold. 21–40. True glory has been always gained on the battlefield. The script of glory has been written with bloody characters and with iron stylus. This stylus is a sword. 41–52. Mazepa's ancestors and cognates are an example of such glory. Their coat of arms will shine forever. 53–72. The Mazepas won their glory through their military deeds, not gold. An apostrophe to Envy. 73–88. The lustre of their glory comes from the sword. They are not afraid of death. 89–104. Their Moon and Stars shine in the sky. When they are dimmed, they are bad omens for the enemies of the country. When they are clear, they represent the bright virtue of the Mazepas. 105–132. It is sad that fate caused so many heroes from this family to perish. However, they did not die forever, because they are embodied in the Hetman. He is their true heir.

IX. [A *subscriptio* to the emblem (Polish hendecasyllable)]

1–32. Without the helmsman a ship will perish (Javors'kyj uses many mythological allusions to the Argonauts, Sirens, and Charon). However, Mazepa as the helmsman is successful because he is guided by theological virtues. His family is a ship which will never get lost. 33–54. The poet speculates whether the destination of this ship is Colchis and the Golden Fleece or the golden Chersonesus. However, the ship (i.e. the Mazepas) does not need any gold or pearls because its treasure is their virtue. 55–64. Death and time will devour everything but virtue. It will never sink in the sea. 65–80. This ship does not sail to rest in a quiet port. The Mazepas are guided by three cardinal virtues so they are not afraid of the dangers of the deep sea, Neptune and Acheron. 81–86. The ship will not sink as it always rescues Rossia from danger. 87–98. The poet wishes the ship a safe journey under the command of Mazepa. Let it win a laurel crown and avoid the perils of death in the rivers of Hades. 99–104. Let the ship sail through a sea coloured with the blood of the Tracs (i.e. Ottomans). Let the ship sail through the three rivers of the Abdank coat of arms. 105–118. Let St. John the Baptist shine forever as a lighthouse for Mazepa's ship. Let the cardinal virtues bring Mazepa safely to shore.

X. [A *subscriptio* to the emblem (Polish hendecasyllable)]

1–20. The true shine of the glory of a leader comes from the colour red, not gold. This red is the blood of the enemies of the country. Thus, if someone wants to be a good politician, he should first be a successful military leader. 21–48. Military virtues and deeds are more precious than wealth and gold. 49–66. Apostrophes to the Honour of the Mazepa family and Posterity: they are to tell the ways in which the Mazepas gained their military ranks and civic offices. 67–88. The poet resists enumerating the Mazepas' deeds and writes about their glory. It should be eternal and reach the west and far north. 89–92. Ivan Mazepa being an incarnation of the virtues of his ancestors. 93–120. Ambition drives audacious people to acquire high offices but you, Mazepa, got it though your military achievements and the blood of enemies. It is symbolized by the Key and the Stars on Mazepa's coat of arms. 121–124. Wishes for Mazepa's future success.

XI. [A *subscriptio* to the emblem (Polish *ottava rima*)]

1–5. An allusion to Mazepa's youth at the court of the Polish King John II Casimir. Mazepa was compared to the Morning Star that precedes the Sun (i.e. the King). The Moon from his coat of arms reflected the rays of the Sun. 6. During his service to the King, he significantly supported the Hetmanate's interests. 7. The Polish Kings also favoured Mazepa's ancestors. King Władysław III Jagiellon granted them their estates. 8. Only in Russia did the crescent Moon of Mazepa become a full Moon. He got the office through the support of the Russian monarchs (i.e. Sofija and Peter). 9–11. The poet wishes Mazepa success in the war zeal of the Roxolans (Ukrainians) under his command and victory over the Tatars and Ottomans.

XII. [A *subscriptio* to the emblem (Polish hendecasyllable)]
1–8. Cynthia (the Moon) is always accompanied by her retinue of Stars. This is why she exceeds the Sun (Tytan). 9–19. The Moon from the *Kurcz* coat of arms is accompanied by Mazepa's virtues represented by Stars. He exhibits his prudence, the most important of the cardinal virtues. 20–26. Just behind the Moon, the planet of Mercury shines in the Ruthenian sky (i.e. the Star represented in the coat of arms). It is the symbol of Mazepa's wisdom. 27–38. The poet reminds readers about Mazepa's good education, his studies in humanistic colleges, and his rhetorical skills. 39–54. From Mazepa's early years, his nature heralded his future glory among the Ruthenians. He grew up together with his virtues. 55–66. His studies in the Kyiv-Mohyla College are compared to the golden apple tree of the Hesperides. He was young with the wisdom and virtue of a *senex*. 67–82. Mazepa's natural rhetorical skills were highly polished thanks to his virtue and diligence in his studies. His current rhetorical proficiency recalls his rhetorical successes when he was a student of the Mohyla College. 83–102. A description of a triumphal procession of the Moon and Stars: Mazepa's Moon reached the highest glory, accompanied by Stars: Mercury (the god of eloquence) and Mars (the god of war), Jupiter (the god of thunderbolts). 103–123. In this procession there is no Saturn, a symbol of melancholy and the Golden Age. It does not fit with the Iron Age of the Mazepas. 124–132. Javors'kyj compares this procession to Olympus. He expresses his wishes for Mazepa. 133–144. A long passage about music that should accompany Mazepa's feast. The Muses should abandon their mournful melodies (laments) and play loud music to dances and panegyrics. 145–164. An apology of peace: at Mazepa's court the music of the Muses might be less appreciated than the music of cannons. However, in times of peace a quiet Echo of Javors'kyj is better. 165–170. There is no need for the thunder of artillery when the quiet Voice of the eternal Logos is heard. 171–180. Javors'kyj wishes the Hetman fortunate turns of stars (an astrological allusion). This will bring happiness to Russia. 181–202. Javors'kyj encourages his Muses to play music for Mazepa and to compete with the ancient oracles and Horace. He wishes Mazepa happiness. 203–206. The poet finishes his poem: the exhausted and imperfect Echo lies under the feet of the Hetman.

XIII. Anacephalaeosis [A summary: a Latin elogium]
1–56. Virtue never revolves solely around one language. This is why the virtue of the Hetman cannot be expressed only in the crude Polish language. Thus, his virtue must also be rendered in ornate Latin. It is right that not only Poland but also Latium (the Latin world) joined in the praise of Mazepa. Just like the Moon and Sun are accompanied by many Stars, his great virtue has to be told in many languages. 57–114. Deliberations on the name of Ioannes (John/Ivan/Jan). The symbol of his name is his coat of arms. Conceits relating to the *Sas* coat of arms of his predecessors, his name, and virtue (Moon, Stars, and lights). 115–118. An allusion to St. John the Baptist and his feast: usually John heralds the Sun. 119–135. Allusions to the other coat of arms, *Klucz* and *Topór*. Mazepa's name also means grace and generosity. 136–164. His authority does not rely solely on his military power. Although he has an axe in his coat of arms (*Topór*), he is able to refrain from cruelty. 165–213. A reference to the history of his family. They (Volhynian dukes) got their coat of arms because of their military deeds. Javors'kyj quotes the work of a great Polish historian, Szymon Okolski. A great virtue demands a great writer. 214–122. However, Javors'kyj admits that there is no need to seek arguments for describing Mazepa's glory elsewhere (i.e. in Poland). 223–229. Mazepa's virtue is visible in the shine of the invincible rulers of Moscow. 230–247. Never before was Mazepa's family as bright in Roxolania as it is now. Mazepa also added a lot of military glory (shine) to the (Muscovian) Eagle. 248–283. Thanks to his nature (not fortune), the Hetman was always close to the monarchs. This happened first at the court of the Polish King. Mazepa, unlike the other courtiers, was always honest. He always served virtue. Virtue will ultimately get its reward. 284–322. This was the case with Mazepa. Even though he had many foes who conspired against him, he finally got the office of the Hetman. He received it thanks to his noble background and military deeds. 323–330. Javors'kyj wishes the Hetman immortal glory. Thanks to the Hetman, the importance of the Hetman's office and family increased. 331–335. A declaration by the author: his gift for the Hetman is this work, which is also a monument of Mazepa.

4.3 *Arctos caeli Rossiaci*

I. [A Stemmat]
1–5. The homeland of the Moon and the Stars expressed on your coat of arms is Mount Olympus. It is also where the Arrow flies. It is because the most sublime signs always represent the best men. 6–8. It is not surprising that Fame brings you to the stars. Go safely, Bishop. You will reach the stars with your Stars.

II. [A dedicatory letter]

1. The topoi of modesty (*topoi humilitatis*). The author is afraid of writing about Jasyns'kyj's humility because praising virtues might distort their intrinsic value. 2. Javors'kyj feels that with his writing he has to serve posterity, common customs, the entirety of Ruthenia/Rossia, and Jasyns'kyj. The author alludes to the rhetorical talents of his patron, which would evaluate his work. 3. A description of an ancient symbol: rain falling from a cloud to the sea and in doing so making the sea less salty. This picture presented the poets' gratitude towards their patrons. The author compares his task to navigating on the sea and the audacious flight of Icarus. 4. The figure of paralipsis. Javors'kyj recalls Jasyns'kyj's curriculum vitae and his main virtues (*mores*): piety, prudence, and religious zeal. Jasyns'kyj's glory will reach the sky: the sky is a chronicle of his virtues, the world is their theatre, and eternity is their panegyrist. 5. Javors'kyj's panegyric is a little gift. 6. An allusion to Javors'kyj's name: the plane (Lat. *platanus*, Pol. *Jawor*) cannot bear a fruit that might be compared with the precious gifts of Tagus, Erythraeum Mare, or Arabia. 7. However, Jasyns'kyj's radiance might brighten the black ink of Javors'kyj's writings.

III. [Elogium]

1. The North Pole of the ancestral Stars of the Archbishop, to which the magnetic needle of your crosier in a miraculous way is directed. Epigraph: an immobile tends to the immobile light.

2.1–8. The poet calls an inhabitant of the Kyivan mountains the truthful Echo, to tell the truth about the election of Jasyns'kyj. Javors'kyj juxtaposes the Truth with Envy. 9–23. Jasyns'kyj was elected unanimously and according to the will of God on the day of St. Justin, i.e. 1 June. The poet plays with the words Justin/justice and first. 24–31. Jasyns'kyj's justice and wisdom predestine him to be a good leader. Unworthy hands should not hold the crosier (an allusion to Četvertyns'kyj). 32–44. People elected Jasyns'kyj because they loved him and his virtue. 45–53. O, gods! It was a splendid spectacle watching how his Modesty competed with the necessity to fill the vacant office. His speech fought against the will of the entire Ruthenian army. 54–59. It was easier to convince the Crimean Camillus (i.e. Mazepa) to be elected the Hetman than Jasyns'kyj to be the Metropolitan. A comparison of the difficulties of being the Metropolite and fighting against the Crimean Khanate. 60–67. Jasyns'kyj opted for the election of Lazar Baranovyč, the Archbishop of Černihiv. Baranovyč is compared to a lamb. He would save the Ruthenian fold after the death of Gedeon Četvertyns'kyj. However, the electing Ruthenian army prevailed, and Jasyns'kyj's Modesty had to give way. 68–73. Finally, Modesty had to overcome the Honour of the office, but at the same time, Honour tied Modesty with the golden chain. The new Metropolitan will be given the golden wreath. 74–85. The poet with the Echo congratulates Jasyns'kyj, who was called Hercules. In the end, the poet asks the Echo to be silent.

IV. [A poem]

The North Pole, which illuminates not only the Rossian world but lights the spark of the love for God too. Epigraph: it shines and lights.

1–12. We say farewell to the Sun (Helios) in his splendid carriage and goodbye to the silver Moon (Luna) in her litter. The stars of the Little Bear, in their fire-born coach, will not be needed anymore. 13–24. We say goodbye to the Morning Star, which shines with the Sun, the Bootes, and the constellations that glow in the upper arsenal. Farewell, the Little Bear that helps the sailors. 25–28. We do not need your rays because, in the Rossian sky, there is the Arctos (the coat of arms) of the Metropolitan. 29–36. The Moon of Jasyns'kyj outshines other celestial phenomena. 37–48. It is the Moon under the feet of the Holy Virgin. 49–54. The Stars of the coat of arms represent the stars that encircled the head of the Holy Virgin. 55–66. Look, Rossians, how these signs brighten the Roxolanian sky. 67–82. It is a triumph because, in the light of the Holy Mary, the Roxolanian world never will be overshadowed by death. The Roxolanian skies needed such a bright light for a very long time.

V. [A speech]

1. Prudent observers noticed that not everything which people admire for its shine has real value. Natural history confirms that sometimes even rotten wood gives some shine. 2. The light and colours might be misleading. Thus, many people died like butterflies in flames. However, nobody can accuse the lights of the Metropolitan of insincerity. [3] The bright phenomena of Jasyns'kyj's coat of arms cannot cause the fall of Icarus or the Rossian world. Astrology seeks to find sunspots but here any Zoilus with his obscuring telescope cannot find the smallest blots. This is because the shine of his Stars and Moon comes from the light of the Holy Virgin. 4. Only in the secular world do politicians try to shine through the flame of the wax images of their ancestors. However, they only produce destroying smoke that makes people cry. Jasyns'kyj's ancestral lights provide the flames that dry people's tears. May they also make the Rossian sky clear and serene.

VI. [A speech]

1. The North Pole of the ancestral Stars of the Archbishop that disdained the noon of the honours and chose the dark and private nights of his piety. Epigraph: the lights do not need anything.

2. Nature usually hides her most precious fruits, especially those that are most desired by people. This is why Pactolus hides its gold in the rapids. The sea makes people greedy because of the precious stones and pearls hidden in it. 3. We people, like new Neros, want to possess the treasures of our mother Nature. Nothing would stop these efforts. 4. What is the cause of so many evils? Because Nature hid its treasures (listed). It is why merchants appreciate the rarest of things so much. 5. An invocation to Jasyns'kyj. Praise of the Metropolitan's truthfulness. The truth is always in opposition to flattery. Jasyns'kyj hides his virtue like precious gems. He took many such gems. 6. The symbols of his coat of arms shine in the darkness. Similarly, Jasyns'kyj hid from honours. 7. Other people (Dedalus, and Polycletus) received their honours because of their visible deeds. The Metropolitan was elected thanks to his Modesty. The more he avoided them, the more he was raised. 8. Javors'kyj introduces a conceit based on astrology and heraldry. When the sun appeared in Cancer, Jasyns'kyj, the Rossian sun, was elected. The sun in Cancer was in a retrograde motion, and it symbolizes the Metropolitan's reluctance to accept his new honour. 9. The Heavens saw this reluctance. The Moon from Jasyns'kyj's coat of arms was as reluctant as the sun in Cancer. The supporters of Jasyns'kyj were impatient, waiting for the sunrise and the result of the elections. Finally, the Phoebus of the Roxolans elevated him to the Orthodox throne. 10. Even though Modesty is slow, it will be quickly elevated. A comparison to a dwarf that became a giant thanks to his virtue. No one will be slow on the road to the summit when he is supported by his virtues and a group of persistent electors. A quotation from Ovid. 11. The poet summons Rossia to joy. People applaud the Metropolitan's Modesty. 12. God never elevates the haughty. Nature elevates the rarest things, just like a magnet attracts iron and amber—a particle. A play on words: *sol* (sun) and *solium* (throne) attract the ardour of love and Modesty of the soul. 13. An apostrophe to Modesty. Thunderbolts can destroy high mountains, buildings, and trees but are ineffective against Modesty. A comparison of Modesty to a Siren who is not afraid of the storm. A quotation from Claudian. 14. The changeability of fortune does not affect Modesty. 15. An apostrophe to Jasyns'kyj: his Modesty opens people's hearts.

VII. [A poem]

The North Pole of the heraldic planets, thanks to which the Rossian ship always reaches a safe port. Epigraph: I follow what never goes down.

1–12. It would be a cold-hearted person who does not feel sorry for the ship of Rossia (i.e. the Kyiv Metropolis) in such a terrible time. 13–14. It is a disaster because Rossia lost her Gideon fleece of Colchis. 15–24. A depiction of a ship in the middle of the storm. The ship and its helmsman (Argonauts) are about to sink and drown. 25–40. The poet summons the new Hippotades, who would stop the storm and save the ship. 41–44. A description of future serene weather. 45–58. The poet complains that it is impossible, though. The sailor and the helmsman of the ship Gedeon (Četvertyns'kyj), dies and is taken to the Heavens. 59–68. However, Rossia should wipe away her tears because God constantly alternates sorrows with joy.

VIII. [A speech]
1. Everybody could complain about fate if it only caused our bitter misfortunes. However, fate gives us remedies too. Thus, Heraclites cannot constantly grumble about adversity. A quotation from Ovid. 2. Recently, the Roxolanian lands cried, but now fate allows them to cheer up. They can remove their mourning clothes because they have the new Metropolitan. 3. The cause of the mourning of the Rossian world was the death of the previous Metropolitan (i.e. Gedeon Četvertyns'kyj). Everybody wished him longevity, but this Roxolanian Tytan passed away. Now he is sleeping like Endymion. 4. However, God has not allowed us to stay too long in a terrible night. He aroused the bright face of Jasyns'kyj, which illuminates the Roxolanian world. You, Metropolitan, shine with your full moon and under the lucky star. [5] A comparison to the sun, which was elevated by the four-horse carriage. However, Jasyns'kyj received his high honour without energetic movement. He was elevated to the post of the Phoebus of Rossia because of the efforts of many electors. Shine with your beams, and never die.

IX. [A speech]
1. The North Pole of the ancestral Stars of the Archbishop to which a ship (i.e. the Miraculous Kyiv-Pechersk Lavra of the Holy Virgin) carrying bread from distant regions is navigated and by which the other official duties are well carried. Epigraph: [the ship is] safe under this sky.

2. An exemplum concerning Alexander the Great: Was he not too small to navigate such a big ship (i.e. the lands he conquered)? An answer: it requires experience. 3. The Kyiv-Pechersk Lavra is also a big ship. It carries not only goods from Asia and Africa but the relics of holy men. It is different from the ship of the Argonauts, which carried the Golden Fleece of Gideon and Noah's ark, though. It is a splendid ship because she navigates on the sea of the grace of the Lord, propelled by the wind of the divine breath. 4. The poet reminds his readers how successful Jasyns'kyj was as the steersman (Jason, the Argonaut) of the Kyiv-Pechersk Lavra. He was compared to mythical heroes. 5. Sometimes, the magnetic compass that leads the sailors fails and causes a catastrophe. However, the ship, i.e. the Lavra, was always safe because it was

directed towards your Pole (*Arctos*). An epigram by Seripandius. 6. Praise of the stars (*planetae*) and Jasyns'kyj's virtue, which are responsible for lucky sailing. The poet notices that Jasyns'kyj's had his enemies, but this is necessary: the sun always casts a shadow. An epigram by Owen. 7. Javors'kyj declares he will not enumerate all Jasyns'kyj's deeds and virtues, so as not to ignite envy. The deeds themselves will give Jasyns'kyj eternal glory, though. 8. The dome of the Holy Virgin Cathedral in the Lavra, which Jasins'ky had gilded, will shine with the glory of the Metropolitan's Arctos. Javors'kyj praises Jasyns'kyj's investments in the Lavra. A comparison to the buildings of Augustus in Rome. 9. Jasyns'kyj built the new gate and other buildings. They will shine forever. 10. However, literature preserves someone's glory much better than edifices. 11. Javors'kyj praises Jasyns'kyj as the supervisor of the Lavra printing house. He revised and edited numerous books, which can be compared to gold. 12. Jasyns'kyj himself was the author of many valuable works printed in the Lavra. He published his books anonymously because he never sought personal glory. His name will survive because it will be written in the book of life, not in the chronicles that would be consumed by time. Although he did not sign his works, they are easily recognizable as his. 12. Jasyns'kyj's power over the fleet of the Holy Virgin (i.e. the Lavra) can be seen in them. There is nothing to be said. Topoi of humility.

x. [A poem]

The North Pole of the heraldic planets, which upheld the Kyivan schools. Epigraph: he improved the world.

1–20. These are the most tragic times. Death and Time take every work and endeavour. Charon brings everything over the Styx. 21–24. The death of Mohyla struck the Mohylan College. 25–54. A description of the College's mourning. 55–60. Mohyla's death could cause the collapse of the College. Luckily, it found a new protector, i.e. Jasyns'kyj. 61–80. A description of the revival of the arts in the school. 81–82. Javors'kyj ascribes the College's prosperity solely to his patron.

xi. [A speech]

1. The tears could have been precious if they could diminish the sorrows. A quotation from Sarbiewski. There are no treasures that could help in the grief. 2. Thus, the Kyiv College cannot sufficiently mourn Mohyla, the rock of the Orthodox faith. However, it is a new crystal, born in the ashes (i.e. Jasyns'kyj). 3. The College is fortunate, because when God took the foundation stone on which the Roxolanian Commonwealth stood, he replaced it with a new precious stone, Barlaam. 4. Praise of Jasyns'kyj's wisdom. He founded the entire

Kyivan republic of letters on his wisdom. This precious stone attracts young people like a magnet. 5. Wishes to Jasyns'kyj: let this gem (i.e. divine wisdom) enrich not only India (an allusion to the story of Barlaam and Iosaphat) but also Rossia.

XII. [An elogium and a speech]

1. The North Pole of the ancestral Stars of the Archbishop around which the circle of the Rossian sky revolves. Epigraph: in this Pole, it is safe.

2.1–33. A comparison of the sun and the moon with the magnates/politicians. Magnates do not obey virtue, causing tears and fear in people; they can be furious. Finally, they perish like the moon (in the darkness). 3. The poet wishes Rossia that the Stars of the Metropolitan were not only its glory but the foundations. 4. The poet says that the figure of the vortex of the sky is abused (e.g. by Ovid). The North Pole of the Metropolitan guarantees stability. Rossia should not be afraid of hell because the hand of the Metropolitan regulates the movement of the Rossian Orb. 5. Jupiter feared Phaeton; in contrast, Jasyns'kyj's Arctos controls and stabilizes the Metropolis (the Rossian Orb). Astrological conceits: the Metropolitan's Stars should not illuminate the beasts of Leo and Scorpio (the constellation). 6. Everybody has easy access to the Metropolitan because he is not guarded by Leos and Scorpios like the lay magnates are. A quotation from Ovid. 7. An astrological conceit: the signs of the Roxolanian zodiac are assigned to the virtues of Jasyns'kyj: dignity, a good example, obedience, piety, innocence, perseverance, generosity, readiness for the Lord's grace and love. The Arrow symbolizes Jasyns'kyj's love for God. It also stimulates the love of the souls of his fold. 8. The signs of Jasyns'kyj's coat of arms are also prophetic. However, the predicted tempests and deluge will bring prosperity to the Kyiv College and Metropolis. They will save the Rossian Orb.

XIII. [A poem]

The North Pole of the heraldic planets never sets behind the horizon, although other planets do. Epigraph: it revolves but never sets.

1–20. An extended topos of *vicissitudo rerum* (vicissitude of the things). Everything is changing and finally perishes. 21–30. Only the Arctos (the North Pole) is constant. It never appears in the western sky or sets behind the horizon. Javors'kyj writes broadly about celestial lights and the movement of the skies. 31–48. Congratulations to Jasyns'kyj: his Arctos will never perish in the west. It will always shine in the northern sky. It is an emblem of the north that illuminates the Rossian homeland. It is a true royal light in the Septentrion. 48–52. Praise of Jasyns'kyj's wisdom and rhetorical talents. 53–62. A description of Jasyns'kyj's glory in the sky (a triumph). 53–76. A topos of humility: no writer could adequately describe this glory. Javors'kyj wishes he had the talents of the ancient orators. 77–82. An excuse from Javors'kyj for his lack of talent. A paraphrase of Kochanowski and Kochowski.

XIV. [A speech]
1. An enumeration of things and events that do not bring true happiness. All these things will perish at sunset (a topos of *vicissitudo rerum*). 2. An enumeration of things that bring real happiness: this is perseverance in the face of the vicissitudes of fate. The symbol of such perseverance is the Arctos (the North Pole) of Jasyns'kyj. A quotation from Ovid. 3. Jasyns'kyj shines and will never pass because true virtue is immortal. A quotation. 4. The fame of virtue will be written with everlasting characters in Heaven. A quotation from Ovid. 5. His fame differs from the ancient triumphs of the Roman victors. It is similar to a quadriga but it is built on the four cardinal virtues. It is the way to the stars. 6. The road to Eternity is steep and full of dangers. However, the Stars, the Moon, and the Arrow of Jasyns'kyj's coat of arms will prevail. 7. Javors'kyj wishes the Metropolitan prosperity, longevity, strength, the assistance of divine Providence, and no heavy duties during his office. A quotation from Verinus. 8. Wishes for the help of divine Wisdom (Sophia). Allusions to St. Sophia's Cathedral in Kyiv.

XV. [A double acrostic]
1–16. An extended first part of a comparison: a ship on churned-up waters that navigates to a port; iron attracted by a magnet; the colour of the dawn connected to the sun; birds and a wild animal that go to their nests; the idle magnetic compass always turns to the north; a particle that is attracted by amber; the sun that diminishes the shadows—all of them are similar to the poet attracted by Jasyns'kyj. 17–26. Javors'kyj compares himself to a shadow, hard iron, a ship, or a particle, while Jasyns'kyj is the sun, a magnet, Jason (i.e. a steersman), and amber. 27–30. No one can really recognize how bright is the beam of Jasyns'kyj for the shadows of Javors'kyj.

XVI. [An epigram. The name: STEPHAN IAWORSKI encrypted inside the epigram]
1–4. Javors'kyj asks Jasyns'kyj to accept his gift.

4.4 *Pełnia nieubywającej chwały*

Title
The Fullness of the Never Decreasing Glory in the Moon of the Coat of Arms that Reflects Three Lamps: St. Barlaam the Hermit, St. Barlaam the Martyr, and

St. Barlaam of the Kyiv Pečery, who shine on the same day of 19 November in the sky of the Church, under the emblem of the world, which was trampled by them. On the day of the anniversary, it is presented to Reverend Father, His Highness Barlaam Jasyns'kyj, the Orthodox Metroplitan of Kyiv, Halyč, and all Russia and composed with a clumsy pen and idea of his pupil, son in the Holy Spirit, and a humble servant hieromonach Stefan Javors'kyj, the prefect of the Kyiv-Mohylean Schools and professor of philosophy.

I. [An epigram: *inscriptio* 1]
1–12. Three days before the feast of the Presentation of Mary in the temple is the feast of the three Barlaams: Hermit, Martyr, and of the Kyiv Pečery. They shine in unison for God and support those for whom they are patron saints. 13–18. If the Stars and Arrow on Jasyns'kyj's coat of arms give off any radiance, it will be complemented by the radiance of the glory of the three patron saints. If the Moon is not full, it will be complemented by the appearance in the sky of the patron saints. This will happen all the more because such a Moon is under the feet of the Virgin Mary and under the feet of the Barlaams. 19–24. By ascending to the Moon, they trample the world and its three vices: carnal lust, greed, and pride. By doing so, they gained from God the three crowns of salvation. Their pupil (i.e. Jasyns'kyj) will also receive one.

II. [An epigram: *inscriptio* 2]
1–8. November marks the sign of Sagittarius. St. Barlaam's day with the Arrow also falls in this month. It wants to reach the rainbow. This arch is connected by the union of love with the Arrow. Since this bow is made of a ray of the sun, the Arrow and the bow will be connected by a burning hand (of St. Barlaam the Martyr). 9–14. Next to this, St. Barlaam the Martyr and St. Barlaam the Kyiv Pečery, both wearing black habits, hold two shining stars. The first holds a precious stone of the faith of the Orthodox Church, that is similar to the Morning Star; the other holds a monastic cross that shines like the Evening Star. 15–16. Jasyns'kyj bows within these three (celestial) signs. He does so together with his Moon, which the Blessed Virgin has under her feet. She approaches the Holy Trinity.

III. [A cycle of heraldic epigrams, *stemmata*; *inscriptio* 3]
1.1–10. What do the two Stars, the Arrow, and the Moon at the feet of the Holy Virgin signify? The Stars are lights signifying the virtue of faith and hope. They guide man during his life (faith as the Morning Star) and at the moment of death (hope as the Evening Star). The Arrow signifies love for God and the moon signifies humility. 2.1–10. The Arrows and Stars in the coat of arms sig-

nify the virtue of the three Barlaams. The Morning Star stands for St. Barlaam the Hermit and the baptism of India; the Evening Star for Barlaam the Pechersky in the dark cave; the Arrow for the sharp pain of St. Balaam the Martyr. The Moon, sign of the vicissitudes of fortune, is rightly trampled upon by the three saints. 3. "Evening, and morning, and at noon, will I pray, and cry aloud: and he shall hear my voice", Ps 54 (55) (KJV). 3.a. A Polish paraphrase of the Latin verse. 4. (Jasyns'kyj), when your Moon is full at the virgin feet (of the Blessed Virgin), believe me, it will fill the whole world. 4.a. A Polish paraphrase of the Latin verse. 5. Away with the dreaded eclipse! Already your eclipsed Moon rejoices under the foot of the Virgin. 5.a. Your Moon does not need to reflect sunlight, because it is illuminated by the radiance of the Holy Virgin. 6. Variable fortune on an unsteady circle never stops at one fixed point. However, when your coat of arms shows half a circle of the Moon, who is to say that your fortune is not fixed? 6.a. A Polish translation of the Latin epigram. 7. Move the errant stars away from this celestial sphere! Those Stars that are at the feet of the Virgin are constant. 7.a. A Polish translation of the Latin epigram. 8. To shine brighter and fuller, Luna wanted to be the Virgin's footstool. "Farewell to you joyfully, Brother Phoebus"—she said. "Now the Virgin's feet will be Phoebus's light for me." 8.a. A Polish translation of the Latin epigram. 9. Jupiter's words stand higher than the Delphic oracles. Lamps that are covered up do not give good light 9.a. The light of the aurora must illuminate the Moon and such a great honour (i.e. the office of Metropolitan). The light should not be hidden under cover. 10. The artificial sky of Cosdroa, built by the hand of an architect, will no longer be remembered. But the Russian sky shines when your lights are on it: the Moon, the Stars, and you as the Sun. 10.a. A Polish translation of the Latin epigram. 11. The harder something is pressed, the higher it will fly upwards. 11.a. The Arrow flies higher if the bow string is well tensioned. Since here the Moon's bow is so low, the Arrow will certainly not miss the desired target. 12. Noble Arrow that surpasses the stars, you do not aim at a humble goal. Its target is your heart. However, if your Arrow misses its target, the Father's love opens his heart as a target. 12.a. Flying Arrow, you are heading for heaven. Before you hit your target, however, the Shepherd's love sets his heart as your target, so that you are with him where God rules the heart. 12.b. No one doubts that your target, Jasyns'kyj, and your Arrow is the sky. Surely you will get there, arrowhead, since the Moon replaces your bow and string.

IV. [A dedicatory letter]

To the reverend father Barlaam Jasyns'kyj, the Orthodox archbishop metropolitan of Kyiv, Halyč, and all Russia, my lord, patron, pastor, father in the Holy Spirit and benefactor

1. The Moon of Jasyns'kyj has filled the world. This bright light on the Roxolanian sky can be described by a motto ALWAYS INCREASING. 2. Although sometimes there were difficulties, she (i.e. the Moon) never suffered an eclipse or decrease. 3. She is more secure from these crises, because it does not reflect the Sun but the perfect light of the three Barlaams, Jasyns'kyj's patrons. 4. The author addresses to the jealousy. It will not be able to falsely interpret these celestial phenomena against Jasyns'kyj, even if it used a fallible telesçope and astrological interpretation. The glare of the three Barlaams will dull the gaze of envy and its attempts will be futile. Its force will be diminished by the elements of Jasyns'kyj's coat of arms (i.e. the Arrow). The tempest caused by Neptune will be overcome by the Moon—the lighthouse. 5. Javors'kyj declares that he decided to offer Jasyns'kyj his own Full Moon, because the poet knows that it is praiseworthy that the Metropolitan shined with his own brightness. The author is afraid that his humble work will be scrutinized because it does not meet the criteria of the Ciceronian rhetoric. He admits that this is caused by Jasyns'kyj's shine and his own lack of knowledge. The shine of the "planets" (i.e. the Moon and Stars) is not dangerous for Javors'kyj's eyes, though. 6. Javors'kyj uses the topoi of humility and addresses Jasyns'kyj. The dark work can be brightened by the Stars and the Moon of Jasyns'kyj's coat of arms. The poet confesses that he can offer to his patron only his humble and imperfect rhetorical work. Jasyns'kyj's office will elevate this work. Best wishes and an elaborate signature by Javors'kyj.

V. [A cycle of epigrams]

To St. Barlaam the Hermit. 1, 1–6. St. Barlaam found the most precious pearl (an allusion to the Parable of a Pearl). 2, 1–6. This pearl is the pride of the crown of India. 3, 1–6. St. Barlaam gave the Indians a treasure more precious than the gold and precious stones of the famous Indian rivers.

VI. [An epic poem]

1–20. Anyone entrusted with treasures by heaven must manage them wisely. He must not bury the talents lest he suffer punishment from the Lord. St. Barlaam can serve as an example of how to use treasure well. 21–40 Far to the east, in India, reigned Awenir, an enemy of Christianity. When his son Josaphat was born, the soothsayers predicted that he would become a Christian. The king grieved. He had a magnificent castle built where he placed his son under the care of servants and tutors. No one else was allowed near the prince and no one was allowed to tell Josaphat about the misfortunes in the world. 41–80. The young man grew up, gained knowledge, and became his father's comfort. However, Josaphat began to wonder why he was not allowed to go out and enjoy the outside world. He discusses this with his father, who reluctantly allows him to leave the castle. Josaphat explores the countryside and sees how beautiful the world is. 81–126. During a ride he meets two men, a blind man and a leper. Through his conversation with them, Josaphat learns that the body is subject to disorder, illness, and death. He begins to reflect on the futility of the world and the transience of life (*vanitas*). He comes to the conclusion that everything is vanity. However, there was no one to help the prince in his dilemmas. 127–151. However, divine providence helped Josaphat. In a remote desert lived a holy man named Barlaam. Inspired by God, he found out about the king and sailed by ship to India. When he found out that he could not get to Josaphat, he disguised himself as a foreign merchant. He began to spread the word that he had a precious stone that would cure all diseases and afflictions. When the king found out, he had Barlaam brought to him and demanded to be shown the miraculous stone. 152–210. Barlaam replies that he will show him the jewel, but first asks the prince if his soul is ready to receive his teachings. When he gets an affirmative answer, he passes on the basic principles of the Orthodox faith to Josaphat. As a result, Josaphat accepts Christianity and asks to be baptized. He also wishes to go with Barlaam to the desert. 211–265. Barlaam refused to take him with him because it might incur his father's wrath. The next morning, he baptized Josaphat and gave him the sacrament of confirmation. He then left Josaphat an old cloak and returned to his place. Josaphat is left sad and soon falls into melancholy. Meanwhile, one of his servants, Zarden, spots the cloak and confesses to the king the cause of the prince's depression: Josaphat has become infected with the teachings of the Christians. 266–294. The king falls into sadness and rage. He tells Barachius, a member of the royal council, about what has happened. He then orders him to go into the desert with an army to capture Barlaam. The king's army captured a number of hermits. As they refused to confess where Barlaam was hiding, they were murdered. 295–336. The king did not stop there and had a disputation organized between pagan and Christian scholars. The disputation is supposed to be a ruse. The sorcerer Nachor was to impersonate Barlaam, supposedly captured in the desert. Josaphat realized and announced to the false Barlaam that he would kill him if he lost the disputation. Frightened, Nachor defended Christianity and became a Christian himself. Josaphat then sent him secretly into the desert to be baptized. 337–357. His father made a final attempt. He sent several beautiful girls to Josaphat to seduce him. However, this too proved unsuccessful. 358–382. Helpless, on the advice of Barachius he divided the kingdom in half. In one part he remained ruler, and in the other he gave power to his son. In his kingdom Josaphat introduced Christianity, built churches, and demolished pagan temples. Seeing this, the old king and all his subjects also converted to Christianity. 383–412. Shortly afterwards, the old ruler died. Instead of assuming full power, however, Josaphat despised royal privileges and power. He gives the crown to Barachius and goes into the desert in search of Barlaam. 413–482. He overcame many difficulties and inconveniences along the way. After two years, however, he found his beloved Barlaam. Josaphat told him of the fruits of his visit to the kingdom. They then lived together for many years until Barlaam's death. Josaphat continued to live an eremitic life, and after his death he was buried together with his master in a single tomb. Their bodies did not decompose, a sign of their holiness. Barachius transported the holy bodies to India, where they are revered like a most precious treasure. Javors'kyj compared them to pairs of mythological and biblical heroes (including Castor and Pollux) and to the North and South Poles. 483–500. Javors'kyj turns to Jasyns'kyj: you are lucky to have such a patron. In India the jewel of St. Barlaam shone, in Roxolania the star from Jasyns'kyj's coat of arms shines. In both India and Roxolania (under the leadership of the Metropolitan), faith in God flourishes. Jasyns'kyj is the new Barlaam.

VII. [An elogium]

The wisest merchant: St. Barlaam the Hermit. 1–11. The voice of the Heavens says that we are the merchants of the Heavens. Now we do not need to conquer the Heavens because we can buy them. However, it is possible only for one price: the gem of St. Barlaam (i.e. the faith in God). Justice which initiates the change enabled him to do so. 12–30. The gem can be acquired by hard work. Examples. St. Barlaam also had to make such efforts. The reward is all the greater for having been paid for with tears, drudgery, and almost blood. The nature of the Erythraean pearls is that sweat makes them grow. 31–40. No merchant hides this treasure unless it is in his heart. His ship has the sail of mercy, the anchor of hope, and it is led by the Ursa Major—faith. Such a ship safely comes to the shore. 41–57. Javors'kyj compares this ship to the ship of the Argonauts. However, it carries from India not the Golden Fleece but the fleece of Gideon. The gem makes the ship and the merchant safe. It has its port in the middle of the sea. It shines most beautifully in storms. 58–68. What is to be gained from these efforts? The merchant St. Barlaam gained the Kingdom of Heavens and the Kingdom of India. Javors'kyj compares St. Barlaam to Antonius, Cineas, Ulysses, Pericles, and Hercules, to show that he was better than the ancient heroes. 69–83. The sea of divine grace has never existed without the Eritrean pearl. It can be gained through sweat, blood, and perseverance. Nature will not give it for free. 84–94. Finally, the tired ships of the merchant Barlaam, carrying the precious load, arrived at the port. Javors'kyj prays to St. Barlaam to make Jasyns'kyj his heir as the Metropolitan of Kyiv, Halyč, and all Rossia. He wishes that Jasyns'kyj would safely dive into the sea of the Holy Virgin.

VIII. [An elogium]

Glorious triumpher: St. Barlaam the Hermit. 1–9. A triumph is not always the result of bloodshed. Piety receives more significant triumphs than wars. Godliness deserves even greater triumphs. 10–18. Contempt for the world and the flesh might be compared to one of Hercules' deeds. Resisting the body and Cupid is greater than the victory over the Moon. 19–31. The attributes of victory—purple, laurel, palm leaf, and lily—are more beautiful if they were not obtained by violence. Blood spilled in war is no worthier of triumph than religious sweat (effort). 32–53. St. Barlaam the Hermit is proof of this. He repeatedly defeated and triumphed over himself. It is a triumph greater than the victories of Aeneas and Ulysses. It is a triumph over shamelessness, laziness, and profligacy. St. Barlaam's greatest victory was the defeat of Indian paganism. He, who Christianized India, can be compared to Hercules. 54–71. He is worthy of praise because he triumphed over pagan idols and brought pagan temples to ruin. He did not remove all the lies of the oracle to better show his triumph. 72–90. He moved the stone, i.e. Christ. His faith can be proved by the Lydian stone. He built the foundations of Christianity in India. He illuminated the darkness with a fire carved from stone. He can be compared to David who defeated Goliath using a stone. With this stone he destroyed the worst things. 91–100. The triumphs of St. Barlaam should be venerated. 101–110. St. Barlaam was given a triumphant wreath everywhere he went. Herbs from India are part of it. For he burned the thorns of paganism by the power of lightning (a comparison to Pericles, Scipio, and Jupiter). 111–114. Javors'kyj uses wordplay with the Latin words *animus*, *mons*, *mens*, *homo*, and *humus*. 115–120. St. Barlaam shines with the magnificence of his virtues and does not need a burning triumphal pyre. 121–130. The poet calls the saint to triumph. He asks him to allow the Metropolitan to share in his triumphs as well. The Metropolitan of Kyiv, Halyč, and all Rossia has dedicated his coat of arms, placed on the triumphal arch, in honour of the saint.

IX. A flower in the desert: St. Barlaam the Hermit

1–18. The poet encourages language to praise such a flower (i.e. St. Barlaam) and uses topoi of modesty. He praises St. Balaam's eloquence and makes references to a sermon by St. John of Damascus in which the Virgin Mary is compared to a flower. 19–39. Javors'kyj makes references to St. John Chrysostom whose right hand was cut by a caliph. He recalls that with this hand he wrote the life of St. Barlaam. St. Barlaam is compared to a rose without blankets. 40–51. Reflections on human life: the life of every mortal is full of thorns. Man is lost in the labyrinth (of life) and suffers the agonies of Tantalus. 52–66. However, St. Barlaam-the flower did not suffer such a misery because he is secured by his virtue. 67–70. Javors'kyj compared him to a sunflower who follows the sun of justice (i.e. God) in the sky. 71–77. This flower was transplanted to Elysium. The poet asks St. Barlaam to support Jasyns'kyj and he finally helps him to enter the garden of the heavens.

X. [A cycle of epigrams]
To St. Barlaam the Martyr. 1, 1–6. St. Barlaam the Martyr is to be more revered by Rome than Mutius Scaevola. 2, 1–6. St. Barlaam's hand is a lamp; for this reason, he is not like the five foolish virgins (an allusion to Mt 25.1–13). 3, 1–6. Wise people seek salvation by looking to the sky for starlight. St. Barlaam, seeking God by fire, is guided by the stars shining in the hand of God.

XI. [An epic poem]
1–16. Everything in the world is in constant transition. But if you want to learn constancy, look at the example of St. Barlaam the Martyr. 17–34. The tyrant (Roman emperor) dreaded that he could not convince St. Barlaam to abandon Christianity and worship the pagan gods. So he began to threaten him with torments. Barlaam, however, declares his allegiance to Christ until his death. 18–42. Javors'kyj's reflections on the bravery of St. Barlaam, who should be an example to the people. 43–66. The tyrant ordered St. Barlaam to be flogged and tortured with steel hooks. But the suffering only added more and more to the saint's merit. So the ruler resorts to a ruse. In order to force the saint to make an offering to the pagan gods, he had Barlaam put incense in his hand and put it in the fire burning in front of the altar. He hoped that Barlaam would release the incense in pain and thus make an offering to the gods. 67–84. The saint, however, persevered through the pain, even though his entire hand was on fire. Javors'kyj compared it to a torch, a beacon, a pillar of fire from the Book of Exodus. Barlaam's hand burned as an offering to God. The saint, unfortunately, died. 85–100. However, his light will never go out. St. Barlaam's light moves the poet as Phoebus's light once moved the statue of Memnon. 101–124. Javors'kyj delivers praise in honour of Barlaam Jasyns'kyj. Everything the Metropolitan does shines brightly. It is a radiance lent by his patron saint, St. Barlaam the Martyr. His light is also held by Jasyns'kyj's coat of arms. Few people are so favoured by fortune. May the light of St. Barlaam shine upon Jasyns'kyj as the star of Bethlehem once did upon the Three Kings.

XII. [An elogium]
The New Phoenix: St. Barlaam the Martyr. 1–10. An apostrophe to the Orthodox Church, in which Javors'kyj called her the mother. She can be raised as high as Daedalus flew. Nobody can call her humble anymore because she is the high

nest of the holy Phoenix (i.e. St. Barlaam the Martyr). 11–16. Not only Cappadocia, Athens, Macedonia, Laconia, and Assyria gave birth to famous people. St. Barlaam embodies the qualities of all of these famous people. 17–20. The Holy Mother Church competed with the Heavens over St. Barlaam. 21–29. [The hand of] St. Barlaam was burnt several times by a tyrant. Javors'kyj compares these flames to the phoenix and seraphs. 30–41. The wicked deeds of the tyrant were in vain. The poet compares the scent of the burned flesh to the scent of incense and myrrh. The phoenix always finishes its life in the scent of myrrh. 42–45. The poet addresses the tyrant (i.e. the Caesar who condemned St. Barlaam to death). 46–65. St. Barlaam is a divine bird equipped with the wings of God's love. The poet constructs a comparison of the phoenix, the eagle of Jupiter, and the owl of Minerva. The phoenix surpasses the two other birds. 66–77. St. Barlaam/the phoenix is just like a Salamander resurrected from its ashes. The poet wishes Jasyns'kyj to be kidnapped and taken to the Heavens by the phoenix like Ganymede by the eagle. 78–85. Jasyns'kyj compared to Icarus. Javors'kyj wishes him to fall down into the sea of Mary.

XIII. [An elogium]

The Lighten Lighthouse: St. Barlaam the Martyr. 1–10. An apostrophe to the poets' quill, which is compared to Icarus. It will be guided by a lighthouse—St. Barlaam the Martyr. 11–22. According to Javors'kyj he is an external flame of the tyrant and interior flame of the divine love. St. Barlaam is compared to two torches of the Church, St. Basil the Great and St. John Chrysostom. 23–31. The great deeds of saints need their eulogists, similar to famous ancient poets, painters, and sculptors (Homer, Apelles, and Pyrgoteles). 32–61. The glory of St. Barlaam was described by St. Basil the Great, who was the base (of the Church—a play on words) and by St. John Chrysostom. 62–72. Javors'kyj compares the ocean that surrounds the lighthouse to the rhetoric and text of St. John. This is the sea of wisdom which suppresses the sinful flames. 73–84. Only this ocean could extinguish the flames of the martyr's arm. The heroes must prove their fortitude in the great trial. 85–101. It was the churchmen (i.e. St. Basil and St. John) who were able to properly venerate this martyrdom. 102–114. Thanks to them St. Barlaam could shine in the sky. Javors'kyj makes astrological allusions (the Sun in the sign of Gemini; two axes) and calls St. Basil and St. John the eagles of the Holy Scripture and the candelabra of God. St. Barlaam mirrors their shining light. Their works written in the darkness will be rewritten in the sunshine. 115–130. The poet asks the saint to help Metropolitan Barlaam Jasyns'kyj. St. Barlaam and Jasyns'kyj's Moon, expressed on his coat of arms, are two competing lights.

XIV. [An elogium]

The Light in the Darkness: St. Barlaam the Martyr. 1–12. The poet makes a comparison between the shine of the saint and the flame of the rage of the tyrant. 13–19. St. Barlaam's burning hand is compared to Jupiter's lightning bolt. Javors'kyj also compares him to Diogenes looking for a man. The tyrant appeared to be the least of men. 20–25. It is a fortunate metamorphosis. St. Barlaam was transformed into precious gold. 26–39. True virtue must be tested just like iron forged in fire. When forged, iron always throws off sparks and its surface is silvery. However, when it is forged incompetently, it turns black and rusts quickly. 40–50. The iron and diamond constancy of the Holy Martyr was moulded under the blows of being forged. He can therefore be called asbestos, a mineral that burns forever. 51–65. The flame that engulfed St. Barlaam is its finest apotheosis. It is the best spoiling of the best. The ashes of his burnt hand made him a citizen of heaven (Javors'kyj makes allusions to the philosophical works of Stephanus Spinula and gives examples to Spinula's ideas). 66–79. The poet summons bats, which accompany both the night and the saint on fire. The burning Martyr shows the Milky Way to the heaven. This is the way of saints to heaven. St. Barlaam on fire is also striving hurriedly to get there. 80–104. Javors'kyj addresses the tyrant and compares him to the famous ancient heroes who burned Syracuse, Carthage, Rome, etc. They succeeded in burning cities, but the mad tyrant failed to extinguish the Martyr. Fire will arouse light, but it will not cause destruction. 105–119. St. Barlaam has an ocean of graces that are capable of extinguishing even hell. The red west (i.e. the bloody martyrdom of Barlaam) foreshadows the weather. Javors'kyj compares St. Barlaam to Mucius Scaevola, Prometheus, to the burning bush, and Hercules. 120–128. The poet expresses the wish that St. Barlaam will shine forever and that Jasyns'kyj will always see this light.

XV. [A cycle of epigrams]

To St. Barlaam of the Kyiv Pečery. 1, 1–6. St. Barlaam's brilliance is not extinguished even though it has been hidden in the Caves. It does not lose the value of the treasure that is tucked away for benefit. 2, 1–6. The poet compares St. Barlaam to the Moon. 3, 1–6. The comparison to the Moon continues. Although Barlaam hides its princely splendour, he shines with his virtue. After death, he shines in the sky, but the radiance also shines from his body (relics).

XVI. [An epic poem]

1–18. If a man of noble birth becomes a monk, this by no means takes away his glory. What is more, his noble origin stands out even more within the monastic walls. St. Barlaam the Kyiv Pečery is a good example of this. 19–52.

Prince Barlaam was predestined from his birth to hold high office (e.g. a senator). However, when he learnt the words of the Gospel, he understood that only humble people would enter the Kingdom of Heaven. So he despised the princely crown, dismissed his newly married wife, and chose a monastery to live out his life. He took up residence in the monastery's Cave. When his father found out about this, he was furious. He came with his servants to the Caverns and kidnapped Barlaam. In spite of his resistance, they stripped him of his habit and violently dressed him in precious robes and took him away to the palace. On the way, however, the saint still managed to stain his princely robes in the mud, showing his contempt for secular life. 53–76. In the palace, he was seated at a table, but Barlaam did not want to eat expensive food. After dinner, his father sent him back to his chambers. This was another trick of the old prince. Waiting for Barlaam in his chambers was his wife, dressed to easily seduce the innocent monk. She addressed him with sweet words, but Barlaam recoiled with a shout. Barlaam delivers an misogynistic tirade: female beauty is a betrayal leading to disaster. 77–86. Barlaam spent three days on such laments. Eventually the father felt sorry for his son. He also feared punishment from Heaven. So he allowed Barlaam to return to the monastery. The family despaired, but St. Barlaam was happy to return to the Caves. 87–122. Barlaam's stay in an underground monastery made him into an excellent monk. He was appreciated by the other monks, who elected him as archimandrite. Barlaam had to try very hard to remain a modest and virtuous man while holding this position. He set an example for others and often went on pilgrimages like a simple monk. During one of his journeys, he dies as a saint. His body did not decay and became a precious relic in the monastery of the Caves. 123–132. The Kyiv Caves are worthy of veneration because of these relics. Javors'kyj compared Barlaam to the patriarch Joseph. 133–140. Javors'kyj praises Jasyns'kyj as an ardent worshipper of his patron, St. Barlaam.

XVII. [A poem]

1–24. Javors'kyj addresses Jasyns'kyj: he is safe because three of your patrons pray for him to the Holy Trinity. Javors'kyj compares them to the Three Kings. His patrons pray that faith, hope, and love will give Jasyns'kyj salvation.

XVIII. [An elogium]

The ruler without his crown: St. Barlaam of the Kyiv Pečery. 1.1–20. It is a new way to honour, that is, to subvert them: the ruler without a crown, the rich without resources, the mighty without gold. A true ruler is not the one who has inherited the crown, but the one who has scorned the world and is virtuous. Virtue and modesty make a man a ruler, not gold and royal purple. [A fragment in prose] 2. True dignity is not derived from gold or silk. The value of precious stones stems from the lust for possession. To seek them strenuously in the earth, in the sea, or by overcoming the elements is arrogance. For the world to consider us great, it must be subverted. However, there are those who elevate themselves above others and consider themselves superhuman, who are not concerned with the fate of man. 3.1–11. St. Barlaam rejected power, riches, and the ducal diadem. This gave him power equal to the greatest of emperors. 3.12–20. His rejection of glory has given him a great reward. His path is astonishing: by rejecting riches and honours, he achieved supreme prosperity and happiness. 3.21–50. Javors'kyj turns to himself: he should not be surprised by this turn of events. According to him, the desire for power and wealth is similar to Midas's thirst. It can never be satisfied. Their greed never finds satisfaction. Javors'kyj gives examples from ancient texts: of Midas, the Red Sea, the Atlanteans, and Tantalus. 3.51–69. Javors'kyj addresses St. Barlaam. St. Barlaam hid himself in a cavern (which Javors'kyj calls a tomb). In this way he buried the vicissitudes of fortune. He made what glitters turn to ashes. His purity bloomed like a lily in the blackness of his habit. Then God turned his face to him. He threw off his princely mantle to teach people virtue. 3.70–78. He dipped his robe in mud to show that the human body is no different from mud. A muddy robe opens the way to heaven. Like the ancient heroes, he sheds his robe before combat. 3.79–92. St. Barlaam shows the only effective way to get through the mud of the world to heaven. It is the trampling of precious garments and possessions. 3.93–104. Javors'kyj asks that the saint to support his namesake Barlaam Jasyns'kyj. Through the triple contempt of property, titles, and the world, may he receive a triple wreath from the Holy Trinity.

XIX. [An elogium]

Ulysses among the mermaids: St. Barlaam of the Kyiv Pečery. 1.1–15. The world is an ocean and all people are sailors surrounded by the perils of sailing. The ship of life is constantly under threat. There are also many mermaids leading numerous Ulysses to their doom. 1.16–21. Rossia admires St. Barlaam because he managed to fight off his wife, hell lurking in his innocence. In essence, wife and hell mean the same thing. 1.22–31. Never, St. Barlaam, have you shown yourself more worthy of glory than in the face of the voice of this Siren. In order not to be stuck in sin, you gave yourself over to the fruit of the cross. It was with him that you were united by the knot of love. These bonds gave him freedom. 1.32–40. You would have been a second Samson, St. Barlaam, but you managed to escape the wiles of Dalilah. You defeated the Philistines and avoided blindness. Thanks to the cross, you avoided the flames and smoke that stain the soul. Through the fire of God's love, you have fought the fire of lust. 1.41–52. You have won this battle by running away. However, it is a noble escape, deserving of victory on Capitol Hill. Those who flee from sins are in fact pursuing victories. Such fugitives are feared by hell. Escape from worldly life and an impure woman has brought you the laurel of victory. 1.53–59. What can you counteract with innocence, a perverse Siren, a shapely woman? St. Barlaam-Ulysses figured out how this beautiful deception works. He proved prudent, for he understood that the light is sometimes hidden and the dazzling evil is a phantom. 1.60–69. Wise Barlaam learnt that gentle words do not mean true love. As a cunning man catches a greedy fish, so sweet words cook a man's death. Brilliance does not prove that something is gold. Words sweet as honey are not proof of sincerity. This is the order of the world: to paint falsehood with purple. An ounce of sincerity corresponds to a pound of falsehood. 1.70–78. The inquisitive Barlaam learnt that the more beautiful a woman is, the more harmful and terrible she is. Nothing causes such a defeat of virtue as the eyes of an alluring woman. The oracle of Apollo proves this. The eyes should be called a reef against which many boats have crashed. 1.79–87. Barlaam has come to know that a woman's success is the mockery and ridicule of countless Samsons. Her gifts mean doom, her grace means fury. The harder she digs into the soul, the more severely she bites it. Her honey is bile. The sweetness that penetrates the bowels cruelly destroys them. Indeed, this image of light and colour is deceptive. 2. Under the roses there are thorns, under the crystal ice there is often mud. In the smooth wall a terrible adder is born. The inside of a white tooth is darkened by unpleasant decay. The more valuable the garment, the greater the damage done by the moth. The finer the cloth, the more readily it is eaten by vermin and perforated. The more fertile the tree, the more it is destroyed by the worm. It is like this: 3.1–12. Underneath the flawless body and beautiful face are numerous crimes and terrible sins. O hypocritical Siren! O delightful, perverse tormentor. Beneath your laughter you hide tears, beneath your sweetness you hide poison. You are like the rose of Paphos hiding thorns. Every worldly delight brings tears. It is similar to the Iris (rainbow) named for the laughter of the weeping Olympus. St. Barlaam escapes all this and therefore triumphs. 4. He flees from these pitiful joys, weeping laughter, weeping Iridescence, honey as bitter as gall, alluring doom, sweet poison, tasty bitterness, pleasant torture, pleasant sickness, alluring death; he flees from the world and the impure woman, loving him, or rather enticing him. He seeks protection in his escape in the womb of the Mother, that is, in the bowels of the earth, and to be cautious, he enters the cave. 5.1–13. Innocence and constancy of mind are always at risk of failure if they are not well protected. One can triumph by escaping. It is the fugitive who is the victor. 5.14–29. Thus, Ulysses-Barlaam, once you have passed the Sirens, order your rowers to continue sailing towards the Fortunate Isles. Triumph after a ten-year siege of the heavenly Troy. Include Barlaam Jasyns'kyj in your triumph. He too, hating the Sirens, seeks to conquer the same city.

xx. [An elogium]

The New Hannibal: St. Barlaam of the Kyiv Pečery. 1.1–22. Hannibal's and Barlaam's virtue helped both of them overcome their difficulties: to cross the rocky mountains. Nature gets in the way of virtue. Virtue loves difficulty, patience rejoices in adversity. Hannibal and Barlaam are thus alike. Both managed to crush the rocks, Hannibal through a mixture of incendiary liquids, Barlaam through tears and the love of God. Hannibal's fluids and Barlaam's tears are effective. Tears move the most solid rocks. 1.23–31. Hannibal, however, was softened by Capua; the Styx was not able to break Barlaam. Both undertook to conquer the city by means of subterfuge (trickery): Hannibal of Rome, Barlaam of the Heavenly Jerusalem. The goal of the former was Rome, the goal of the latter was the love of God (Amor). Rome read backwards means love. Therefore, no one will check whether this is a virtue or a deception of the heroes. 1.32–44. Struggling virtue shines brightly in the darkness of the dark tunnels. It helps to crumble the rock. Such deceptions should be learned from Barlaam. Through them—not war—one conquers the Heavenly Capitol and defeats the infernal Goliath. 1.45–60. Nero covered himself in disgrace because he explored the entrails of his mother; Barlaam gained sanctity by digging into the mother-earth. It is an exemplary paradox: one achieves heaven by digging into the entrails of his mother (earth). 1.61–80. Barlaam digs it up, for it is the grave of the world that has slain many people. Let him tear it apart, let him in holy sacrilege cripple the parent. It has torn many people from heaven. Never has the earth felt a heavier blow than that of her rebellious son. Barlaam boldly pursues the centre of the land, which—even when not ploughed—quickly bears good fruit. 1.81–93. No ground is barren if cultivated by virtue. Even a rock becomes fertile if sprinkled with sweat and tears. St. Barlaam never shone more brightly with gold than when he hid in a cave among the rocks. 2.a. Rejoice already Thrice Divine Mother of so many and such Saints, Fertile Parent of Heroes, Invincible Monument of the Universal Faith, and Jewel of the World, Rossia! Other false joys turn to sepulchral ashes, for thee even from the very Tombs of the Caves joys come to life. 2.b. The most beautiful building blocks of true joy (i.e. salvation) are graves. Rossia (i.e. the Kyiv Metropolis) has very many precious relics of saints, which are the most valuable treasures. Rossia can be compared to (gold-bearing) Arabia. It is an imitation of Heaven, the homeland of the saints. It does not succumb to the storms that are unable to overcome the nourishing parent of the saints—Rossia. Equally, St. Mary adds her riches to her. The Kyiv Caverns hold treasures similar to those in the Crypt of Bethlehem. The Dnieper of Rossia has received a metamorphosis and changed into Pactolus and Tagus. The sacred relics do not deteriorate and are not touched by the teeth of time. They are the most expensive and uncountable pearls—all for one Rossia. Come faithful who pray for her unity! 2.c. Rossia, unearth the treasure you have buried in the bowels of the earth, so that in the sepulchral darkness of the Caves a glow of holiness shines through. What is most precious is most hidden. That which is most hidden is most precious. 3.1–6. It is said that the emperor found a hidden treasure under the cross in the forum. St. Andrew gave the cross to Rossia, underneath it is hidden treasure. It is necessary, St. Barlaam, that you pursue the deepest hidden treasures in the earth. 3.6–21. The splendour of the virtues never remains unknown. Holiness is proclaimed by miracles. You entered the cave, St. Barlaam, and from there you took life, like the Phoenix. By living in the shadow of the cave, the embers (of sin and hell) did not reach you. 3.22–29. It is no wonder that the rock becomes fertile. For blessed virginity and rocky power, it is worth living in the shadows. You have entered a deep cave to grow high. You resemble the scales of Themis, the lower one scale goes, the higher the other rises. 3.30–42. It is a task worthy of you: by being dead you are alive, by being alive you must have died. One must die before death comes. You have to be like the snake that sheds its skin in order to be reborn. Like the serpent you, St. Barlaam, get into a cave and lose your old body. With this, you are raptured to the stars. 3.43–54. The caves conceal relics. It is a miracle that so many great virtues are enclosed in such a small place. The road to heaven is narrow. The narrowness of the caves is evidence of this. 3.55–56. There are those who pursue fame through wealth and honours. St. Barlaam gained it through the darkness of the cave. How bright is the shadow in which Barlaam shone! His glory is all the greater because he hid himself from it. The Sun (Titan) forbids seeing it in its light. 3.69–71. Javors'kyj compares St. Barlaam to a sundial from which the faithful should learn alignment with God. 3.72–86. Now, having crushed the Russian Alps, Hannibal-Barlaam, you have reached the Heavenly Capitol. Triumph forever. Support Barlaam Jasyns'kyj, the heir of your name and your devotee. He, in the temporal Capitol of the Cave has built you a new temple.

XXI. [A speech]

Stephanoma or a wreath of gratitude from the author of this work, Stefan venerating his saint patrons. 1. Before the Holy Virgin was recorded in the calendar of the Church (i.e. the feast of the Entry of the Most Holy Theotokos into the Temple on 21 November), three St. Barlaams precede her (whose feast is on 19 November). She is a bride of the Holy Spirit. 2. Three St. Barlaams meet her just like the Wise Virgins with their lights met the Bridegroom: a burning hand like a torch, a shining precious stone, and bright princely titles. 3. There could not be better company for the three-year-old Virgin Mary than the three Barlaams. Javors'kyj calls them the marshals (high officials of the ruler). Each of them has his attributes. 4. The Virgin Mary and three Barlaams entered the bedroom of God. Each Barlaam received a wreath for his virtues. 5. Javors'kyj confesses that he had to write this eulogy because of his name (Stefan) which is derived from Stephanitus (decorated with the wreath). He addresses it to Jasyns'kyj, his patron. Javors'kyj made a wreath from his gratitude but not for Jasyns'kyj (who was crowned already) but for his Charitableness. He, Javors'kyj, was its constant beneficiary. 6. The important privilege of Charitableness is to be equal to the power of the lay power. The rulers execute their power over their nations; Charitableness is the queen of talented people. They never rebel against Charitableness, and they are always grateful and obey orders. 7. Gratitude does not need artificial wings because it is elevated to the sun by the Charitableness. She is quick like Pegasus. She stimulates competition more than the foray of Hippomenes during the rivalry with Atalanta. 8. Javors'kyj also submitted to her as his monarch. He therefore dared to speak his panegyric out loud. 9. His talent is submitted to Charitableness because it was cultivated in golden freedom. 10. Javors'kyj's speech should be clear, correct, and ornate, like the attributes of the three patron saints (burning hand, chrysolite, icon). 11. Javors'kyj complains that everything in his speech goes backwards (which he explains in a complicated conceit. To do so, he uses rhetorical and philosophical terms). 12. Javors'kyj admits that all his knowledge is derived from what he learned in Jasyns'kyj's lectures. If the ancients called logic the slave of philosophy, Javors'kyj describes himself as the slave of Jasyns'kyj. 13. Javors'kyj declares that he will always be Jasyns'kyj's slave. His piece, written on the occasion of the feast of the Three Barlaams, is repayment for the funds he received from the Metropolitan. However, it is not a panegyric, but a true history. 14. Javors'kyj asks Jasyns'kyj to continue to be his patron and offers him his services.

XXII.A. [A poem]

Mnemosine or the Stephanic memory of the patronage 1–24. Javors'kyj lists examples of mythological metamorphoses (Narcissus, Niobe, Acteon etc.). He wishes Kirke had transformed him into an eloquent mouth with a thousand languages, to praise Jasyns'kyj with rhetoric. 25–36. He also would like to be the quill of a good poet to write his glory. He should do this not on stone monuments because they are too fragile and can be destroyed. He intends to write his praises in the golden book of eternity. 37–48. However, Jasyns'kyj is already in this book because of his virtues. When Javors'kyj wants to write about the Metropolitan's glory, he sees Jasyns'kyj's monastic Modesty. Modesty restrains

Javors'kyj's quill and admonishes him in a long speech. 48–72. She does not need poetic praise. She condemns panegyrics because glory does not give any revenue but rather destroys true virtue. A man should seek his glory not in the world but in the eyes of God. 73–82. After these words Modesty disappears. Javors'kyj is left in fear that, in writing Jasyns'ky's praise, he has undertaken too bold a task. 83–122. Suddenly, another figure adorned with flowers appears in front of Javors'kyj (the poet provides a description of her). It is Gratitude. She has been adorned by Charitableness. Gratitude becomes angry, however, and begins a speech to Javors'kyj. 123–152. Gratitude reminds Javors'kyj that ancient writers sang of famous rulers and heroes (and he lists them). He asks Javors'kyj why he does not want to praise Jasyns'kyj. Even if he lacks talent, he should thank Charitableness. 153–163. Javors'kyj falls silent, hearing the insult. He decides that he will no longer be a panegyrist. However, Gratitude does not give up and speaks up again. 164–174. Gratitude says that since Javors'kyj's pen is unable to express adequate praise, call upon Fame.

XXII.B. [A poem]

Gratitude invites Fame to give due praise of Charitableness. 1–24. Gratitude asks where Fame has gone and recalls numerous examples of places from Greek mythology where Fame could hide. 25–40. She summons Fame to arrive (on the horses of Phaeton, in the chariot of Venus, etc.). Echo spread the glory of Gratitude. 41–54. Fame might ask: Does Fame praise the deeds of some famous victor, such as Hannibal, Alexander of Macedon, Senuseret, or Ulysses? 55–84. However, Fame will praise not martial deeds but Charitableness. Javors'kyj will always be its slave (an enumeration of mythological allusions). 85–118. The praise of Charitableness is more valuable than military glory because war causes many laments and misery. War heroes write their names with blood while Charitableness does the same with the golden letters in the people's hearts. 119—The poet urges Fame to praise the Metropolitan's Charitableness. Let him be glorified by triumphant music. Let his glory resound everywhere (list of mythological examples). Let Gratitude and the Muses thus together thank the Charitableness of Jasyns'kyj.

XXII.C. [A poem]

Gratitude invites the Muses to give due praise of Charitableness: I. Come goddesses from Parnassus and play a triumphant paean. II. Leave Helicon and go to the Roxolanian lands. III. Clothe yourselves in laurel wreaths and arrive carried on the wings of Pegasus or Daedalus. IV. Let Phoebus shine upon you. Ye shall begin to play a concert on your zithers. V. Let Amphion and Orpheus come with their music. VI. Come also the living and hunting Dryads of the woods and play your instruments! vii. Let the mermaids emerge from the sea, so that their music may resound. viii. Come also from Olympus you Pleiades. ix. Finally, Muses who make poems, stand in a circle. x. One mouth is not to express gratitude towards Charitableness. Gratitude demands a common song from you all. xi. Weave from your wreaths one common triumphal wreath. xii. Give yourselves with me, Gratitude, into the bondage of Charitableness. This is, however, sweet bondage. xiii. Let them carry the glory of Charitableness far to the east. xiv. Great men by their grace share their Charitableness. Through her they gain for themselves the gratitude of the recipients. xv. Not only rulers hold power. xvi. Grace, adorned with a crown, can also reign. xvii. Charitableness also conquered my heart and began to wield it. xviii. May it reign forever. xix. So when the Muses worship her, I too will join them. xx. May good fortune always favour you (good wishes to the Metropolitan).

xxii.D. [A poem]

The apostrophe of the author. 1–16. I stand here with my simple panegyric poetry. My gift is admittedly poor, but it is engraved in my heart. My words are poor, but they flow from the heart. 17–32. May the revolutions of heaven be favourable to you on the anniversary of your patron saints. May Fortune favour you. May the sun illuminate your every moment. 33–80. May this be a golden age for you. May Parcae weave the long thread of your life. May everything you do have an auspicious end. Hold your office long in Roxolania. May your cathedral rise and your wisdom support it. May the walls of St. Sophia rise. You have decorated the Lavra, in a like manner may the cathedral be decorated. This is what I wish for you.

Glossary of Toponyms, Mythological, Biblical, and Historical Names

Academia (adj. *Academicus*; Pol. *Akadem*) *Academy*—the ancient philosophical school founded by Plato ca. 385 BC. In the 17th century a synonym of the university. HERC II 9; III 84; 86; ARCT II 3.

Acheron (Pol. *Acheront*, adj. *acherontowy*) a river at the entrance to the underworld (*Hades*). ECHO IX 75; ARCT X 51; PEŁN XI 30.

Actaeon (Pol. *Akteon*, *Aktaeon*) in Greek mythology a famous Theban hero, who fell to the fatal wrath of Artemis; the goddess turned him into a deer and he was torn apart by his own hunting dogs. PEŁN XXII.A 11.

Adam the first human in Gn 1–5. PEŁN VI 190; XX 58.

Admetus (Pol. *Admet*) King in Thessaly. Zeus forced Apollo to herd Admetus's sheep as punishment for killing a Cyclops. Later, the god supported the king, including helping Admetus win the hand of Alcestis. HERC III 100; PEŁN XXII.A 14.

Aeneas in Greco-Roman mythology a Trojan hero, the son of the goddess Aphrodite (Roman Venus) and the Dardanian prince Anchises, one of the major defenders of Troy, the main character of Virgil's *Aeneid* and an ancestor of the Roman *gens Iulia*. PEŁN VIII 39; XXII.A 34.

Aeolus (Pol. *Eol*, *Eolus*; *Hippotades = son of Hippotes*) the god of the winds. ECHO IX 22; ARCT II 1; VI 13; VII 25; PEŁN XIII 79; XXII.A 105.

Aethna (class. Lat. *Aetna*, Pol. *Etna*) Mount Etna on the east coast of Sicily. HERC II 9.

Africa (Pol. *Afryka*; adj. *afrykański*) ECHO VII 5; ARCT VI 2; IX 3; PEŁN XVIII 36; XI 26.

Akadem see *Academia*.

Akteon see *Actaeon*.

Alcides (Pol. *Alcydes*) see *Hercules*.

Alexander (*Macedonis*; Pol. *Macedon*) Alexander III (the Great), King of Macedon (336–323 BC), one of history's greatest military commanders who conquered the Achaemenid (Persian) Empire and created one of the largest empires of the ancient world. HERC II 13; ECHO XII 65; XIII 209; ARCT IX 2; 13; PEŁN XII 13; XIII 27; XX 2b; XXII.A 133; XXII.B 20; 48.

Alexander or *Paris* the son of King Priam and Queen Hecuba of Troy, who stole Helen from Menelaus of Sparta, one of the protagonists of the Trojan War. PEŁN XX 49.

Alps (Lat. *Alpes*) the highest and most extensive mountain range located entirely in Europe. ARCT VI 13; PEŁN XX 2; 73; XXII.B 7.

America (Pol. *Ameryka*) ECHO VII 12.

Amphion (Pol. *Amfijon*) in Greek mythology a famous musician and singer. PEŁN XXII.C 5, 2; XXII.D 67.

Amurat see *Murad.*

Annibal see *Hannibal.*

Antonius see Mark Antony.

Apelles (4th century BC) a renowned ancient Greek painter, who painted, among others, a portrait of Alexander the Great. HERC VI 1; ARCT IX 11; PEŁN XIII 29.

Apollo (*Phaebus, Phoebus*, Pol. *Apollin, Apollon*, adj. *apollinowy*; *Feb, Pheb, Phoeb*) the god of oracles, arts, poetry, and as *Helios* the god of the Sun; in Javors'kyj's poetry often antonomasia of the Sun. The brother of *Diana*. HERC II 2; 7; 9; 10; 13; III 62; 91; 93; 111; 157; 169; V 90; VII 13; 19; 75; 83; ECHO IV 4, 4; XI 2, 8; 11, 1; XII 33; 173; ARCT IV 14, 30; VI 9; VII 67; VIII 5; PEŁN III 5a 1; 8, 3–4; 8a, 4; 10a, 4; VI 21; 219; XI 91; 93; XIX 1, 76; XXII.A 13; 117; 125; XXII.C 4, 2; XXII.D 19; 29.

Aquilo (Gr. *Boreas*, Pol. *Aquilon, Akwilon*) the Latin name of the Greek Boreas, the frigid northern wind. In early modern poetry a metonymy of the North or northern countries (such as Muscovy, Sweden, or Lithuania). HERC V, 8; ECHO VII 35; IX 9; X 85; XIII 210; ARCT II 2; VI 13; VII 39; PEŁN XIV 64; XXII.A 109.

Arabia (Pol. Arabija, adj. *arabski*) according to Roman and early modern poets Arabia was a region of great wealth and opulence, abundant in gold. HERC VII 1; ECHO V 3, 1; VII 9; VIII 71; IX 53; X 30; ARCT II 6; VI 5; IX 12; XI 1; XIII 9; PEŁN XIV 23; XVI 7; XX 2b.

Arctos (adj. *arcticus*; Pol. adj. *arktyczny*) in Javors'kyj's works the Polaris (the North Star) or the constellation of the Little Bear (Ursa Minor). The poet associated them with *Barlaam Jasins'kyj's* coat of arms Sas. ECHO X 85; ARCT title; II 3; III 1; IV title; 27; 51; VI 1; 6; 15; VII title; 75; 81; IX 1; 4; 5; 8; 9; 12; X title; 59; XII 1; 3; 4; 8; XIII title; 21; 29; 33; 37; 40; 47; 54; 61; 64; XIV 2; 5; 6; 7; PEŁN VI 475; XX 2b; 3, 53; XXII.A 105.

Argo the ship of *Jason* and the Argonauts, on which they travelled to *Colchis* for the Golden Fleece. ARCT VII 21; IX 3.

Argonauts (adj. *Argonauticus*) the participants of the expedition on the ship *Argo* under *Jason's* leadership. Their goal was to get the Golden Fleece from *Colchis*. In ARCT, Jasins'kyj is called the Argonaut. HERC II 3; 8; ARCT II 1; VII 22; IX 2; 4.

Argus Panoptes (Pol. adj. *Argusowy*) a giant with a hundred eyes. His task was to guard the white heifer Io. He was killed by Hermes. ARCT VI 3; XV 28; PEŁN VI 3; XXII.A 94.

Ariadne (Pol. *Aryjadna*) In Greek mythology a Cretan princess, the daughter of King Minos, who helped *Theseus* get out of the labyrinth and escape her father's island. HERC II 5; PEŁN VI 342; XXII.A 91.

Arion (Pol. *Aryjon*) a semi-legendary Greek poet. Thanks to his songs, he was saved from drowning by a dolphin. ECHO XII 143; ARCT XIV 3.

Aristotle of Stagira (hence *Stagyras*, Pol. *Aristotel, Arystoteles*, 384–322 BC) a Greek philosopher, the founder of the

Lyceum and the Peripatetic school, tutor of Alexander the Great, here as an exemplary tutor and good advisor. HERC II 13; ARCT XIII 71.

Aryadna see *Ariadne*.

Asia (Pol. *Azja*, *Azyja*) ECHO VII 14.

Atalanta in Greek mythology a heroine from Arcadia, famous for the footrace between her *Hippomenes*, during which Hippomenes threw golden apples in front of Atalanta to slow her down so he could win the race. PEŁN VI 388; XXI 7; XXII.A 15.

Atena cf. *Athena*.

Athena (adj. *Atheneus*; *Minerva*, *Pallas*, Pol. *Atena*, *Minerwa*, *Pallada*; adj. *palladyjski*) the goddess of wisdom; in Javors'kyj's poetry often a personification of the Kyiv-Mohyla College (as Pallas/Pallada). HERC II 3; 8; 9; III 26; 36; 38; 40; 68; 126; V 77; VI 1; 23; 24; VII 67; ECHO II 11; XII 24; 78; ARCT title; II 2; X 37; 43; XI 2; 3; 5; XII 8; PEŁN title; IV 6; XII 60.

Athens (*Athenes*; Pol. *Atheny*, *Ateny*) In Javors'kyj's works the ancient capital of the arts and science. ARCT XIII 67; PEŁN XII 12.

Atheny cf. *Athens*.

Athlans cf. *Atlas*.

Atlant cf. *Atlas*.

Atlas (*Athlans*; adj. *Athlanteus*; Pol. *Atlant*; adj. *athlantowy*) in Greek mythology a Titan whose role was to hold up the celestial heavens. In HERC metaphorically about *Mohyla*: *passim*; HERC title; II 1; ECHO XIII 204; ARCT IV 11; X 46; 53; 56; XII 3; XIV 7; PEŁN XVIII 40; XXII.A 16; XXII.B 12.

Atropos one of Three Fates (Moirai) who cut a thread of life from a human. HERC III 48; 115; ARCT VIII 109.

Attica (Pol. *Attyka*, adj. *attycki*) the Attic Peninsula in Greece. Its capital was Athens. In Javors'kyj's works associated with rhetoric (the Attic style) and *Demosthenes*. HERC II 6; VI 1; ECHO X 75; XII 79; ARCT VI 6; XIII 51, 65; PEŁN VI 5; XII 60; XXII.D 1.

Attyka see *Attica*.

Augustus Gaius Iulius Caesar Augustus (Octavianus, 63 BC–AD 14)—the first Roman emperor, one of the greatest Roman leaders, reigned as Augustus from 27 BC until his death. ARCT IX 8.

Ausonius (*Decimius Magnus Ausonius*; Pol. *Auzonijusz*) a Roman poet and a rhetorician. PEŁN XXII.A 136.

Auster (*Notus*; Javors'kyj's pronounciation: *Awster*) the hot south wind that often brings a storm. ARCT VII 71; IX 4; PEŁN XXII.A 109.

Avernus (adj. *Avernalis*; Pol. *Awern*) the Underworld; Hades. ARCT XII 4; PEŁN VI 340; VIII 10; XIV 108; 114.

Awenir the father of *Josaphat*; PEŁN VI 24.

Azja see *Asia*.

Azyja see *Asia*.

Barachijusz *Awenir*'s governor of the country in the story about Barlaam and Josaphat. PEŁN VI 268; 281; 284; 358; 405; 458.

Baranovyč Lazar (Pol. *Łazarz Baranowicz*, Ukr. Лазар Баранович, 1620–1693) the Archbishop of *Černihiv* from 1657, professor (from 1650) and rector (from 1667) of the Kyiv-Mohyla

College. In 1675–1685 he administrated the Kyiv Metropolis as vicar. ARCT III 1, 61.

Barlaam of the Kyiv Pečery (Pol. *Warłaam* or *Barłaam Pieczerski*, Ukr. Варлаам Печерський, died 1065) the first abbot of the Kyiv Pechersk Lavra, the Orthodox saint. PEŁN title; I 3; 9; II 9–10; III 2; 6; IV 3; XV title; 1, 1; 2, 1, 6; 3, 2; XVI 18; 32; 36; 78; 84; 95; 100; 130; XVII 19; 21; XVIII 1 title; 3,1; 18; 52; 86; 90; 95; XIX 1 title; 17; 32; 51; 53; 60; 70; 79; 3,12; 5,15; 31; XX 1 title; 3, 15; 20; 25; 40; 48; 61; 81; 90; 3,6; 19; 26; 53; 61; 69; 74; XXI 1–4; 10; 11; 13;

Barłaam Pieczerski see *Barlaam of the Kyiv Pečery.*

Barlaam the Hermit, St. (*Barlaam Anachoreta*; Pol. *Barłaam*; *Warłaam*) the hermit, the protagonist of the legend of Barlaam and Josaphat. ARCT IX 3–5; PEŁN title; I 3; 5; II 9–10; III 2; 3; IV 3; 6; V title; 1, 4; 2, 2; 3, 5; VI 13; 135; 150; 152; 211; 258; 271; 283; 290; 309; 316; 320, 321; 366; 422; 427; 432; 449; 478; 485; 492; 500; VII title; 8; 23; 70; VIII title; 32; 83; 93; 102; IX title; 24; 31; 53; 71; XVII 15; 21; XXI 1–4; 10; 11; 13.

Barlaam the Martyr, St. (*Barlaam Martirus*; Barlaam of Antioch) an early Christian martyr (died 304 A.D.). PEŁN title; I 3; 7; II 2; III 2; 7; IV 3; X title; 1, 2; 6; 2, 3; 3, 3; XI 11; 65; XII title; 1; 6; 16; 61; XIII title; 9; 37; 61; 102; 110; 112; XIV title; 11; 13; 21; 52; 62; 76; 85; 105; 109; 121; XVII 17; 21; XXI 1–4; 10; 11; 13.

Basil the Great or *Basil of Caesarea* (Lat. *Basilius Magnus*, 330–379) a bishop of Caesarea Mazaca in Cappadocia, saint and one of the Three Great Hierarchs of the Eastern Orthodox and Eastern Catholic Church. PEŁN XIII 19; 41; 54.

Basilius Magnus see *Basil the Great.*

Bellerophon a Greek hero known for defeating the Chimera. He rode *Pegasus*. ARCT VI 9; IX 4.

Bellona the Roman goddess of war. III 35; ECHO II 4 VIII 6; 36; 83; X 11; 26; 39, 44, 60, 119; PEŁN XXII.B 58.

Black Sea (Lat. *Pontus Euxinus*, Pol. *Morze Czarne*, *Pont*) ECHO IX 76; 100; PEŁN XIII 80; XXII.A 78.

Bootes, Boötes (Pol. *Boot*) a constellation in the northern sky (Pol. *Wolarz*—Ploughman). ARCT IV 15; PEŁN XXII.B 27; XXII.C 8, 4.

Borysthenes see the *Dnieper River*.

Brontes (Pol. *Bront*) a Cyclops who worked in the smithy of *Vulcan*. ECHO VIII 78; ARCT VII 4; PEŁN XI 110.

Bucephalus in Greek "an ox-head"; the name of the famous horse of Alexander the Great—ARCT IX 2.

Byblida see *Byblis*.

Byblis (Pol. *Byblida*) in ancient mythology: a girl who fell in love with her brother Caunus and committed suicide. She was transformed into a river. ARCT X 36.

Cádiz (Lat. *Gades*, Pol. *Gady*) a city and port in south-western Spain. In ancient literature *Gades* was considered to be the most westerly point in Europe. ECHO X 74; ARCT X 4.

Calliope (Pol. *Kallijopa*) the Muse of epic poetry and rhetoric. HERC VII 23.

Camenae (Pol. *Kameny*) in Roman mythology, they corresponded to Greek *Muses*. HERC III 135; ECHO XII 123; ARCT X 70; PEŁN XI 119; XXII.C 7, 8; XXII.D 16.

Camillus (Marcus Furius Camillus, ca. 446–365 BC) a Roman general and statesman who triumphed four times and was five times a dictator, honoured with the title of new "Romulus and second father and founder of the nation" (LIVY 5.49). ARCT III 55.

Capitolium (*Capitoline Hill*, Pol. *Kapitolijum*) the Capitol; the highest temple. ARCT VI 11; XIV 5; HERC III 28; PEŁN VIII 12; 122; XIX 146; XX 1, 36; 3, 75; 82.

Capua a city in Campania, southern Italy, in the 3rd century BC one of the richest and most powerful centres of the western Mediterranean. PEŁN XX 1, 34;

Castalian Spring (Pol. *zdroje kastalskie, źródło kastalskie*) the sacred spring between the Phaediades and Delphi, where Pythia, priests of Apollo, and all visitors to Delphi cleaned or washed themselves before giving oracles. HERC III 38; 164; ECHO XII 73; 179; ARCT XIII 82; PEŁN IV 5.

Castor (Pol. *Kastor*) the twin half-brother of *Pollus*, mortal son of Tyndareus and Leda, together Castor and Pollux are known as Dioscuri. HERC II 2; PEŁN VI 442; 472.

Cato Censorius (Marcus Porcius, Pol. *Katon*, 234–149 BC) a Roman senator, famous for his republican virtues. ECHO IX 50; ARCT IX 11.

Cato Uticensis (Marcus Porcius, 95–46 BC) also Cato the Younger a conservative Roman senator, Caesar's opponent, killed himself in Utica after the defeat of Metellus Scipio in the battle of Tapsus, celebrated as the Stoic martyr. ARCT II 2.

Caucasus (adj. *Caucaseus*; Pol. *Kaukaz, Kawkaz*, adj. *kawkazowy, kaukazowy*) The Caucasus Mountains. HERC VII 30, 45; ARCT VI 3; VII 2; IX 9; X 42; PEŁN XI 13; XX 1, 5; XXII.A 31; XXII.B 81.

Cerberus (Pol. *Cerber*; adj. *cerberowy*) a dog that guarded the gates of the underworld. ECHO VII 17; 20; XII 141; ARCT VII 9, 40; XII 151; PEŁN XXII.A 45.

Černihiv (adj. Lat. *Czernihoviensis*; Pol. *Czernihów*) a town in northern Ukraine, from the 11th century one of the major religious centres (archbishoprics) in Rus', Hetmanate, and Ukraine. HERC tytuł; ARCT III 1, 61; 63.

Četvertyns'kyj Gedeon (*Czetwertynius*, Pol. *Czetwertyński*) the Orthodox Bishop of Luck from 1661 or 1663. In 1685, the council appointed him the Metropolitan of Kyiv; he was ordained in Moscow by the Patriarch of Moscow Joachim which resulted in the Kyivan Metropolis losing its independence. ARCT VII 14 and marginalium;

Charites in Greek mythology three goddesses of charm and beauty. PEŁN VII 34; XXI 10. Cf. *Graces*.

Charon (Pol. adj. *charontowy*) a ferryman of Hades. His task was to carry the souls of the dead across the *Acheron River*. ECHO VII 3; 40; IX 16; 94; ARCT IX 19; PEŁN IV 4; XI 17; XXII.C 18, 3.

Charybdis (Pol. *Charybda*, adj. *Charybdowy*) a sea monster which attempted to sink ships sailing in the Strait of Messina with her sister *Scylla*. ECHO VII 8; IX 12; ARCT VII 50; PEŁN IV 4; XIX 4; XXII.B23.

Chersonesus (Pol. *Chersoness*) an ancient Greek city (colony) on the south of the *Crimean Peninsula*. In Javors'kyj's poems a metonymy of the Crimean Khanate. ECHO IX 44; PEŁN XIX 5, 20.

Cicero (*Marcus Tullius Cicero*, *Tullius*; adj. *Tullianus*; Pol. *Cyceron*, *Tullijusz*, 106–143 BC) a Roman statesman, orator, rhetorician, lawyer, and philosopher, the epitome of a great orator and Latin prose writer—HERC II 3; 7; III 192; 195; ECHO II 6; XII 32; 75; ARCT II 5; PEŁN IV 1; IX 3.

Cimmerians (Lat. *Cymmerii*, Pol. *Cymeryjczycy*, adj. *cymmeryski*) a Thracian or Sarmatian tribe in present-day Crimea, on both sides of the Dnieper, but also a mythical people that lived in complete darkness. ECHO VIII 43; PEŁN XI 109; XIV 3; XXII.A 120; XXII.B 74.

Cimmerius see *Cimmerians*.

Cineas (*Cyneas*) a Thessalian who was famous for his wisdom and advisor to King Pyrrhus (4th–3rd centuries BC); pupil of the great orator Demosthenes. PEŁN VII 63.

Cleanthes (*Cleantes*) Cleanthes of Assos (ca. 330–ca. 230 BC), a Greek Stoic philosopher, successor to Zenon of Citium as the second head of the Stoic school in Athens, author of the *Hymn to Zeus* which has been preserved in Stobaeus (5th century AD) and earlier quoted by Epictetus (*Enchiridion* 53) and Seneca (Ep. 107.11); according to Cicero Cleanthes "called the world a god" (*Nat. deor.* 1.14: "ipsum mundum deum dicit"). HERC II 9; PEŁN XIII 114.

Cleopatra (*Cleopatra VIII Philopator*, 69–30 BC; adj. *Cleopatreus*) the last queen of the Ptolemaic Kingdom of Egypt, from 51 BC until her death, known for her intelligence and extravagance. PEŁN VII 60; XX 2b.

Clotho (Pol. *Kloto*) one of Three Fates (Moirai), a sister of *Lachesis* and *Atropos*. Her role was to spin the thread of human life. HERC III 50; 110; 119; 139.

Cocytus (*Kokytos*, Pol. *Kocyt*) the river of lamentation, one of five rivers in the Hades (the underworld). HERC VII 37; ECHO IX 93.

Colchis (Pol. *Kolchi, Kolchida*) the territory on the eastern shores of the Black Sea. The *Argonauts* brought the Golden Fleece from there. HERC VII 88; ECHO XI 5, 5; ARCT VI 3; VII 14; IX 3; PEŁN VII 42.

Cosdroas see *Khosrow* I.

Crimea (*Crimean Peninsula*, *Taurica Peninsula*, Pol. *Krym*, adj. *krymski*, *Tauryka*) ECHO VII 94; X 15.

Critolaus (ca. 200–ca. 118 BC) a Greek philosopher of the Peripatetic school who paid particular attention to rhetoric and ethics and claimed that pleasure is an evil. ARCT VI 5; IX 11.

Croesus (Pol. *Krezus*, in Javors'kyj's works also the shortened form *Krez*) king of ancient Lydia (ca. 585–ca. 546 BC). He was famous for his legendary wealth. ECHO IX 57; ARCT XI 1.

Cupid (Lat. *Cupido*) in Roman mythology the god of desire and erotic love, usually portrayed as the son of the goddess Venus; ECHO II 4; PEŁN VIII 17; XIX 5, 2.

cymmeryjski see *Cimmerians*.

Cyneas see *Cineas*.

Cynosura (*Κυνόσουρα*, Pol. *Cynozura*) a nymph and chaperone of *Zeus* (*Jupiter*), who turned into one of the stars of Ursa Minor. Sometimes *Cynosura* is the name of the entire constellation. ECHO IX icon, 78; X 117; ARCT IV 22; VII 81; PEŁN VII 36; XI 86.

Cynthia (*Cynthyja*) see *Diana*.

Cypria Dea see *Venus*.

Cypryda see *Venus*.

Czernihów see *Černihiv*.

Czetwertyński Gedeon see *Četvertyns'kyj Gedeon*.

Daedalus (Pol. *Daedal*, *Dedal*, adj. *Daedalowy*) in Greek mythology a genial inventor, skilful architect, and craftsman, a symbol of knowledge, famous for the Labyrinth for King Minos and for the wings that he made and used to escape Crete with his son Icarus. HERC V 59; ECHO II 9; ARCT II 1; 6; VI 7; PEŁN III 10, 2; XII 5; 79; XXI 7; XXII.B 25; XXII.C 3, 7.

Dalila see *Delilah*.

Damscenus see *John of Damascus*.

Daniel (Pol. *Danijel*) an Old Testament prophet, the protagonist of the Book of Daniel. PEŁN XVI 97.

David (Pol. *Dawid*) in the Bible a young man who killed the Philistine giant Goliath. He later became the King of Israel. PEŁN VIII 82.

Dedal see *Daedalus*.

Delilah (Pol. *Dalila*) in the Bible (Jgs 16) a lover Samson, who betrayed him and helped the Philistines to capture and blind him. PEŁN XIX 33.

Delphi (adj. *Delphicus*) the seat of Pythia, the major oracle of Apollo in ancient Greece, situated in Phocis. HERC II 10; ARCT V 1; PEŁN III 9, 1.

Demosthenes (Polish: *Demostenes*) (384–322 BC) a Greek orator and statesman. III 191; 196; ARCT XIII 68.

Deucalion in Greek mythology the son of Prometheus, saved from the great flood (caused by the anger of Zeus) by making a chest, which he used to survive the deluge with his wife, Pyrrha. After the flood he and his wife Pyrrha populated the earth again. They were ordered by Jupiter to throw stones behind them. New humans grew out of these stones. HERC VI 2, 40; ARCT XI 4; PEŁN VIII 95.

Diana (in Javors'kyj's poetry also *Cynthia*, *Cynthyja*, *Luna* or *Moon*) a virgin goddess of hunters, also Moon and chastity. HERC II 9; ECHO XI 8, 2; XII 1; ARCT IV 35; XII 7; 8; PEŁN III 5, 2; XI 106; XIII 25.

Dio Dio of Prusa or Dio Chrysostom (ca. AD 40–ca. 115), a Greek orator, writer, philosopher, and historian. HERC II 9.

Diogenes of Sinope (412 or 404–323 BC) a Greek philosopher, one of the founders of Cynicism. PEŁN XIV 18.

Dnieper River (Greek: *Borysthenes*; *Boristhenes*; Pol. *Dniepr*, adj. *dnieprowy*) HERC II 9; ECHO X 57; PEŁN XX 2b.

driada see *Dryad.*

Dryad (Pol. *driada, dryjada*) a tree nymph. PEŁN XXII.C 6, 1.

Echo an Oread who resided on Mount Cithaeron between Boeotia and Attica. ECHO title; II 1; XII 149; 170; 203; ARCT III 2, 1; 8; 20; 24; 74; 81; PEŁN XXII.B 38; XXII.C 1, 6.

Elizejskie Pola see *Elysium.*

Elysium (Elysian Fields, Lat. *Elisii Horti*, Pol. *Pola Elizyjskie* or *Elizejskie*, adj. *elizejskie*) the part of the underworld reserved for those who were to live a happy and blessed life after their death. HERC III 110; ECHO IX 97; ARCT XIII 33; PEŁN IX 72; 77.

Empir see *Empireum.*

Empireum (Pol. *Empir*, adj. *empirejski*) the highest part of heaven, the seat of the gods. HERC III 80; V 18; 30; ECHO V 6, 4; XI 1, 3; ARCT VII 54.

Enceladus (*Encellaldus*) one the giants, the offspring of Gaia and Uranos. HERC II 9; PEŁN XX 35.

Endymion (Pol. *Endymijon*; adj. *Endymijonowy*) a shepherd. At the demand of his lover, the goddess Selene (Moon), he was granted eternal youth by Jupiter. However, Endymion was also put into eternal sleep. ARCT VIII 3.

Eol see *Aeolus.*

Eolus see *Aeolus.*

Erebus (Pol. *Ereb*) the Greek god of the underworld or the underworld. ARCT X 33; PEŁN XII 31.

Eridanos (Pol. *Erydan*) a river located by the ancient Greeks in northern Europe. They believed that it was rich in amber. ECHO XII 188; PEŁN XXII.B 131.

Erydan see *Eridanos.*

Erythraean Sea (Lat. *Erythraeum Mare* or *Pelagus*; adj. *Erythreum*) an ancient name for a maritime area that included the Gulf of Aden and often other seas between Arabia Felix and the Horn of Africa, the present-day Red Sea, Arabian Sea, Persian Gulf, and Indian Sea (HERODOTUS, *NH* 1.18 and OGI 674.10). HERC IV 2; ARCT II 6; PEŁN VII 29; 71; XVIII 3, 35; XX 2b.

Erythraeum Mare see *Erythraean Sea.*

Ethiopia (Pol. *Etiopia*; adj. *etiopski*; *ethyjopski*) a country in East Africa; in Javors'kyj's work a synonym of a distant foreign country. PEŁN VI 50.

ethyjopski see *Ethiopia.*

Euclides (ca. 365–270 BC) a Greek mathematician. PEŁN XX 2b.

Euripus (Pol. *Euryp, Euryppus*) the Euripus Strait in Greece. Javors'kyj considered it to be a stream or river. HERC III 63; ECHO VII 55.

Fidijasz see *Phidias.*

Gady see *Cádiz.*

Gaius Mucius Scaevola a semi-legendary Roman hero. Captured by his country's enemies, he voluntarily burned his right hand to prove Roman military and civilian virtue; PEŁN V 1, 1–6; XIV 1, 113.

Ganges a river in India. HERC VII 11; ARCT II 3; 17; PEŁN V 3, 3; XXII.B 128.

Ganymedes (*Ganimedes*) in Greek mythology a divine hero of Troy, who, as the most beautiful of mortals, was abducted by Zeus / Jupiter. PEŁN XII 73; XXII.B 33.

Gedeon see *Gideon*.

Gedeon Czetvertynski see *Četvertyns'kyj Gedeon*.

Gerion (*Geryon*) a mythical fearsome giant who dwelt on the island of Erytheia of the mythic Hesperides. HERC II 14.

Gideon (Pol. *Gedeon*; adj. *Gedeoński*) a Jewish military leader in the Old Testament (Jgs 6–8). ECHO V 5, 8; ARCT III 63; VII 14; 53; IX 3 PEŁN VII 43.

Gizel' Innokenty (Lat. *Innocentius Giziel*, ca. 1600–1683) a professor of philosophy at Kyiv-Mohyla College in 1645–1647, the rector of Kyivan Theological School, the Archimandrite of the Kyiv Caves Monastery from 1656 to his death in 1683. HERC title; II 2.

Goliath a Philistine giant defeated by the young *David*. ARCT XI 4; PEŁN VIII 84; XX 44.

Graces (*Gratiae*, Pol. *Gracje*) three goddesses of grace, charm, and joy. ECHO II 1; XIII 93; .

Gradivus (Pol. *Gradyw*) see *Mars*.

Gratia see Graces.

Gratianus (Pol. *Gracyjan*, 359–383) a Roman emperor. PEŁN XXII.A 136.

Gregory the Miracle-Worker (Gr. *Thaumaturgos*, ca. 213–270) also known as Gregory of Neocaesarea, born in Neocaesarea in Pontus in Asia Minor, he was consecrated bishop of his native city, a saint in the Catholic and Orthodox Church. PEŁN XII 11.

Haemonius (sc. *arcus*) the constellation of Sagittarius (from Haemonia, i.e. poetically Thessaly, because some Romans identified the constellation of Sagittarius with Centaurus, and Thessaly was supposed to be the homeland of the Centaurs). ARCT XIV 6; PEŁN IV 2.

Hannibal (in Lat. also *Annibal*, 247–between 183 and 181 BC) a Carthaginian general and statesman, the commander-in-chief of the Carthaginian army during the Second Punic War (218–201 BC). ARCT XI 2; PEŁN XX 1 title; 2; 15; 19; 24; 3,74; XXII.B 7; 45.

Harpia see *Harpy*.

Harpocrates in Hellenistic religion the god of silence, his name is a Hellenization of the Egyptian *Harpakhered* or *Heru-pa-khered* ("Horus the Child"), in ancient art depicted as a youthful god pointing his finger to be silent. HERC II 7; ARCT II 5; IX 7.

Harpy (Pol. *Harpia*, *Harpija*) one of four mythological creatures which were half-human, half-bird in form. ECHO XI 11, 7.

Helice (Helike) an ancient name of the constellation Ursa Major. ECHO XI 1, 8; XII 102.

Helicon (Pol. *Helikon*; adj. *helikoński*) Mount Helicon in the region of Thespia, in Boeotia in central Greece, was celebrated in Greek mythology and literature as the house of Muses—HERC III 133; 149; 156; 167; ARCT VI 1, 9; PEŁN XXI 10; XXII.C 2, 6.

helijacki see *Helijada.*

Helijada (adj. *helijacki*) Greece (Hellada). HERC V 17; PEŁN XXII.A 7.

Helikon see *Helicon*

Helios (in Javors'kyj's works *Tytan, Tytant*; adj. *tytanowy*) the god of the Sun; one of the Titans. Sometimes identified with *Apollo*; see also *Hyperion.* HERC VII 27, 82; ECHO II 10; VIII 50; IX 97; XI 1, 5; VI 2; XII 7; 127; PEŁN VI 401; XI 90; 104; XXII.B 71; XXII.C 13, 5.

Heperijon see *Hyperion.*

Heraclitus (Pol. *Heraklit*) a Greek philosopher (ca. 535–ca. 475 BC). His ideas were considered to be pessimistic and melancholic so Heraclitus was often represented in art and literature as sad or crying. HERC III 120; ARCT VIII 1.

Heraklit see *Heraclitus.*

Hercules (*Heracles, Alcides*, adj. *Herculeus*, Pol. *Herkules, Alcydes*, adj. *Herkulesowy*) the greatest of Greek (as Heracles) and Roman heroes, son of Zeus/Jupiter and the mortal Alcmena, deified after his death and admitted to Olympus. Metaphorically about Jasins'kyj in HERC (*passim*) or *Mazepa* in ECHO. HERC title; II 1; 3; 4; 10; 13; 14; IV 1; 5, 81; 83; VI 1; 54; ECHO II 10; 49; VII title; 22; 54; XI 11, 4; ARCT III 2, 79; VI 3; PEŁN VI 201; VII 68; VIII 10; 48; 52; XIV 1, 119; XX 5; XXII.B 3; 12; 13; 80.

Hermus (Pol. *Herm*) a river in ancient Lydia in Asia Minor (today the Gediz River in Turkey). In Antiquity a gold-bearing river. HERC VII 9; 18; 20; ECHO XII 189.

Herodotus (Pol. *Herodot*) a Greek historian (ca. 484–ca. 425 BC). ARCT XIII 69.

Hesper the sunset. PEŁN VI 473.

Hesperia (Pol. *Hesperyda*, adj. *hesperyjski*) in Greek mythology the western edges of Europe, where the Garden of the Hesperides was located. An apple tree with golden apples grew in the garden. HERC V 63; VII 27; ECHO X 108; XI 10, 3; XII 55; XX.B 30; 78.

Hesperyda$_1$ one of three nymphs of the sunset who were the guardians of the golden apple tree in *Hesperia.* ARCT II 6; VI 3; PEŁN IX 49; 57.

Hesperyda$_1$ see *Hesperia.*

Hidasp see *Hydaspes.*

Hierosloyma see *Jerusalem.*

Hipokreny see *Hippocrene.*

Hippocrene (*Aganippe*; Pol. *Hipokrena, Hypokrena*; adj. *hipokreński*; *hypokreński*) a sacred spring on the Mount Helicon in Boeotia (Greece). According to Greek mythology the spring was cut open by a hoof of *Pegasus.* It was dedicated to the Muses. In Javors'kyj's writings it is a metonymy of literature or academic activity. HERC III 136; 165; ECHO XII 37; ARCT X 69; XII 36; 73; 181; XIII 77; PEŁN IV 5; XI 120; XXII.A 144; 145; XXII.C 3, 2.

Hippomenes (*Hyppomenes*) a Greek hero known especially from his courtship of *Atalanta* (e.g. OVID, *Met.* 10.560–707). He ran a race with

Atalanta, won, and as a result he was allowed to marry her. ARCT VI 8; PEŁN XXI 7.

Hippotades see *Aeolus*.

Homer (Lat. *Homerus*) a Greek poet, recognized as the author of *Iliad* and the *Odyssey*. ECHO XIII 209; ARCT XIII 69; PEŁN XIII 28; XXII.A 133.

Honorius (Pol. *Honoryjusz*, 384–423) a Roman emperor. PEŁN XXII.A 135.

Horace (Lat. *Quintus Horatius Flaccus*, Pol. *Horacyj*, 65–68 BC) a Roman poet. HERC VII 21; PEŁN IV 5; XXII.A 133.

Horacy see *Horace*.

Horacyjusz Sarmacki see *Sarbiewski Maciej Kazimierz*.

Horatius see *Horace*.

Hortensius Quintus Hortensius Hortulus (114–150 BC), a famous Roman lawyer, statesman, and orator, highly valued by his friendly rival Cicero. ECHO XIII 39; PEŁN IX 12.

Hybla (adj. *Hybleus*) a mountain in Sicily abounding in flowers, bees (see VERGIL, *Aen*. 1.55), and honey (see MARTIAL, 7.88.8; 11.42; cf. VERGIL, *Aen*. 7.37). ARCT IX 6; XIII 51; PEŁN IX 17; 54; XXI 5.

Hydaspes (Pol. *Hydasp*, *Hidasp*) a river in modern Pakistan and India (Jhelum River); the site of the Battle of the Hydaspes in 338 BC between Alexander the Great and King Porus. HERC VII 7; 18; ARCT X 69; PEŁN V 3, 1; XXII.B 129.

Hydra a monster killed by *Hercules*. ECHO VII title; 45; 80; PEŁN XIV 1, 119; XXII.B 14.

Hymettus a mountain near Athens, famed in ancient time for its honey and its marble (see PLIN. 4.7.11 and 36.3.3; CICERO, *Fin*. 2.34.112; HORACE, *Carm*. 2.67.14; OVID, *Met*. 7.702), PEŁN IX 11.

Hyperion (*Heperyjon*) a byname of *Helios*. ARCT IV 1; VII 43.

Hyperyjon see *Hyperion*.

Hypokrena see *Hippocrene*.

Hyppomenes see *Hippomenes*.

Hyppotades see *Aeolus*.

Iasinski see *Jasyns'kyj Barlaam*.

Iason see *Jason*.

Iaworski Stefan see *Javors'kyj Stefan*

Icarus (adj. *Icareus*; Pol. *Ikar*, *Ikarus*) the son of *Daedalus*. Flying with artificial wings, constructed by his father, he approached the sun. The wax that bonded the wings together melted and *Icarus* fell into the Aegean Sea. HERC II 6; 9; IV 5, 26; V 19; 23; ECHO II 11; VI 3, 1; ARCT II 3; V 2; 3; PEŁN VI 400; VII 94; XII 80; XIII 2; XXII.A 61.

Ikar see *Icarus*.

Ikarus see *Icarus*.

India (adj. *Indius*; Pol. *Indyja*, *Indie*; adj. *indyjski*) ARCT XI 5; PEŁN V 2, 5; 3, 1; 4; 6; VI 23; 138; 456; 458; 460; 461; 468; 474; 477; 487; 499; VIII 46; 52; 77; 85; 87; 105; 111; XXI 2; 4.

Indian ARCT XI 3.

Indian see *India*.

Ioannes Chrysostomus see *John Chrysostom*.

Iris the goddess of the rainbow and swift-footed messenger of the Olympian gods, daughter of Thaumas and Electra, the rainbow itself. ECHO XIII 208; PEŁN XIX 3, 9.

Istanbul (Pol. *Stambuł*) ECHO VII 44.
Iup(p)iter see *Jupiter*.
Jan Chrzciciel see *John the Baptist*.
Jasiński Warłaam see *Jasyns'kyj Barlaam*.
Jason (Pol. *Jazon*) a Greek hero, the leader of the *Argonauts* who brought the Golden Fleece from *Colchis*. In ARCT, Jasins'kyj is called *Jason*. ECHO V 5, 1; 4; IX 1; ARCT VII 21; 51; 78; XV 23.
Jasyns'kyj Barlaam (*Iasinski, Metropolita*; Pol. *Warłaam/Barłaam Jasiński*, Ukr. Варлаам Ясинський, 1627–1707) a Ukrainian churchman; studied in Kyiv and Kraków (Poland). 1667–1673—rector of the Kyiv-Mohyla College; 1673–1677—Hegumen of St. Michael's Monastery in Kyiv; 1680–1684—Hegumen of St. Nicholas's Monastery in Kyiv; 1684–1690—Archimandrite of the Kyiv Caves Monastery (Kyiv-Pečersk Lavra); 1690–1707—Metropolitan Bishop of Kyiv. Javors'kyj's patron. HERC title; I title; ARCT title; II title; 35; III 1, 11; XI 1–5; XIII 32; XV title; 1–30; XVI 2; PEŁN title; IV title; 7; VI 484; 500; VII 91; VIII 126; IX 76; XI 103; XII 76; XIII 127; XIV 126; XVI 134; XVIII 101; XIX 25; XX 79; XXII.A 24; XXII.B 137.
Javors'kyj Stefan (*Iaworski Stephanus*; *Jaworski Stephanus*; *Jaworski Stephan*; *Iaworski Stephan*; *Jaworski Symeon*; Platanus and Baculus) HERC title; I 2 signature; ECHO title; II 11 signature; ARCT II 7 signature; XVI 1–4; PEŁN title; IV 7 signature;
Jaworski Stefan see *Javors'kyj Stefan*
Jaworski Symeon see *Javors'kyj Stefan*
Jazon see *Jason*.
Jerozolima see *Jerusalem*.
Jerusalem (Lat. *Hierosolyma*, Pol. *Jerozolima*) one of the oldest cities in the world and the holy city of Judaism, Christianity (as such in Javors'kij's panegyrics), and Islam. ARCT XI 3; PEŁN XX 1, 27.
John Chrysostom (Lat. *Ioannes Chrysostomus*, ca. 347–407) one of the most important early Church Fathers, saint, Patriarch of Constantinople, and one of the Three Great Hierarchs of the Eastern Orthodox and Eastern Catholic Church. PEŁN XIII 20; 56; 58.
John of Damascus (ca. 675/6–749) an Orthodox monk, priest, hymnographer, polymath, and neoplatonic philosopher, a possible author of the Greek version of the story of Barlaam and Josaphat. PEŁN IX 10; 15; 22; 34.
John the Baptist (Pol. *Jan Chrzciciel, Krzyciciel*) ECHO title; I 3; 6; VII 77; IX 107; XI X 7; XII 159.
Josaphat (Pol. *Jozaph*) the main character of the story about *Barlaam* and *Josaphat*. PEŁN I 1, 6; VI 28; 77; 124; 129; 137; 150; 167; 180; 211; 216; 229; 248; 262; 264; 278; 319; 333; 335; 375; 379; 385; 386; 392; 403; 407; 425; 431; 445; 450.
Joseph (Pol. *Jozeph, Jozef*) a biblical patriarch; PEŁN XVIII 130.
Joshua (Pol. *Jozue*, in Javors'kyj works *Jozwe*) Moses' successor as the leader of Israel. ARCT VIII, 3.
Jowisz see *Jupiter*.
Jozwe see *Joshua*.
Juno (*Lucina*; Pol. *Lucyna*) the Roman goddess of families, mothers, and

childbirth (as *Lucina*). ARCT VII 5; ECHO VIII 129; PEŁN VI 25.

Jupiter (*Iup[p]iter*; *Iovis*; Pol. *Jupiter*, *Jowisz*)—a Roman god of the sky and king of the gods. HERC II 3; III 112; V 13; ECHO VII 30; XII 95; ARCT XII 6; XIV 4; PEŁN VIII 110; XII 52; XIV 1, 13; XIX 39.

Justin Martyr or *Justin the Philosopher* (Lat. *Iustinus*, ca. 100–ca. 165) an early Christian apologist and philosopher. ARCT III 2, 15; 17; 18; 26.

Kaball(us) see Kabul River.

Kabul River (Pol. *Kaballus*, *Kaball*) a river in Afghanistan and Pakistan. PEŁN XXII.C 2, 1.

Kallijopa see *Calliope*.

Kameny see *Camenae*.

Kapitolijum see *Capitolium*.

Kastor see *Castor*.

Kawkaz see *Caucasus*.

Khosrow I (Chosroes; Javors'kyj's versions: Lat. *Cosdroas*; Pol. *Kozdroasz*) the Sasanian King of Iran (531–579). According to the *Aurea legenda* by Jacobus de Voragine he built the artificial Heavens to be worshipped as God; PEŁN III 10, 1; 10a, 2.

Kiiov see *Kyiv*.

Kiioviensis, *Kijoviensis* see *Kyiv*.

Kijov see *Kyiv*.

Kijovo-Mohilaeanus see *Kyiv-Mohyla College*.

Kijów see *Kyiv*.

kijowski see *Kyiv*.

Kloto see *Clotho*.

Kocyt see *Cocytus*.

Kolchis see *Colchis*.

Kolchowie inhabitants of *Colchis*, ECHO IX 2, 35.

Kozdroasz see *Khosrow* I.

Krez, *Krezus* see *Croesus*.

Krzciciel see *John the Baptist*.

Kyiv (Lat. *Kiov*, adj, *Kiioviensis*, *Kijoviensis*; Pol. *Kijów*, adj. *kijowski*) HERC title; III 109; ARCT title; III 2; IX 3; X 1, 29, 43, 55, 61, 67, 81; XI 3; PEŁN title; VII 91; VIII 126; IX 76; XIII 127; XIV 126; XVIII 101; XIX 5, 26; XX 80.

Kyiv-Mohyla College (*Academy*) (Lat. *Collegium Mohileanum*, *Mohileanum Atheneum*, *Mohileana Palaestra*, *Mohilaneus Parnassus*, *Pallas Kijovo-Mohilaeana*; Pol. *Mohileańskie muzy*, *nieba*, *Parnas Mohiły*, *Szkoły Kijowskie*). HERC II 3, 8, 9, 10; III 93, 99, 133, 162, 178; IV 5, 33; ARCT X 24, 31; XI 2, 3; XII 8.

Lacaena a Spartan woman. PEŁN XII 1.

Lachesis (Pol. *Lacheza*) one of the Three Fates (Moirai), a sister of *Clotho* and *Atropos*. She determined the thread of life (destiny). ARCT IV 71; PEŁN XXII.C 20, 2.

Lacheza see *Lachesis*.

Latium a region of Italy, in which Rome is situated. ECHO XIII 9, 48; PEŁN XX 3, 2.

Latona see *Leto*.

Laura (Pol. Ławra) a type of Orthodox monastery consisting of a cluster of cells or caves for hermits, here specifically Kyiv-Pechers Lavra (Pol. Ławra Peczerska). ARCT IX 1, 3 and 4; PEŁN XXII.D 74.

Lemna see *Limnos*.

Lerna (Pol. *Lernia*, plur. *Lernie*; Lat adj. Lernea) a region in ancient Greece on the Peloponnese. The place where *Hydra* lived and where she was killed by *Hercules*. HERC IV 1; ECHO VII 50; X 123 (Lerna located in Thrace in ECHO).

Lerne (Pol. *Lerna*; adj. *Lernejski*) a lake in Aulida in Greece. It was considered to be the entrance to *Hades* (the underworld). ARCT X 45 and 52; PEŁN XI 29; XXII.B 13.

Lernea palus Lerne swamp—see *Lerna*

lernejski see *Lerne*.

Lernia see *Lerna*.

Lethe (Pol. *Lete*, adj. *lethejski*) the River of Oblivion in the Hades (the underworld). Water drunk from the river deprived a person their memory. HERC VII 33; ECHO IX 95; PEŁN XXII.C 18, 4.

Leto (Pol. *Latona*) in Greek mythology the divine mother of *Apollo* and Artemis. PEŁN XXII.B 73.

Libitina (Pol. *Libityna*) in Roman mythology the goddess of death and funerals. ARCT X 49.

Limnos (*Lemnos*, Pol. *Lemna*) a Greek island, in mythology the home of *Vulcan*. ECHO XII 93; PEŁN XI 110.

Lithuania (*Lituania*) HERC I 2

Lucina, *Lucyna* see *Juno*.

Lydia (adj. *Lydius*) a kingdom in Asia Minor on the Mediterranean Sea. The Lydian kings introduced coins (gold and silver currency) to the Mediterranean civilization. In Javors'kyj's works Lydia is associated with wealth and gold. HERC II 8; ECHO XIII 211; ARCT V 1; IX 7 and 11; PEŁN VIII 74; XIII 81; XXI 10.

Macedo "the Macedonian"—see *Alexander*.

Macedonia an ancient kingdom located in the northern part of the Greek peninsula. PEŁN XII 1.

Maecenas (Pol. *Mecenas*, Javors'kyj's version: Mecaenas) Gaius Cilnius Maecenas (ca. 70–78 BC), a Roman politician and patron of poets (e.g. Horace) and artists. HERC II 163; III 167; VII 22; PEŁN XXI.A 133 and 141.

Magnus Macedo cf. *Alexander III the Great*.

Marcellus (*Marcus Claudius Marcellus*, ca. 270–208 BC) an important Roman general during the Gallic War in 225 BC and the Second Punic War (218–201 BC), famous for defeating the very well-fortified city of Syracuse in 212 BC. PEŁN XIV 83.

Marianus see *Mary*

Mark Antony (Lat. *Marcus Antonius*, 83–30 BC) a Roman politician and general, a relative and close supporter of Julius Caesar, the consul of 44 BC, finally ruler of the Roman east and husband of Cleopatra VII. PEŁN VII 60.

Maron see Vergil.

Marpessos (Pol. *Marpez*, *Marpes*, adj. *marpeski*) a mountain on the Paros Island (Greece). ARCT VII 31; X 49; PEŁN XI 13; XXII.A 164.

Marpez see *Marpessos*.

Mars (Lat adj. *Martius*, Pol. adj. *marsowy*; *Gradivus*, Pol. *Gradyw*) the Roman god of war. HERC III 35; ECHO II 3, 4, 6, 10, 11; IV 1, 5; VI 2–5; VII 67, 99, 102, 105; VIII 19, 24, 70, 79, 81, 86, 92; IX 67, 82; X 4, 46, 54, 66, 83; XI 9, 11; XII 35, 88, 145, 149, 158, 161, 164; XIII 167, 170, 229; PEŁN XX 36; XXII.B 56.

marsowy see *Mars.*
Martius see *Mars*
Mary (*Holy Virgin*; Lat: *Maria*, adj. *Marianus*; Pol. *Maryja, Matka Boża, Przeczysta Maryja, Panna Przeczysta*) the mother of Jesus. HERC II 1, 2; ECHO I 1; V 7; VII 73; PEŁN II 16; III 1, 1; 10; 4a 2; 5, 2; 5a, 4; VII 93; IX 16; XII 85; XX 2b; XXI 1.
Matka Boża see *Mary.*
Mausolus (Pol. *Mauzol, Mauzoleos*) a ruler of Caria (377–353 BC) and a satrap of the Achaemenid Empire, after his death (353 BC) buried in a magnificent tomb (hence Mausoleum) at Halicarnassus. HERC III 116.
Mauzol see *Mausolus.*
Mazepa Ivan (*Joannes Mazepa*, Pol. *Jan Mazepa*; in ECHO also *Jan*, 1639–1709) the Hetman of the Zaporizhian Host (1787–1709). ECHO II title; IV 4, 4; VII 79; VIII 113; IX 87; X 107; 121; XI 11, 2; XII 130.
Mazepa Stefan Adam (?–1666) *Ivan Mazepa's* father. In 1662 the cupbearer of *Chernihiv* (Pol. *podczaszy czernihowski*).
Mazepas (Pol. *Mazepowie*) ECHO II 5; III title, 1–4, 6, 7; IV title, 4; V title, 1, 5; VI title, 2, 5; VIII 63, 82; IX 40, 44, 70; X 51, 55, 59, 62; XI 7; XII 107, 110, 180.
Mecaenas see *Maecenas.*
Medusa (Pol. *Meduza*) one of three Gorgons; a winged monster with snakes in place of hair, who could kill with her sight. She was killed by *Perseus*. ECHO VII 21; XI 11, 7; ARCT VII 10, 33.
Memnon mythical king of the Ethiopians, son of Tithonus and Eos, killed by Achilles in the Trojan War, in Greco-Roman Antiquity, twin statues of Amenhotep III in Egyptian Thebes became known as the Colossus or Colossi of Memnon; according to Juvenal, Pausanias, Pliny the Elder, Strabo, and Tacitus these statues sounded on various important occasions. HERC II 10; VI 45; ARCT II 2; IX 9; PEŁN VIII 98; XI 91.
Memphis (Pol. adj. *memphicki*) one of the capital cities of ancient Egypt, famous for its monuments. ECHO II 3; PEŁN XXII.B 15.
Mercury (Pol. *Merkury*) a) the Roman god of commerce, eloquence, and communication; a messenger of the gods. b) a planet (called a star by Javors'kyj). ECHO X 81; XII 21; XII 85.
Metellus see *Marcellus.*
Miceny see *Mycenae.*
Midas (Pol. *Mida*) a legendary king of Phrygia. He possessed the gift of turning anything into gold with his touch. ECHO VII 53; VIII 38; PEŁN XVIII 26.
Minerva see *Athena.*
Minerwa see *Athena.*
Mohiła see *Mohyla Petro.*
Mohilaneus see *Kyiv-Mohyla College.*
Mohileański see *Kyiv-Mohyla College.*
Mohyla Petro (Pol. *Piotr Mohyła, Mohiła*; Rom. *Petru Movilă*, Ukr. *Петро Симеонович Могила*, 1596–1647) a hierarch and the patron of the Orthodox Church in the Polish-Lithuanian Commonwealth, politician and scholar, a Moldavian prince. From 1628 the Archimandrite of the Kyiv

Pechersk Lavra and from 1633 the Metropolitan of Kyiv. The founder of the Kyiv-Mohyla College (1632). HERC III 104, 117, 142, 146, 162; V 74; ARCT X 34, 48; XI.

Momus (*Momos*) the god of jokes, mockery, and the personification of satire. ECHO III 6, 1.

Morpheus (Pol. *Morphej*, *Morfej*, *Morfeusz*) the god of sleeping and dreams. HERC IV 57; ARCT IV 57; PEŁN XI 108.

Moscow (Lat./Pol. *Moscua*, *Moskwa*; *moskiewskie stolice*) HERC II 13; III 198; ECHO XIII 227.

Moscua see *Moscow.*

Mucius Scaevola (*Caius Mutius Cordus*, Pol. *Mucyjusz, Mucjusz*) a Roman hero, whose right hand was burnt. PEŁN X 1, 1–6; XIV 113.

Mucyjusz see *Mucius Scaevola.*

Murad (Lat. *Amurat*) the name of several famous Ottoman sultans, among others Murad I (1362–1389), Murad II (1421–1444 and 1446–1451), or Murad IV (1623–1640). ECHO XIII 65.

Muses (Pol. *muzy*, sing. *muza*) in ancient Greek religion and mythology the goddesses of literature (especially poetry, but also of history), science, and the arts—cf. also *Camenae.* HERC III 93, 128, 133, 151, 177, 184, 190; V 74; VII 14; ECHO II 5; XII 38, 131, 173; ARCT X 34, 77; PEŁN XXII.A 128; XXII.B 140; XXII.C title, XXII C. 3, 13 and 19.

Mutius Cordus see *Mutius Scaevola.*

muza see *Muses.*

Mycenae (Pol. *Miceny*, *Mykeny*) an ancient town in Greece, in Argolis, north-eastern Peloponnese. PEŁN VI 204.

Mycyjusz see *Mucius Sacaevola.*

Myrmidon (Lat. *Mirmido*) one of the Myrmidons, a mythical race of people (from Thessaly or Aegina) transformed from worker ants (cf. OVID, *Met.* 7.634–657). HERC II 1

Naiad (Pol. *Najada*) a nymph of springs, waters, fountains. PEŁN XXII.C 8, 7.

Najada see Naiad.

Napaeae (Pol. *napee, napeje*) forest nymphs. PEŁN XXII.C 7, 7.

napee, napeje see *Napaeae.*

Narcissus (Pol. *Narcyz*) in Greek mythology a Boeotian hunter, known for his good looks who fell in love with his own reflection in a pool of water. PEŁN XXII.A 3.

Narcyz see *Narcissus.*

Neptun (*Neptunus*; Pol. adj. neptunowy) the god of the seas and oceans. HERC V 19; VII 31; ECHO IX 4, 74, 80, 114; X 84; XII 144; PEŁN IV 4; XXII.A 108; XXII.B 135; XXIII.C 7,6.

Nero (*Nero Claudius Caesar Augustus Germanicus*; Pol. *Neron*, AD 37–68) a Roman emperor, in ancient literary sources described as an unbalanced tyrant. ARCT VI 3; PEŁN XIV 1, 93; XX 1, 45; XXII.A 134; XXII.B 19.

Nestor (Pol. adj. *nestorowy*) a Greek hero known for his wisdom and extraordinarily long life. ECHO IX 105.

Nijobe see *Niobe.*

Nijobe see *Niobe.*

Nile (Lat. *Nilus*) a major river in north-eastern Africa and the longest river on the continent. HERC VI 57.

Niobe (Pol. *Nijobe*) in Greek mythology, a daughter of Tantalus, and *Amphion*, a son of Zeus and Antiope; she boasted that she had seven sons and seven daughters, while Leto only had two: the twins *Apollo* and *Artemis*/*Diana*; in this she was guilty of hubris, for which Leto sent Apollo and Artemis to kill Niobe's children with arrows; Niobe mourning her slain children is a symbol of grief and sorrow, who, being devastated, was turned into stone. HERC III 130; PEŁN XXII.A 5.

Okolski, Simon (Szymon, 1580–1653) a Polish Dominican, historian, theologian, and specialist in heraldry, author of a heraldic work, *Orbis Polonus splendoribus coeli, triumphis mundi, pulchritudine animantium condecoratus, in quo antiqua Sarmatorum gentiliata pervetusta nobilitatis insignia etc. specificantur et relucent* in three volumes (Cracow 1641–1643) and of *Diariusz transakcyi wojennej między wojskiem koronnem i zaporoskiem w roku 1637* (Zamość 1638) about the rebellion of the Zaporozhian Cossacks who were pacified by Hetman Mikołaj Potocki. ECHO XIII 172; 205.

Olimp see *Olympus*.

Olympus (Pol. *Olimp*, *Olympium*, *olimpijska góra*) a mountain in Thessaly (Greece), in Greek mythology the home of the Greek gods. In Javors'kyj's works also the Christian heaven or a synonym of the highest office (e.g. the Hetman). HERC II 1 and 2; V 80; ECHO II 10; X 81; XII 117; ARCT I 1–2; IX 4; XII 8; PEŁN VII 77; XIX.3 10; XXII.C 8, 1.

Orcus the Lower World, the abode of the dead, or the god of the infernal regions = Pluto. PEŁN XIX 18, 21, 50.

Orphaeus (*Orpheus*, Pol. *Orpheusz*, *Orfeusz*) a legendary Thracian musician, poet, and prophet. He went to Hades to fetch his wife Eurydice, but as a result of his mistake, he failed to bring her out of the underworld. ECHO XII 140; ARCT XII 4; PEŁN XXII.B 133; XXII.C 5, 2.

Ossa a mountain in Thessaly, mentioned, among others, in VERGIL, *Aen.* 1.281–282 and 3.94. ARCT VI 13.

Pactolus (Pol. *Paktol*) a river in ancient Lydia in Asia Minor (now Sart Çayı). In Antiquity the river contained electrum (a natural alloy of gold and silver), which was the basis of the economy of the ancient kingdom of Lydia and King *Croesus*. In Roman poetry Pactolus was a symbol of wealth. Cf. Herodotus about *Croesus*, PROPERT., *El.* 1.6.31–32. HERC II 163; III 167; VII 2, 17, 56; ECHO V 3.4; VIII 74, 125; PEŁN V. 3, 3; XVIII 3, 50; XX 3; XXII.B 128.

Paktol see *Pactolus*.

Pallada see *Athena*.

Pallas see *Athena*.

Paphia see *Venus*.

Parcae (*Moirai*, Pol. *Parki*, sing. *Parka*) three sisters who spun the thread of human destiny: Clotho, Lachesis, Atropos. PEŁN XXII.C 20, 2; XXII.D 38.

Parka see *Parcae*.

Parnassus (Pol. *Parnas*, *Parnass*; adj. *parnaski*) a mountain range in central Greece, according to Greek mythology sacred, among others, to Apollo; it was also home of the Muses. HERC II 10; III 94, 99, 109, 113, 123, 152, 162, 170, 181; VII 14; ECHO X 77; XII 31, 38; PEŁN XXII.B 130; XXII.C 1, 2.

Paros (Pol. adj. *paryjski*) a Greek island, famous for its marble (*Parian*). PEŁN XXII.B 109.

Parthians (Lat. *Parthae*) a major political and cultural power in ancient Iran from 247 BC to AD 224, the enemies of Rome. ARCT VI 7; PEŁN XIX 41.

paryjski see *Paros*.

Pegasus (Pol. *Pegaz*, adj. *pegazowy*) a mythical winged horse. According to the myth, the Helicon stream was created when his hoof struck the ground. Pegasus was ridden by Bellerophon. HERC III 81, 106, 113; V 34; ECHO X 79; ARCT VI 9; IX 4; PEŁN XXI 3.

Pegaz see *Pegasus*.

Pelion a mountain in Thessaly, mentioned, among others, in VERG., *Aen.* 1.281–282 and 3.94. ARCT VI 7.

Pericles (Pol. *Perikles*, *Perykles*, ca. 495–429 BC) a prominent and influential Athenian statesman and orator. HERC II 12; ECHO XIII 66; ARCT XIII 70; PEŁN VII 2; VIII 3.

Persenopolis (*Persepolis*) the ancient capital of the Achaemenid Empire, situated in the plains of Marvdasht in Iran. ARCT IX 3; PEŁN XX 2b.

Perseus (Pol. *Perseusz*) a Greek hero who killed *Medusa*. ARCT VI 9; X 4.

Persia (Pol. adj. *perski*)

perski see *Persia*.

Peter I (Pol. *Piotr I*, 1672–1725) the Russian tsar. ECHO II 8; VII 101.

Phaebus see *Apollo*.

Phaenix see *Phoenix*.

Phaeton (Pol. *Faeton*, *Phaetont*) in Greek mythology, the son of the sun god Helios, who forced his father to let him drive his chariot on his own; since he was not skilled enough, the horses scurried away and Zeus, in order to save the earth from fire, struck down the young charioteer with a bolt of lightning. HERC V 18, 31; ARCT XII 5; XIII 5; XIV 1; PEŁN XXI 7; XXII.B 29.

Phidias (Pol. *Fidijasz*, *Fidiasz*, Fidiasz, ca. 480–ca. 430 BC) a famous Greek sculptor. HERC VII 49.

Philistines (Lat. and Pol. *Philistyni*, adj. *philistyński*) an ancient people who lived on the south coast of Canaan in biblical times. ARCT XI 4; PEŁN VIII 84; XIX 34.

Phlegon one of four horses of the chariot of *Helios*; HERC V 37; ECHO X 80.

Phoebus see *Apollo*.

Phoenix (*Phaenix*, Pol. *Feniks*, *Phaeniks*) ARCT XI 2–3; PEŁN XII title, 1, 6, 8, 10, 15, 23, 32, 37, 46, 54, 66, 72, 79; 3, 19; XXI 4.

Phosphorus (Pol. *Fosfor*, *Phosphor*) the Morning Star. HERC II 2, 5; ARCT IV 13; PEŁN VI 473; XIII 24.

Phrixus (adj. *Phryxaeus*) the son of King Boeotia and brother of Helle; they were hated by their stepmother Ino who intended to kill them. They were rescued by a miraculous ram with Golden Fleece. Later Phrixus gave the Golden Fleece to King Aeëtes in *Colchis*. ARCT VI 3.

Phryxaeus see *Phrixus*.

Pirithous (Pol. Pejritoos; Pirothousz) in Greek mythology the king of Lapiths of Larissa in Thessaly and a friend of *Theseus*. PEŁN XXII.B 79.

Pirothousz see *Pirithous*.

Plato (Pol. *Platon*, 424/423–348/347) a Greek philosopher. ARCT XIII 70; PEŁN IX 9.

Pleady see *Pleiades*.

Pleiades (Pol. *Plejady*, *Pleady*) one of the nearest star clusters to Earth, in Greek mythology the seven divine sisters, daughters of Pleione and companions of *Diana*. PEŁN XX.B 75; XXII.C. 8, 7.

Pliny the Younger (*Gaius Plinius Caecilius Secundus*; Pol. *Plinijusz*, 61 c. 113)—a Roman writer; PEŁN XXII.A 137.

Pluto (Pol. *Pluton*; adj. *Plutowy, Plutonowy*) the Roman god of the underworld (Greek Hades). HERC III 44; VII 36; ECHO VII 14, 74; ARCT VII 7, 50; PEŁN IX 68; XI 109.

Pola Elizyjskie see Elysium.

Poland (Lat. *Polonia*, adj. *Polonus*, Pol. *Polska*, adj. *polski*) HERC I 2; II 9; III 73, 154; ECHO VI 3, 8; VI 6, 2; XIII 6, 25, 32, 41, 47, 171, 205, 260.

Pollux the twin half-brother of Castor, divine son of Zeus and Leda, together Castor and Pollux are known as Dioscuri. HERC II 3; PEŁN VI 443; VI 472.

Polonia see Poland.

Polykleitos (Lat. *Polycletus*, 5th BC) one of the most important and esteemed ancient Greek sculptors. ARCT VI 7.

Pomona a Roman goddess of fruit trees, gardens, and orchards. PEŁN VI 390; XXII.A 96.

Pompeius see *Pompey*.

Pompey (*Gnaeus Pompeius Magnus*, 106–148 BC) one of the greatest Roman generals and a leading statesman of the late republic. PEŁN XIV 83.

Pont see *Black Sea*.

Pontus Euxinus see *Black Sea*.

Porsenna an Etruscan king whom *Scaevola* unsuccessfully tried to kill. PEŁN XIV 114.

Prometheus in Greek mythology a Titan who gave fire to humans; for this act he was sentenced to be chained to the Caucasus Mountains and tortured, from which Heracles freed him. PEŁN XIV 115; XXII.B 80.

Proserpina (Pol. *Prozerpina*) goddess of the underworld. ARCT VII 6; PEŁN XXII.D 51.

Pyrgoteles one of the most renowned gem-engravers of ancient Greece in the latter half of 4th century BC, placed by Alexander the Great himself on a level with Apelles as a painter and Lysippos as a sculptor in bronze (see PLINY, *NH* 7.37.125). PEŁN XIII 30.

Rhodope (adj. *Rhodopeius*) a mountain range in Thrace, Rhodopes or Rhodope Mountains in southern Bulgaria and partially in northern Greece. Cf. VERGIL, *Georg*. 4.461: "Rhodopeiae arces" ("castles of Rodope") and CLAUDIAN, *III Cons. Hon.* 113: "Rhodopeia saxa" ("rocks of Rodope Mountains"). PEŁN XIII 80.

Roma see *Rome*.

Rome (Lat. *Roma*; adj. Romanus) the capital of the ancient Roman Empire and of modern Italy. HERC II 10, 13, 14; ARCT II 3; IX 4, 8; PEŁN XIV 92; XX 27–28, 30.

Rossia (adj. *Rossiacus*, Pol. *Rossyja*; adj. *rossyjski, roski, rosski*) HERC II 12; III 123, 125, 197; V 54; VII 57; ECHO II 8; III 7, 1; VII title, 45, 54, 90; VIII 84, 110; IX 85; XI 8.1, 4, and 8; 11, 5; XII 123, 170; ARCT title, V 3; VII title, 12, 20; XIII 44.

rosski see *Rossia*.

Rossowie see *Ruthenian*.

rossyjski see Rossia.

Roxolania (adj. *roxolański*) the lands of the Ruthenians; Ukraine; Rus'. HERC II 8, 9; III 92, 195; ECHO II 2, 6, 10; VII 71; XI 6, 4 and 8; 9, 6; XII 26; XIII 233; ARCT title; II 2; IV 62, 67, 81; VI 9; VIII 2, 3, 4; XI 3; XII 5, 6, 7, 8; PEŁN IV 1; VI 488; XXII.B 26; XXII.C 2, 7; XXII.D 55.

Roxolanian see *Ruthenian*.

Roxolanian Commonwealth (Pol. *Rzeczpospolita Roxolańska*) ARCT XI, 3.

Roxolanin, Roxolanie see *Ruthenian*.

Ruthenian (Lat. *Rutenus*, *Roxolanus*; Pol. *Roxolanin*, plur. *Roxolanie*; *Rossowie*; Roxolanians Ukrainians or Belarussians). The Roxolani were a Sarmatian tribe living between the Dniester and the Don Rivers. They were mentioned by the ancient Greek and Roman historians and geographers (Strabo, Ptolemy, Tacitus, Ammianus Marcellinus, and others). In the 16th century the Roxolani were identified with the eastern Slavs, inhabitants of Poland-Lithuania. The term *Roksolanin* (plur. *Roksolani*, *Roksolanie*) was first used in Polish literature in the 16th century. ECHO XII 50; ARCT VII 69; XI 6, 4; 9, 6; XII 50; HERC II 9 and 10; III 195; PEŁN XVI 131.

Rzeczpospolita Roxolańska see Roxolanian Commonwealth.

Sagunt (Lat. *Saguntum*) a municipality in Sapain, from 214 BC a Roman *municipium*; in 75 BC a battle was fought at Segunt between the armies of Sertorius and Pompey. PEŁN XIV 83.

Samson (in Javors'kyj's works: *Sampson*) the last of the judges of the ancient Israelites, blessed by God with immense strength (Jdg 14). HERC II 4; PEŁN XIX 81.

Sarbiewski Maciej Kazimierz (*Sarbievius*, 1595–1640) a neo-Latin Polish poet, scholar, and Jesuit called Horatius Sarmaticus (the Sarmatian Horace = the Polish Horace). Author of four influential books of odes (1625). ARCT XI 1; PEŁN XIV 87.

Saturn (Pol. adj. *saturnowy*) the Roman god of prosperity, agriculture, and periodic renewal. He was also associated with melancholy. His reign was described as the golden age. ECHO VIII 1, 73; XII 103 and 113; PEŁN XXII.D 33.

Scaevola (*Gaius Mucius Cordus* or *Scaevola*, 5th century BC) ancient young Roman hero, probably mythical, from the period of the earliest republic, who failed in a mission to kill the Etruscan king *Lars Porsenna* and after being captured, he declared to *Porsenna* that he was the first of 300 such young Roman volunteers ready to assassinate the king. He then thrust his right hand into a sacrificial fire and held it there without giving any indication of pain. This became a symbol of courage and determination, and Mucius received his nickname *Scaeviola*, i.e. "left-handed". PEŁN X 1, 1, and 5–6; XIV 113.

Scipio Africanus (*Publius Cornelius Scipio Africanus Maior*, Pol. *Scypijon*, 236–183 BC and/or *Publius Cornelius Scipio Africanus Aemilianus*, 185–129 BC) Roman statesmen and military leaders in the Second (Major) and Third (Aemilianus) Punic War. They were famous because of their virtue and patronage (especially Aemilianus) of writers and philosophers. HERC II 46; III 150; ECHO IX 49, XIII 66; PEŁN VIII 3; XIV 83.

Scylla a sea monster who, with her sister *Charybdis*, attempted to sink ships sailing in the Strait of Messina. ECHO V 2, 1; 2, 4; IX 86; ARCT VII 24; PEŁN XIX 1, 4.

Scypijon see *Scipio Africanus*.

Seneca the Younger (*Lucius Annaeus Seneca the Younger*, Pol. *Seneka*, ca. 4 BC–AD 65) a Roman writer and philosopher, a tutor of *Nero*. He was the symbol of a good advisor. HERC II 13; PEŁN XXII.A 134.

Senuseret III (Sesostris, ruled 1878–1839 BC) the pharaoh of the 13th dynasty. He was known for his military successes. PEŁN XXII.B 49.

Septentriones (*Triones*, Pol. *Septemtryjony*, *Tryjony*) Ursa Maior. In early modern poetry the synonym of the northern regions or countries (e.g. Lithuania, Muscovy, Poland, Ruthenia, Sweden, etc.). HERC III 192; ECHO XII 46; ARCT XIII 48; PEŁN XXII.A 107.

Sesostris see *Senuseret III*.

Siren (Lat. *Siren*, *Syren*, Pol. *syrena*) a Greek mythological creature that lived on coastal islands, with the legs and wings of a bird and the torso and head of a woman. The singing of Sirens (not to be confused with mermaids) lured sailors to destruction through the sweetness of their song. ECHO IX 13; PEŁN V 2, 3; VIII 39; XIX title, 1, 13, 15, 23, 28, 54; 3, 3, 17, 27; 4; XXII.C 7, 7.

Sisyphus (Pol. *Syzyf*; Javors'kyj's version: *Zyzykus*, *Zyzys*) a mythical king of Ephyra (Corinth). For cheating death he was condemned by Jupiter to roll a boulder up a steep hill of the Caucasus Mountains for eternity. HERC VI 29; ARCT XIV 7.

Solon (c. 630 c. 560 BC)—an Athenian statesman, lawmaker, and poet, listed as one of the Seven Sages or Wise Men of ancient Greece. ARCT XIII 69.

Sophia Alexeevna (1657–1704) a princess, the regent and co-ruler of Russia; the sister of *Peter I*; ECHO II 8; VII 101.

Stagryras see *Aristotle*.

Stambuł see *Istanbul*.

Steropes (Pol. *Sterop*) one of the Cyclops in Vulcan's smithy. PEŁN XI 110.

Styg see *Styx*.

Styx (adj. *Stygius*; Pol. *Styks*, *Styg*, *Styga*, adj. *stygijski*) the main river in

Hades (the underworld). HERC VII 36; ARCT III 2, 7; VII 6; X 20, 45, 50; PEŁN VIII 50; XX 25; XXII.C 18, 7.

Sydon an ancient Phoenician city (today in Lebanon) famous for the *Cedrus libani* (1 Chr 22.1–4). See also *Tyre*. PEŁN XX 2 b.

Syracuse a historic city on the island of Sicily, founded in 734 or 733 BC by ancient Corinthians, in the 3rd century BC, one of the most important capitals of the Hellenistic kingdoms. PEŁN XIV 83

syrena see *Siren*.

Syrtis (Pol. *Syrtes*; *Syrty*) two sandy flats between Carthage and Cyrtene; the Gulf of Sidra or Sirte on the northern coast of Libya (Lat. *Syrtis Maior*). ARCT II 3; IX 3; PEŁN VII 38; VIII 39.

Tagus (Pol. *Tag*) a river in contemporary Spain and Portugal (*Tajo*, *Tejo*). In Latin poetry it was famous as it was abundant in gold. HERC VII 6; ECHO VIII 5; X 29; XI 7,3; PEŁN V, 3, 5; VI 144, 481; XVIII 3, 49; XX 2 b.

Tantal see *Tantalus*.

Tantalus (Pol. *Tantal*) the King of Lydia condemned by Jupiter to eternal thirst in Tartarus ("Tantalean punishment"). HERC II 4; VII, 31; ECHO VII 10; ARCT VI 8; PEŁN VI 389; IX 50; XVIII 3, 45.

Tatra Mountains (Pol. *Tatry*) ARCT VII 30.

Tatry see Tatra Mountains.

Tauryka see *Crimea*.

Temida see *Themis*.

Thaumaturgos see Gregory the Miracle-Worker.

Thebes (Pol. *Theby*, adj. *thebański*) the largest and the most important city in Boeotia (Greece). In Greek mythology the site of the Theban myths of Cadmus, Oedipus, partly of Dionysus (Semele) and Heracles. The city was surrounded by the famous walls built by King Cadmus. PEŁN XXII.B 126; XXII.C 5, 8; XXII.D 65.

Themis (Pol. *Temida*) in Greek mythology the goddess and personification of justice, divine order, and law. ARCT VI 5; IX 11; XIV 7; PEŁN XX 2 b; XX 3, 27.

Theon (adj. *Theonius*) a satirical poet mentioned by Horace (*Epist.* 1.18, 82). ARCT IX 7.

Theopompos (ca. 380–ca. 315 BC) an ancient historian. ARCT XIII 71.

Theseus (Pol. *Thezej*, *Thezeusz*, *Tezeusz*) the mythical king and hero of Athens, famous for his courage and strength, he killed the Minotaur and, with the help of *Ariadne*, escaped from the labyrinth built by Daedalus. PEŁN VI 342; IX 76; XXII.B 5, 79.

Thetis (Pol. *Tetyda*) the goddess of seas and oceans. The mother of Achilles. PEŁN XXII.C 7, 2.

Thrace (Lat. Thracia, Pol. *Tracja*, *Thracja*, adj. *thracki*) an ancient region adjacent to the south-west shore of the Black Sea. In early modern texts, it was a synonym for the Ottoman Empire. ECHO II 10; VII 1, 50, 63, 75, 81, 92, 96, 103; IX 100; X 123; XI 11, 4, and 7.

Tiphys (Pol. and Javors'kyj's Lat. *Typhis*) the helmsman of the Argonauts. ECHO IX 5; ARCT II 1.

Tisiphone (Pol. *Tyzyfona*) one of three Furies who punished the crime of murder. ECHO II 10; ARCT VII 8; PEŁN XI 32; XXII.A 44.

Tonans in Lat. *the thunderer, god of thunder*—see *Iup(p)iter.*

Trajan (*Marcus Ulpius Traianus*; Pol. *Trajan*) a Roman emperor. PEŁN XXII.A 137.

Triton (Pol. *Tryton*) a Greek god of the sea. ECHO IX 34, 64.

Troia see *Troy.*

Troy (Lat. *Troia*) an ancient city at Hisarlik in present-day Turkey, described in Greek mythology (including the *Iliad*) as a powerful kingdom of the Heroic Age. PEŁN XIV 85; XXII.B 53; XXII.D 5, 2.

Tryjony see *Septentriones.*

Tryton see *Triton.*

Tullius or Pol. *Tullijusz* see *Cicero.*

turecki see *Turkey.*

Turkey (Pol. *Turcja*, adj. *turecki*) ECHO II 4; IV 3, 2; VII 80.

Typhis see *Tiphys.*

Typhus or *Typhon* in Greek mythology, a monstrous serpentine giant, the progenitor (with his mate Echidna) of many famous monsters. HERC II 14.

Tyre (Lat. *Tyrus*, adj. *Tyrius*; Pol. *Tyr*) an ancient Phoenician city, famous for its wealth and production of an expensive purple dye, made from the mucus of several species of Murex snail. It was also famous for the *Cedrus libani* (1 Chr 22.1–4). See also *Sydon.* ECHO II 8; 10; XIII 299; PEŁN VI 419; VIII 21; XVIII 1; XX 2 b; XXII.C 15, 8.

Tytan see *Helios.*

Tyzyfona see *Tisiphone.*

Ulisses see *Ulysses.*

Ulysses (*Odysseus*, Pol. *Ulisses*) the protagonist of the *Odyssey*. In Javors'kyj's works mentioned as a famous orator. The poet wrongly associated Ulysses with Athens. ARCT XIII 70; PEŁN VII 2; VIII 2; XIV 3; XIX 1, 3, and 4.

Venus (Greek *Aphrodite*, Pol. *Wenera*) the goddess of love and beauty, worshipped in many Greco-Roman regions, but especially in Cyprus, where (next to the later founded city of Paphos, sacred to the goddess—hence *Venus Paphia*) she was believed to have emerged from the sea at her birth. PEŁN VII 63; VIII 39; XIV 86; XIX 1, 15, 22, 55; 5, 15, 21; XXII.B 54.

Vergil (*Publius Vergilius Maro*, Pol. *Wergiliusz, Maron*; 70 BC–AD 19) a Roman poet, author of the *Aeneid.* ECHO XII 188.

Vesuvius a volcanic mountain on the Gulf of Naples in Campania. PEŁN XIV 1, 63.

Volhynia (*Vołhynia*; Pol. *Wołyń*) a historic region of the Polish-Lithuanian Commonwealth, now in western Ukraine. ECHO XIII 173.

Vulcan (Pol. *Wulkan*, adj. *Wulkanija, Wulkanowy*) the god of fire and smithery, who lived underneath Mount Etna in Sicily. He produced thunderbolts for *Jupiter*. ECHO VII 34; VIII 14, 77; X 38; XII 93; ARCT VII 3; PEŁN XI 44; XVI 8; XXI 2.

Vulcania Vulcan's island (or land) mentioned in VERG., *Aen.* 8.422. ARCT VI 7, and 13; PEŁN XIV 20, and 82.

Wenera see *Venus.*

Władysław III Jagiellon (1424–1444) King of Poland, Grand Duke of Lithuania. ECHO XI 7, 8.

Wulkan see *Vulcan.*

Xerxes Xerxes I or Xerxes the Great, King of Kings of the Achaemenid Empire 486–465 BC. HERC II 9.

Zacharyjusz see *Zechariah.*

Zaporoże (Pol. adj. *zaporoski*; Ukr. Запоріжжя *Zaporizhzhia*). ECHO title, II title, III 9, 2, VIII 114; IX 88.

Zechariah (Pol. *Zachariasz,* in Javors'kyj's works *Zacharyjusz*) in the Gospel of Luke a priest, husband of Elizabeth and father of *John the Baptist.* As he did not believe in the prophecy of the Archangel Gabriel, that his elderly wife could conceive a child, he was punished with the temporary loss of his voice. ECHO II 1.

Zefir see *Zephyrus.*

Zephyrus (*Favonius,* Pol. *Zefir*) the gentle west wind. ECHO IX 98; ARCT VII 72.

Zoilus (Pol. *Zoil*; ca. 400–ca. 320 BC) a Greek philosopher; a synonym for a vicious fault-finder. ARCT V 3.

Zyzykus see *Sisyphus.*

Glossary of Old Polish Words

abrys zarys; plan; ECHO II 7.
accrescens (*akrescens*) wzrost; ECHO XII 58.
adamant diament; ARCT V 3.
adumbracyja zarys, cień; PEŁN IV 6.
adumbrować pobieżnie objaśniać; pokrywać; ECHO II 11; PEŁN IV 5.
aemulacyja (*emulacyja*) współzawodnictwo; ARCT XIV 1.
affect, affekt uczucie; miłość; ECHO tytuł; II 1; ARCT XIII 31; 79; PEŁN XVI 140; XXI 2; 6; 8; 11; XXII.B 116; 118; XXII.C 12, 8; 19, 4.
alternata zmiana, zmienność; zmiana stanowiska (urzędu); HERC VII 86; ARCT VII 60; VIII 2; XII 17.
amnistyja usunięcie; ECHO II 7.
animować pobudzać, zachęcać; PEŁN VI 270.
animusz zapał, odwaga; ECHO X 120; XII 60; PEŁN XI 12; XXII.A 131; XXII.B 67; 85.
annoński nilowy; PEŁN XXII.C 9, 5.
antagonija walka; przeciwstawienie się; ECHO II 10; PEŁN XXI 4.
antecessor przodek; ARCT VIII 3.
antipodni (*antypodni*) na antypodach; po drugiej stronie Ziemi; PEŁN II 12.
antr jaskinia; PEŁN XXII.C 5, 1.
apparament ceremonialny strój; ornat; PEŁN XXI 2.
appetyt (*apetyt*) żądza, pragnienie; PEŁN VI 396.
applawz, applauz uznanie, poklask; entuzjastyczna pochwała; HERC III 86; ECHO II 1; XII 78; XIII 150; PEŁN VI 361; 428; XXI 5; XXII.B 88; 97.
applawzować oklaskiwać, wychwalać; PEŁN XXII.C 19, 8.
applikować się (*aplikować się*) przykładać się do czegoś; PEŁN VI 452.
argneterium srebrne naczynie; PEŁN IV 6.
arktyczny północny; ECHO XII 169; ARCT IV 9; 51; X 7; 63; XIII 60; XV 11; XVI 93.
asbeston azbest (niepalny minerał); ARCT XI 5.
aspekt w astronomii kąt mierzony między ciałami niebieskimi; ECHO IV 17.
assens zgoda; uznanie; HERC III 194.
azaż czy; ECHO IV 2,4; VII 93; IX 72; PEŁN V 1,3; XI 85; 87.
bałwan posąg bożka niechrześcijańskiego; PEŁN I 8; VI 369; X 4; XI 57; 62; 79.
barbiton starożytny instrument muzyczny podobny do liry; HERC III 98; VII 13.
barzo bardzo; HERC III 11; 15; ECHO VII 37; 67; PEŁN VI 168; 271; 496.
biedzieć się biedzić się nad czymś, usilnie nad czymś pracować; HERC III 19.
bisior cienka, delikatna tkanina wełniana; ECHO IV 65.
bissurmański (*bisurmański*) muzułmański (pogardliwie); pogański; turecki; ECHO VII 37.
błędny błąkający się; poruszający się poza zwykłym torem; ECHO II 9; PEŁN III 7a,2; 4; .
bogomodlca duchowny (członek stanu duchownego); PEŁN IV 7.

bułat szabla tatarska lub turecka; powszechnie używana w Imperium Osmańskim i Wschodniej Europie; ECHO II 10; VII 48; 33; VIII 78; X 18; 37; ARCT VII 3; PEŁN XXII.D 49.

bułatowy przymiotnik od *bułat*; żelazny; ECHO VII 57.

cale całkowicie, zupełnie; HERC III 95; 107; VII 74; ECHO VIII 15; 35; ARCT VII 15; 79; X 15; 82; PEŁN IV 7; VI 126; 264; 268; 355; 424.

celny trafny, stosowny; HERC III 41.

cera$_1$ karnacja, kolor skóry; kolor twarzy; ECHO VII 65; VIII 72; 93; X 13; XII 44; ARCT IV 64; X 62; XIII 10; 33; PEŁN IV 1; VI 76; 339.

cera$_2$ pokryta woskiem tabliczka do pisania; HERC VII 53; ECHO II 3; III 4,3; PEŁN XXII.B 110.

cerussa barwnik, kolor; ECHO II 3; 10; X 110.

charakter litera; pismo; HERC VII 54; ARCT XIV 4; PEŁN VI 260; XXII.B 108.

charakter pismo; ARCT XIV 4.

chociaj chociaż; ARCT XIII 6; 9; PEŁN VI 292; XXII.A 105.

chować wychowywać; sprawować opiekę; ARCT XV 20.

chować się wychowywać się; PEŁN VI 36.

chwalennie chwalebnie; ARCT XIV 5.

chwalny pochwalny; ECHO II 1; X 71; XII 83; PEŁN XXI 10.

chybić, uchybić uniknąć; ECHO VII 17; IX 58; 93; ARCT XV 7; PEŁN III 11a,4; XVI 86; XXI 9; .

chybki szybki; HERC V 36; VII 87; ECHO VII 106; PEŁN XXI 7; XXII.A 142.

chybko szybko, żwawo; HERC III 3.

ciemnofałeczny zwodniczy; ARCT V 3; PEŁN IV 4.

circumductyja obramienie; obicie; PEŁN IV 6.

cny zacny; HERC III 1,1; 3,3; 5,4; 6,3; VI 5,2; VII 108; VIII 49; 54; 63; IX 70; X 55; 107; 121; XI 6,4; XII 50; 107; ARCT IV 1; 15; VII 33; 43; 69; XIII 32; PEŁN XI 150; 484; XXII.B 33; .

complement (*komplement*) doskonałość, dopełnienie; PEŁN IV 3.

comput see *komput*.

concredowany (konkredowany) powierzony, poruczony; PEŁN XXI 6.

conferować (*konferować*) ofiarować; PEŁN XXI 8.

congratulacyja (*kongratulacyja*) gratulacje; ECHO II 1.

coniunkcyja (*koniunkcyja*) połączenie się; ECHO III tytuł; IV tytuł; V tytuł; VI tytuł.

consens (*konsens*) zgoda; konsensus; PEŁN VI 2022.

consequentia (*konsekwencja*) rezultat; ECHO II 11.

cug zaprzęg; ARCT VIII 5; XIII 5; XIV 5; PEŁN XXII.B 28.

cymba łódź; ECHO IX 16.

cyrkuł okrąg; ARCT XIV 5; PEŁN XXII.C 16, 4; XXII.D. 48.

cythara (*cytara*) kitara, starożytny strunowy instrument muzyczny; HERC III 138.

czem dlaczego, czemu; HERC III 3, 4; ARCT VII 60; PEŁN XXII.A 124; 125, 127; PEŁN IV 5; XXII.B 7; 10.

czuć uświadamiać sobie; wiedzieć o czymś; ARCT X 77; PEŁN VI 399; XV 1,3.

czuć się mieć poczucie; mieć świadomość czegoś; PEŁN XXII.A 52.

czuły czujny; uważny; ECHO IX 20; ARCT XIII 7; PEŁN XXI 7.

czyli czy, czyż; HERC III 5; 7, 9; 11; 96; 103; 104; ECHO II 1.

dank podziękowanie; HERC VII 3.

darskość (*dziarskość*) dzielność; ECHO VII 102.

decrescencyja, dekrescencyja zejście; zmniejszenie; ECHO II 7; PEŁN IV 2.

dekrescencyja see decrescencyja.

delicyje rozkosze; PEŁN VI 122.

demissyja nieśmiałość, uniżoność; ECHO II 11.

demissyja pokora, uniżoność; ECHO II 11.

destinowany (*destynowany*) przeznaczony; PEŁN VI 246.

dewinkować zwyciężać, podbijać; PEŁN XXII.C 14, 7.

distillować (*dystylować*) destylować, sączyć; PEŁN XXII.C 7, 2.

dobieżać dobiegać; dotrzeć do czegoś; HERC III 9.

dokument dowód; ECHO VIII 59; X 90; PEŁN XXI 9.

dość całkiem; bardzo (o dużej ilości); ECHO II 6; VI 4, 1; X 90; XII 172; PEŁN III 5a,3; XXII.C 9, 4; XXII.D 71; 78.

dostawać wystarczać; PEŁN X 2,5.

dowcip inteligencja, błyskotliwość; HERC III 90; ECHO XII 75; PEŁN IV 5; XXI 12.

duszewny duchowy; PEŁN VI 85.

duszny duchowy; odnoszący się do duszy; PEŁN VI 181; 334.

dwójbarczysty mający dwa szczyty; dwugarbny; HERC III 94; ECHO XII 72; PEŁN XXII.C 1, 2.

dystylować see *distillować*.

dyzgust niesmak; obrzydzenie; ECHO VIII 122; PEŁN XXI 11.

dziardyn ogród (from Italian: *giardino*); PEŁN XXII.C 8, 5.

efficacyja (*efikacyja*) siła, energia; ECHO II 8; ARCT XI 4.

elektr bursztyn; ARCT XV 25.

empir niebo, empireum; HERC II 76; III 80; V 30; ECHO V 6,4; ARCT VII 54.

empirejski znajdujący się wysoko na niebie; HERC V 18; ECHO XI 1,3.

encomium pochwała; panegiryk; ECHO II 1.

erumna smutek, nędza, nieszczęście; PEŁN VI 472.

ethezyja wiatr nad Morzem Egejskim; wiatr etezyjski; ECHO IX 91; ARCT IV 33.

ewangelski ewangeliczny; pochodzący od Ewangelii; PEŁN XVI 23.

excusacyja (*ekskuzacyja*) usprawiedliwienie ECHO II 3.

exemcyja (*egzemcyja*) zwolnienie, wyjątek; ECHO II 10.

expektatywa, exspektatywa (*ekspektatywa*) nadzieja; ECHO II 6; 10.

experient (*eksperyjent*) osoba doświadczona; ARCT V 1.

experiment (*eksperyment*) doświadczenie; ARCT VIII 5.

fabrykować tworzyć; PEŁN XXII.C 6, 2.

fabułeczny fikcyjny; ARCT VIII 5.

facundyja wymowa; PEŁN XXI 11.

fatalny śmiertelny; ECHO VII 58; 66; 80; 92; IX 56; ARCT VIII 3; 5; XIV 1; PEŁN IV 4; XI 74; XXII.A 8.

fawor sprzyjanie; ECHO II 8; PEŁN XI 118.

ferwor gorliwość; uniesienie; ECHO XI 9, 5.

fest uroczystość, święto; ECHO tytuł; II 1; PEŁN tytuł; XXI 3; 8; 14.
figiel podstęp; PEŁN VI 259.
figurować oznaczać; odzwierciedlać; ECHO I 3; VII 72.
flis transport łodziami; ECHO IX 18.
folga łagodne traktowanie; przywilej; HERC V 13.
forta furta; ECHO III 3,2; PEŁN XVI 26.
fortelny podstępny; sprytny; PEŁN XXI.
fortunny szczęśliwy; ARCT VIII 2; X 58; 75; XIV 7; PEŁN III 2.a 9; VI 493; XXII.C 20, 5; 7; XXII.D 31; 43; 47.
frukt owoc; HERC V 64; PEŁN VI 44; 164; 174; 390; XI 52.
fryz koń fryzyjski; HERC V 39.
gabinet odosobnione, bogate pomieszczenie; studium; ECHO III 8, 2; VI 2, 2; XI 1,3; 4. 6; 10, 6; XII 185; ARCT IV 7; PEŁN VI 35; 225; XXII.C 20, 6; XXII.D 32; 55.
gęba usta; PEŁN VI 118; 263; XVI 56.
glancowny, *glancowany*, *glansowny* świetlisty, błyszczący; ECHO II 2; 3; III 8,4; VII 84; X 113; XI 2,4; XII 13; ARCT IV 6; 16; XIV 1; PEŁN IV 1; 4; VI 54; 95; XXII.C 2, 2.
glans blask; światłość; ECHO IV 2,3; 3,2; VII 65; VIII 45; 80; XI 1,4; 5,4; 10,1; XII 23; 97; ARCT IV 2; 48; 75; V 1; XIII 10; 46; PEŁN III 8a,3; 9a,5; XI 99; XXI 2; XXII.B 71.
głupie głupio; PEŁN XXI 17 .
gonitwa walka; ECHO VII 100; .
gorający płonący; PEŁN I 7; X 2,2; 6; 3,6.
gruby ciężki; prostacki; ARCT VIII 2; XI 4.
gruntowny ugruntowany; mocny; ECHO II 9; ARCT XIV 2.
gubernium władza; PEŁN XXI 6; 9.
gust zadowolenie; smak; PEŁN VI 169; 424.
gymnada gimnazjum; szkoła; PEŁN XXI 11.
hieromonach mnich będący księdzem; PEŁN tytuł; IV 7.
honor wysokie stanowisko; zaszczyt; HERC III 11; 23; V 70; 86, 88, VII 79; ECHO II 10; 11; III 1,2; VIII 101; IX 36; X 3; 22; 32; 33; 49; 104; 105; 118; XI 4,5; 8,6; ARCT XIV 7; PEŁN III 5a,3; 9a,2; IV 6; VI 391; 393; 395; XVI 103.
honorat człowiek sprawujący wysoki urząd; HERC V 53; PEŁN XVI 104.
horyzont świat; kraina; HERC III 154; ARCT IV *Tytuł* 4; IV 36; VII 3; 4; PEŁN IV 1; VI 490; XI 109; XXII.C 7, 8.
huff hufiec, oddział; XXII.B 46.
hurma gromada, chmara; ECHO XII 87.
hurmem gromadnie, chmarą; HERC III 164; ECHO X 29; XII 181; ARCT XIII 50; PEŁN XXII.D 26.
impet energiczne działanie; ECHO IX 80; X 47; XII 178; PEŁN VI 48; XXI 7; XXII.A 142; XXII.B 134; XXII.D 54.
impreza przedsięwzięcie; HERC III 14; V 44; VII 39; ECHO VII 51; 99; VIII 47; ARCT IV 72; VII 51; XIII 62; PEŁN XI 14; XXII.A 111.
impreza zamysł; przedsięwzięcie; ECHO VII 52.
index (*indeks*) wskazówka; PEŁN III 3,6.
infamija pozbawienie czci; ECHO II 9 .
influencyja wpływ; PEŁN XXI 7.
ingenijum talent; PEŁN XXI 11.
inkrement przyrost; powiększenie; ECHO XII 61.

instinkt (*instynkt*) pobudka, inspiracja; PEŁN VI 136.

insuła wyspa; ECHO V 6,4; IX 19; 46; 48; 52.

intromissyja wprowadzenie; wzięcie w posiadanie; PEŁN XXI 8.

jad trucizna; ECHO VII 18; 20; 46; 62; ARCT V 2; X 44; XIV 3; PEŁN IV 4; VI 263; 344; XI 17; 31; XVI 68; .

jadowity trujący; ECHO VII 59; ARCT VII 57; X 52; PEŁN VI 102; XI 55; XVI 64; 65; .

jagody policzki; PEŁN VI 233.

jedno tylko; ECHO VIII 41; IX 9.

jednostajny zgodny (o wypowiedziach); HERC V 85; ECHO V 8,1.

jeżdżać ujeżdżać konia; jeździć ARCT XIV 5; PEŁN VI 78; .

kamera gabinet; pokój; ECHO III 4,4; PEŁN VI 259; XVI 78.

kanak szeroki naszyjnik wysadzany drogimi kamieniami; ARCT XI 5.

kanar cukier; słodkości; ARCT XIII 66; PEŁN XVI 58; 64.

karacena zbroja z łusek; ECHO VIII 70; X 20; PEŁN XVII 16.

karbunkuł czerwony kamień szlachetny; rubin; PEŁN XXII.A 58; XXII.B 114.

karoc karoca, kareta; HERC III 34; VII 82; ARCT IV 10; XIII 38; PEŁN XI 108; XXII.A 117; XXII.B 28; XXII.C 8, 4.

kartan kartacz, pocisk artyleryjski; PEŁN XXII.B 63.

kartan kartacz, pocisk moździerzowy; ECHO II 5; X 95; PEŁN XXII.B 63; .

kawalkata orszak; ECHO XII 99.

kawerna jaskinia; ARCT VII 7.

kiedyby gdyby; HERC V 15; 38.

kiedyżkolwiek kiedyś; PEŁN XXII.A 34.

kładnąć kłaść; PEŁN III 12a,3; XXII.B. 46.

klar jasność, blask; ECHO VII 67; XI 3,6; ARCT V 3; VIII 3; XIV 2; PEŁN IV 2; VI 291; XI 75; XV 1,1; XVI 21; 136.

klarownie jasno, świetliście; PEŁN IV 4.

klarowny jasny; ECHO X 12; XII 23; ARCT V 2; XIV 2; PEŁN XI 73.

klawzura więzienie; zamknięcie; ARCT VII 37; PEŁN VI 61.

klejnot herb; ECHO 2,4; VIII 49; PEŁN III tytuł; 2,1.

kluba narzędzie tortur służące do rozciągania torturowanego; PEŁN VI 208.

kluza więzienie, niewola; ECHO XI 11, 8; ARCT VII 9.

knuć potajemnie obmyślać, tworzyć; PEŁN XXII.C 14, 8.

kolos pomnik; statua; ECHO II 3; PEŁN XVI 9.

komitywa towarzystwo, towarzyszenie komuś; ECHO II 8; X 115; XII 6; 12; 119; ARCT XIV 7.

komośliwy gwałtowny, niespokojny; HERC V 37.

kompetitor współzawodnik, rywal; ECHO II 10.

komput, comput wykaz, spis; ECHO VIII 34; X 58; 68; PEŁN VI 332; XXI 13; XXII.A 36.

koncent muzyka, śpiew; koncert; HERC III 98; 101; ECHO XII 151; PEŁN XXII.B 38; 43; 127; XXII.C 1, 7; IV 6.

koncept pomysł, inwencja, koncept; HERC III 91; ECHO XII 174; PEŁN XXII.A 148.

koncert współzawodnictwo; ECHO XII 67.

kondyment przyprawa; ARCT VIII 1.

konferować see *conferować*.
konformować tworzyć; ARCT VII tytuł.
konkurrować współzawodniczyć; ECHO II 10.
konsens zgoda; ECHO XIII 142.
konspekt, konspect spojrzenie; PEŁN IV 5; 6; XXI 8.
kontempt wzgarda; HERC V 88.
kontenca ukontentowanie, zadowolenie; PEŁN VI 68.
konterfet portret; wizerunek; ECHO II 7.
konterfetować odmalować; ECHO II 3.
kontestum rywalizacja; ECHO II 1.
konwinkowany pokonany, podbity; PEŁN XXI 8.
korale usta; twarz; PEŁN VI 109; 230.
kornet cynk; instrument dęty o kształcie podłużnej (czasem zakrzywionej) drewnianej rurki z otworami; ECHO XII 125.
koronat osoba koronowana; król; ARCT XI 4.
kożdy każdy; HERC III 134; 146; VII 58; 83.
kredens dokument rekomendujący; rekomendacja; uwiarygodnienie; ECHO II 8; 10; X 106; 112; 119; .
kredensować poprzedzać kogoś w orszaku (to samo co *marszałkować*); HERC III 22; PEŁN XXII, IV,6.
krotofila żart; zabawa; PEŁN VI 40.
krzest chrzest; PEŁN III 2,4; VI 209; 213; 216; 224; 382.
krzestny chrzestny; PEŁN VI 380.
kupres(s) cyprys. HERC III 35; ECHO II 3; 6; IX 38; PEŁN XXII.A 8; XXII.C 18, 7.
kupressowy cyprysowy; ECHO IX 94.
kurzawa dym; chmura; IV 5, 4; VII 105; VIII 24; ECHO X 95; ARCT V 4; XIII 58; PEŁN XXII.C 13, 4.
łakomstwo pożądliwość; PEŁN I 21.
lamentalny żałosny; wyrażający lament; ECHO II 3; VII 7.
lawr laur; wieniec laurowy; HERC II 156; ECHO VII 104; 107; IX 43; 68; X 122; XI 7,6; XII 33; PEŁN XXII.B 130; XXII.C 3, 3; 11, 1.
lawrowy laurowy; ECHO IX 90; .
lessa pieśń żałobna; PEŁN XXII.A 7.
letarg sen; ARCT VIII 3.
łezny łzawy; ARCT VII 60; XI 1; .
liban cedr libański; HERC III 160; 165; V 60; PEŁN XXII.D 59.
lichy słaby; niepozorny; ECHO II 2; 5; 7; ARCT IV 45; 73; XIII 7; 73; PEŁN I 22; IV 5; 6; XI 119; .
liga stowarzyszenie; związek; HERC III 70.
limatura opiłki, wiórki; drobiazgi; ARCT V 3; X 66; .
lub, lubo chociaż; HERC V 27; ECHO II 5; 9; VI 4,2; VIII 46; XII 119; X 10; ARCT VII 7; X 7; XIII tytuł 4; XIV 3; PEŁN IV 3; 5; VI 72; XV 2; 4; XXII.B 19; XXII.C 8, 4; 5; XXII.D 2.
łubie futerał na łuk; kołczan; PEŁN XXII.C 6, 4.
luminarz świeca, pochodnia; światło; HERC III 76; 208; IV 208; ECHO II 2; IV 3,4; VII 67; 70; 82; XI 3,2; ARCT IV 59; V 1; 2; VIII 3; XIII 18; XIV 1; PEŁN *Title* 3; III 9a,2; IV 1; 4; 5; VI 467; X 2,2; 2,4; XI 71; 83; 98; 117; XVI 11; XXI 2; 11.
luna księżyc (w herbie Mazepy, Jasyns'ky'ego lub jako symbol islamu); ECHO II 5; IV 3,2; VII 63; 75; 81; 92; 103; VIII 94; XI 5,1; XII 19; 87; 96; 107; 116; 119; ARCT IV 7; 39; X 25; 67; 82; XIV 6; PEŁN II 16; III 8a,1; 10a,4.
lunatyczny księżycowy; ECHO VII 39.

lunatyk błądzący w świetle księżyca; szaleniec; ECHO VII 42.
macerować nawilżać; namaczać; ARCT XI 2.
makuła plama; ECHO II 2; ARCT IV 45; V 3; XIII 8; PEŁN I 20.
maniera obyczaje; ECHO XII 5; ARCT XIII 34; PEŁN VI 47; XXII.B 107.
mantija płaszcz; habit; PEŁN VI 227; 233; .
manuductija (*manudukcyja*) prowadzenie, wskazówka; ECHO II 8.
manuduktorka przewodniczka; ECHO II 9.
margaryta perła; PEŁN XVI 124.
marsowy wojenny, wojskowy; ECHO II 3; 4; 6; 11; IV 5,4; VI 3,4; 4,2; 5,3; VII 67; 99; 102; 105; VIII 19; 70; 86; IX 67; X 4; 54; 66; 83; XI 9,5; 11,3; XII 135; 149; 158; 161; 164.
marszałek urzędnik dworski; zarządca dworu; w trakcie oficjalnych uroczystości marszałek szedł przed władcą lub dostojnikiem (see *kredensować*; *marszałkować*) PEŁN XXI 3.
marszałkowa forma żeńska od *marszałek*; ARCT XIII 13.
marszałkować (komuś) poprzedzać, zwiastować (kogoś); towarzyszyć (komuś); ECHO I 4; VII 77; 108; X 4; 18; XI 2,6; 3,8; PEŁN XXI 1; 3; 4; XXII.C 4, 2.
mathematyka, *mathesis* (*matematyka*) astrologia, przewidywanie przyszłości; ARCT V 3; PEŁN IV, 4.
mathesis see *mathematya.*
mawrytański mauretański; PEŁN VI 397.
medicina lekarstwo; ARCT XI 1.
meta kres; cel; ECHO III 8,1; VI 2,1; VIII 66; XI 4,4; XII 83; ARCT XIV 6; PEŁN III 11a,4; 12a,2; 12.b,1; XVI 30; XXII.A 6.
mianować nazywać; ARCT X 80; PEŁN III 7a,2.
miasto zamiast; ARCT VII 81; PEŁN III 12.b 4; IV 5; VI 164; XXI 2; 13.
mienić mniemać, uważać za coś; PEŁN XI 61, PEŁN XVI 40.
mienić się nazywać siebie (się); zmieniać się; PEŁN VI 142; PEŁN XXII.A 8.
mierziony obmierzły, obrzydliwy; ARCT VII 7; PEŁN VI 343.
miesiąc księżyc; PEŁN I 15; 18; 19; III tytuł; 1,1; 10; 2,1; 9; 3a,3; .
minera minerał; ECHO VIII 71; IX 53; X 14; ARCT XIII 9; PEŁN VI 96; XXII.B 11.
misternie mistrzowsko; fachowo; ECHO VII 49; X 124; PEŁN V 2,6; XXII.B10.
misterny mistrzowski; ARCT XIV 8; PEŁN VI 32.
mistrzyni nauczycielka; ECHO IX 32; 71; 79; X 105; 115; PEŁN XXII.D 21.
mizerny biedny, nieszczęsny; ARCT VII 49; XV 13; PEŁN XXII.B 69.
moc dużo; PEŁN VI 370.
modelusz model, wzór; ECHO XII 59.
moderować ustawiać; kierować; ECHO IX 27; PEŁN XXI 6.
momentum ruch (planet); ECHO XII 164; PEŁN XXII.D 21.
muteta motet; pieśń; ECHO XII 122; ARCT IV 78.
muzki, *muzski* przymiotnik od muzy; właściwy muzom; muzyczny; ECHO XIII 148; PEŁN XXII.C 3, 3.
myśliwczy myśliwski; PEŁN XXII.C 6, 4.
nadarzyć obdarzyć; HERC V 26; PEŁN XXII.A 22.

nadobny piękny; PEŁN VI 34; XXII.C 7,7.
nadolny znajdujący się na dole; PEŁN XXII.C 8, 8.
naenija (*nenia*) pieśń żałobna; ECHO VII 7.
nagana krytyka; PEŁN XV 5; XXII.A 19; 110.
namienić wzmiankować; wymienić; HERC III 89.
napaść spotkać; PEŁN VI 82.
nauczony uczony; HERC III 174.
naukler żeglarz; ARCT VII 49; X 19.
nawdzięczny przepełniony wdziękiem. HERC II 154.
niebieski niebiański; ECHO II 3; III 2,1; 3,2; XII 2; 187; ARCT IV 79; XI 3; XIII 22; XIV 1; 4; PEŁN I 6; II 5; 7; III 7a,1; 12a,2; V 1,1; VI 152; 178; 195; 235; 444; 454; 471; X 3,2; XI 50; XVI 11; XXI 1; 2; 3; 4; 5; XXII.C 4, 4; XXII.D 62.
niefortunny nieszczęśliwy; HERC VII 81; ECHO X 55; ARCT IV 78; V 3; VII 23; X 27; XIV 8; XV 22; PEŁN XI 107.
nieodmowny nieodmawiający; PEŁN XXI 14.
nieospały pilny; ECHO XII 70.
niepospolity niezwykły; PEŁN IV 6.
nieprzechodny niemożliwy do przejścia; ECHO X 74; 114; ARCT X 4; PEŁN XXII.B 7.
nieprzełomny niezłomny; mocny; PEŁN XI 37.
nieprzestannie nieustannie; PEŁN XI 6.
nieskomputowany niepolicznony, niezliczony. PEŁN XXIIa, 66.
nieskomputowany niezliczony, niepoliczalny; ARCT XI 1; PEŁN XXII.A 66; 138.
nieskwapliwy nieskory; oporny; ECHO X 47.
niestępiały nietępiony; ostry; ECHO VIII 46; ARCT V 1; XIV 6; PEŁN VI 272; XXII.D 49.
niestruchlały niespróchniały; ARCT VII 33.
nieświadomy nieznający; ARCT XVI 3.
nieużyty nielitościwy, nieprzejednany, nieczuły; HERC III 119; ECHO XII 112; ARCT XV 3.
niewczasy niewygody; ECHO II 3; ARCT XV 10; PEŁN XVI 110.
niewyglozowany nieusuwalny, niewymazany, niewykreślony; ECHO II 5; ARCT XIV 4.
niezbrodzony głęboki; bezdenny; ECHO V 7,3; PEŁN XXII.B 52.
niezwątlony wytrwały; niezmęczony; ECHO IV 111; XII 179; PEŁN VI 457.
niskąd znikąd indziej; ECHO XI 1, 4.
nota nuta; muzyka; HERC III 97.
nowember listopad; PEŁN tytuł; II 1.
obalina ruina; upadek; HERC III 122; ARCT XIV 8.
occurrent wychodzący naprzeciw; PEŁN XXI 3.
ochota zapał; HERC III 8; 14; V 94; ECHO VII 99; PEŁN XXI 6; 9; XXII.A 124; XXII.C 3, 8; 20, 4; XXII.D 12.
ochotnie z zapałem; chętnie; ECHO X 43; PEŁN XXI 7.
oczewisty oczywisty; należny, zasłużony; ECHO XI 1,6; PEŁN XXII.A 157.
okopciały okopcony; ECHO II 7; XII 89.
oprzeć się zatrzymać się na czymś; skończyć swój ruch gdzieś; ECHO VII 55; PEŁN III 12b 3.
ordinans, *ordynans* rozkaz; ECHO VIII 79; XII 98; PEŁN VI 53; 295; XXI 6.

osobliwy niezwykły, szczególny, wyjątkowy; HERC VII 62; ECHO II 10; ARCT X 43; .
ostrość surowość; PEŁN XVI 108.
owszeki całkowity; HERC III 144.
padwan (*pawona; pawana*) taniec wywodzący się z północnych Włoch; utwór muzyczny; HERC III 127; PEŁN XI 96; XXII.B 40; 65; XXII.C 5, 3.
paean pean; pieśń pochwalna; ECHO II 6; X 78; PEŁN XI 102; XXII.B 102.
palaestra, palestra szkoła ćwiczeń; sztuka; ECHO X 54; XII 62; 82; ARCT X 29; PEŁN XXI 12.
paludament szkarłatny płaszcz; ARCT V 3; PEŁN VI 241; XXII.C 15, 7.
paragon porównywanie się; współzawodnictwo; ECHO II 11.
parentela związek rodzinny; ród; ECHO VIII 41; X 65; XII 135; PEŁN XVI 15; .
paszczeki paszczęka; paszcza; PEŁN XI 30.
pawilon namiot; oficyna (boczne skrzydło pałacu); ARCT VII 40; PEŁN VI 248.
pawona see *padwan*.
period, peryjod okres retoryczny; ECHO II 1; PEŁN IV 6.
perora mowa; ECHO II 2; PEŁN VI 498; XXII.A 48; IV 2; 3 .
perspectywa, perspektywa luneta. ARCT IV 58; V 3; PEŁN IV 4.
phaenomena zjawiska astronomiczne; ARCT V 3; PEŁN IV 4.
pharos latarnia morska; ECHO IX 107; PEŁN IV 4; XI 75.
pienia, pienie pieśni; śpiew; HERC III 104; 132; PEŁN XXII.C 7.
pierzchliwy pierzasty; pokryty pierzem; wyposażony w pióra; HERC III 77; V 20; PEŁN XXII.A 128.
planeta ciało niebieskie (gwiazda, planeta lub Księżyc); gwiazda lub Księżyc w herbach Jasyns'ky'ego i Mazepy; ECHO II 2; 11; IV 1,4; 4,3; VII 60; 70; 83; VIII 65; 98; 103; XI 2,6; 4,2; 9,2; 9,6; 11,1; XII 21; 84; 87; 115; 121; 186; ARCT IV tytuł; 64; 69; 77; VII tytuł; X tytuł; 32; 69; XIII tytuł; PEŁN III 7a 1; 3; 10a,1; 11a,3; IV 4; 5; 6; VI 454; 490; XI 115; XXII.B 11; XXII.D 56.
pochyba wątpienie; HERC V 79; ARCT VII, 1.
poczesny ważny, zaszczytny; PEŁN XVI 8.
poczytać uznać za coś; PEŁN IV 5; XXII.B 64.
podłość niskość; małe znaczenie; ARCT XV 16.
podły niski; nieznaczący; ECHO II 11; PEŁN XXII.D 78.
podnóże podnóżek; PEŁN III 1,1.
pogotowie gotowość; PEŁN IV, 4.
połata pałac; PEŁN XVI 42.
polityczny obyty; dworny; ARCT V 1.
polityka obycie; wiedza o świecie; ARCT V 4 .
polor połysk; ECHO VIII 92; X 4; 34; XII 94; ARCT 66; V 3; XI 5; XIV 2; XV 6; VI 364.
polorowny, polorowany wypolerowany; błyszczący; ECHO III 4,3; XII 14; ARCT IV 16; XIII 1; 38; XIV 1; PEŁN IV 2; 4.
pompa przepych; ECHO II 3; VII 36; XII 4; 95; 103; ARCT XIII 72; PEŁN XVI 31; XXII.C 13, 2.
pomyślny wymyślny; wyrachowany; PEŁN XI 33.

ponęta to co pociąga lub wzbudza pożądanie; powab; ECHO VIII 15; X 102; ARCT X 74; PEŁN VI 7; 351; 424; XXI 7; XXII.B 83.
porada rada; naradzanie się; ECHO V 4,4; IX 50; PEŁN VI 269.
pornąć pogrążyć się; ECHO VII 6; PEŁN VI 130; XVI 46.
porywczszy bardziej porywczym; PEŁN XXI 7.
pospolicie zwykle, zazwyczaj; HERC V 64; ECHO IV 2,1; VII 87; ARCT XI 1; PEŁN III 11a,1; IV 8.
pospolitość ogół; grupa ludzi; PEŁN VI 226.
pospolity powszechny; ogólny; PEŁN VI 381; XI 4; 5; 6.
potrzeba bitwa; wojna; ECHO XI 11, 3.
potykać spotykać; HERC V 99.
powinny należny; ECHO II 1; 3; 4; 6; 8; 11; PEŁN IV 5; 6; VI 278; XI 24; XXI 11; 13; XXII.A 132; 172; XXII.D XIX 2.
pozobać podziobać; PEŁN VI 174.
pozór spojrzenie; widok; ECHO X 16; PEŁN IV 6; VI 105; 240; XVI 69; .
pozorny okazały; pięknie wyglądający; dobrze widoczny; ECHO II 7; 10; IX 52; XII 100; ARCT VIII 2; .
praecedencyja pierwszeństwo; ECHO II 10.
praeeminencyja (*preeminencja*) godność; zaszczyt ECHO II 8; ARCT XIV 3; 5; PEŁN XXI 9; .
praekursor (*prekursor*) poprzednik PEŁN XXI 3.
praelatura (prelatura) prałatura; stanowisko prałata; u Jaworskiego: godność archimandryty; HERC V 84; PEŁN XVI 102.
praerogatiwa, *praerogatywa* (prerogatywa) przywilej; władza; HERC V 4; 76; ECHO II 10; VIII 53; X 53; PEŁN XXI 6; XXII.C 14, 2.
prezumpcyja duma, hardość; HERC V 45; 56.
proba kamień probierczy; jakość kruszcu; ARCT VIII 16; XIII 39.
prognostyk przepowiednia; horoskop; ECHO VIII 94; PEŁN VI 6a,4.
prognostykować przepowiadać; stawiać horoskop; ARCT XIV 3.
progress postęp, rozwój; HERC III 69.
prospekt widok; perspektywa; ECHO VIII 67; PEŁN VI 78; XXII.A 113; .
przebóg! na Boga! ARCT VII 56.
przejźrzysty przejrzysty; PEŁN XXII.C 7, 5.
przemysł mądry pomysł; przemyślenia; HERC III 176; PEŁN VI 16; XXII.D 61.
przewyciężyć przezwyciężyć, pokonać; PEŁN VI 317.
przycimiać ściemniać; ocieniać; ECHO II 3.
przykładny wzorowy; PEŁN XVI 108; 140.
przykry stromy; niewygodny; dokuczający; ECHO II 3; ARCT VIII 1; X 42; .
przykry stromy; niewygodny; dokuczający; HERC V 8; ECHO II 3; ARCT VIII 1; X 41; XIV 5; 6; 7; XV 10; PEŁN VI 419; XVI 112.
przypisywać dedykować; powiązać z czymś; HERC III 175; ARCT XI 4; PEŁN VI 304.
przyrodzenie natura; ARCT XV 12; .
przyrodzony naturalny; *wrodzony*; ECHO V 7, 2; XI 10, 1; XII 58; PEŁN VI 147; XXI 9.

przysada przesada; zbędna ozdoba; wada; ECHO XII 23; ARCT XIV 3.
przytępić osłabić (wzrok, słuch) ARCT V 3; PEŁN IV 4.
przyuczony doświadczony; biegły; ECHO II 8; PEŁN XXII.A 77.
przyzwoity właściwy; należny; ARCT XI 4; XXII.A 149; .
puklerz napierśnik, przednia część zbroi; ECHO XII 92; PEŁN XVII 2.
puszcza pustynia; ECHO II 1; PEŁN V 2,4; VI 14; 133; 215; 285; 411; 439; 441; XI 77; XVII 5; 15; .
pyroent ognisty; HERC V 36.
pyrop (*pirop*) minerał o barwie czerwieni; metaforycznie: ogień; ARCT IV 42; PEŁN VI 454.
rączość szybkość; PEŁN XXI 6.
razić pokonywać; PEŁN X 1,3.
recompensa rekompensata; zadośćuczynienie; ECHO II 8; PEŁN XXII.A 57; 162.
regestr rejestr, spis; ECHO X 53; XII 81.
regiment, regimentum panowanie, rząd; PEŁN XXI 6; XXII.C 14, 8.
reprecussyja odbicie światła; PEŁN IV 4.
reprezentować oznaczać; przedstawiać; odzwierciedlać; ECHO II 11; ARCT XIV 7; PEŁN tytuł; IV 5.
reqwirować zabierać, rekwirować; PEŁN XXII.C 10, 6.
resonacyja oddźwięk; ECHO tytuł.
resplendować błyszczeć, jaśnieć; ECHO II 4.
restawrować restaurować, odnawiać; PEŁN XXII.C 5, 8.
rewolucyja przewrót; zmiana; ECHO tytuł; II 1; PEŁN XXII 13.
rezonować brzmieć; HERC III 158.
rodowitość przynależność do rodu; PEŁN XVI 15.
rodowity rodowy; ECHO II 5; 11; VIII 102; X 50; XII 107; 121; ARCT V 3; 4.
rokować konkludować; sądzić; ECHO VII 11.
rostrum mównica, katedra; HERC III 84; ECHO XII 75.
roxolański ruski; przynależny mieszkańcom Rusi; HERC III 92; ECHO II 2; 6; 10; XI 6,8; XII 26; ARCT IV 62; 67; 81; VIII 2; 3; 4; XI 3; PEŁN IV 1; VI 488; XXII.B 26; XXII.C 2, 7; XXII D 55.
rozmowny wymowne; XXII.B 37.
roztracać niszczyć, powodować śmierć. HERC III 42.
rozwodzić rozprowadzać w różne strony; ECHO VII 25.
rubryka czerwień, ugier; HERC III 27; ECHO II 3; VIII 27; X 16.
ruminować rozmyślać nad czymś; rozważać; PEŁN VI 72.
rychtować przygotowywać; ECHO VII 81; ARCT XIII 58.
rymotwórca poeta; HERC II 86; HERC III 90; ECHO II 11; XXII.A 82; 143.
rymotworski poetycki; ECHO VIII 119; XII 172; PEŁN VI 496; XXII.A 51.
rządca władca; administrator; HERC III 152; ECHO VII 101; ARCT X 80.
rzecz$_1$ fakt; skutek; rezultat działania; ECHO V 2,3; VIII 59; ARCT XIII 37; PEŁN XI 42; XVI 82; XXI 5; XXII.B 55.
rzecz$_2$ mowa; PEŁN XXI 5.
rzeczony wspomniany; PEŁN VI 19.
sag płaszcz wojskowy (sagum); ECHO X 64.

sam we własnej osobie; osobiście; PEŁN XXII.C 1, 1.
scazon (*skazon*) cholijamb; wiersz; ARCT XV 24.
sceptrum berło; PEŁN XXII.C 15, 5.
ścieńczały wycieńczony; ECHO XII 193.
sfera see *sphaera*.
sfora wspólnota; wspólna grupa; ECHO XII 69.
siarczysty zrobiony z siarki; bardzo gorący; PEŁN XI 40; XXII.B 62.
siła dużo; HERC III 145.
skamiały skamieniały, zamieniony w kamień; HERC III 130; ARCT X 38.
skarbić zdobywać, zyskiwać; PEŁN V 2,4.
skulptura rzeźba; HERC VII 49.
snać, snadź zapewne, więc; HERC II 99; ARCT VI 2,2; VII 17; 64; IX 43; XI 3; XII 105; 109; PEŁN VI 158; XXII.B 7; 13; 15; 21.
snadnie łatwo; ECHO III 1,4; VIII 37; ARCT XIII 11; 63; PEŁN IV 4; VI 87; 162; 341; XV 2,1; XVI 24; .
snadny łatwy; ECHO XII 96; PEŁN 304; XVI 139.
solenny podniosły; ECHO tytuł; II 1; PEŁN VI 299; XXI 13.
solwować rozwiązać; wydać orzeczenie; PEŁN VI 301.
sonoralny donośny; ECHO II 5; PEŁN XXII.B 38.
sphaera, sfera tor ruchu planet; sklepienie niebieskie; niebo; HERC V 32; ARCT X 61; XIV 1; PEŁN III 6a,3; XI 9; XXII.B 12; XXII.C 4, 4; XXII.D 21; 53.
spięty napięty; PEŁN III 11a,3.
splendeca splendor; PEŁN XV 3,2.
spojźrzeć spojrzeć; ECHO IV 1,3; PEŁN III tytuł; XXII.A 122.
spolijały łupy; ECHO VIII 11; 111.
spólnie razem, wspólnie; PEŁN XXII.C 11, 8.
spona szpon, pazur ptaka; ECHO VII 98; 103; XI 11, 8.
sprzężony zaprzężony; XXII.B 32.
spustoszały opuszczony, opustoszały; HERC III 95.
stalisty stalowy; ECHO VIII 78; ARCT VII 4.
stało / nie stało wystarczyło / nie wystarczyło; HERC III 103.
stanąć (*za kogoś lub coś*) zastąpić kogoś lub coś; HERC III 196; ECHO IV 4,4; PEŁN III 10.a 4; .
stanza (pl. *stanzy*) zwrotka (stanza); ECHO VIII 55.
starszeństwo władza; przełożeństwo; HERC V 75.
stek stan płynny; rozpuszczony metal; ECHO IX 53; X 30.
stoczysty spadzisty; ARCT XIV 2.
stroić przygotowywać; wytwarzać; PEŁN VI 100; XXII.A 154.
strona$_1$ struna; PEŁN XXII.A 126; XXII.B 133; XXII.C 4, 5.
strona$_2$ kraina; HERC III 82; 191; V 7; ECHO II 6; VIII 84; IX 33; XI 7,2; XII 144; 178; 186; PEŁN II 12; VI 23; 247; 310; 359; 446; 448; 488; XI 26; XVII 12; XXII.A 103; 106; XXII.B 1; 25; XXII.C 2, 7; 5, 1; XIV 5; XXII.D 18; 68.
struktura budowla; konstrukcja; HERC III 116; ECHO X 118; XII 2; PEŁN VI 40; 70; XXII.D 66.
stwierdzić utwierdzić; PEŁN VI 225.
styl przyrząd do pisania na woskowej tabliczce (see *cera*); stylus; ECHO VIII 31; X 69; PEŁN XXII.B 106.

styr ster; ECHO IX 63; 79; 89; ARCT VII 51; 78.
sublunarny na Ziemi (dosł. podksiężycowy); ECHO XII 46; ARCT V 1.
submissyja podległość; poddanie się; HERC V 62; PEŁN XXI 8; 13; 14.
submittować podlegać; PEŁN XXI 9; 12.
successyja (*sukcesyja*) dziedzictwo; PEŁN VI 384; 404.
supplikować (*suplikować*) prosić; PEŁN XVII 4.
świątnica świątynia, kościół, cerkiew; HERC III 197; PEŁN VI 370.
symphonijacny symfoniczny; XXII.B 43.
szacowny drogocenny; PEŁN VI 96; 466.
szafować zarządzać; rozdawać; PEŁN XXII.D XVII 8.
szafunek zarządzanie; rozdawanie; ECHO III 2,4; PEŁN VI 2; 4; 9.
szarłat szkarłat; ECHO II 10.
szarłatny szkarłatny; ECHO II 11; X 110; XII 48.
szedziwy siwy; PEŁN VI 154; 168; PEŁN XXII.C 20, 8.
szkopuł skała morska; ECHO VII 56; PEŁN IV 4; .
szle śle, wysyła; PEŁN XVI 59.
szpaler obicie ścian; PEŁN VI 95.
szpinet a 17th and 18th-century keybord instrument (Ang. *spinet*). HERC III 181.
szpinet spinet; siedemnastowieczny instrument klawiszowy; HERC III 181.
sztucznie zgodnie z zasadami sztuki, rzemiosła; wymyślnie; PEŁN III 10a,2.
sztuczny zgodny z zasadami sztuki lub rzemiosła; wymyślny; PEŁN VI 141.
taxa (*taksa*) oszacowanie; wartość; ARCT XI 4; PEŁN XI 50.
terminalny ostateczny; śmiertelny; ECHO VII 51.
tesknica tęsknota; PEŁN VI 74.
tetryczny brzydki; nieprzyjemny; ECHO II 5; ARCT XIII 24; XIV 2.
thren tren; wiersz żałowny; HERC III 180; ECHO IX 14; XII 124.
tłuszcza tłum; PEŁN XVII 6.
torowny utorowany; ECHO II 11.
trafić potrafić; PEŁN X 1,3; 4.
tropologia metafora; obraz poetycki; ARCT VIII 5.
trydent trójząb; ECHO IX 73; PEŁN IV 4; XXII.B 136; XXII.C 7, 6.
tudzież również; zarówno; PEŁN XXII.D 9.
tułub tułów; ECHO II 4.
tytanowy słoneczny; PEŁN VI 4001.
tytuł nazwa; imię; godność; ECHO IV 1,2; ARCT XI 4; PEŁN XXII.B 113.
ubijać się dobijać się czegoś, starać się o coś; HERC III 11.
uchybić see *chybić*.
ucukrować słodzić; czynić coś przyjemnym; PEŁN XI 19.
udostoić uczcić; uczynić dostojnym; PEŁN IV 3.
udostojnić uczcić; uczynić dostojnym; ECHO II 11.
ułacniać ułatwiać; ARCT XIV 7.
umbra cień; ECHO II 11; ARCT VIII 3; PEŁN IV, 4; 6; XXI 3.
upłakiwać opłakiwać; PEŁN XXII.C 8, 6.
uprzejmość życzliwość; ARCT XVI 1; .
uprzejmy życzliwy; ECHO II 1; PEŁN XXI 13; XXII.C 19, 4; XXII.D 14.
uqualifikować (*ukwalifikować*) przysposobić; ARCT V 4.
utalentować wyposażyć w talenty; ARCT XIII 35.

veneracyja (*weneracyja*) uwielbienie; uczczenie; ECHO II 11.
votum see *wotum*.
waleta pożegnanie; wiersz na pożegnanie; HERC II 175; ECHO VII 69; ARCT IV 4; 8; PEŁN VI 226; 449; XVI 29; 84.
walor cena, wartość; niegodny ECHO IV 4,3; 7,4; VIII 7; XII 74; 133; ARCT XI 1; PEŁN IV 6; V 2,2; VI 96; 363; 465; XVI 7; 96; 123; XXII.A 59.
wały fale; PEŁN XVI 71.
wantuch worek z płótna konopnego; ECHO VII 3.
wchodziny wejście; objęcie domu w posiadanie; PEŁN I 4.
wdzięcznie miło; w przyjemny sposób; ECHO IX 14.
wdzięczny miły; przyjemny (w odniesieniu do wyglądu, dźwięku, wrażenia); HERC III 95; 128; 158; 179; PEŁN VI 111; 149; XI 94; XXI 6; 8; XXII.B 38; XXII.C 1, 5.
wena natchnienie; ECHO VIII 119; XII 35; 182; ARCT XIII 78; PEŁN XXII.C 3, 1; XXII.D 15.
weneracyja see *veneracyja*.
wetować wynagradzać; ECHO XII 196.
wichrowaty wzburzony; zwichrzony; ECHO VII 75; IX 76.
widany widziany; PEŁN VI 13.
wierzać wierzyć; PEŁN III 12b,1; VI 187; .
winna macica latorośl; PEŁN XVI 91.
winny należny (see *powinny*); ECHO XII 78; PEŁN XI 66; XXII.C 10, 4.
wkorzenić zasadzić; zakorzenić; HERC III 40; ARCT XIV 2; PEŁN XI 36; XVI 111; XXII.C 17, 6; .
właśnie prawdziwie; naprawdę; zgodnie z rzeczywistością; HERC III 130; V 46; 63; VII 68; ECHO VIII 59; XII 25; 55; ARCT IV 26; XIII 39; XIV 3; PEŁN VI 237; XI 36; 83; XXII.A 117; 149.
własny właściwy; prawdziwy; XV 3,2.
wotować życzyć; PEŁN XXII.C 19, 7.
wotum, votum obietnica; życzenie; ECHO VII 110; X 99; XII 120; 162; ARCT XIII 74; PEŁN XXII.C 19, 6; XXII.D 11.
woźnik koń pociągowy; koń w zaprzęgu; HERC VII 28.
wrażać, wrazić wsadzić; ECHO XI 11, 8; ARCT X 44.
wrodzony naturalny; *przyrodzony*; ECHO X 13.
wsidlony usidlony; ECHO VIII 15; PEŁN VI 7.
wskroś na wylot; PEŁN VI 115; 265.
wstręt przeszkoda; HERC III 64; V 69; ECHO VII 56; ARCT IV 48; XIV 6; PEŁN IV 5; XI 15; XXII.A 156; XXII.B 6; 24.
wsuć wsypać; ECHO IX 41; PEŁN XVI 20.
wydawać, wydać ukazywać, reprezentować; ujawniać; ECHO VII 11; VIII 9; 37; XII 20; 40; 44; 48; 162; ARCT XIII 48; PEŁN XXII.A 101.
wydołać poradzić sobie; móc; HERC III 90; VII 40; PEŁN VI 148.
wypiątnować wypiętnować, naznaczyć; ECHO II 10; XII 175.
wyrznąć (*się*) odznaczyć (się) na tle czegoś; ECHO X 109.
wysforować się (na kogoś) wyzwolić się; uruchomić się; HERC V 7; PEŁN XI 24.
wystawić ukazać, zaprezentować; HERC III 46; ECHO II 7; X 88; ARCT VIII 4.

wystrukturować skonstruować; ECHO II 3; XIII 32; XVI 2; ARCT XIV 8.

wywrzeć rozewrzeć; otworzyć szeroko; ECHO VII 16; ARCT VII 57; PEŁN XI 14; 17; 27; XXII.A 121; XXII.B 24.

wżdy przecież; ARCT VII 26; PEŁN XXII.A 123.

wzgórę ku górze; PEŁN II.

wzrościć czynić, że coś wzrasta; pobudzić coś do rośnięcia; ARCT XI 3.

wzroszczony see *wzrościć*.

zadatki zwiastuny, zapowiedzi; ECHO VII 94.

zagrzebiać grzebać, pochować w grobie; HERC III 48; 140.

zakamieć skamienieć, zamienić się kamień; PEŁN VI 173.

zakręt wir wodny; ECHO V 2.

zaprawny przyprawiony; ARCT XIII 66; PEŁN XVI 58.

zawód współzawodnictwo, rywalizacja; HERC III 1; ECHO II 1; XII 63; 175; PEŁN XXI 7; XXII.A 49.

zawodniczy rywalizujący; ECHO IX 37.

zawzięty uzyskany; zakorzeniony; ECHO X 101.

zdobywać się wziąć się za coś; podjąć się czegoś; ARCT VIII 3.

zelant osoba gorliwa; PEŁN XXI 13.

złotogłów materiał z jedwabiu i złotej nici; PEŁN XVI 38.

zmroczyć zaciemnić; uczynić ciemnym lub posępnym; PEŁN VI 104; XI 71; XXII.D 52.

znachodzić znajdować; HERC V 61; PEŁN VI 413; .

zoczyć zobaczyć; PEŁN VI 286; XI 5.

zodyjak pas nieba na niebie ze znakami zodiaku; niebo; ECHO IV 1; VIII 99; XI 6, 8; ARCT IV 62; X 8; PEŁN IV 2.

zsierociały osierociały; HERC III 184.

zwątlony osłabiony; nadwątlony; HERC III 187; ARCT VII 74; ARCT XV 23.

zwyczajnie zazwyczaj; HERC V 13; 47; 88; ECHO VII 69; VIII 125; XII 39; ARCT VII 61; PEŁN IV 4; VI 52; XVI 68; 123; XXI 2.

zwyczajny zwykły, normalny; HERC V 40; ECHO IX 109; X 21; PEŁN IV 3; .

żyła rzemień; bicz; PEŁN XI 46; 53.

Bibliography

Sources

Manuscripts

Javors'kyj, *Sermons* RGIA—Stefan Javors'kyj [*Sermons*], MS RGIA, shelfmark ф 834, оп. 2, д. 1592а–г.

Helicon bivertex 1689—*Helicon bivertex seu poesis bipartita solutae et ligatae orationis rudimentis instructa et studiosae iuventuti in Collegio Kiovo-Mohilaeano pro praxi et doctrina data … sub reverendo Parteno Rodowicz anno 1689*, RGADA F 381, nr 1767

Яворский 1702–1716—*Проповеди Стефана Яворского за 1702–1716 гг.*, RSLM, shelfmark OR Ф.173.2 №112 https://search.rsl.ru/ru/record/01005067213 (access: 9.03.2024)

Prints

Aphthonius 1640—Aphthonius Sophista, *Progymnasmata, partim a Rodolpho Agricola, partim a Ioanne Maria Cataneo latinitati donata …*, Lyon 1640

Baranowicz 1671—Łazarz Baranowicz (Lazar Baranovyč), *Lutnia Apollinowa każdej sprawie gotowa*, Černihiv 1671

Baranowicz 2004—Łazarz Baranowicz (Lazar Baranovyč), *Lutnia Apollinowa każdej sprawie gotowa*, ed. Marta Maśko, *Terminus* 6 (2004), 2, pp. 95–149

Bechtlin 1662—Christoph Bechtlin, *Tres mentis operationes*, praeside Chistopho Bechtlin S.J. Logicae Professore, propugnatae a Michaele Jordan, Oenipontum 1662

Benci 1617—Francesco Benci, *Orationes et carmina cum disputatione de stylo et scriptione*, editio recentior et auctior, Köln 1617

Birkowski 1623—Fabian Birkowski, *Kazania na święta doroczne*, Kraków 1623

Bornitz 1678—Jakob Bornitz, *Moralia Bornitiana hoc est symbola et emblemata politico-sacra et historico-politica*, Mainz 1678

Boschius 1702—Jacobus Boschius, *Symbolographia sive de arte symbolica sermones septem*, Augsburg and Dillingen 1702

Bromyard 1614—Johannes Bromyard, *Summa praedicantium omnibus dominici gregis pastoribus, divini verbi praeconibus, animarum fidelium ministris et sacrarum litterarum cultoribus longe utilissima ac perncessaria …*, Antwerpen 1614

Camerarius 1605—Joachim Camerarius, *Symbolorum et emblematum ex re herbaria desumtorum centuriae tres*, [Heidelberg] 1605

Cesi 1636—Bernardus Caesius (Bernardo Cesi), *Mineralogia sive naturalis philosophiae thesauri*, Lyon 1636

Chmielowski 1745—Benedykt Chmielowski, *Nowe Ateny albo Akademia wszelkiej sciencyi pełna*, vol. 1, Lviv 1745

Cicero 1989—Marcus Tullius Cicero, *Tusculan disputations*, with an English translation by J.E. King, Cambridge, Mass.—London 1989

Cieciszewski 1643—Wojciech Cieciszewski, *Kryształ z popiołu ukazany przy początku pogrzebu jaśnie oświeconej księżny Katarzyny z Potoka Radziwiłowej*, Vilnius 1643

Claudian 1922—*Claudian*, with an English translation by M. Platnauer. In two volumes, vol. 1 and 2, Cambridge, Mass.–London 1922

Cornelius a Lapide 1891—Cornelius a Lapide, *Memoriale praedicatorum sive synopsis biblica, theologica, moralis, historica et oratoria commentariorum*, Paris 1891

Coustau 1555—Petrus Costalius (Pierre Coustau), *Pegma cum narrationibus philosophicis*, Lyon 1555

De Besse 1629—Pierre de Besse, *Conciones, sive Conceptus theologici ac praedicabiles, De Sanctorum Festivitatibus Anni totoius, et aliis solemnitatibus, habitae diversis in locis, intrprete Matthia Martinetz …*, ed. 5, vol. 3, Köln 1629

Drexel 1627—Jeremias Drexel, *Heliotropium seu Conformatio humanae voluntatis cum divina*, München 1627

Ebermeier 1653—Johann Ebermeier, *Neu poetisch Hoffnungs-Gèartleindas ist: ccc. und xxx. Sinnbilder von der Hoffnung: so zum theils ausz der Heiligen Schrifft, zum theils ausz allerhand alten irchenvèattern Geschichtschreibern Poeten Naturkèundigern Vernunfft= und Zucht= Lehrern gezogen. Und mit Lateinisch= und Teutschen Versen erklèaret werden*, Tübingen 1653

Edmundson 1661—Henry Edmundson, *Homonyma et synonyma linguae Latinae conjunta et distincta*, Oxford 1661

Erasmus 1533—Desiderius Erasmus Roterodamus, *Adagiarum opus …*, Basel 1533

Erasmus 2017—Erasmus, *Collected Works of. Prolegomena to the Adages. Adagiorum collectanea*, translated and annotated by John N. Grant, Toronto 2017

Ferro 1623—Giovanni Ferro, *Teatro d'Imprese*, Venezia 1623

Freculf 1539—*Freculphi Episcopi Lexoviensis Chronicorum tomi II, quorum prior ab intio mundi usque ad Octaviani Caesaris tempora, et Servatoris nostri Christi Nativitatem; posterior dehinc usque ad Francorum et Longobardorum regna, rerum gestarum historiam continet*, [Köln] 1539

Golt 1712—Genesius Golt, *Oestrium poeticum ephemericum quod ad Davidis citharam excitavit ac quotidianis Dei laudibus consecravit …*, München 1712

Goltzius 1645—Hubertus Goltzius, *Icones Imperatorum Romanorum ex priscis nomismatibus ad vivum delineatae, et brevi narratione historica illustratae per Hubertum Goltzium. Accessit modo Imp(eratorum) Romanorum Austriacorum series ab Alberto II … ad usque Ferdinandum III …*, Antwerpen 1645

Harsdoerffer 1657—Georg Philip Harsdoerffer, *Frauenzimmer Gesprechspiele, es bey Tugendliebenden Gesellschafften mit erfreulichem Nutzen beliebet und geübet werden mögen*, Theil 2, Nürnberg 1657

Horace 1882—Quintus Horatius Flaccus (Horace), *The Odes and Carmen Saeculare of Horace*. Trans. J. Conington, London 1882

Horace 1991—Quintus Horatius Flaccus (Horace), *Satires, Epistles and Ars poetica*, with an English translation by H. Rushton Fairclough, Cambridge, Mass.–London 1991

Horace 2004—Quintus Horatius Flaccus (Horace), *Odes and Epodes*. Edited and translated by Niall Rudd. Loeb Classical Library 33. Cambridge, Mass. 2004.

Hugo 1624—Herman Hugo, *Pia desideria*, ed. 1, Antwerpen 1624

Hugo 1636—Hermann Hugo, *Pia desideria*, ed 4, Antwerpen 1636

Javors'kyj 1684—Stefan Javors'kyj, *Hercules post Atlantem*, Černihiv 1684

Javors'kyj 1689—Stefan Javors'kyj, *Echo głosu wołającego na puszczy*, Kyiv 1689

Javors'kyj 1690—Stefan Javors'kyj, *Arctos caeli Rossiaci*, Kyiv 1690

Javors'kyj 1691—Stefan Javors'kyj, *Pełnia nieubywającej chwały*, Kyiv 1691

Javors'kyj 2025—Stefan Javors'kyj, *Sermons from the Ukrainian Period*, vol. 1, ed. by Giovanna Brogi, Maksym Yaremenko, Tetiana Kuzyk, Marzanna Kuczyńska, Jakub Niedźwiedź, Leiden 2025

John of Damascus 1593—John of Damascus, *Historia de vitis et rebus gestis sanctorum Barlaam Eremitae et Iosaphat Indiae regis*, transl. Jacques de Billy de Prunay, Antwerpen 1580

John of Damascus 2006—John of Damascus, *Historia animae utilis de Barlaam et Ioasaph (Spuria) II: Text Und Zehn Appendices*, ed. Robert Volk, Berlin–New York 2006.

John of Damascus 2018—John of Damascus, *Oration on the Hativity of the Holy Theotokos Mary*, in: *Wider Than Heaven: Eight Century Homilies on the Mother of Good*, ed. Mary B. Cunningham, Crestwood, NY 2008

Junius 1606—Melchior Junius, *Politicarum quaestionum centum ac tredecim, in eloquentiae studiosorum gratiam, stylum exercere cupientium, selectarum ac in in partes tres distinctarum …*, Frankfurt am Main 1606

Kochanowski 1995—Jan Kochanowski, *Laments*, transl. Stanislaw Barańczak, Seamus Heaney, New York 1995

Kochanowski 2001—Jan Kochanowski, *Treny*, ed. Janusz Pelc, Wrocław 2001

Kochanowski 2008—Jan Kochanowski, *Pieśni*, ed. Ludwika Szczerbicka-Ślęk, Wrocław 2008

Kochanowski 2018—Jan Kochanowski, *Trifles, Songs, and Saint John's Eve Song*, Translation, notes, and introduction by Michael J. Mikoś, edited and with a foreword by Mirosława Hanusiewicz-Lavallee, Lublin 2018

Kochowski 1991—Wespazjan Kochowski, *Utwory poetyckie. Wybór*, ed. Maria Eustachiewicz, Wrocław 1991

Kosiv 1635—Sylvester Kosiv (Kossow), *Paterikon abo Żywoty św. Ojców pieczarskich*, Kyiv 1635

Kuligowski 1688—Mateusz Ignacy Kuligowski, *Królewic indyjski w polski strój przybrany albo Historia o świętym Jozafacie królewicu indyjskim i o świętym Barlaamie pustelniku pustyniej Sennaar nazwanej*, Kraków 1688

Kwiatkiewicz 1672—Jan Kwiatkiewicz, *Phoenix rhetorum*, Kraków 1672

Lauxmin 1648—Sigismundus Lauxmin, *Praxis oratoira sive praecepta artis rhetoricae*, Braniewo 1648

Lubomirski 1995—Stanisław Herakliusz Lubomirski, *Tobiasz wyzwolony*, in: Stanisław Herakliusz Lubomirski, *Poezje zebrane*, vol. 1, *Teksty*, ed. Adam Karpiński, Warszawa 1995

Lucretius 1992—Titus Lucretius Carus, *De rerum natura*, with an English translation by William Henry Denham Rouse, revised with new text, introduction, notes, and index by Martin Ferguson Smith, Cambridge, Mass.–London 1992

Marbodius 1511—Marbode (Morbodius of Rennes), *Libellus de lapidibus preciosis nuper editus*, ed. Johannes Cuspinianus, Wien 1511

Masen 1658—Jacob Masen, *Ars nova argutiarum eruditae et honostae recreationis, in duas partes divisa. Prima est epigrammatum, altera inscriptionum argutarum*, Köln 1658

Masen 1681—Jacob Masen, *Speculum imaginum veritatis occultae exhibens symbola, emblemata, hieroglyphica, aenigmata omni tam materiae, quam formae varietate, exemplis simul ac praeceptis illustratum …*, editio tertia, Köln 1681

Melanchthon 1600—Philipp Melanchthon, *Consilia sive iudicia theologica, itemque responsiones ad quaestiones de rebus variis ac multiplicibus secundum series annorum digestae*, Neustadt 1600

Ménestrier 1683—Claude-François Ménestrier, *La philosophie des images enigmatiques*, vol. 2, Paris 1683

Mnemozyne 1633—*Mnemosyne sławy, prac i trudów przeoświeconego w Bogu ojca* (…) *Piotra Mohiły wojewodzica ziem mołdawskich, uprzywilejowanego prawosławnego metropolity Kijowskiego, halickiego i wszytkiej Rusi* (…) *na pożądany onego wjazd do Kijowa od studentów gimnasium w Bractwie Kijowskim przezeń fundowanego*, Kyiv 1633

Natalis 1568—Natalis Comes (Natale Conti), *Mythologiae, sive explicationum fabularum libri decem*, Venezia 1568

Okolski 1641—Szymon Okolski, *Orbis Polonus*, vol. 1, Kraków 1641

Orlyk 1698—Pylyp Orlyk (Filip Orlik), *Hippomenes sarmacki*, Kyiv 1698

Ornovs'kyj 1688—Ivan Ornovs'kyj (Jan Ornowski), *Muza roxolańska*, Černihiv 1688

Ostrowski 1747—Joannes Ostrowski Daneykowicz, *Suada Latina seu miscellanea oratoria, epistolaria, statistica, politica, inscriptionalia elogiaria, panegyrica, poetica et historica*, Lublin 1747

Ovid 1951—Publius Ovidius Naso (Ovid), *Metamorphoses*, with an English translation by Frank Justus Miller, vol. I: books I–VIII, Cambridge, Mass.–London 1951

Ovid 1985—Publius Ovidius Naso (Ovid), *The Art of Love, and Other Poems*, with an English translation by John Henry Mozley, second edition revised by G.P. Goold, Cambridge, Mass.–London 1985

Ovid 1986—Publius Ovidius Naso (Ovid), *Heroides* and *Amores*, with an English translation by G. Showerman, second edition revised by G.P. Goold, Cambridge, Mass.–London 1986

Ovid 1988—Publius Ovidius Naso (Ovid), *Tristia, Ex Ponto*, with an English translation by Arthur Leslie Wheeler, second edition revised by G.P. Goold, Cambridge, Mass.–London 1988

Owen 1682—John Owen, *Epigrammatum Ioan(nis) Oweni Cambro-Britanni Oxoniensis*, Leiden 1682

Pasek 1987—Jan Chryzostom Pasek, *Pamiętniki*, ed. Roman Pollak, Warszawa 1987

Penton 1688—Stephen Penton, *Apparatus ad theologiam in usum academiarum*, London 1688

Pertz 1872—Georg Heinrich Pertz, *Monumenta Germaniae historica inde ab anno Christi quingentesimo usque ad annum millesimum et quingentesimum. Scriptorum tomus XXII*, Hannover 1872

Philotheus 1677—*Philothei Symbola Christiana quibus idea hominis Christiani exprimitur*, Frankfurt am Main 1677

Picinelli 1680—Filippo Picinelli, *Mondo simbolico formato d'imprese scelte, spiegate ed illustrate con sentenze, ed eruditioni, Sacre, e Profane …*, Milano 1680

Pisarski 1676—Jan Pisarski, *Mówca polski albo suplement do tomu pierwszego Mów sejmowych … tom wtóry*, Kalisz 1676

Pliny 1940—Gaius Plinius Secundus (Pliny), *Natural history*, with an English translation in ten volumes, vol. III: *Libri VIII–XI* by H. Rackham, London 1940

Pomey 1675—Franciscus (François Antoine) Pomey, *Candidatus rhetoricae se Aphothonii Progymnasmata in meliorem formam usumque redacta*, Venezia 1675

Pomey 1676—Franciscus (François Antoine) Pomey, *Novus candidatus rhetoricae altero se candidior, comptiorque non Aphthonii solum Progymnasmata ornatius concinnata, sed Tullianae etiam rhetoricae praecepta clarius explicata repraesentans, studiosis eloquentiae candidatis*, Rouen 1676

Pontanus 1597—Jacobus Pontanus, *Poeticarum insitutionum libri III*, Ingolstadt 1597

Pontanus 1610—Jacobus Pontanus, *In P. Ovidii Nasonis poetarum ingeniosissimi Tristium et De Ponto libros novi commentarii, item Hortuli Ovidiani, id est Sententiae et proverbia ex quotquot Poetae monumentis a eodem conquisita in locos communes redacta et commentationibus explicata*, Ingolstadt 1610

Pontanus 1617—Jacobus Pontanus, *Attica bellaria, sive Litteratorum secundae mensae ad animos ex contentione et lassitudine studiorum lectiunculis equisitis, iucundis et honestis relaxandos*, pars secunda, Augsburg 1617

Possevino 1594—Antonio Possevino, *Tractatio de poesi et pictura ethnica, humana, et fabulosa collata cum vera, honersa et sacra*, Lyon 1594

Prokopovyč 1709—[Feofan Prokopovyč], *Панегирикос, или слово похвальное о преславной над войсками свейскими победе 1709*, Kyiv 1709

Radau 1655–Michael Radau, *Orator extemporaneus*, Amsterdam 1655

Rollenhagen 1613—Gabriel Rollenhagen, *Selectorum emblematum centuria secunda*, Utrecht [1613]

Saavedra 1651—Diego de Saavedra Fajardo, *Idea Principis Christiano-Politici 101 symbolis expressa …*, Amsterdam 1651

Saavedra 1660—Diego de Saavedra Fajardo, *Idea Principis Christiano-Politici 101 symbolis expressa …*, Amsterdam 1660

Sarbiewski 1646—Maciej Kazimierz Sarbiewski, *The Odes of Casimire*, transl. George Hils, London 1646

Seneca 1917—Seneca's *Tragedies* with an English translation by Frank Justus Miller, vol. I: *Hercules furens, Troades, Medea, Hippolytus, Oedipus*, London–New York 1917

Sęp Szarzyński 2001—Mikołaj Sęp Szarzyński, *Poezje zebrane*, ed. Radosław Grześkowiak, Adam Karpiński, cooperation Krzysztof Mrowcewicz, Warszawa 2001

Skarga 1843–Piotr Skarga, *Kazania na niedziele i święta całego roku*, ed. Jan Nepomucen Bobrowicz, Leipzig 1843

Słowicki 1705—Łukasz Stanisław Słowicki, *Panegyres sacrae Regi seculorum immortali Iesu Christo, Reginae caelorum Virgini Mariae nec non sanctiori aluae divis dicate*, Kraków 1705

Spinula 1678—Stephanus Spinula, *Novissima philosophia summulas, logicam et libros: physicorum, de coelo, de generatione et corruptione, de metheoris, de anima, et metaphysicorum complectens*, Pavia 1678

Statius 1928—*Statius*, with an English translation by John Henry Mozley, in two volumes: vol. 1: *Silvae, Thebais* I–IV, London–New York 1928

Suarez 1861—Francisco Suarez, *Opera omnia*, vol. 26, ed. C. Breton, Paris 1861

Suetonius 1951—Gaius Suetonius Tranquillus, *Lives of the Caesars, Volume I: Julius. Augustus. Tiberius. Gaius. Caligula.* Translated by J.C. Rolfe, Introduction by K.R. Bradley, Cambridge, MA 1951

Twardowski 1926—Samuel Twardowski, *Nadobna Paskwalina*, ed. Roman Pollak, Kraków 1926

Twardowski 1995—Kasper Twardowski, *Pochodnia miłości Bożej z pięcią strzał ognistych*, ed. Krzysztof Mrowcewicz, Warszawa 1995

Twardowski 2007—Samuel Twardowski, *Epitalamia*, ed. Roman Krzywy, Warszawa 2007

Ursin 1659—Johann Heinrich Ursin, *Acerra philologica mille, variarum historiarum, physicarum, ethnicarum, mythicarum de rebus fere omnibus, ex innumeris auctoribus selectarum ac pulcherrimis, qua Sacra, qua aliis sententiis illustratum libri quinque*, Frankfurt am Main 1659

Veen 1607—Otto van Veen, *Q. Horatii Flacci Emblemata. Insignibus in aes incisis notisque illustrata studio Othonis Vaeni*, Antwerpen 1607

Veen 1624—Otto van Veen, *Emblemata, sive, Symbola a principibus, viris eeclesiasti-*

cis [sic] ac militaribus aliisque usurpanda / Devises ou emblemes pour princes, gens d'Église, gens de guerre, et autres, Bruxelles 1624

Verani 1679—Gaetano Felice Verani, *Monumentum etremi honoris perennis virtutis piis manibus serenissimi ac potentissimi principis Ferdinandi Mariae, Utriusque Bavariae ac Superioris Palatinatus Ducis, Comitis Palatini Rheni* …, München 1679

Verinus 1541—Michael Verinus, *De puerorum moribus disticha*, Lyon 1541

Virgil 1916—*Virigil*, with an English translation by H. Rushton Fairclough, in two volumes: vol. 1: *Eclogues, Georgics, Aeneid* I–VI, London–New York 1916

Widl 1674—Adam Widl, *Lyricorum libri III. Epodon liber unus*, Ingolstadt 1674

Wierix 1600—Anton II Wierix, *Cor Iesu amanti sacrum*, Antwerpen 1600

Wujek 1583—Jakub Wujek, *Postylla Catholica, to jest kazania na Ewangelie niedzielne y odświętne przez cały rok, według wykładu samego prawdziwego Kościoła Świętego powszechnego* …, Kraków 1583

Zetter 1614—Jocob de Zetter, *New Kunstliche Weltbeschreibung das ist Hundert auserlesener Kunststuck, so von den Kunstreichsten Meistern dieser Zeit erfunden und gerisen worden, gegenwertigen Welt lauf und Sitten vor zu mahlen und uff besserung zu bringen. Nun mehr ins Kupffer zusammen gertragen: mit kurtzen Lateinischen versen, auf Deütschen und Frantzösichen Reymen artig erklaret*, Frankfurt am Main 1614

Zodiacus 1676—*Zodiacus Illustrium Ecclesiae Siderum seu Virtutes Infulatae Clarissimorum duodecim orbis Christiani Antistitum Reverendissimo et Celsissimo Principi ac Domino Domino Joanni Friderico a Comitibus de Waldstein Archiepiscopo Pragensi … a devotissimo Reverendissimae Ejus Celsitudini Collegio Pragensi Secietatis Jesu*, [Praha] 1676

Акт избрания 1887—"Акт избрания Варлаама Ясинскаго архимандитом киево-печерскаго монастыря", ed. А. Востоков, *Киевская старина*, 6 (1887), vol. 18, pp. 573–576

Гордон 2009—Патрик Гордон (Patrick Gordon), *Дневник, 1684–1689*, transl., ed. Д.Г. Федосов, Москва 2009

Евхаристерион 1632–Евхаристерион албо вдячность, Київ 1632

Письма и бумаги 1883—*Письма и бумаги императора Петра Великого*, vol. 3, Санкт-Петербург 1893

Письма и бумаги 1887—*Письма и бумаги императора Петра Великого*, vol. 1, Санкт-Петербург 1887

Письма и бумаги 1889—*Письма и бумаги императора Петра Великого*, vol. 2, Санкт-Петербург 1889

Прокопович 1961—Феофан Прокопович, *Сочинения*, ed. И.П. Еремин, Москва–Ленинград 1961

Яворский 2014—Стефан Яворский, *Ты, облеченна в солнце, Дѣво Богомати*, in — Николаев 2014a, p. 359

Яворський 1698—Стефан Яворський, *Виноград Христов*, Київ 1698

Яворський 1703—Стефан Яворський, *Знаменія пришедствія антіхристова и кончины века*, Москва 1703

Яворський 1728—Стефан Яворський, *Камень веры православнымъ церквы святыѧ сыномъ на утвєрждєніє и духовноє созиданіє. Прєтыкающымсѧ жє сэ камєнь прєтыканіѧ и соблазна*, Москва 1728

Яворський 1729—Стефан Яворський, *Камень веры православнымъ церквы святыѧ сыномъ на утвєрждєніє и духовноє созиданіє. Прєтыкающымсѧ жє сэ камєнь прєтыканіѧ и соблазна*, Москва 1729

Яворський 1878—Стефан Яворский, *Риторичская рука*, transl. Т. Поликарпов, Москва 1878

Яворський 1992—Стефан Яворський, *Філософські твори*, vol. 1, ed. Игорь Степанович Захара, Мария Васильевна Кашуба, Київ 1992

Яворський 2009—Стефан Яворський, “Виноград Христов”, ed. І. Ситой, С. Горобец, *Сіверянський літопис*, 2009, 6, pp. 114–131

Secondary Literature

Awianowicz 2008—Bartosz B. Awianowicz, *Progymnasmata w teorii i praktyce szkoły humanistycznej od końca XV do połowy XVIII wieku. Dzieje nowożytnej recepcji Aftoniosa od Rudolfa Agricoli do Johannesa Christopha Gottscheda*, Toruń 2008

Awianowicz 2020—Bartosz B. Awianowicz, “The Classical and Jesuit Erudition of Stefan Iavorskii in his Panegyrics to Varlaam Iasinskii”, *Philologia Classica*, 15, 2020, 2, pp. 246–260

Awianowicz 2021—Bartosz B. Awianowicz, *School exercises in rhetoric between religious controversies and “political correctness” in the 16th- and 17th-century Europe*, in: Trinidad Arcos Pereira (ed.), *Retórica e ideología en las aulas del Humanismo: los progymnasmata*, Vigo 2021, pp. 165–183

Bartolini 2020a—Maria Grazia Bartolini, “ ‘Engrave this memory in your heart as if on a tablet …’. Memory, Meditation, and Visual Imagery in Seventeenth-Century Ukrainian Preaching”, *Canadian Slavonic Papers*, 62, 2, 2020, pp. 154–181

Bartolini 2020b—Maria Grazia Bartolini, “Virginity is good but marriage is better. Stefan Javors’kyj’s *Vinograd Khrystov* as an Emblematic Praise of Marriage”, *Harvard Journal of Ukrainian Studies*, 37 (2020), 1–2, pp. 13–46

Berndt 1975—Michael Berndt, *Die Predigt Dimitrij Tuptalos. Studien zur ukrainischen und russischen Barockpredigt*, Frankfurt/M 1975

Blum 1999—Paul Richard Blum, “Dio e gli individui: L’*Arbor Porphyriana* nei secoli XVII e XVIII.” *Rivista di filosofia neo-scolastica* 91 (1999), pp. 18–49

Bouvier, Schneider 2008—Bouvier Beatrix, Schneider Michael (eds.), *Geschichtspolitik und demokratische Kultur. Bilanz und Perspektiven*, Bonn 2008

Brogi 2000—Giovanna Brogi Bercoff, "Mazepa, lo zar e il diavolo. Un inedito di Stefan Javorskij", *Russica Romana* 7, 2000, pp. 167–188

Brogi 2002—Giovanna Brogi Bercoff, "A Marginal Note on Marginal Notes—The Library of Stefan Javorskij", *Palaeoslavica* 10 (2002), 1, pp. 11–25

Brogi 2004a—Giovanna Brogi Bercoff, "Stefan Jaworski a historia. Na podstawie dopisków na marginesach jego książek", in: Jacek Głażewski, Marek Prejs, Krzysztof Mrowcewicz (eds). *Corona scientiarum. Studia z historii literatury i kultury nowożytnej ofiarowane profesorowi Januszowi Pelcowi*, Warszawa 2004, pp. 383–392

Brogi 2004b—Giovanna Brogi Berkoff, "Niepublikowany wiersz Stefana Jaworskiego?", transl. Emiliano Ranocchi, *Terminus* 2004, 2, pp. 53–64

Brogi 2004c—Giovanna Brogi Bercoff, "The Hetman and the Metropolitan. Cooperation between State and Church in the Time of Varlaam Jasyns'kyj", in: Giovanna Siedina (ed.), *Mazepa e il suo tempo. Storia, cultura, societa—Mazepa and His Time. History, Culture, Society*, Alessandria 2004, pp. 417–440

Brogi 2005—Giovanna Brogi, "Plurilinguism in Russia and in the Ruthenian Lands in the Seventeenth and Eighteenth Centuries. The Case of Stefan Javors'kyj", in Vyacheslav V. Ivanov, Julia Verkholantsev (eds.), *Speculum Slaviae orientalis. Muscovy, Ruthenia and Lithuania in the Late Middle Ages*, Москва 2005, pp. 9–20

Brogi 2012—Giovanna Brogi Bercoff, "Poltava: A Turning Point in the History of Preaching," in Serhii Plokhy (ed.), *Poltava 1709: The Battle and the Myth*, Cambridge 2012, pp. 205–226

Brogi 2021—Giovanna Brogi, "In the Name of Mary: Baranowicz, Jaworski, and the Good Pastor", *pl.it / rassegna italiana di argomenti polacchi*, 12, 2021, pp. 110–132

Buszewicz 2003—Elwira Buszewicz, "Maciej Kazimierz Sarbiewski, *De acuto ac arguto/O poincie i dowcipie*", in: Michał Hanczakowski, Jakub Niedźwiedź (eds.), *Retoryka a tekst literacki*, vol. 1, Kraków 2003, pp. 23–52

Curtius 1984—Ernst Robert Curtius, *Europäische Literatur und Lateinisches Mittelalter*, Bern 1984

Czarski 2012—Bartłomiej Czarski, *Stemmaty w staropolskich książkach, czyli rzecz o poezji heraldycznej*, Warszawa 2012

Danylenko 2017—Andrii Danylenko, *A missing chain? On the sociolinguistics of the Grand Duchy of Lithuania*, „Acta Baltico-Slavica" 41, 2017, pp. 31–57

Dignas, Winter 2007—Beate Dignas, Engelbert Winter, *Rome and Persia in Late Antiquity. Neighbours and Rivals*, Cambridge 2007

Dumanowski; Spychaj 2012—Jarosław Dumanowski, Magdalena Spychaj, "Wstęp", in: Stanisław Czerniecki, *Compendium ferculorum albo zebranie potraw*, ed. Jarosław Dumanowski, Magdalena Spychaj, Warszawa 2012

Fordoński, Urbański 2010—Krzysztof Fordoński, Piotr Urbański, *Casimir Britannicus. English Translations, Paraphrases and Emulations of the Poetry of Maciej Kazimierz Sarbiewski*. Revised and Expanded Edition, London 2010

Franklin 2011—Simon Franklin, "Mapping the Graphosphere: Cultures of Writing in Early 19th-Century Russia (and Before)", *Kritika: Explorations in Russian and Eurasian History*, 12.3, 2011, pp. 531–560

Franklin 2019—Simon Franklin, *The Russian Graphosphere 1450–1850*, Cambridge, 2019

Glowalla 2013—Katarzyna Glowalla, *Kommentierte Ausgabe der polnischsprachigen Gedichtbände von Jan Ornowski/Ivan Ornovs'kyj 2. Hälfte des 17.–Anfang des 18. Jahrhunderts*, vol. 2, Bonn 2013

Górska 2012—Magdalena Kinga Górska, "Hieroglifik w teorii Rzeczpospolitej (XVII–XVIII w.). Zarys problematyki", *Terminus* 14 (2012), 25, pp. 15–46

Górska 2022—Magdalena Kinga Górska, "The Definition of the Emblem: Models and Norms of the Genre. The Polish Perspective", in: Joanna Krauze-Karpińska, Magdalena Piskała (eds.) *Non-Classical Genres: Theory and Practice*, Warszawa 2022, pp. 149–162

Grześkowiak; Niedźwiedź 2009—Radosław Grześkowiak, Jakub Niedźwiedź, "Wstęp", in: Mikołaj Mieleszko, *Emblematy*, ed. Radosław Grześkowiak, Jakub Niedźwiedź, Warszawa 2009, pp. 7–70

Kołodziejczyk 2011—Dariusz Kołodziejczyk, *The Crimean Khanate and Poland-Lithuania. International Diplomacy on the European Periphery (15th–18th Century). A study of Peace Treaties Pollowed by Annotated Documents*, Leiden 2011

Kroll 2013—Walter Kroll, "Stefan Javorskijs emblematische Heiligenvita über Varlaam Jasinskij", in: Britta Holz, Ute Marggraff (eds.), *Herrscherlob und Herrscherkritik in den slavischen Literaturen. Festschrift für Ulrike Jekutsch zum 60. Geburtstag*, Wiesbaden 2013, pp. 15–42

Kroll 2014—Walter Kroll, "Wie „übersetzt" man Embleme? Am Beispiel der Emblem- und Emblematikrezeption im Kiever Kulturmodell der Barockzeit", *Rocznik Komparatystyczny—Komparatistisches Jahrbuch*, 5 (2014), pp. 197–225

Kroll 2018—Walter Kroll, "Poeta laureatus Stefan Jaworski i emblematyka" *Terminus* 20, 2018, 2, pp. 195–253

Kuczyńska 2022—Marzanna Kuczyńska, "Bóg – człowiek – (nie)szczęście w ujęciu Stefana Jaworskiego", *Perspektywy Kultury*, 38 (3), 2022, pp. 151–174

Kuczyńska 2025—Marzanna Kuczyńska, "Introduction: Stefan Javors'kyj, the Man and the Preacher", in: JAVOR.SERMONS, pp. 1–28

Lachmann 1994—Renate Lachmann, "Polnische Barockrhetorik: Die 'problematische Ähnlichkeit' und Maciej Kazimierz Sarbiewskis Traktat *De acuto et arguto* (1619/1623) im Kontext concettistischer Theorien", in: Renate Lachmann, *Die Zerstörung der schönen Rede. Rhetorische Tradition und Konzepte des Poetischen*, München 1994, pp. 101–134

Lausberg 1998—Heinrich Lausberg, *Handbook of Literary Rhetoric. A Foundation for Literary Study*, foreword by George A. Kennedy, translated by M.T. Bliss, A. Jansen, D.E. Orton, ed. D.E. Orton, R. Dean Anderson, Leiden–Boston–Köln 1998

Lewin 1974—Paulina Lewin, "Nieznana poetyka kijowska z XVII wieku", in: Stefan Kozak, Marian Jakóbiec (eds.), *Z dziejów stosunków literackich polsko-ukraińskich*, Wrocław 1974, pp. 71–90

Liškevičienė 1998—Jolita Liškevičienė, *XVI–XVIII Amžiaus knygų grafika: Herbai senuosiuose Lietuvos spaudiniuose*, Vilnius 1998

Łużny 1966—Ryszard Łużny, *Pisarze kręgu Akademii Kijowsko-Mohylańskiej a literatura polska. Z dziejów związków kulturalnych polsko-wschodniosłowiańskich w XVII–XVIII wieku*, Kraków 1966

Łużny 1967—Ryszard Łużny, "Stefan Jaworski – poeta nieznany", *Slavia Orientalis*, 1967, 4, pp. 363–376

Marker 2010—Gary Marker, "Casting Mazepa's Legacy: Pylyp Orlyk and Feofan Prokopovich", *The Slavonic and East European Review*, 88 (2010), 1/2, pp. 110–133

Martz 1954—Louis Martz, *The Poetry of Meditation. A Study of English Religious Literature of the Seventeenth Century*, New Haven 1954

Matsen; Rollinson; Sousa 1990—Patricia P. Matsen, Philip Rollinson, Marion Sousa (eds.), *Readings from Classical Rhetoric*, Carbondale and Edwardsville 1990

Moser 2016—Michael Moser, *New Contributions to the History of the Ukrainian Language*, Edmonton-Toronto 2016

Niedźwiedź 2003—Jakub Niedźwiedź, *Nieśmiertelne teatra sławy. Teoria i praktyka twórczości panegirycznej na Litwie w XVII i XVIII w.*, Kraków 2003

Niedźwiedź 2024—Jakub Niedźwiedź, "Stefan Jaworski (1658–1722) wobec poezji Jana Kochanowskiego", in: Justyna Kiliańczyk-Zięba, Magdalena Komorowska (eds.), *Źródła i sensy. Studia ofiarowane Profesorowi Januszowi S. Gruchale z okazji siedemdziesiątej rocznicy urodzin*, Kraków 2024, pp. 153–178

Nikolaev 1995—Sergei I. Nikolaev, "Stefan Iavorsky", in: Marcus C. Levitt (ed.), *Early Modern Russian Writers. Late Seventeenth and Eighteenth Centuries*, Detroit-Washington, D.C.-London 1995, pp. 116–119

Otwinowska 1967—Barbara Otwinowska, "Elogium – *flos floris, anima et essentia* poetyki siedemnastowiecznego panegiryzmu", in: Michał Głowiński (ed.), *Studia z teorii i historii poezji*, vol. 1, Wrocław 1967, pp. 148–183

Otwinowska 1998—Barbara Otwinowska, "Koncept", in Teresa Michałowska, Barbara Otwinowska, Elżbieta Sarnowska-Temeriusz (eds.), *Słownik literatury staropolskiej. Średniowiecze – Renesans – Barok*, Wrocław 1998, pp. 389–393

Pelc 2002—Janusz Pelc, *Słowo i obraz na pograniczu literatury i sztuk plastycznych*, Kraków 2002

Perzanowska 2018—Agnieszka Perzanowska, *Najjaśniejszym. Panegiryki i utwory pochwalne poświęcone królom i królowym polskim w zbiorze starych druków Muzeum Narodowego w Krakowie*, Kraków 2018

Pilarczyk 1982—Franciszek Pilarczyk, *Stemmata w drukach polskich XVI w.*, Zielona Góra 1982

Plokhy 2006—Serhii Plokhy, *The Origins of the Slavic Nations: Premodern Identities in Russia, Ukraine, and Belarus*, Cambridge, MA 2006

Przeździecki 1841—Aleksander Przeździecki, *Podole, Wołyń, Ukraina. Obrazy miejsc i czasów*, vol. 2., Vilnius 1841

Pylypiuk 2004—Natalia Pylypiuk, "The Face of Wisdom in the Age of Mazepa", in: Giovanna Siedina (ed.), *Mazepa e il suo tempo. Storia, cultura, società – Mazepa and His Time. History, Culture, Society*, Alessandria 2004, pp. 367–400

Radyszewśkyj 1996—Rościsław Radyszewśkyj, *Polskojęzyczna poezja ukraińska od końca XVI do początku XVIII wieku*, Kraków 1996

Robinson 2003—Ian S. Robinson, *Henry IV of Germany, 1056–1106*, Cambridge 2003

Roller 2010—Duane W. Roller, *Eratosthenes' Geography. Fragments Collected and Translated with Commentary and Additional Material*, Princeton 2010

Rossi 2016—Cesare Rossi, *Some Inventions by Engineers of the Hellenistic Age*, in: Carlos López-Cajún, Marco Ceccarelli (eds.), *Explorations in the History of Machines and Mechanisms. Proceedings of the Fifth IFToMM Symposium on the History of Machines and Mechanisms*, Springer 2016

Rüß 2006—Hartmut Rüß, "Eupraxia-Adelheid. Eine biographische Annäherung", *Jahrbücher für Geschichte Osteuropas* 54 (2006), pp. 481–518

Saryusz-Wolska 2009—Magdalena Saryusz-Wolska, *Pamięć zbiorowa i kulturowa. Współczesna perspektywa niemiecka*, Kraków 2009

Siedina 2004—Giovanna Siedina (ed.), *Mazepa e il suo tempo. Storia, cultura, società – Mazepa and His Time. History, Culture, Society*, Alessandria 2004

Siedina 2012—Giovanna Siedina, *Joasaf Krokovs'kyj nella poesia neolatina dei suoi contemporanei*, Città di Castello 2012

Siedina 2017—Giovanna Siedina, *Horace in the Kyiv Mohylanian Poetics (17th–First Half of the 18th Century): Poetic Theory, Metrics, Lyric Poetry*, Firenze 2017

Słomak 2016—Iwona Słomak, *„Phoenix rhetorum" Jana Kwiatkiewicza*, Warszawa 2016

Sobol 2021—Walentyna Sobol, "Introduction", in: *Filip Orlik (1672–1742) i jego* Diariusz, ed. Walentyna Sobol, Warszawa 2021, pp. 28–40

Tairova-Yakovleva 2020—Tatiana Tairova-Yakovleva, *Ivan Mazepa and the Russian Empire*, transl. J. Surer, Montreal 2020

Temčinas 2017—Sergeius Temčinas, "Języki kultury ruskiej w Pierwszej Rzeczypospolitej", in: M. Kuczyńska (ed.), *Między Wschodem a Zachodem. Prawosławie i unia*, Warszawa 2017, pp. 81–120

Uhlenbruch 1984: Bernd Uhlenbruch, "Rhetorica slavica—rhetorica latina (Stefan Javorskij – 'Ritoričeskaja ruka')", *Die Welt der Slaven*, 29 (1984), pp. 330–352

Vincenz 1989—Andrzej Vincenz, "Wstęp", in: Andrzej Vincenz, Marian Malicki, Juliusz A. Chróścicki (eds.), *Helikon sarmacki, wątki I tematy polskiej poezji barokowej*, Wrocław 1989, pp. III–CXVII

Volk 2006—Robert Volk, Vorwort, in: John of Damascus, *Historia animae utilis de Bar-*

laam et Ioasaph (*Spuria*) *II*: *Text Und Zehn Appendices*, ed. Robert Volk, Berlin–New York 2006, pp. VII–XII

Walther 1967—Hans Walther, *Proverbia sententiaeque Latinitatis Medii Aevi. Lateinische Sprichwörter und Sentenzen des Mittelalters in alphabetischer Anordnung*, Göttingen 1967

Бантыш-Каменский 2005—Николай Николаевич Бантыш-Каменский, *Списки кавалерам российских императорских орденов Св. Андрея Первозванного, Св. Екатерины, Св. Александра Невского и Св. Анны с учреждения до установления в 1797 году орденского капитула*, ed. Петр Александрович Дружинин, Москва 2005

Броджи 2006—Джованна Броджи Беркофф, "Заметки Стефана Яворского на полях принадлежавших ему книг", in: О.В. Творогов (ed.), *Труды Отдела древнерусской литературы РАН, ИРЛИ* (*Пушкинский Дом*), vol. 57, Санкт-Петербург 2006, pp. 303–311

Броджі 2006—Джованна Броджі Беркофф, "До питання про гомілетику Стефана Яворського", *Київська Академія*, 2–3, 2006, pp. 87–98

Броджі 2008—Джованна Броджі Беркофф, *"Барокова гомілетика у східнослов'янському культурному просторі"*, in: Alberto Alberti et al. (eds.), *Contributi italiani al 14. congresso internazionale degli Slavisti* (*Ohrid 10–16 settembre 2008*), Firenze 2008, pp. 179–200

Броджі 2022—Джованна Броджі, *Культурный поліморфізм українського світу*, Київ 2022

Брюховецький, Хижняк 2001—В.С. Брюховецький, Зоя І. Хижняк (ed.), *Києво-Могилянська академія в іменах XVII–XVIII ст.: енциклопедичне видання*, Київ, Видавничий дім «Києво-Могилянська академія», 2001

Варлаам Ясинский 1905—"Варлаам Ясинский, митрополит киевский и Малой России: 1690–1707 г.", *Киевские епархиальные ведомости*, 1905, Nr. 12–16, 18–29, 31–35, 49–50

Васильев 1892—П. Васильев, *Варлаам Ясинский*, ESBE, vol. Va (1892), p. 531

Власовський 1956—Іван Власовський, *Нарис історії Української Православної Церкви*, vol. 2, Нью-Йорк 1956

Власовський 1957—Іван Власовський, *Нарис історії Української Православної Церкви*, vol. 3, Нью-Йорк 1957

Денисюк 2000—Сергій Петрович Денисюк, "Стефан Яворський", in: *Українська література у портретах і довідках: Давня література—література XIX ст.*, Київ 2000, p. 348

Живов 2004—Виктор Маркович Живов, *Из церковной истории времен Петра Великого: исследования и материалы*, Москва 2004

Заваринська 2011—Христина Заваринська, "Панегіричні топоси в гравюрах київських геральдично-емблемних стародруків першої половини XVII ст.", *Вісник Львівської національної академії мистецтв*, 22, 2011, pp. 236–248

Захара 1991—Ігор Степанович Захара, *Стефан Яворський*, Львів 1991

Королев 1909—Александр Королев, "Стефан Яворский", in: Александр Александрович Половцов (ed.), *Русский биографический словарь*, Санкт-Петербург 1909, pp. 413–422

Коронєнко 2003—Ірина Коронєнко, "Бібліотека Стефана Яворського з досвіду її пошуку та перспективи реконструкції", *Наукові праці Національної бібліотеки України імені В.І. Вернадського*, vol. 10, Київ 2003, pp. 187–192

Крашенинникова 2015—Ольга Александровна, Крашенинникова, "Неизвестная проповедь Стефана Яворского о российском гербе (1702)", *Культурное наследие России*, 2015, 2, pp. 29–38

Либуркин 2000—Дмитрий Львович Либуркин, *Русская новолатинская поэзия. Материалы к истории. XVII–первая половина XVIII века*, Москва 2000

Луцька, Мазманьянц 1986—Ф.Й. Луцька, Віра Карапетівна Мазманьянц, "Бібліотека С. Яворського в книжкових фондах Харківського університету", *Філософська думка*, 1986, 4, pp. 82–86

Люта 2015—Тетяна Люта, "Варлаам Ясинський і Софійська митрополича катедра", *Медієвіст*, 7.01.2015, https://www.medievist.org.ua/2015/01/blog-post_7.html #google_vignette (access: 9.03.2024)

Маркман 2003—Наталія В. Маркман, "Книги з бібліотеки Стефана Яворського у фондах Харківської державної наукової бібліотеки ім. В.Г. Короленка", in: *Наукові праці Національної бібліотеки України імені В.І. Вернадського*, vol. 10, Київ 2003, pp. 181–187

Маслов 1914a—Сергей Иванович Маслов, "Библиотека Стефана Яворского", *Чтения в историческом обществе Нестора-летописца*, 2, 1914, отд. 2, pp. 98–162

Маслов 1914b—Сергей Иванович Маслов, "Документы, относящиеся к судьбе библиотеки Стефана Яворского". *Чтения в историческом обществе Нестора-летописца*, 24, 1914, 2, отд. 3, pp. 17–102

Маслюк 1983—Віталій Петрович Маслюк, *Латиномовні поетики і риторики XVII – першой половини XVIII ст. ta їх роль у розвитку теорії літератури на Україні*, Київ 1983

Махновець 2005—Леонід Махновець (ed.), *Українські письменники. Біо-бібліографічний словник*, vol. 1, *Давня українська література* (*XI–XVIII ст.ст.*), Харків 2005

Морев 1904—Іоанн Морев, *"Камень веры" митрополита Стефана Яворского, его место среди отечественных противосектантских сочинений и характеристические особенности его догматических воззрений*, Санкт-Петербург 1904

Морозов 1971—А.А. Морозов, "Метафора и аллегория у Стефана Яворского", in: *Поэтика и стилистика русской литературы. Памяти академика В.В. Виноградова*, Ленинград 1971, pp. 35–44

Науменко 1885—Володимир Павлович Науменко, "Стефан Яворский в двойной роли хвалителя и обличителя Мазепы", *Киевская старина*, 1885, 9, pp. 172–175

Нежинский 1861—"Нежинский мужеский монастыр", *Черниговской епархиальные известия*, 1861, 13, pp. 340–362

Николаев 1999—Сергей Иванович Николаев, "Лопатинский Федор Леонтьевич (в монашестве – Феофилакт)", in: А.М. Панченко (ed.), *Словарь русских писателей XVIII века*, vol. 2, Санкт-Петербург 1999, pp. 226–228

Николаев 2014a—Сергей Иванович Николаев (ed.), *Библиотека литературы Древней Руси*, vol. 18: *XVII век*, Санкт-Петербург 2014

Николаев 2014b—Сергей Иванович Николаев, "Комментарии", in: Сергей И. Николаев (ed.), *Библиотека литературы Древней Руси*, vol. 18: *XVII век*, Санкт-Петербург 2014, pp. 595–636

Описание 1825—*Описание Киево-Софийского собора и киевской иерархии*, Київ – Типография Киево-Печерской Лавры 1825

Петров 1895—Николай Иванович Петров, *Киевская Академия во второй половине XVII в.*, Київ 1895

Платонов 1927—Сергей Фёдорович Платонов, *Орден Иуды 1709 г.*, in: Сергей Фёдорович Платонов (ed.), *Летопись занятий постоянной Историко-археографической комиссии за 1926 г.*, vol. 34, Ленинград 1927, pp. 193–198

Радишевський 2016—Ростислав Радишевський, "Mnemosyne sławy – емблематична композиція, присвячена Петру Могили", *Київські полоністичні студії*, vol. 28, Київ 2016, pp. 57–68

Радишевський; Свербигуз 2006—Ростислав Радишевський, Володимир Свербигуз, *Іван Мазепа в сарматсько-роксоланському вимірі високого бароко*, Київ 2006

Русанівський 2001—Віталій М. Русанівський, *Історія української літературної мови*, Київ 2001

Самарин 1880—Юрий Фёдорович Самарин, *Сочинения*, vol. 5, *Стефан Яворский и Феофан Прокопович*, Москва 1880

Соловьев 1895–1896—Сергей Михайлович Соловьев, *История России с древнейших времен*, Book 3, vol. 11–15, Санкт-Петербург 1895–1896

Степанов, Стенник, Берков 1968—Владимир Петрович Степанов, Юрий Владимирович Стенник, Павел Наумович Берков (eds.), *История русской литературы XVIII века. Библиографический указатель*, Ленинград 1968

Степовик 1982—Дмитро Власович Степовик, Степовик, *Українська графіка XVI–XVIII століть. Еволюції образної системи*, Київ 1982

Степовик 1988—Дмитро Власович Степовик, *Іван Щирський. Поетичний образ в українській барокковій гравюрі*, Київ 1988

Степовик 2013—Дмитро Власович Степовик, Степовик, *Українська гравюра ба-*

роко: Майстер Ілля, Олександр Тарасевич, Леонтій Тарасевич, Іван Щирський, Київ 2013

Таирова-Яковлева 2007—Татьяна Таирова-Яковлева, *Мазепа*, Москва 2007

Терновский 1864a—Филипп Алексеевич Терновский, "Митрополит Стефан Яворский: биографический очерк, 1", *Труды Киевской духовной академии*, 5, 1864, 1, pp. 36–70

Терновский 1864b—Филипп Алексеевич Терновский, "Митрополит Стефан Яворский: биографический очерк, 2", *Труды Киевской духовной академии*, 5, 1864, 3, pp. 267–290

Терновский 1864c—Филипп Алексеевич Терновский, "Митрополит Стефан Яворский: биографический очерк, 3", *Труды Киевской духовной академии*, 5, 1864, 6, pp. 136–186

Терновский 1872—Сергей Терновский, "Исследование о подчинении Киевской митрополии Московскому патриархату", in: AYZR, 1, 5, pp. 1–172

Титлинов 1913—Б. Титлинов, "Феофилакт (Лопатинский)", in: *Русский биографический словарь*, Санкт-Петербург – Типография Главного Упр. Уделов, 1913, pp. 457–466

Титов 1909—Андрей Александрович Титов, *Проповеди св. Димитрия, Митополита Ростовского, на украинском наречии*, Москва 1909

Трофимук 2014—Мирослав Степанович Трофимук, *Латиномовна література України XV–XIX ст.: жанри, мотиви, ідеї*, Львів 2014

Трофимук; Трофимук 2018—Мирослав Трофимук, Олександра Трофимук, "Діалог Стефана Яворського та Пилипа Орлика – двох видатних митців епохи Бароко", *Studia Polsko-Ukraińskie*, 5, 2018, pp. 69–80

Трофимук; Шевчук 2006—А. Трофимук, В. Шевчук (eds.), Орлик Пилип, *Конституція, маніфести та літературна спадщина. Вибрані твори*, Київ – Міжрегіональна Академія управління персоналом, 2006

Успенский 2002—Борис А. Успенский, *История русского литературного языка* (*XI–XVII вв.*), Moskva 2002

Федяй 2025—Микола Федяй, *Формування філософських традицій Києво-Могилянської академії 1632–1753 років крізь призму освіти її професорів / The Formation of the Philosophical Traditions of the Kyiv-Mohyla Academy* (*1632–1753*) *Through the Lens of Professors' Education*, Kyiv 2025

Хижняк 2001—Зоя І. Хижняк, "Ясинський, чернече ім'я Варлаам", in – Брюховецький, Хижняк 2001, pp. 617–619

Хижняк, Маньківський 2003—Зоя І. Хижняк, Валерій К. Маньківський, *Історія Києво-Могилянської академії*, Київ 2003

Ченцова 2017—Вера Георгиевна Ченцова, "Синодальное решение 1686 г. о Киевской митрополии", 2017, 2 (68), pp. 89–110

Ченцова 2020—Вера Георгиевна Ченцова, *Киевская митрополия между Констан-*

тинополем и Москвой 1686. Посольство подьячего Никиты Алексеева (1685–1686 гг.), Київ 2020

Чистович 1868—Илларион Чистович, *Феофан Прокопович и его время*, Санкт-Петербург 1868

Щёголев 1901—Павел Елисеевич Щёголев, "Стефан Яворский", in: ESBE, vol. 31, 1901, pp. 638–641

Яременко 2017—Максим Яременко, *Перед викликами уніфікації та дисциплінування: Київська православна митрополія у XVIII столітті*, Львів 2017

Яременко 2020—Максим Яременко, "Коли і хто вперше прочитав у Києво-Могилянському колегіумі повний богословський курс?", *Київська Академія*, 16, 2020, pp. 11–30

Index

Терновский, Филипп Алексеевич 4–6, 21

Хижняк, Зоя І. 2, 5, 29

Printed in the United States
by Baker & Taylor Publisher Services